Kunst-Reiseführer in der Reihe DuMont Dokumente

Zur schnellen Orientierung – die wichtigsten Orte und Sehenswürdigkeiten im Friaul auf einen Blick:
(Auszug aus dem ausführlichen Ortsregister)

In der vorderen Umschlagklappe: Karte Friaul – Triest

In der hinteren Umschlagklappe: Stadtplan von Triest

M.M oro 1843

Lit. Berletti

Klaus Zimmermanns / Andrea C. Theil

Friaul und Triest

Eine Kulturlandschaft zwischen
Alpen und Adria

DuMont Buchverlag Köln

Umschlagvorderseite: Cividale am Natisone mit den Kirchen San Giovanni in Valle und San Biagio
Vordere Umschlaginnenklappe: Schnitzaltar von Antonio Tironi, »Hl. Georg und Muttergottes mit Kind«, in der Kirche Santa Maria in Paluzza (Karnien)
Hintere Umschlaginnenklappe: Feld mit Mohn- und Kornblumen in Karnien
Umschlagrückseite: Hauswand in Karnien
Frontispiz: Monument für den Frieden von Campoformido in Udine. Lithographie von L. Berletti nach einer Zeichnung von Marco Moro, 1843, 28 x 21,5 cm

Über die Autoren:
Dr. Klaus Zimmermanns, geb. 1940, studierte Germanistik, Kunstgeschichte und Archäologie, promovierte über den Maler Friedrich August von Kaulbach. Er arbeitet in München als Autor, organisiert und leitet Seminare und Reisen nach Italien und Frankreich. Im DuMont Buchverlag veröffentlichte er die Kunstreiseführer »Toscana«, »Florenz«, »Umbrien«, »Das Veneto«.
Andrea C. Theil M.A., geb. 1963, studierte europäische und byzantinische Kunstgeschichte sowie Psychologie in München und Rom. Sie arbeitet in München als Autorin und Übersetzerin, lebte längere Zeit in Italien und Spanien, wo sie ein Reisebuch über Barcelona veröffentlichte.

Die Deutsche Bibliothek – CIP-Einheitsaufnahme

Zimmermanns, Klaus:
Friaul und Triest : eine Kulturlandschaft zwischen Alpen und
Adria / Klaus Zimmermanns ; Andrea C. Theil. – Köln :
DuMont, 1994
  (DuMont-Dokumente : DuMont-Kunst-Reiseführer)
  ISBN 3-7701-2970-9
NE: Theil, Andrea C.:

© 1994 DuMont Buchverlag, Köln
Alle Rechte vorbehalten
Satz: Fotosatz Harten, Köln
Druck u. buchbinderische Verarbeitung:
Boss-Druck, Kleve

Printed in Germany   ISBN 3-7701-2970-9

Inhalt

Aquileia und Grado 40

Die Provinz Udine 91

Vorwort

Friaul – Julisch Venetien (ital. *Friuli – Venezia Giulia*) ist der Name der Region, durch die wir Leser und Reisende mit diesem Kunstreiseführer begleiten möchten. Als Titel unseres Buches wählten wir jedoch »Friaul und Triest«, denn Julisch Venetien besteht (seit 1954) nur noch aus der Stadt Triest und ihrer kleinen Provinz, dem schmalen istrischen Küstenstreifen bis Muggia. Der größere Teil des Gebietes, das man in Italien einst Venezia Giulia nannte, gehört heute zu Kroatien und Slowenien.

Bei der Untergliederung des Gebietes in die einzelnen Hauptkapitel sind wir der heutigen Einteilung in Provinzen gefolgt, die weitgehend den historischen und geographischen Grenzen entsprechen. Mit einer Ausnahme: Die beiden sowohl geschichtlich als auch geographisch miteinander verbundenen Orte Aquileia und Grado haben wir an den Anfang des Buches gestellt, um der überragenden Bedeutung Aquileias als erster Stadt des Friaul gerecht zu werden, obschon die beiden Orte heute zwei verschiedenen Provinzen angehören (Udine und Gorizia).

Einleitung

»Alles gibt es in Friaul, sowohl Meer als auch Berge, Hügel, Ebenen, Seen, Flüsse und Ströme, Blumen aus den heißen Gegenden des Mezzogiorno und leuchtendes Edelweiß auf den Spitzen der schneebedeckten Hochgebirge.« Mit diesen schwärmerischen Worten pries Arduino Burello im Jahre 1908 das Friaul. Tatsächlich kann man hier glückliche Augenblicke erleben, wenn man beispielsweise an klaren Tagen von einem einzigen Aussichtspunkt – etwa dem Schloß von Udine – die Alpenketten, die Moränenhügel, die Ebene, die Lagunen und das Meer überblickt und sieht, wie sich gegensätzliche Landschaftsformationen ganz nahe kommen.

Einem Amphitheater gleich liegt das Friaul im äußersten Nordosten Italiens. Eingebettet zwischen den Karnischen und Julischen Alpen im Norden und Osten, fällt es in sanften Hügeln gegen Süden in eine Ebene ab. Das vom breiten, geröllhaltigen Flußbett des Tagliamento durchzogene flache Land reicht bis hinunter zur Küste der Adria. Und so kann man durchaus vormittags eine Bergwanderung machen und – wenn man so will – noch am Nachmittag desselben Tages an den Stränden von Grado oder Lignano baden. Alpenfreunde kommen im Friaul ebenso auf ihre Kosten wie diejenigen, die Sandstrände lieben und das Licht der Lagune, den Karst oder mit Wein bebaute Hügel, Botaniker werden im Sommer das Flußbett des Tagliamento durchwandern, wo sie eine seltene und reiche Flora kennenlernen. Dem Tagliamento wurde sein natürliches, breites Flußbett belassen, und so gibt er als einziger der größeren Flüsse Europas eine Vorstellung von ihrem ursprünglichen Aussehen. Als Schnittpunkt verschiedener Kulturen lädt das Friaul zu Ausflügen auch in die Geschichte ein. Über Jahrtausende hinweg zogen Menschen verschiedenster Herkunft durch das östliche Oberitalien. Auf Kelten, Römer und Byzantiner folgten die Langobarden. Später regierten die Patriarchen von Aquileia das Land, bis es – mit Unterbrechungen von 1420 bis 1797 – Venedig unterstand.

Den künstlerischen Zeugnissen ersten Ranges dieser Vergangenheit begegnen wir vor allem in vier Orten: in Aquileia, der Stadt der Römer und frühen Christen; in Grado, dem Zufluchtsort während der Völkerwanderungszeit; in Cividale, der Stadt der Langobarden und des frühen Mittelalters, und schließlich in Udine, das erst im späteren Mittelalter hervortrat und seine große Zeit im 16. und ein weiteres Mal im 18. Jh. erlebte.

Alle vier Orte waren hintereinander – aber auch nebeneinander – Sitz der Patriarchen von Aquileia. Die Geschichte des Friaul ist untrennbar mit diesen Patriarchen verbunden, die von 1077 bis 1420 als bischöfliche Grafen auch die weltliche Herrschaft ausübten und deren es – vom Jahre 607 an – gleichzeitig zwei gab, die beide den Titel ›Patriarch von Aquileia‹ beanspruchten: Der eine residierte in Grado, später in Venedig, der andere – mit den Grafenrechten ausgestattet – in Aquileia, später in Cormons, Cividale, Udine und schließlich auch in Venedig. Diese Patriarchen stellten bis in die Mitte des 13. Jh.s ausschließlich deutsche Adelsfamilien. Ihr Herrschaftsgebiet umfaßte den größten Teil des Friaul, aber nicht die gesamte heutige Region. Vom Patriarchenstaat unabhängig war die Grafschaft Görz im Osten des Friaul. Sie gehörte im Mittelalter einem aus dem Lurngau und Pustertal stammenden Geschlecht, das sich nach ihrem Hauptbesitz ›Grafen von Görz‹ nannte. Ab dem Jahre 1500 zählte die Grafschaft Görz zu den Besitzungen der Habsburger.

Eine eigene Geschichte hat schließlich das nicht mehr zum Friaul gehörende Triest, das ebenfalls seit 1382 im Besitz des Hauses Habsburg war und 1719 auf Wunsch von Kaiser Karl VI. zum Freihafen erklärt und später großzügig ausgebaut wurde. Diese aus unzähligen Facetten bestehende Stadt ist immer noch slawisch, österreichisch und italienisch zugleich und mehr ein Sonderfall am Rande Italiens als akzeptierte Hauptstadt der Region.

Eine Kunstreise im Friaul beschränkt sich allerdings nicht auf diese geschichtlich und kunstgeschichtlich herausragenden Orte. Es gibt eine ganze Reihe interessanter kleinerer Landstädte wie Spilimbergo, San Daniele oder Tolmezzo, aber auch Gemona und Venzone, die beide von den Erdbeben des Jahres 1976 fast vollständig zerstört und auf bewundernswerte Weise wiederaufgebaut wurden. Zu diesen Orten möchte man auch das im Kern kleine Pordenone zählen, wenngleich heute Hauptstadt einer wirtschaftlich aktiven Provinz.

Der Reiz einer Friaulreise liegt darüber hinaus darin, daß man fast überall auf dem Land wenig bekannte Kunstwerke entdecken kann. So trifft man in den Tälern Karniens auf bescheidene Kirchen und Kapellen, in denen man durch spätgotische Schnitzaltäre und Netzgewölbe überrascht wird, die an Kärnten oder Tirol erinnern, während die

Wandbemalung durch Fresken meist stärkeren italienischen Einfluß zeigt. Kunstgeschichtlich fast noch reicher ist der westliche Teil des Friaul, das Gebiet jenseits des Tagliamento (die heutige Provinz Pordenone), in der man sich auf die Spuren der Maler Gianfrancesco da Tolmezzo und Giovanni Antonio da Pordenone begeben kann.

Das vom Klassizismus geprägte Triest ist heute offizielle Hauptstadt der Region. Der etwas umständliche Doppelname Friaul – Julisch Venetien ist das Ergebnis der verwaltungstechnischen Zusammenlegung zweier Gebiete mit jeweils anderer Geschichte. Kein Friulaner sieht Triest als seine Hauptstadt an, und umgekehrt ist das Interesse der Triestiner für die Belange des Friaul gering. Entsprechend erwarte man nicht den charakteristischen Dialekt der Friulaner, das *Furlan* (ein rätoromanisches Idiom), in Triest zu hören. Das Triestinische ist eine Variante des venezianischen Dialektes, in dem sich deutsche, slawische und auch friulanische Einflüsse mischen. Der Doppelname Friuli – Venezia Giulia ist unglücklich gewählt. In beiden Namen findet sich das lateinische Julius wieder. Julius war der Name der *gens* Cäsars und Oktavians, auf deren Veranlassung diese Gebiete kolonisiert wurden. Der Name Julisch Venetien ist zudem ideologisch befrachtet. Er wurde 1863 von dem Gorizianer Sprachforscher Ascoli erfunden, um zu demonstrieren, daß Istrien in ferner Vergangenheit römisch war und infolgedessen Italien die Halbinsel beanspruchen könne, die in ihrer langen eigenen Geschichte bis zum Ende des Ersten Weltkrieges österreichisch war.

Der doppelte lateinische Namensanteil der Region erleichtert nicht gerade das Ringen der Friulaner um eine eigene Identität. Anders als vor dem Zweiten Weltkrieg denkt man heute allerdings weniger in nationalstaatlichen Dimensionen, sondern sieht sich mehr dem regionalen Gedanken und der eigenen Geschichte verbunden. Viele fühlen sich daher weniger als Italiener denn als Friulaner und Mitteleuropäer und besinnen sich auf die lange Vermittlerfunktion des Friaul (nicht zuletzt durch die Kirche von Aquileia) zwischen der mediterranen Kultur und jener des Alpenraumes und Zentraleuropas.

Mosaik mit Efeu- und Weinranken, 1. Jh. v. Chr. Aquileia, Archäologisches Museum

Geschichte

Die ersten Siedler – die Kelten

Die Kelten waren die ersten geschichtlich bekannt gewordenen Bewohner der Region. Zuvor gab es lediglich steinzeitliche Höhlen-Siedler, Bewohner von Pfahlbauten sowie Siedler in den sogenannten *castellieri* (den mit Wällen geschützten dörflichen Ansiedlungen auf den Höhen – seit etwa 2000 v. Chr.). Wann dann die ersten Kelten in das Gebiet des Friaul einwanderten, wissen wir nicht mit Gewißheit. Die meisten Historiker geben die Zeit um 500 v. Chr. an, es gibt aber auch Stimmen, die von Einwanderungsströmen schon im 7. Jh. ausgehen. Die Kelten waren ein Nomadenvolk, dessen Ursprünge etwa im 4. Jt. v. Chr. liegen, im Gebiet des heutigen Indien. Im Laufe der Jahrhunderte stießen sie allmählich nach Westen vor und ließen sich zunächst in heute böhmischen, deutschen und österreichischen Gebieten nieder. Schließlich drangen sie auch in friulanisches Land ein – zunächst über das Tal des Isonzo, dann verstärkt durch die nördlichen Gebirgstäler und auch von Westen her.

Wenn wir hier von ›den Kelten‹ sprechen, so darf dabei nicht übersehen werden, daß es sich keineswegs um eine einzige, einheitliche Volksgruppe handelte. Sie selbst nannten sich wohl nur schlicht ›Keltoi‹. Die Römer unterschieden die Kelten unter anderem in zwei Gruppen von ›Galliern‹ (dieser Name entstand damals in Anlehnung an die Gruppe der bis in das heutige Frankreich vorgedrungenen Kelten). Als ›Galli carni‹, als Karnier, wurden die ersten Zuwanderer bezeichnet, die sich im friulanischen Hügelland niederließen. Ihre Bedeutung für das Friaul war bemerkenswert, nach ihnen sind nicht nur heute noch ganze Landstriche benannt, eben ›Karnien‹ oder das zu Slowenien gehörende Krain (ital. *Carniola*) und das österreichische Kärnten (ital. *Carinzia*). Die Karnier schufen auch das erste wichtige Zentrum im Lande auf dem Hügel von San Pietro bei Zuglio.

Die zweite große Gruppe der Kelten nannten die Römer ›Galli transalpini‹ (Gallier jenseits der Alpen). Das waren jene später nachfolgenden Gruppen, die nur noch in der friulanischen Ebene Platz fanden. Mit ihnen sollte es im Jahre 183 v. Chr. zum ersten großen Konflikt mit den Römern kommen, die plötzlich die bisherigen Herrschaftsverhältnisse in Norditalien durch das Vordringen der Kelten gefährdet sahen.

Was wissen wir von der Lebensweise der Kelten im Friaul? Zunächst einmal waren sie ein grundsätzlich friedliebendes Volk, das knapp 180 Jahre lang ohne größere Auseinandersetzungen das friulanische Land besiedelte. Man lebte von der Viehzucht, von der Jagd und vom Ackerbau, pflegte rege Handelsbeziehungen nicht nur mit den nordischen Nachbarn, sondern auch mit den Venetern. Die Kelten ließen bereits Münzen stanzen, von denen wir eine besonders reiche Zahl aus Funden in Zuglio besitzen. Als ein Markt-

oder Handelszentrum war Zuglio wichtige Station der schon damals existierenden großen, über den Plöckenpaß nach Norden weiter führenden Straße.

Wenn man heute durch das Friaul fährt, begegnet man den letzten Anklängen an die
Zeit der Kelten noch überall dort, wo die Ortsnamen auf -acco oder -icco enden (vom kel-
tischen – acu, -icu), etwa in Montagnacco, Tavagnacco oder Bottenicco. Vor allem im
nördlichen Friaul findet sich dieses Phänomen, also dort, wo sich der römische Einfluß
niemals so stark durchsetzte wie in der friulanischen Ebene.

»Zehnte Region Venetien und Istrien« – Die Entstehung Aquileias und die Herrschaft der Römer

Als 186 v. Chr. erneut 12 000 bewaffnete Kelten und mit ihnen mindestens 30 000 Frauen,
Kinder und Bedienstete in die friulanische Ebene einzogen, war für die Römer der Zeitpunkt gekommen, ihre Herrschaftsansprüche auch in diesem Teil Italiens zu verdeutlichen. Der Geschichtsschreiber Titus Livius (59 v. Chr.–17 n. Chr.) berichtete ausführlich
über diese für die friulanische Geschichte so bedeutenden Ereignisse. Im Jahre 186 v. Chr.
begann ein neuer Schub keltischer Siedler – ungeachtet römischer Drohungen – nahe dem
heutigen Aquileia mit dem Bau einer Siedlung. Der römische Angriff auf diese Gruppe
von Kelten, 183 v. Chr., sollte das nordische Volk tatsächlich zum Rückzug zwingen, was
Rom jedoch in diesem Augenblick nicht mehr genügte. Der Senat beschloß daher im Jahre
181 v. Chr. die Gründung einer Kolonialstadt, um so eine bessere militärische Ausgangsbasis für kommende Angriffe, aber auch für eigene Herrschaftsansprüche im östlichen
Oberitalien zu erlangen: Diese erste römische Kolonialgründung erhielt den Namen
Aquileia. Von diesem Zeitpunkt an war die Geschichte der Römer eng mit dem Friaul verbunden. Die Bedrohung durch keltische Angriffe war endgültig gebannt. Aus der kleinen
Kolonistensiedlung mit anfangs nicht mehr als vielleicht 15 000 Bewohnern sollte sich im
Laufe der kommenden Jahrzehnte eine blühende Stadt entwickeln, die zu den bedeutendsten des Reiches zählte. Der Grund für diesen Aufstieg lag vorwiegend in der außergewöhnlich günstigen strategischen Lage. Die Stadt bildete den idealen Ausgangspunkt für
militärische Eroberungszüge nach Norden und Nordosten. Und so wurde sie zur vorübergehenden Residenz von Julius Cäsar (zwischen 58 und 56 v. Chr.) und mehrerer
römischer Kaiser.

Von ebenso großer Bedeutung war Aquileia als Handelszentrum. Der Handel wurde
über den Hafen und das inzwischen ausgebaute römische Straßennetz abgewickelt. Ab
148 v. Chr. verband die *Via Postumia* Aquileia mit Genua, 132 v. Chr. folgte der Anschluß
der *Via Annia* an die bereits bestehende *Via Aemilia*. In Richtung Norden entstand die *Via
Julia Augusta* (von Aquileia bis in die Nähe des heutigen Lienz) nach Osten führte die *Via
Gemina*, die von Aquileia aus bis Ljubljana (Laibach) verlief.

Im Jahre 115 v. Chr. war die Romanisierung des Friaul so weit fortgeschritten, daß eine wirtschaftliche und auch verwaltungstechnische Vereinigung der einzelnen Gebiete im Nordosten Italiens sinnvoll erschien. Mit Aquileia als Zentrum entstand so die *Decima Regio Venetia et Histria*, die zehnte Region Venetien und Istrien, die das gesamte Gebiet vom Livenza bis zum Isonzo und die istrische Halbinsel umfaßte. Zu dessen wichtigsten Zentren, die neben Aquileia bald von Bedeutung sein sollten, zählten im Osten *Forum Iulii*, das heutige Cividale, und im Norden *Iulium Carnicum*, das heutige Zuglio.

Mitten hinein in die satten und friedlichen Jahrzehnte des beginnenden 3. Jh.s brachen die innenpolitischen Auseinandersetzungen, die von den Soldatenkaisern ausgingen. Schlagartig sollte der Bevölkerung bewußt werden, wie stark das Schicksal Aquileias von der politischen Situation innerhalb des Reiches abhing. Im Jahre 238 kämpften die Bürger Aquileias 22 Tage lang gegen das Heer des Gegenkaisers Maximinus (235–238), der nach seiner Herkunft auch Maximinus Thrax (›der Thraker‹) genannt wird. Die dramatischen Ereignisse sind als *bellum aquileiense*, als Aquileischer Krieg, in die Geschichte eingegangen.

Obwohl das thrakische Heer desertierte und Aquileia als Sieger aus den Kämpfen hervorging, bangte man um die Zukunft der Stadt. Die Sorge sollte nicht unbegründet sein, denn in den folgenden Jahrzehnten kam es wiederholt zu feindlichen Einfällen, was sich sofort auch auf die Handelsbeziehungen auswirkte. Damit aber war der Lebensnerv

Städte und Straßen im Friaul zur Zeit der Römerherrschaft

13

Aquileias getroffen. Die durch die Heereszüge hervorgerufenen schweren Einbußen in der Landwirtschaft taten ein übriges, um die Stadt zu schwächen. Die Blütezeit Aquileias war vorüber.

Ebenso wie die Kelten haben auch die Römer in verschiedenen Ortsnamen Zeichen ihrer Herrschaft hinterlassen. Da sind zum einen die Namen mit der Endung -ano, wie Magnano oder Cervignano, die auf den Grundbesitzer schließen lassen (z. B. Magnano = das Land des Magnius). Zum anderen benannte man Ortschaften nach den Charakteristika der dortigen Landschaft. So erinnert etwa der Name Salt an *saltus* = Waldweide. Daneben begegnet man aber auch Namen, die in Anlehnung an Straßenabschnitte entstanden (etwa Terzo nach *ad tertium lapidem,* also ›beim dritten Stein‹ oder Sesto nach *ad sextum lapidem*) oder Namen, die ganz allgemein die Lage der Siedlung angaben, so z. B. wird Trasaghis nach *trans aquas,* jenseits des Wassers, benannt.

Kampf um Macht und Glauben – Religionskonflikte und das Ende der römischen Herrschaft

In der gleichen Zeit, als das Römische Reich allmählich wirtschaftlich, militärisch und kulturell zerfiel, gewann in Aquileia eine neue Glaubensgemeinde an Boden. In dieser Hafenstadt hatte sich bereits eine kleine Christengemeinde gebildet, noch bevor Kaiser Konstantin im Februar des Jahres 313 in Mailand das Toleranzedikt erließ, welches auch das Christentum als offizielle Religion anerkannte.

Bezeichnend für die Entwicklung der neuen Religion war der Baubeginn der Basilika von Aquileia (vielleicht bereits um 300 n. Chr.) unter Bischof Theodorus, der zentralen Figur der aufsteigenden jungen Christengemeinde. Die Erweiterung dieses Doms spiegelt die stetig wachsende Bedeutung der Gemeinde wider. Bestärkt wurde sie wohl dadurch, daß sich Kaiser Konstantin (308–337) häufig in den Mauern der Stadt aufhielt. Konstantin kam zwar mit vorwiegend politischen und militärischen Zielen nach Aquileia, doch immerhin konnte sich die junge Christengemeinde gleichsam unter dem Schutzmantel dessen entwickeln, der das Edikt der Glaubensfreiheit verkündet hatte. Es kam zu Konvertierungen zahlreicher Heiden und Juden, die auch nach des Kaisers Tod im Jahre 337 nicht abbrachen. Davon zeugen der Bau weiterer Kirchen, aber auch ein Bericht des Bischofs von Alexandrien, Athanasius, der während seines Exils in Aquileia im Jahre 345 an der Osterliturgie teilnahm.

Die glückliche Phase sollte jedoch nicht lange währen. Unter den Söhnen Konstantins entfaltete sich nicht nur ein Nachfolgekonflikt, sondern auch ein Kampf in Glaubensfragen. Nach dem Tode des kaiserlichen Mitregenten Constans im Jahre 350 nahm sein Bruder, Kaiser Constantius II., Aquileia gewaltsam ein und zwang die Bewohner zum arianischen Glauben, zu jener Lehre also, für die Gottvater und Christus nicht wesensgleich sind, sondern Jesus ein Mensch ist, der durch göttlichen Willen aus dem Nichts erschaffen wurde.

Die folgende kurze Alleinherrschaft Kaiser Iulianus' (361–363), der den Beinamen Apostata (der Abtrünnige) erhielt, war von der Wiedereinführung des überlieferten Vielgötterglaubens gekennzeichnet. Doch diese Wende konnte den Widerstand der orthodoxen Christen nicht schwächen. Im Gegenteil. Es schwanden nun auch die Anhänger des Arianismus dahin, bis schließlich Kaiser Theodosius im Jahre 380 das Christentum als Staatsreligion erneut bestätigte.

Zu dieser Zeit hatte die Diözese von Aquileia ihr Einflußgebiet bereits auf das ganze Friaul ausgedehnt, schließlich sogar über Venetien, Ungarn und die Gebiete nördlich der Alpen bis hin zur Donau. Unter den neu gegründeten Bischofssitzen finden wir jetzt auch Concordia und Iulium Carnicum (Zuglio). Die Gerichtsbarkeit der Diözese gewann immer mehr an Bedeutung, bis schließlich in der 2. Hälfte des 6. Jh.s Aquileia Zentrum der Rechtsprechung über eine große Kirchenprovinz war, die außer die Provinz Venetia et Istria (die sich in Oberitalien bis zum Mincio erstreckte) auch Pannonien (Ungarn) bis zum Plattensee und das heutige Bayern südlich der Donau (bis zur Iller) umfaßte. Über das ganze Mittelalter hinweg kam der Diözese von Aquileia eine Sonderstellung zu. Die Voraussetzungen dazu lagen im Ansehen, das die aquileische Kirche bereits in frühchristlicher Zeit genoß.

Haus mit Spolien aus spätrömischer Zeit in Aquileia. Fotografie, um 1890

Der Untergang des Römischen Imperiums war derweil nicht mehr aufzuhalten: Zu den innenpolitischen Auseinandersetzungen, dem bürokratischen Chaos und dem maßlosen Gewinn- und Machtstreben der Herrscher kamen gegen Ende des 4. Jh.s wieder erneute und vermehrte Einfälle nordischer Völker, der ›Barbaren‹. Für das Gebiet des Friaul drohte die Gefahr vor allem von Osten. Von dort kamen 401 die Westgoten und einige Jahre später die Ostgoten. Im Jahre 452 brachen schließlich die Hunnen unter Attila über die Grenzen ein, und mit ihnen erlebte Aquileia seinen endgültigen Niedergang.

Nach der definitiven Teilung des Römischen Reiches 395 in Westrom (mit der Hauptstadt Rom) und Ostrom (mit der Hauptstadt Konstantinopel) folgte 476 das Ende des selbständigen weströmischen Reiches durch die Eroberung Odoakers. 489 fielen erneut die Ostgoten im Friaul ein, jetzt unter der Führung Theoderichs. Nach dem Tod des Herrschers versuchten die Byzantiner unter Kaiser Justinian (527–567), Italien zurückzugewinnen. Dem byzantinischen General Narses gelang es, u. a. auch das Gebiet von Aquileia unter byzantinische Herrschaft zu bringen. Einige strategisch wichtige, vor den Talöffnungen gelegene römische Kastelle (*castra*) wie Julium Carnicum (Zuglio) und Forum Julii (Cividale) ließ er wiederherstellen. Wie auch in anderen Gebieten Italiens kam es zu erbitterten Kämpfen zwischen den Goten und Byzantinern. Diese sogenannten Rückeroberungskriege hatten für das Land verheerende Folgen. Sie bedeuteten den absoluten Tiefpunkt der nachantiken Geschichte.

Unter Kaiser Justinian kam es zu kirchenpolitischen Auseinandersetzungen, die als sogenannter ›Dreikapitelstreit‹ in die Geschichte eingingen. Dieser ist eng mit der Sonderstellung der Patriarchen von Aquileia verbunden; wir wollen daher einen kurzen Einblick in diesen theologischen und kirchenpolitischen Streit geben: In Antiochia (Syrien) hatte sich die Zweinaturenlehre Gottes entwickelt, derzufolge Christus aus zwei Naturen, der göttlichen und menschlichen, bestehe. Diese Lehre hatte ihren Niederschlag in drei Texten gefunden, den sogenannten ›Drei Kapiteln‹, und wurde vom Konzil von Chalkedon geduldet. Der Lehre widersetzten sich jedoch die Monophysiten, die an eine einzige Natur Gottes glaubten. Um diese zahlenmäßig große Gruppe für sich zu gewinnen, ließ Kaiser Justinian die ›Drei Kapitel‹ der inzwischen verstorbenen Gelehrten ohne Rückendeckung durch ein Konzil verurteilen.

Ein im Jahre 544 erlassenes Edikt Justinians wurde jedoch nicht von allen Teilen der Kirche, auch nicht vom römischen Papst, mitgetragen. Daher berief Justinian 553 ein neues Konzil nach Konstantinopel, auf dem die Beschlüsse von Chalkedon offiziell als nichtig erklärt wurden und damit die Zweinaturenlehre verdammt wurde. Papst Pelagius I. erkannte die Ergebnisse des Konzils von Konstantinopel schließlich an, nicht jedoch der Bischof von Aquileia, Macedonius (539–57), und mit ihm alle weiteren Bischöfe der großen Kirchenprovinz. Sie erklärten gemeinsam ihren Glauben an die zwei Naturen Christi, wie er in den ›Drei Kapiteln‹ formuliert war. Zum offenen Schisma kam es, als der Nachfolger des Macedonius, Bischof Paulinus I. (558–569), ein Konzil seiner Provinz zusammenrief (558), das die ›Drei Kapitel‹ offiziell anerkannte und sich damit der päpstlichen Autorität widersetzte. Demonstrativ ließ sich Paulinus als Patriarch anreden. Damit usurpierte er einen Titel, der in der westlichen Welt allein dem Bischof von Rom zukam. Der ›Dreikapitelstreit‹ dauerte 130 Jahre, bis 699. Mit dem Schisma war zugleich ein weiterer Grundstein gelegt für die Sonderstellung der Bischöfe von Aquileia (die bis 1751 dauern sollte) und auch für ihre spätere weltliche Macht im Patriarchenstaat (1077–1420). Für das Friaul aber begann während des Dreikapitelstreites eine neue Epoche.

Die Langbärte kommen – Die Neugliederung des Landes unter den Langobarden

Mit den Langobarden beginnt ein neuer Abschnitt in der Geschichte des Friaul. Während Goten, Hunnen und die Herkuler Odoakers das Land plündernd und zerstörend durchzogen und infolgedessen keine bleibenden Zeugnisse hinterlassen hatten, verfolgten die Langobarden von Anfang an das Ziel, sich in dem eroberten Land niederzulassen. Zwar versetzte das riesige Langobardenheer dem schon mehrfach geplünderten, heruntergekommenen Land neue Schrecken. Doch schon bald begann eine neue Phase der Besiedlung und Neugliederung, die schließlich am Ende ihrer 206 Jahre währenden Herrschaft zu einer kulturellen Blüte führte.

Das Friaul war die erste italienische Region, die das germanische Volk in Besitz nahm. Sein Einzug erfolgte in kürzester Zeit und nahezu ohne Widerstand: Vorangegangen waren die Kriege zwischen den noch herrschenden Byzantinern und den Ostgoten, die sich auch nach 553 nicht geschlagen geben wollten und verbissen weiterkämpften. Der byzantinische Feldherr Narses wußte sich schließlich nicht mehr anders zu helfen, als 553 das Heer der Langobarden zur Hilfe zu rufen, das sich mehr als bereitwillig von Ungarn aus auf einen Marsch in das Friaul vorbereitete. Noch während sich die Germanen der friulanischen Grenze näherten, nahm Narses auf Befehl des byzantinischen Hofes den Hilferuf zurück. Doch für einen Rückzug war es bereits zu spät: Am Dienstag nach Ostern des Jahres 568 zogen die Langobarden unter ihrem Heerführer Alboin durch das Isonzo-Tal und über die noch bestehende römische Isonzo-Brücke südlich von Gorizia in das Friaul ein.

Sie kamen nicht mehr als Alliierte, sondern als Eroberer. Die Byzantiner leisteten kurz Widerstand, zogen sich dann aber bald auf den Küstenstreifen zurück und gaben das übrige Land frei. Der Gründung des ersten Herzogtums der Langobarden in Italien mit der Hauptstadt Cividale stand nichts mehr im Wege. Die Ereignisse jener Tage können wir nachlesen in der »Historia Langobardorum« des Paulus Diaconus, eines langobardischen Mönches und Diakons, der Ende des 8. Jh.s im Kloster Montecassino die Geschichte seines Volkes niederschrieb (s. S. 25).

In bilderreicher Sprache schildert Paulus den Einzug des langobardischen Heeres unter ihrem Führer Alboin I. und die anschließende Gründung des ›Ducatus Foroiuliensis‹, also eines Herzogtums mit der Hauptstadt Forum Iulii, dem heutigen Cividale. Warum die Wahl der Hauptstadt ausgerechnet auf Cividale fiel, ist leicht zu erklären: Cividale war ein byzantinisches Kastell mit wahrscheinlich noch recht gut erhaltenen Festungsmauern. Es lag geographisch äußerst günstig im Natisone-Tal, zudem weit genug entfernt vom byzantinischen Küstenstreifen. Unter der langobardischen Herrschaft sollte diese Stadt eine ähnliche Bedeutung erlangen, wie sie einst Aquileia unter den Römern zukam.

Nachdem sich die neuen Eroberer in Cividale eingerichtet hatten, begannen sie mit der systematischen Inbesitznahme des Landes. Das neue Herrschaftsgebiet des langobardischen Königs (*Rex gentis langobardorum*) war im Friaul von beachtlicher Größe und umfaßte vier römische Munizipien (nämlich Forum Iulii, Aquileia, Iulium Carnicum und Concordia). Um eine ausreichende Kontrolle sicherzustellen, wurden langobardische Adelsfamilien ausgewählt und über die Region verteilt. Diese gaben ihr bisheriges Wanderdasein auf, um sich in den von den Byzantinern hinterlassenen Kastellen und ummauerten Städten niederzulassen. Ihre Gruppierung blieb dabei jedoch weiterhin die der ›Farae‹, der typisch langobardischen Lebensgemeinschaften, die aus zumeist verwandtschaftlich verbundenen Kriegern, Frauen und Kindern sowie Sklaven bestanden (das Wort Fara hat sich im Ortsnamen Farra d'Isonzo erhalten).

Man darf nun nicht übersehen, daß die neuen Herren nur einen verschwindend geringen Teil der Gesamtbevölkerung ausmachten. Die Langobarden beanspruchten die schon unter den Römern übliche *hospitalitas*, nach der die alteingesessene Bevölkerung u. a. ein Drittel der Erträge an die Gastfamilien, also die Langobarden, zu liefern hatte, »die alle Schlüsselstellungen im Land für sich reservierte« (Jarnut).

Die Gefahr feindlicher Angriffe war in den ersten Jahrzehnten der Herrschaft unvermindert groß. Von Osten her drohten Einfälle der Slawen, aber auch der Awaren, einem Reitervolk. Von der Lagune aus machten die Byzantiner Druck. Ein wirkungsvolles Verteidigungssystem war daher dringend notwendig. Um rasch handeln zu können, wurde dem Dux oder Militärkommandierenden von Anfang an weitgehende Autonomie in den Belangen seines Gebietes zugebilligt. Man nannte diesen Militärkommandanten Dux, was im Deutschen – allerdings »nur höchst unvollkommen« – mit Herzog übersetzt wird. Der Dux war »oberster Führer, der ihm unterstellten Krieger, nicht nur in militärischer, sondern auch in juristischer und administrativer Hinsicht« (Jarnut). Ihm unterstanden jedoch nicht die meist an den Grenzen eingesetzten Arimannen, eine spezielle Einheit von Berufskriegern, welche höher bezahlt wurde und direkt dem König unterstellt war.

Im Landesinneren entstand – wie wir von Paulus Diaconus erfahren – ein keilförmiges Verteidigungssystem mit sieben Festungen. Dieser sogenannte ›langobardische Limes‹ im Friaul bestand aus den Kastellen Cormons, Nimis, Osoppo, Artegna, Ragogna, Gemona

Einzug des Langobardenkönigs Alboin. Holzstich nach einem Gemälde von L. Pogliaghi, um 1890

und Invillino-Ibligo. Ihr Aufbau und ihre Erhaltung verschlangen beträchtliche finanzielle Mittel, eine gesunde wirtschaftliche Entwicklung des Landes war daher dringend notwendig. Dadurch aber wurden bereits die Grundlagen für die Stabilität und spätere Blüte des Reiches gelegt.

Trotz der groß angelegten Sicherheitsvorkehrungen brachte das Jahr 601 den Langobarden schwere Verluste durch die Awaren, wenngleich eine endgültige Niederlage in letzter Minute noch verhindert werden konnte. In blutigen Gefechten wurde der damalige Dux des Friaul, Gisulf II., getötet. Seine Gemahlin Romulda konnte mit ihren beiden Söhnen vom Schlachtfeld nach Cividale fliehen, wußte allerdings nichts besseres zu tun, als sogleich dem Feind die Stadttore zu öffnen. Man glaubte – so erzählt es Paulus Diaconus –, sie hätte aus Liebe zum Anführer der Awaren gehandelt. Unverhoffte Rettung kam in Gestalt des Langobardenkönigs Agilulf, der die Awaren vertrieb und die Söhne Gisulfs, Taso und Caco, zu dessen Nachfolgern ernannte.

Ansicht des Kastells von Gemona. Kupferstich, 15,5 x 18 cm, aus: G. G. Liruti, »Notizie di Gemona«, Venedig 1771

In den 20er und 30er Jahren des 7. Jh.s standen erneut kriegerische Auseinandersetzungen mit den Byzantinern im Vordergrund. In diese Zeit fällt die Herrschaft König Rotharis (636–652), der Ligurien für das langobardische Reich eroberte, aber vor allem aus anderen Gründen in die Geschichte einging: Ihm haben wir die schriftliche Zusammenfassung und Neuordnung des langobardischen Rechts zu verdanken, das zuvor nur mündlich überliefert war. Am 22. November 643 legte Rothari das neue Gesetzbuch in Pavia, der damaligen Hauptstadt des Königreiches, zur Verabschiedung vor. Die Gesetze, die ausschließlich für den Gebrauch der Langobarden bestimmt waren, wurden wie alle schriftlichen Dokumente in lateinischer Sprache abgefaßt. Dies ist ein deutliches Zeichen für den inzwischen stattgefundenen Assimilierungsprozeß zwischen Langobarden und Römern.

Der Weg zum Erfolg – das Friaul der Langobarden

Die im 7. Jh. immer noch wütenden Slaweneinfälle konnten um 700 endlich mit einem Friedensvertrag beendet werden. Im beginnenden 8. Jh. waren damit die Grenzen soweit gesichert, daß nicht mehr die Verteidigung im Mittelpunkt stand, sondern zu neuen Eroberungen aufgebrochen werden konnte.

Was die Religionszwistigkeiten und die Rolle der Patriarchen nach dem Dreikapitelstreit betraf, so wurden auch diese Probleme bis 699 gelöst, wenngleich nicht ohne erhebliche Zwischenfälle. Im Jahre 568, beim Einmarsch der Langobarden in das Friaul, war der Patriarch von Aquileia in höchster Eile nach Grado geflohen – eine Vorsichtsmaßnahme, die für die spätere Geschichte der Patriarchen nicht ohne Folgen bleiben sollte. Zunächst jedoch handelte es sich nur um einen Alleingang, alle anderen Bischöfe und Geistlichen der Kirchenprovinz Aquileias verblieben weiterhin auf dem Festland.

Nach anfänglichen Schwierigkeiten zeigte sich, daß die neuen langobardischen Landesherren dem Patriarchen gar nicht abgeneigt waren, da sie mit diesem durch eine beiderseitige antirömische und antibyzantinische Haltung verbunden waren (die Langobarden aus machtpolitischen Gründen, die Patriarchen als unerbittliche Anhänger der von Rom verdammten Zweinaturenlehre, wie sie in den ›Drei Kapiteln‹ formuliert worden war). Trotzdem verblieben auch die Nachfolger des Patriarchen Paulinus auf Grado: die Patriarchen Probinus (569–571), Elias (571–586), dessen Name mit der Erneuerung der Kirche Santa Eufemia verbunden ist, und Severus (586–607). Das Jahr 607 sollte mit dem Tod des Patriarchen Severus der Situation eine neue Wendung geben. Der Nachfolger hieß Candidianus. Er war romfreundlich eingestellt, was nichts anderes bedeutete, als daß er zu einer Schlichtung des inzwischen schon knapp 50 Jahre andauernden Dreikapitelstreites bereit war. Er hatte dabei allerdings nicht mit dem zurückgebliebenen Klerus gerechnet, der diesen Schritt nicht mitvollziehen wollte und daher kurzerhand einen eigenen Patriarchen

GESCHICHTE

Wer waren die Langobarden?

Unser Bild von den Langobarden ist heute meist ein wenig verklärt. Wer denkt schon bei der andächtigen Betrachtung des Tempietto in Cividale daran, daß die Langobarden zunächst vor allem ein kriegerisches Volk waren, erobernd von einem Land zum anderen zog, mit Ausnahme der Metallverarbeitung kaum eine eigene Kultur entwickelt hatte und von den – nun selbst keineswegs friedfertigen – Römern als besonders roh und wild, eben ›barbarisch‹ bezeichnet wurde? Dies ändert freilich nichts an der Tatsache, daß heute noch eine ganze Region nach den Langobarden benannt ist – die Lombardei (lat. *Langobardia*, ital. *Lombardia*) –, daß das langobardische Recht bis in das 12. Jh. in Italien Einfluß hatte oder auch die langobardische Sprache durchaus erkennbare Spuren im Italienischen hinterlassen hat, wie zahlreiche Vornamen zeigen, die im Mittelalter sehr häufig waren, seit dem Risorgimento und vor allem seit dem Faschismus nur noch selten gewählt werden.

Ein Blick in die Entstehungsgeschichte des langobardischen Volkes zeigt uns, daß es ursprünglich in Skandinavien beheimatet war. Der »Origo gentis langobardorum«, der langobardischen Ursprungssage, die im 7 Jh. nach mündlichen Überlieferungen geschrieben wurde, können wir entnehmen, daß sie sich damals noch ›Winniler‹ nannten. Wahrscheinlich war es Kampfeslust, die junge Langobarden Ende des 1. Jh.s aufbrechen ließ, um neues Land zu entdecken. Der Sage nach zogen sie geschart um ihre beiden Anführer Ibor und Agio an die Niederelbe, wo sie in Konflikt mit den das östliche Mitteleuropa beherrschenden Wandalen kamen. Damals – so die Sage – soll der von den Wandalen verehrte Gott Wotan denjenigen den Sieg zugesprochen haben, die am Morgen des Kampfes zuerst vor ihm erschienen: Die Winniler schafften es (allerdings nur mit Hilfe eines Hinweises von Wotans Gattin Freia) und traten nach Freias Anweisung mit aufgelöstem Haar vor Wotan, woraufhin dieser gefragt haben soll »Wer sind diese Langbärte?«. Von nun an hießen die Winniler ›Langbärte‹, Langobarden. Historischen Forschungen zufolge hat sich der Namenswechsel natürlich nicht durch Wotans Worte ergeben, sondern er entstand im Zuge eines Religionswechsels von vanischen Fruchtbarkeitsriten hin zur Wotan-Verehrung.

In den folgenden Jahrhunderten drangen die Langobarden immer weiter nach Südosten vor. Um 490 besetzten sie das Rugierland in Niederösterreich, zu Beginn des 6. Jh.s ließen sie sich schließlich in Pannonien, dem heutigen Ungarn, nieder. Schon vor dem Einmarsch in Italien 568 hatten die Langobarden ein differenziertes soziales System entwickelt: An der Spitze des Soldatenvolkes stand ein König. Ihm unterstanden die *duces,* Militärkommandierende, die nach der Besiedelung Italiens relativ selbständig über eigene Gebiete, die *ducati,* regierten. Kontrolle durch den König fand jedoch in jedem *ducatus* durch einen Gastalden statt, der nur dem König verantwortlich war und in jeder Hauptstadt einen eigenen Palast bezog. Das Volk war in Freie, Halbfreie und Sklaven unterteilt: Nach dem anfänglich in Italien noch praktizierten Nomadentum (d. h. man zog in Fahrtverbänden, den *Farae,* umher) wohnten die Freien bald meist mit ihrer Familie und den Sklaven in sogenannten *curtes,* abgesicherten und rechtlich geschützten Einzelgehöften. Innerhalb der Gruppe der Freien gab es verschiedene Rangabstufungen wie Adelige, Freie im Dienste des Königs etc. Sie wurden jedoch alle zu den *exercitales* gezählt, dem langobardischen Heeresvolk. Wie wir den Grabbeigaben entnehmen, gab es beträchtliche Rangunterschiede. Die *exercitales* waren auch diejenigen, die in der sogenannten Speerversammlung, der *gairethinx,* den König wählten oder wichtige Beschlüsse faßten. Vollkommen ohne Rechte oder Handelsfreiheit waren dagegen die Unfreien. Ein kleiner Teil der Bevölkerung bildete die *Aldien,* die sogenannten Halbfreien, die geringfügigen Handlungsfreiraum hatten. Durch die im Laufe der Jahrhunderte zunehmenden Freilassungen war den Halb- und Unfreien eine gewisse Möglichkeit gegeben, den Rang der Freien zu erlangen.

Das religiöse Bekenntnis der Langobarden wandelte sich von der anfänglichen Wotanverehrung über die Annahme des arianischen Glaubens zum Katholizismus. Hier spielten zunächst politische Interessen eine große Rolle – Allianzen mit den arianischen Goten oder den katholischen Byzantinern –, später dann (im 7. Jh.) war es hauptsächlich der Einfluß der bayerischen Dynastie des Königshauses. Aber auch das katholische Umfeld war in Italien von Anfang an wirksam. So mußte etwa König Authari zu Beginn der Besiedelung aus Angst vor einer Zersplitterung seines Volkes in Glaubensfragen die katholische Taufe verbieten.

Langobarde. Farblithographie, um 1880

Was die langobardische Sprache betrifft, so handelte es sich dabei niemals um eine geschriebene, sondern immer nur um eine gesprochene Sprache. Dies ist auch der Grund dafür, warum sich nur sehr wenig aus dem Bereich der Literatur erhalten hat, obgleich es natürlich Lieder, Erzählungen und Sagen auf Langobardisch gab. Alle schriftlichen Zeugnisse, die wir von diesem Germanenvolk besitzen, sind in Latein abgefaßt, das seit dem 6 Jh. von den Langobarden als offizielle Schriftsprache anerkannt wurde. Mit der fortschreitenden Romanisierung wich dann ab dem 7. Jh. die Zweisprachigkeit allmählich dem Vulgärlatein, aus dem sich später das Italienische und andere romanische Sprachen entwickeln sollten.

wählte, den Abt Johannes (607–619). Und somit gab es nun plötzlich zwei Bischöfe, die den Titel ›Patriarch von Aquileia‹ führten: den romnahen Candidianus mit Sitz in Grado und Johannes, der unter langobardischem Schutz stand und in Aquileia residierte.

Der Patriarch von Grado war nicht nur dem Papst, sondern auch Byzanz verbunden und übte Rechtsprechung über das byzantinisch gebliebene Küstengebiet und Istrien. Der in Aquileia residierende Patriarch Johannes stand dagegen dem von den Langobarden besetzten Landesinneren von Friaul und den übrigen Gebieten der großen Kirchenprovinz vor. Johannes fand durch Langobardenkönig Agilulf (591–616) Anerkennung als der einzig rechtmäßige Patriarch. Ihm wurden daher all jene kirchlichen Güter und Besitzungen zurückerstattet, die die Langobarden bei ihren Eroberungszügen der aquileischen Kirche abgenommen hatten.

In dieser Zeit waren die Langobarden dabei, den arianischen Glauben abzulegen. »Der Drei-Kapitel-Glaube wurde für sie zum nationalen Katholizismus« (Gian Carlo Menis). Damit war ein weiterer wichtiger Schritt hin zum katholischen Bekenntnis getan, nachdem Ende des 6. Jh.s die bayerische Prinzessin Theodelinde, Gemahlin König Autharis und später Agilulfs, die Konvertierung vom arianischen zum katholischen Glauben vorbereitet hatte. König Kunibert (688–700) sollte schließlich im Jahre 698 endlich auch die Beilegung des Schismas gelingen. Auf der von ihm einberufenen Synode in Pavia sagte sich die Kirche von Aquileia von der Zweinaturenlehre los, ohne daß es freilich zur Aufhebung eines der beiden Patriarchensitze kam. Es scheint, der Papst habe beide ›Patriarchen von Aquileia‹ anerkannt - den in Grado, dem *Aquileia nova*, residierenden und den inzwischen von Aquileia nach Cormons übergesiedelten. (Man spricht vereinfacht von den Patriarchen von Aquileia und den Patriarchen von Grado, obwohl beide den Titel ›Patriarch von Aquileia‹ für sich beanspruchten).

Mit dem Nebeneinanderbestehen von zwei Patriarchaten war naturgemäß ein nicht endenwollender Kompetenzenstreit vorprogrammiert. Bisweilen kam es sogar zu gewalttätigen Auseinandersetzungen. Mehrmals überfielen die Patriarchen von Aquileia die Laguneninsel Grado. Als diesen schließlich im Jahre 1027 vom Papst die Oberhoheit über Grado zuerkannt wird, zeigte das so gut wie keine praktischen Konsequenzen. Wenn die Patriarchen von Aquileia dennoch eine außerordentliche Vormachtstellung erlangten, so verdankten sie es später der Begünstigung durch Kaiser Heinrich IV., der ihnen weltlichen Rang, d. h. die Grafenwürde mit herzoglichen Befugnissen über nahezu das ganze Friaul verlieh.

Nach der bereits erwähnten Beilegung des Schismas 698 begann eine neue, glückliche Phase der langobardischen Herrschaft. Die in der ersten Hälfte des 7. Jh.s noch überwiegend aus Kriegern bestehende langobardische Gesellschaft hatte sich allmählich in eine komplexere, wenn auch instabilere Gesellschaft aus Händlern, Grundbesitzern, Bauern gewandelt, was zu einem wirtschaftlichen Aufschwung führte. Der Außenhandel entwikkelte sich, es wuchs das Repräsentationsbedürfnis der oberen Schichten und damit auch das Interesse an Kunst. Die Bemühungen des tief religiösen Königs Liutprand (712–744) um Stabilität im Reich und das ›Zusammenwachsen‹ der langobardischen und romani-

Paulus Diaconus

Der langobardische Dichter, Gelehrte und Mönch Paulus Diaconus bildet eine Schlüsselfigur für unser heutiges Verständnis der Langobarden. Ohne die von ihm verfaßte Geschichte der Langobarden, die »Historia Langobardorum« wäre unser Wissen um das nordische Volk auf einige wenige Fakten beschränkt.

Paulus Diaconus lebte zwischen 725/30 und 799, in einer Zeit also, in der die langobardische Herrschaft in Oberitalien ihren Höhepunkt erreichte. Als Sohn der Teodolinda und des Warnefried in eine wahrscheinlich adelige Familie hineingeboren, verbrachte er seine Jugend in Cividale, der Hauptstadt des langobardischen Herzogtums im Nordosten Italiens. Schon früh begann er mit dem Studium der lateinischen Sprache, die ihm später den Kontakt mit dem übrigen Europa erleichtern sollte. Da zu seinen Studien auch Griechisch, Literatur und Metrik gehörten, entwickelte sich Paulus bald zu einem angesehenen Gelehrten, der mit den Herzögen in Cividale in enger Verbindung stand. Durch die freundschaftlichen Beziehungen, die den Dichter mit Dux Ratchis verbanden, wurde er schließlich von diesem an den Hof in Pavia gerufen, wo Ratchis als neuer König der Langobarden residierte. Paulus teilte zunächst nicht dessen tiefe Religiosität, während der Jahre am Hofe wurde er jedoch davon beeinflußt. Neben seinen klassischen Studien widmete er sich immer mehr der Theologie, bis er am Ende beschloß, die Weihen anzunehmen (751) und in das Kloster Montecassino zog (770). Sicherlich mag dabei auch die Tatsache eine Rolle gespielt haben, daß zu damaliger Zeit ein Kloster der ideale Ort für Studien war.

Der ausgezeichnete Ruf des Paulus Diaconus' verbreitete sich allerdings bald bis an den Hof Karls des Großen, der zahlreiche Gelehrte um sich versammelt hatte. Als Paulus den künftigen Kaiser des Deutschen Römischen Reiches um seiner Familie willen anschrieb, die in den Kämpfen zwischen Franken und Langobarden festgenommen worden war, berief ihn Karl umgehend an den fränkischen Hof. »Mihi palatium carcer est« (Der Hof ist mir wie ein Gefängnis), schrieb der Mönch damals über die Jahre seines Aufenthaltes, denn wegen der fremden Sitten und Traditionen wurde das fränkische Hofleben dem Langobarden niemals wirklich vertraut. Trotzdem wuchs eine intensive Freundschaft mit Karl dem Großen, die auch nach Paulus' glücklicher Rückkehr nach Montecassino andauerte.

Zurück in Italien, schrieb Paulus seine »Historia Langobardorum«. Mit Liebe und nicht selten auch Pathos sind die Ereignisse der langobardischen Geschichte festgehalten, ironisch angemerkt oder stolz nacherzählt. Sicherlich lassen sich viele Schwachstellen und Widersprüche aufzeigen, und Paulus' vereinfachende Sicht auf die Welt, in der einzig der Gläubige zählt, mag einer objektiven Schilderung häufig im Wege sein. Verglichen mit anderen Chroniken jener Zeit, zeugt sein Werk jedoch vom kritischen Geist eines Autors, der seine Quellen prüfte. Wie bedeutend es auch damals schon eingeschätzt wurde, zeigt sich nicht zuletzt an den über hundert Kopien der »Historia«, die es heute noch in den europäischen Bibliotheken gibt.

schen Bevölkerung waren überaus erfolgreich und wurden in Gesetzen verankert. Der König, den Paulus Diaconus schwärmerisch als einen »Mann von großer Weisheit«, als scharfsinnig, fromm, friedliebend und großzügig beschreibt, gründete eine Hofschule, an der lateinische Kultur vermittelt wurde. Zum Kreis der hier Studierenden gehörten nicht nur die Königssöhne Ratchis und Aistulf, sondern auch zwei der bedeutendsten Langobarden überhaupt: der mehrfach erwähnte Geschichtsschreiber Paulus Diaconus (um 725/30–799) und der Grammatiker und Dichter Paulinus (gestorben 802), den Karl der Große später zum Patriarchen von Aquileia ernannte. Regelmäßig verkehrten Literaten und Künstler am Hofe des friulanischen Herzogs. So erlangte das Herzogtum Cividale innerhalb des Langobardenreiches nicht nur politisches und strategisches, sondern auch kulturelles Gewicht. In jenen Jahren der Herrschaft Liutprands - und später dann auch unter den friulanischen Duces und Königen Ratchis (König von 744 bis 749) und Aistulf (König von 749 bis 756) - kam es zu einer Blütezeit der bildenden Künste: Werke wie der *Tempietto longobardo* oder das Callixtus-Baptisterium in Cividale gehören zum Eindurcksvollsten, was wir von den Langobarden kennen. »Liutprandische Renaissance« wurde diese Epoche später genannt.

Machtwechsel - das Ende der langobardischen Herrschaft

Nach Liutprands Tod 744 und einer kurzen Phase der Herrschaft unter dessen Neffen Hildeprand, folgte wiederum ein Herzog des Friaul auf den Königsthron: Ratchis. Er hatte eine vornehme Römerin geheiratet und war um eine rom- und byzanzfreundliche Politik bemüht. Er scheiterte jedoch am Widerstand der konservativen Langobarden und mußte sich schließlich ins Kloster Montecassino zurückziehen. Sein anders gesinnter Bruder Aistulf, ebenfalls zuvor Herzog des Friaul, trat 749 die Nachfolge an. Bald nach seiner Thronbesteigung verkündete er den Anspruch auf die byzantinischen Gebiete Italiens und rief in langobardischer Tradition zu neuen Eroberungen auf. Indem er alle Männer zum Kriegsdienst zwang, gelang es ihm zunächst tatsächlich, eine bedrohliche Vormachtstellung in Italien zu erringen, die er mit deutlichen Forderungen an Rom unterstrich. Doch damit hatte Aistulf bereits das Ende seines Reiches heraufbeschworen. Nach dem ergebnislosen Ausgang zahlreicher Verhandlungen rief Papst Stephan II. den Frankenkönig Pippin zu Hilfe. Zweimal (754 und 756) unterlag Aistulf dem Frankenheer, beide Male floh er nach Pavia, mußte kapitulieren und zuletzt Bedingungen annehmen, die seinem Reich nun bereits eindeutig eine untergeordnete Rolle in Italien zuwiesen.

Des ungeachtet strebte Aistulfs Nachfolger Desiderius (757–774) weiter nach einem ganz Italien umfassenden Langobardenreich. Er verbündete sich mit Byzanz (758) und eroberte erneut große Gebiete in Mittel- und Süditalien. Als es zu einem Friedensvertrag mit dem Papst gekommen war, glaubte er sich seinem Ziele nahe. Noch günstiger entwikkelten sich die Dinge nach dem Tode Pippins 768, als einer seiner Söhne, der spätere Karl der Große, eine Tochter des Desiderius zur Frau nahm. Doch mit dem Aufstieg Karls zum König über das Frankenreich 771 änderte sich die Lage schlagartig. Die Bedrohung durch die Langobarden war auch Karl nicht entgangen, er entließ kurzerhand seine langobardische Gemahlin und erklärte Desiderius den Krieg. Als der Langobarde dabei war, Rom anzugreifen, rief Papst Hadrian erneut die Franken zur Hilfe. Desiderius verschanzte sich in Pavia, bis er nach sechs Monaten überwältigt wurde. Karl nahm den letzten langobardischen König gefangen und verkündete seinen neuen Titel: ›König der Franken und Langobarden durch die Gnade Gottes‹ (Gratia Dei rex francorum et langobardorum). Damit war das Langobardenreich nach 206 Jahren fast an seinem Ende angelangt. Doch ein einziger langobardischer Herzog hatte seinen *ducatus* noch nicht aufgegeben: Rotgaud, der Herzog des Friaul. Zwei ganze Jahre stemmte er sich gegen die karolingische Übermacht im verzweifelten Versuch, das Langobardenreich wiedererstehen zu lassen und den Sohn des Desiderius, Adelchis, auf den Thron zu heben. Ein Aufstand gegen die Karolinger, zu dem Rotgaud sich mit den Herzögen von Treviso, Spoleto und Benevent sowie den Byzantinern und Bayern verbündete, scheiterte an Verrat. So konnte Karl 776 schließlich auch im Friaul einziehen und den endgültigen Schlußstrich unter das Langobardenreich ziehen.

Der Aufstieg der Patriarchen

Karl der Große schenkte dem Friaul besondere Aufmerksamkeit. Vor allem wußte er die strategische Bedeutung der Region als ideale Ausgangsbasis für militärische Operationen gegen die Slawen und Awaren zu nutzen. Dabei konnte er sich auch hier auf eine Reihe von Männern verlassen, die sich auf seine Seite geschlagen hatten. Zu ihnen gehörte der Grammatiker Paulinus, von dem wir vergleichsweise wenig wissen, der aber für die nun folgende friulanische Geschichte nicht unbedeutend war. Der Gelehrte ist nicht zu verwechseln mit dem Mönch Paulus Diaconus, der die Geschichte der Langobarden verfaßt hatte. Dieser blieb lebenslang seinem langobardischen Volk treu verbunden. Paulinus stieg bald zum Vertrauten Karls des Großen auf und wurde schließlich 786 zum Patriarchen von Aquileia ernannt. Da sich Karl bei seinen Unternehmungen auch der Unterstützung des Patriarchen sicher sein wollte, zeigte er sich der Diözese von Aquileia gegenüber betont großzügig: Er gab alle konfiszierten Besitztümer an sie zurück und stattete sie zusätzlich mit neuen Besitztümern aus. Dadurch wurde die Bedeutung der Patriarchen, der einzigen Institution, die alle Veränderungen und Wirren der Völkerwanderungszeit überstanden hatte, zusätzlich gefestigt. Das hohe Amt, das Paulinus durch die Gunst des Frankenkönigs erhalten hatte, sollte zuletzt für das Land positive Folgen haben. Paulinus konnte in politische Entscheidungen Karls zugunsten seiner friulanischen Heimat eingreifen. 792 erhob Karl Paulinus schließlich zum *missus dominicus*. Als socher war er u. a. höchster Richter, und seine Kompetenzen standen noch über denen des Dux. Zusammen mit Herzog Heinrich, der von 791 bis 799 regierte, gelang es Paulinus schließlich, dem Friaul allmählich wieder Bedeutung und Größe zu verleihen. Bei seinem Tode (802) reichten die Grenzen im Osten bis zum Awarenreich.

Nach dem Tode Karls des Großen (814) war das Land plötzlich weniger stabil denn je. 828 kam es zu Verwüstungen durch Slawen. Erst Herzog Eberhard (836–866) gelang es in seinen letzten Regierungsjahren, Herr der Lage zu werden, und er erreichte, daß das Friaul zur Mark, d. h. zu einem Grenzgebiet zur Verteidigung des Reiches, bestimmt wurde. Am Hofe des ersten friulanischen Markgrafen Eberhard kam es zu einem Wiederaufleben des kulturellen Lebens. Seine Hofschule (seit 825 bestehend) entwickelte sich zu einem der Zentren karolingischer Renaissance.

Die Streitigkeiten unter den Nachkommen Karls und die damit verbundene Auflösung des Imperiums wurden bald auch im Friaul spürbar. Dem friulanischen Markgrafen Berengar (875–924) gelang es immerhin noch, eine Weile den Schein der Prosperität zu wahren, und er wurde sogar 888 zum ersten König Italiens gewählt. 899 wurde schließlich mit einem Paukenschlag alles zunichte gemacht: Reiterscharen der Ungarn brachen in das Friaul ein, stürzten sich auf alles, was ihnen in den Weg kam, brandschatzten und töteten, ohne daß jemand der »grausamen und perfiden Heiden« Herr wurde. Immer wieder wiederholten sich die Einfälle - mehr als 50 Jahre lang. Am Ende blieben nichts als verwüstete Dörfer, eingestürzte Kirchen, verbrannte Erde und verödete Landstriche.

Als König Otto I., der erste Sachsenkaiser (962), 951 über die Alpen kam und sich bald darauf selbst zum König Italiens ernannte, war das für das Friaul ein Glücksfall. Denn Ottos Bruder Heinrich, Graf von Bayern und Kärnten, bekam damals neben der Mark Verona auch die Mark Friaul (Aquileia) einschließlich Istrien zugesprochen. Heinrich sollte es 952 gelingen, die Ungarnheere zu überwältigen. Das Land konnte aufatmen. Nach den grauenvollen Jahren folgte nun ein mühsamer, viele Jahrzehnte dauernder Aufbauprozeß: zu einer Zeit, als sich in anderen Gegenden Europas und Italiens bereits die ottonische und romanische Kultur vorbereiten konnte.

Auch die sächsischen Kaiser wußten die Patriarchen unvermindert als ›Fixpunkte‹ zu schätzen. Wie zuvor Karl der Große bedachten die Ottonen sie mit Schenkungen und Privilegien: Städte, Dörfer, Kastelle, ganze Landstriche mit Wäldern und Flüssen sprachen sie den Patriarchen zu. Damit war allerdings auch die Verantwortung für Verteidigung und Wiederaufbau der Gebiete verbunden. Die Patriarchen enttäuschten ihre Gönner nicht. Sie vergalten die Übertragung der Besitztümer und die ihnen zugestandenen, immer größer werdenen Rechte mit beharrlicher Kaisertreue und sorgten darüber hinaus für einen langsamen, aber stetigen wirtschaftlichen Aufschwung.

Von Cividale aus - wohin der Patriarchensitz seit 738 verlegt worden war - riefen die geistlichen Herren schon bald nach dem Ende der Ungarneinfälle Slawen in die menschenleeren Gebiete. Von slawischen Siedlungen zeugen in der Ebene zwischen Udine und dem Tagliamento noch zahlreiche Ortsnamen wie Gradisca, Gradiscutta, Goricizza,

Karte von Friaul-Julisch Venetien. Kupferstich, 36 x 48 cm. Kopie einer Karte aus der Bibliothek des ungarischen Kartographen Giovanni Sambuco (Zsambok). Aus: »Théatre de L'Univers, contenant les cartes de tout le monde ... par Abraham Ortelius«, 1598

Gorizzo und Belgrado. Die Patriarchen ließen Stadtmauern und Kastelle wiedererrichten und kümmerten sich um die besondere Sicherung gefährdeter Grenzzonen. 1024 erfüllte Kaiser Konrad II. dann dem Patriarchen Poppo (1019–1042) einen seit Generationen gehegten Wunsch: Er entzog dem Patriarchen von Grado dessen Diözese und sprach sie Aquileia zu. Doch schon 1044 sollte Papst Benedikt XI. diese Annexion für ungültig erklären, und die Patriarchen von Grado konnten unter venezianischem Schutz ihren eigenen Weg weitergehen.

Poppos Wirken war es zu verdanken, daß der Handel mit den Nachbarvölkern wieder auflebte. Der ehrgeizige und willensstarke Poppo, der eigentlich Wolfgang von Traungau hieß und aus Kärnten stammte, war der erste deutschsprachige Patriarch von Aquileia. Bis zum 13. Jh. sollten deutsche Patriarchen, denen Kaisertreue stets selbstverständlich war, das Schicksal des Friaul leiten. Bis zum Ende des 11. Jh.s herrschten die Patriarchen über ein Gebiet, das zur größten Kirchenprovinz Europas geworden war. Ihre Rechte über eigene Besitztümer und ihre Befugnisse als Stellvertreter des Kaisers - ›Königsboten‹ (*missi dominici*) - überstieg inzwischen bei weitem die des Dux oder gar der aus deutschen

Chronologie des Patriarchats

558	Regionales Konzil von Aquileia, das die auf dem Konzil von Konstantinopel verdammte Zweinaturenlehre anerkennt. Paulinus, Bischof von Aquileia, nimmt den Patriarchentitel an.
568	Langobardeneinfall. Patriarch Paulinus flieht mit dem Kirchschatz nach Grado.
579	Weihe von Santa Eufemia in Grado.
606–607	Patriarch Candidianus versucht, den Dreikapitelstreit zu schlichten, indem er nicht weiter auf der Zweinaturenlehre beharrt. Der in Aquileia verbliebene Klerus schließt sich dem in Grado residierenden Patriarchen nicht an und wählt Abt Johannes (Giovanni) zum Gegenpatriarchen. Ab jetzt gibt es die Patriarchate von Aquileia und Aquileia nova (Grado).
628	Der in Grado gewählte Patriarch Fortunatus vertritt wieder den Dreikapitel-Glauben, kehrt nach Aquileia zurück und flieht anschließend in das Kastell von Cormons. Papst Honorius und Kaiser Heraklius setzten einen neuen romnahen Patriarchen in Grado ein.
698–699	Der Patriarch von Aquileia erkennt die Einnaturenlehre an, wie sie u. a. auch von Papst und dem Bischof von Grado vertreten wurde. Dennoch Fortbestehen der beiden Patriarchate.
Um 738	Übersiedlung des Patriarchen von Aquileia, Callixtus (734–40), von Cormons nach Cividale. Cividale bleibt Patriarchenresidenz bis ca. 1238.
787	Paulinus, *magister artis grammaticae* am Hofe Karls d. Gr., erneuert als

Ländern gekommenen Feudalherren, die hier vom Kaiser Lehensbesitz erhalten hatten. Es war nur noch eine Frage der Zeit, bis der Kaiser die De-facto-Macht formal absegnen würde: Der Augenblick war gekommen, als Patriarch Sigehard als einziger Kaiser Heinrich IV. nach seinem Gang nach Canossa (1076) die Rückkehr über die Alpen ermöglichte, indem er ihm die Grenzen seines Landes öffnete. Schon wenig später erfolgte die Belohnung der treuen Tat: Am 3. August 1077 ernannte der Kaiser in Pavia Sigehard zum Lehensherrn des größten Teils des Friaul. Damit war der Patriarchenstaat geboren, der für genau 343 Jahre (bis zur Anektion durch Venedig 1420) bestehen sollte.

	Patriarch von Aquileia (787–802) die Sonderstellung des Patriarchats.
1001	Kaiser Otto III. schenkt dem Patriarchen Johannes IV. von Aquileia die Hälfte der Besitzungen von Salcano (Siliganum) und der ländlichen Siedlung Görz.
1019–42	Poppo, Graf von Traungau, residiert zeitweise wieder in Aquileia, erneuert den Dom.
1027	Dem Patriarchat von Aquileia wird die Oberhoheit über Grado zuerkannt.
1077	Kaiser Heinrich IV. verleiht dem Patriarchen Sigehard, seinem vormaligen Kanzler, die Grafenwürde mit herzoglichen Befugnissen über das ganze Friaul. **Beginn des Patriarchenstaates**, der bis 1420 Bestand hatte.
1156	Verlegung der Patriarchenresidenz von Grado nach Venedig (Palast bei San Silvestro).
Um 1238	Der Patriarch von Aquileia, Berthold v. Andechs, verlegt die Residenz nach Udine.
1420	Venedig dehnt seinen Machtbereich auf den Patriarchenstaat aus.
1445	Die Patriarchen von Aquileia residieren von nun an fast ausschließlich in Venedig, später auch in Rom.
1451	Ende des Patriarchats von Grado. Erhebung des venezianischen Bischofssitzes von Olivolo (Castello) zur Würde des Patriarchats. Der Bischof von Castello, Lorenzo Giustinian, trägt als erster den Titel ›Patriarch von Venedig‹.
1751	Ende des Patriarchats von Aquileia. Die Diözese Aquileia wird aufgelöst. Es bilden sich die Erzdiözesen Udine für das venezianische und Gorizia für das österreichische Friaul.

Mit Gott und für den Kaiser - der Patriarchenstaat

Die Patriarchen regierten das Land nicht von Aquileia sondern meist von Cividale und später von Udine aus. Der stets gleichbleibende Kern des Reiches reichte dabei vom Livenza im Westen bis zu den Julischen Voralpen im Osten, vom Adriatischen Meer bis nach Karnien. Es handelte sich also um jene Region, die schon unter den Langobarden ein Herzogtum gebildet hatte und nach der Eroberung durch die Karolinger 774 in *Forum Iulii* umgetauft worden war. Der römische Name des heutigen Cividale wurde damals einfach auf das gesamte Gebiet ausgedehnt. Die alte Langobardenstadt selbst erhielt dagegen kurzerhand die Bezeichnung *Civitas Austriae*, Stadt des Ostens, aus Civitas aber wurde Cividale. Unklar war zumeist das Schicksal der Außengebiete des neuen Patriarchenstaates. So lag Krain die längste Zeit in deutschen und österreichischen Händen, während Istrien erst Anfang des 13. Jh.s ganz in den Herrschaftsbereich der Patriarchen fiel, um danach weiterhin dem Ringen zwischen den Grafen von Görz und Venedig ausgesetzt zu sein. Die Besonderheit des Patriarchenstaates lag in der Bündelung sakraler und profaner Macht in einer einzigen Person. Als Metropolit übte der Patriarch die Rechtsprechung über die Bischöfe der Kirchenprovinz von Venetien und Istrien aus. Als Bischof von Aquileia leitete er die Diözese. Als Fürst entschied er in sämtlichen innen- und außenpolitischen Angelegenheiten und war zugleich oberster Richter (Menis). So hing das Schicksal des Landes natürlich im extremen Maße von der jeweiligen Persönlichkeit des Patriarchen ab. Fall und Untergang des Staates sollten sich dann auch aus einer Folge von Herrschern ergeben, die der Ämteranhäufung nicht mehr gerecht zu werden verstanden.

In der ersten Zeit herrschte praktisch kaum Widerstand im Lande. Bald erwachte jedoch das Aufbegehren der Feudalherren. Allen voran waren es die Grafen von Görz, die, obwohl sie als Advokaten der Patriarchen deren Rechte zu vertreten hatten, sich zu ihren härtesten Widersachern entwickeln sollten und immer deutlicher Machtansprüche anmeldeten. Als Reaktion auf diese Ansprüche entstanden im 12. Jh. zwei Institutionen, die für das Friaul von entscheidender Bedeutung wurden: die Bürgervereinigungen der Städte und das ›Parlament des Friaul ‹. Wie in der Lombardei oder in der Toscana versammelten sich auch hier die Bürger in verschiedenen größeren und kleineren Räten. Im Friaul kannte man die Große Volksversammlung *(arengo)*, an der die Oberhäupter aller Familien teilnahmen, den Großen und Kleinen Rat *(consiglio maggiore, consiglio minore)*. Die Bürger erreichten im Friaul jedoch keine kommunale Freiheit. Abgesandte der zwölf Kommunen (Venzone, Gemona, S. Daniele, Udine etc.) trafen sich zusammen mit Vertretern des Adels und des Klerus im *Parlamento della Patria*. Dieses ›Parlament des Vaterlandes‹ entwickelte sich von einer einfachen, beratenden Versammlung am Hofe des

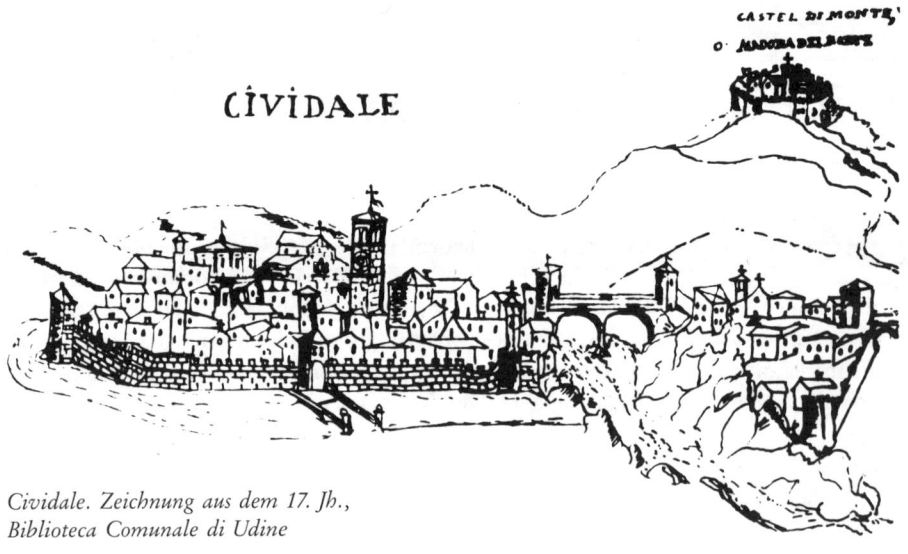

Cividale. Zeichnung aus dem 17. Jh.,
Biblioteca Comunale di Udine

Patriarchen im Laufe des 13. Jh.s zu einer bedeutenden Organisation, die als Vertretung des gesamten Volkes fungierte. Es regelte laufende Angelegenheiten im Lande, kontrollierte den Patriarchen und hatte Recht auf Einspruch bei dessen Entscheidungen, ja durfte sogar Gesetze erlassen. Diese vom Parlament verabschiedeten Gesetze wurden später in den *Constitutiones Patriae Foro Iuliensis* zusammengefaßt. Bis zum Ende des Patriarchenstaates 1420 sollten diese Gesetze gültig sein.

Bereits am Ende des 12. Jh.s war aus dem Friaul ein stabiler, wirtschaftlich solider und kulturell aufgeschlossener Staat geworden. Die Patriarchen pflegten weiterhin intensiv die Beziehungen zum Kaiser und wußten die daraus erwachsenden Vorteile geschickt für ihren Staat zu nutzen. Mit dem beginnenden 13. Jh. konnten sie dann zwei bedeutende Siege feiern: Zunächst wurde Istrien zum Teil des Friaul erklärt (Bestätigung 1209 durch Kaiser Otto IV.). Am 6. Dezember 1220 verkündet der Kaiser schließlich in Tivoli die absolute Macht des Patriarchen über seinen vergrößerten Herrschaftsbereich *(privilegium in favorem principum ecclesiasti comuni)*. Damit aber kündigte sich bereits eine deutliche Wende in den Machtverhältnissen im Friaul an. Als Berthold von Andechs (1218–1251) 1245 zum ersten Mal unter den Guelfen, den Befürwortern einer Politik zugunsten des Papstes, nach Verbündeten suchen mußte, um Widerstand aus den eigenen Reihen zu bekämpfen, war die Zeit der kaisertreuen Patriarchen zu Ende.

Richtungswechsel - der Niedergang des Patriarchenstaates

Das Friaul wurde nun eines der wichtigsten strategischen Gebiete der Papsttreuen. Zusammen mit diesem Wechsel beginnt auch die Reihe der italienischen Patriarchen, die die lange Folge von deutschen Patriarchen ablösen sollte. Gregorio di Montelongo (1251–69) war der erste dieser Männer, die sich als Guelfen von nun an bewußt politisch und kulturell nach Italien orientierten. Aber auch den italienischen Patriarchen gelang es nicht, die wachsenden Ambitionen der Feudalherren zu begrenzen. Immer häufiger bestanden die Lösungen der Konflikte in spontanen Reaktionen, deren Folge nur die zunehmende Instabilität des Landes bedeuten konnte. Ende des 13. Jh.s war es zudem einzelnen Städten gelungen, trotz formeller Abhängigkeit von den Feudalherren (einschließlich des Patriarchen) größere Eigenständigkeit zu erlangen. Städte und Bürger waren jetzt eine ernstzunehmende dritte Kraft neben dem Patriarchen und den Feudalherren. In neu erlangtem Wohlstand sonnte sich nicht nur Cividale, die Hauptstadt des Patriarchenreiches. Doch Konflikte blieben nicht aus. Zum einen waren es die Kämpfe zwischen Guelfen und Ghibellinen (also den Anhängern des Papstes und den Kaisertreuen) - zum anderen die Machtansprüche der Grafen von Camino und von Treviso auf friulanisches Land, vor allem aber die Venedigs auf Istrien. Die Patriarchen reagierten zumeist mit schnellen Entscheidungen, deren Konsequenzen nicht bedacht waren. Der Patriarch Raimondo Della Torre (1273–1299) versuchte noch einmal zu retten, was zu retten war, vorübergehend wurden auch die Beziehungen zum Kaiser erneut stabilisiert. Doch danach ging es nur noch weiter bergab bis zu jenem Jahr 1309, als sich der Patriarch Ottobono Razzi (1302-13) vor den Angriffen im eigenen Land nicht mehr anders zu retten wußte, als durch Flucht. Bei seiner Rückkehr waren die Grafen von Görz die Herrscher im Lande.

Gräfliches Zwischenspiel - Konflikte und Wiederkehr der Patriarchen

Die Görzer Grafen siedelten als erstes demonstrativ nach Cividale über, dem bevorzugten Sitz der Patriarchen. Der neu gewählte Patriarch Pagano Della Torre (1318-32) residierte dagegen (wie bereits Berthold von Andechs) vorwiegend in Udine, das zu einer wirtschaftlich bedeutenden Stadt aufgestiegen war.

Während die Grafen von Görz mit neuen Eroberungen außerhalb des Friaul beschäftigt waren, konnte sie der Patriarch für eine Weile erneut in ihre Schranken weisen. Derweil gelang es der Feudalherrenfamilie der Savorgnan, zu den bevorzugten Patriarchenfreunden aufzusteigen. Die Savorgnan sollten von da an eine wichtige Rolle im Friaul spielen und sich zu den eigentlichen Herrschern in Udine wandeln. Vier Patriarchen-Namen stehen für die letzte glückliche Phase des Staates, die von 1334 bis 1381 währen sollte: Bertrand de Saint Geniès, Nikolaus von Luxemburg, Ludovico Della Torre und Marquard von Randeck. Einer der erfolgreichsten Patriarchen war Bertrand de Saint Geniès (1334-50). Er bestärkte die Stellung des Patriarchats gegenüber dem Adel, gewann 1347 das Cadore, Venzone und Cormons für seinen Staat zurück, schaffte gute Beziehungen zu Österreich und Venedig. Er belagerte Görz und zwang den Grafen von Görz zu einem Waffenstillstand. Darüber hinaus verwirklichte er Reformen und gründete die Universität von Cividale. Dem gesamten Land ging es wirtschaftlich so gut, daß das Parlament ein Gesetz gegen den »übertriebenen Überfluß des Schmucks sowohl bei den Männern als auch bei den Frauen « (Menis) erlassen mußte. Für neue Konflikte sorgten der Zorn der friulanischen Feudalherren gegen die bevorzugten Savorgnan und Eifersüchteleien von Cividale und Aquileia gegenüber der neuen Residenzstadt Udine. 1350 spitzte die Lage sich zu. Die Grafen von Görz zettelten eine Verschwörung gegen den Patriarchen an, an der auch die Bürgervertretung von Cividale teilnahm. Am 6. Juni wurde der 90jährige Bertrand bei einem Ritt von Sacile nach Udine ermordet. Erst drei Jahre später setzte man seinen Leichnam im Dom zu Udine bei.

Der nun folgende, ebenfalls direkt vom Papst eingesetzte Patriarch war Nikolaus von Luxemburg (1350-1358), ein Bruder Kaiser Karls IV. Er rächte den Mord an seinem Vorgänger mit spektakulär inszenierten Hinrichtungen der Verantwortlichen (Vierteilung, Aufspießen der Köpfe an den Toren von Udine etc.) und der Zerstörung ihrer Kastelle.

Die Wirkung dieser Schau war beträchtlich. Umgehend gaben die Grafen von Görz das den Patriarchen entrissene Land zurück. Die zwischenzeitlich guten Beziehungen zu den Habsburgern fanden mit dem Tod von Nikolaus 1358 bald ihr Ende. In deren Besitz war bereits Istrien, Pordenone, vorübergehend auch Venzone (1351–1365) gelangt. So zählten die Habsburger zu den Hauptgegnern des neuen Patriarchen Ludovico Della Torre (1359–1365). Für dessen Nachfolger Marquard von Randeck (1365–1381) kam die größte Bedrohung indes von Venedig. Die Markusrepublik hatte bereits Triest erobert und beanspruchte das ganze istrische Küstengebiet. Mit Hilfe Marquards wurde Triest 1380 wieder frei; es schloß sich freiwillig dem Friaul an und ging bald danach endgültig in die Hände der Habsburger über.

Der Sieg der Venezianer - das Ende des Patriarchenstaates

40 Jahre sollten dem Patriarchenstaat noch vergönnt sein. Endlose Streitereien zwischen den inzwischen zutiefst verfeindeten Städten Cividale und Udine, Machtkämpfe zwischen dem Adel und den bürgerlichen Kommunen, Racheakte und Blutvergießen kennzeichnen diese Zeit. Eine Folge schwacher, richtungsloser Patriarchen (sechs innerhalb von knapp 40 Jahren!), die wahllos Koalitionen schlossen und wieder lösten, trugen nicht zur Verbesserung der Lage bei. Allmählich machte sich auch noch empfindlicher Geldmangel bemerkbar. Um 1410 wurde das Friaul in die Auseinandersetzungen zwischen Venedig und dem König von Ungarn hineingezogen. Der ungarische König Sigsmund, der kurz zuvor zum deutschen König gewählt und damit für die Kaiserkrönung bestimmt war, erhob Ansprüche auf den Besitz von Dalmatien und den ehemaligen Besitz der Skaliger und Carraresen auf der venezianischen Terraferma (Verona und Padua). Die kaiserlichen Truppen Sigismunds besetzten im Dezember 1411 Udine und vertrieben den venedigfreundlichen Tristano Savorgnan. Kurz darauf fand am 12. Juli 1412 im Dom von Cividale die Zeremonie der Patriarcheninvestitur durch den Grafen von Görz statt. Gegenpapst Johannes XXIII. hatte Ludwig von Teck (1412–39), den Vetter des kaiserlichen Vertreters im Friaul, zum Patriarchen erkoren. Damit wurde für Venedig deutlich, auf wessen Seite der Patriarchenstaat bei den ungarisch-venezianischen Auseinandersetzungen stehen würde. Nach einem auf fünf Jahre befristeten Waffenstillstand entsandte Venedig 1418 Truppen in das Friaul. Alle verzweifelten Versuche der Friulaner, eine diplomatische Lösung zu finden, scheiterten. Zentrum des Widerstandes gegen Venedig war Cividale, das sich jedoch am 13. Juli 1419 freiwillig ergab und Venedig eine Allianz anbot. Ende August hatten die Venezianer dann auch in den Kastellen jeden Widerstand gebrochen. Ein letzter Versuch des Patriarchen, Cividale zurückzugewinnen, blieb erfolglos. Über Udine eilte er nach Deutschland, um dort um Unterstützung zu bitten. Venedig kann triumphieren, als sich am 7. Juni 1420 endlich auch Udine ergibt. Als letztes wird der Graf von Görz aufgrund alter Lehenabhängigkeit vom Patriarchen zum venezianischen Vasall.

Unter venezianischer Herrschaft - die Jahrhunderte der Luogotenenti

Wieder einmal hatten sich die Friulaner ab 1420 an einen neuen Herrscher zu gewöhnen. Venedig wurde durch den *Luogotenente,* den Statthalter, vertreten, der im ehemaligen Patriarchenpalast auf dem Stadthügel von Udine residierte. Zur Seite standen ihm ein juristisch geschulter Vikar, ein Schatzmeister *(Tesoriere)* und der Befehlshaber der Truppen *(Maresciallo).* Die Friulaner konnten sich weiterhin im *Parlamento della patria* versammeln, das immerhin noch Gesetze erlassen konnte, wenngleich die exekutive Funktion an den Luogotenente übergegangen war. Der Einflußbereich des Luogotenente erstreckte sich nicht über das gesamte Friaul. Fortbestehen konnten die Grafschaft Görz (vgl. S. 282 f.) und die kleineren Herrschaftsgebiete der Feudalherren. Cividale (1533) erhielt einen Sonderstatus, ebenso das ehemals österreichische Pordenone wie auch die neu gegründete Festungsstadt Palmanova. Diesen Städten stand jeweils ein eigener *Provveditore* vor. Der einst so stolze Besitz des Patriarchen umfaßte jetzt nicht mehr als Aquileia, San Vito al Tagliamento und San Daniele. Zusätzlich zu den Einnahmen aus diesem Feudalterritorium zahlte Venedig dem Patriarchen jährlich 5000 Golddukaten.

Auch nach der Eroberung durch die Venezianer blieben die Friulaner nicht von Unruhen und Kämpfen verschont. Die Feinde des Jahrhunderts waren für Venedig die Türken. Immer weiter drängte das Osmanische Reich nach Westen vor. Die Türken bedrohten nicht nur die Dalmatinische Küste, sondern drangen auch mit Reiterheeren ins Friaul ein. Nach einem ersten Vorstoß in Slowenien (noch in der Zeit der Patriarchen, 1415) folgten Einfälle in den Jahren 1472 bis 1479 und noch einmal 1499. Die Türken kamen stets unerwartet und mit großer Geschwindigkeit. Die Überraschungsüberfälle hinterließen verwüstete Ernten und niedergebrannte Dörfer. Das Vieh wurde geraubt, die Bewohner getötet oder versklavt. Allein im Jahre 1478 sollen die Türken 8000 Friulaner mitgeführt haben. Innerhalb weniger Jahre wurden große Gebiete der Friulaner Ebene bis jenseits des Tagliamento verödet. Befestigungen wie Monfalcone oder Gradisca, die in aller Eile ausgebaut wurden, brachten keine Abhilfe. Die Türken fielen einfach nicht mehr durch das Wippach- und Isonzo-Tal ein, sondern weiter nördlich durch das Fella-Tal (über Tarvisio). Im Jahre 1500 wurde selbst Leonardo da Vinci ins Friaul gerufen, um Projekte zur Abwehr der Türkeneinfälle zu entwickeln. Es scheint, Leonardo plante, durch Stauschwellen die Flüsse zu Hochwasser zu führen. Am Ende konnte Venedig die Gefahr zwar abwenden, aber die Friulaner mußten wieder einmal Fremde rufen, um die Felder zu kultivieren und die zerstörten Dörfer mit Leben zu füllen.

Derweilen hatte sich auch die Situation in Görz wieder zugespitzt, nachdem Graf Leonhard 1490 verkündet hatte, daß er nach seinem Tod seine Ländereien Österreich vermache. Kaiser Maximilian I. wie auch die Republik Venedig schickten beim Tode des Grafen, am 12.4.1500, umgehend Truppen nach Görz. Als erste waren die Österreicher zur

Stelle. Doch die Venezianer waren nicht gewillt auf ihre Ansprüche zu verzichten. 1508 kam es zum Krieg mit Österreich (bei dem es nicht allein um den Besitz von Görz ging). Vielmehr wollte Maximilian der Expansion der Großmacht Venedig Einhalt bieten und suchte nach Verbündeten. Er fand sie im Papst, den Königen von Frankreich, Spanien und England, die sich mit Maximilian 1508 zur Liga von Cambrai zusammenschlossen. Trotz einzelner Siege blieben die Venezianer erfolglos. Die Liga war in der Übermacht. Am Ende des Krieges, der bis 1514 andauern sollte, blieb den Österreichern die Herrschaft über die Grafschaft Görz und das verfallende Aquileia, während Venedig die alten Gebiete des Patriarchats westlich des Iudrio wieder sein eigen nennen konnte.

Der langsam wieder anwachsende Wohlstand führte nach und nach zur Bildung eines selbstbewußten Bürgertums und einer neuen Klasse von Besitzenden. Letztere waren es, die sich häufig Paläste und Villen erbauten und Kunstwerke für die Kirchen stifteten. Die dafür erforderlichen Geldsummen kamen wie überall von den Bauern, die durch die wachsenden Abgaben nicht selten in tiefste Armut gestürzt wurden. Um die sozialen Spannungen zu mildern, förderte Venedig die Entstehung der sogenannten *Contadi-*

Der Überfall der Türken von 1499

»In den letzten Septembertagen tauchten sie oberhalb des Isonzo auf, den sie ›weißes Wasser‹ nennen, ließen dort Besatzung zurück, und ohne irgendjemandem Schaden zuzufügen, überquerten sie den Tagliamento und eilten in Richtung der Berge nach Polcenigo und jenseits des Livenza bis nach San Cassano. Sie überraschten die unvorbereitete Bevölkerung und richteten ein großes Gemetzel an, zerstückelten 500 Soldaten und nahmen Gefangene und Beutegut mit sich fort. Auf dem Rückweg fanden sie den Tagliamento durch die für diese Jahreszeit üblichen Regenfälle angeschwollen. Da sie die in Gradisca stationierten venezianischen Truppen unter der Führung von Signor Carol Orsini und die mit 800 Mann auf dem Land stehenden Albaner fürchteten, enthaupteten sie bei Valvasone 1500 weniger nützliche Gefangene und überquerten eng zusammengedrängt inmitten der Tiere, die sie in großer Zahl mit sich führten, den Fluß mit dem Rest der Gefangenen.
Es heißt, daß in diesem Gebiet damals 10.000 oder mehr Personen vermißt wurden. Die Albaner erwiesen sich bei diesem Überfall als tapfere Verfolger. Sie brachten die Köpfe vieler Türken nach Udine, wo sie für jeden Kopf einen venezianischen Dukaten erhielten. Dies war bis jetzt der letzte Einfall der Türken in Friaul … Da sie nunmehr die Straßen und Flüsse dieser Landstriche kennen, haben wir guten Grund, sie weiterhin zu fürchten.«

(aus einer Chronik von J. Valvasone aus Maniago)

nanza, der Bauernschaftsversammlung. Dabei wählten die Bauern in den acht Gebieten, in die das venezianische Friaul unterteilt war, jeweils einen Abgeordneten *(sindaco)*. Die acht Gewählten kamen in Udine zusammen, um hier die Interessen der Bauern vor dem Statthalter zu vertreten oder Einspruch gegen geplante Gesetze zu erheben. Die Contadinanza war die erste derartige Institution in Italien.

Der Friede zwischen Venedig und Österreich wurde nach einem Jahrhundert durch den 1615 ausbrechenden Krieg von Gradisca unterbrochen. Er sollte den Österreichern am Ende noch einmal ihre Macht über das östliche Friaul bestätigen, nachdem die zur Hilfe eilenden Spanier Venedig zur Aufgabe zwingen konnten. Bis zum Ende des 18. Jh.s blieben die Grenzen dann weitgehend unverändert.

Der Stuhl des Patriarchen von Aquileia wurde seit dem 15. Jh. gewöhnlich von venezianischen Patrizierfamilien besetzt. Da die Diözese auch das habsburgische Gebiet von Görz umfaßte, kam es zu Konflikten mit Österreich. 1751 kam daher der Papst den Wünschen Venedigs entgegen und teilte die Diözese des Patriarchen von Aquileia in zwei neue Erzbistümer auf: das von Udine (für den venezianischen Teil des Friaul) und das von Görz (für den habsburgischen Teil).

Die Belagerung der Festung Gradisca im Krieg von 1615. Zeitgenössischer Stich

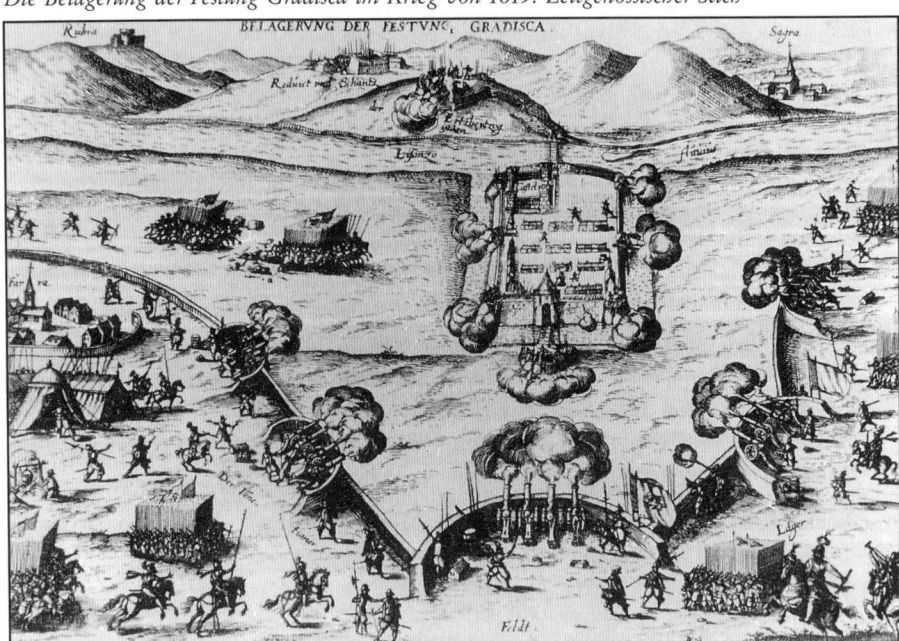

Unter fremden Flaggen - Vom Fall Venedigs bis zur Gründung des Königreichs Italien

Trotz der langen Friedenszeit im 17. und 18. Jh. konnte sich das Friaul unter der Führung Venedigs kaum weiterentwickeln. Die strenge venezianische Hand, die ihre eigenen Ziele allem anderen voranstellte, bremste empfindlich die friulanische Wirtschaft.

Im März 1797 wurde das Friaul erneut Schauplatz von Kämpfen fremder Heere. Diesmal standen sich die österreichischen Truppen unter Erzherzog Karl und das französiche Heer unter Napoleon gegenüber. In den folgenden Jahren erklärten beide Mächte das Friaul zeitweise zu ihrem Besitz. In Aufständen versuchten die Friulaner ihre Unabhängigkeit zu erreichen. 1848 gelang es den Aufständischen vorübergehend, die Macht im Lande zu ergreifen, doch Österreich, das seit 1813 im ganzen Friaul, in Venetien und in der Lombardei regierte, walzte die Revolution sehr schnell nieder.

Die österrische Herrschaft im Friaul endete 1866, als das Land nach langen Kämpfen Teil des Königsreichs Italien wurde. Nur die Territorien von Görz und Triest verblieben noch bis zum Ersten Weltkrieg beim Kaiserhaus.

Der Weg zur neuen Region

Italia irredenta, ›unerlöstes Italien‹ hieß das Schlagwort, das im 19. Jh. in Oberitalien in aller Munde war. Der Kampf gegen die Vormacht Österreichs in Triest fand im Attentat auf den österreichischen Kaiser durch Guglielmo Oberdan, einen jungen Triestiner, seinen Höhepunkt (vgl. S. 304 f.). Am Ende des Ersten Weltkrieges war Italien auf Seiten der Gewinner. Jetzt kamen auch die östlichen Gebiete Friauls (das Territorium von Görz sowie Triest und das übrige Istrien (mit den Provinzen Pola und Fiume) zu Italien. Doch der Großteil dieser Region fiel im Zweiten Weltkrieg in die Hände Jugoslawiens. 1947 wurden dann Triest und der schmale Küstenstreifen bis Muggia zum ›Freien Territorium Triest‹ (Zone A) erklärt, das 1954 Anschluß an Italien fand. Mit Triest als Hauptstadt wurde 1963 die heutige Doppelregion Friaul – Julisch Venetien gegründet. Sie war zunächst in die Provinzen Triest, Gorizia und Udine aufgeteilt. 1968 wurde mit dem Gebiet westlich des Tagliamento (das zunächst zur Provinz Udine gehörte) die vierte Provinz - Pordenone - geschaffen.

Aquileia und Grado

Aquileia

Wer heute den kleinen Ort Aquileia besucht, ahnt kaum, daß dieser einmal eine der bedeutendsten Handelsstädte des Römischen Reiches war. Auf der Kathedra des Domes saß ein Bischof, dem lange Zeit nach dem Papst der zweithöchste Rang in der katholischen Kirche zukam. Es war der Patriarch von Aquileia, der zudem noch die Grafenrechte über weite Teile des Friaul besaß.

Kaum eine andere Stadt des römischen Imperiums wurde in der Völkerwanderungszeit indes so gründlich zerstört. Das verfallene Aquileia war im Mittelalter nur noch nominell Residenz der Kirchenfürsten. Der Bischofsstuhl stand die meiste Zeit leer. Dennoch wurde der Dom zu einer der eindrucksvollsten Kirchen Oberitaliens ausgebaut. Was dann seit dem 19. Jh. an qualitätvollen Werken aus römischer Zeit durch Ausgrabungen zu Tage kam, übt in dieser bescheidenen Umgebung eine große Faszination auf den Besucher aus. In keiner anderen Stadt - mit Ausnahme Roms - ist das frühe Christentum gegenwärtig wie hier.

Aquileia ist die älteste Stadt des Friaul. Gegründet wurde sie 181 v. Chr. als römische Kolonialstadt. Bei der Wahl des Ortes waren außer ökonomischen vor allem auch strategische Gesichtspunkte entscheidend. Aquileia sollte Bollwerk sein gegen die Karner, zugleich strategische Basis für die Herrschaft über Pannonien und Dalmatien. Von Aquileia aus unternahmen die Römer dann auch Feldzüge gegen die Histrer, Japyden und Taurisker. Die hier angesiedelten Kolonisten waren daher nicht (oder nur in der Minderzahl) Veteranen, die den *ager* bewirtschafteten, sondern aktive Krieger. Ihre Zahl von etwa 3000 wurde zwölf Jahre später durch Ankunft einer weiteren Gruppe auf etwa 4500 verstärkt.

War Aquileia anfangs strategische Basis und Wohnstadt für Kolonistensoldaten, entwickelte es sich bald auch zu einer Handels- und Hafenstadt. Der Flußhafen wurde einer der wichtigsten Häfen des römischen Reiches. Aus der heutigen geographischen Situation läßt sich die Existenz eines Flußhafens freilich nicht mehr verstehen. Aquileia lag in der Antike – wie Plinius d. Ä. erwähnt – bei der Einmündung des Torre in den Natisone, 60 Stadien, also etwa 10,8 km von der adriatischen Küste entfernt. Beide Flüsse veränderten jedoch im 4. Jh. n. Chr. ihren Lauf. Sie münden jetzt beide in den Isonzo. Aus der Antike geblieben ist nur ein von Plinius nicht erwähnter dritter Wasserlauf, der Natissa. Er nimmt jetzt das Bett des Natisone ein. Dieser führte jedoch wesentlich mehr Wasser als das heutige Flüßchen und war daher schiffbar.

*Aquileia. Holzschnitt aus der »Schedelschen Weltchronik«, Nürnberg 1494. Blatt LI,
20 x 22,2 cm*

Unter Kaiser Augustus erhielt die Stadt eine weitere administrative Funktion zugeteilt:
sie wurde Hauptstadt der zehnten Region *Venetia et Histria,* zu der außer dem heutigen
Veneto und dem Friaul auch Teile der Lombardei, Sloweniens und Istriens gehörten.

Man kann sich die Stadt der Kaiserzeit wohl kaum prachtvoll genug vorstellen. Der
Dichter Ausonius (um 310–393/94) rühmte Aquileia als eine der ersten Städte des römischen Reiches: »... als neunte unter den glanzvollen Städten wirst du, Aquileia, betrachtet, berühmt für deine Mauern und deinen Hafen«. Wie nur acht weitere Städte des
gesamten Reiches – so Thessalonike und Nicea – wird Aquileia auf der *Tabula Peuntingeri-
ana* (einer geographischen Karte des 4. Jh.s, die verlorenging, von der jedoch in Wien eine
mittelalterliche Kopie aufbewahrt wird) durch eine Vignette ausgezeichnet. Wie in fast
allen römischen Städten von Bedeutung gab es ein Theater und ein Amphitheater, ein Sta-
dion (*Circus*) und Thermen. Als Hauptstadt der Region besaß Aquileia darüber hinaus

41

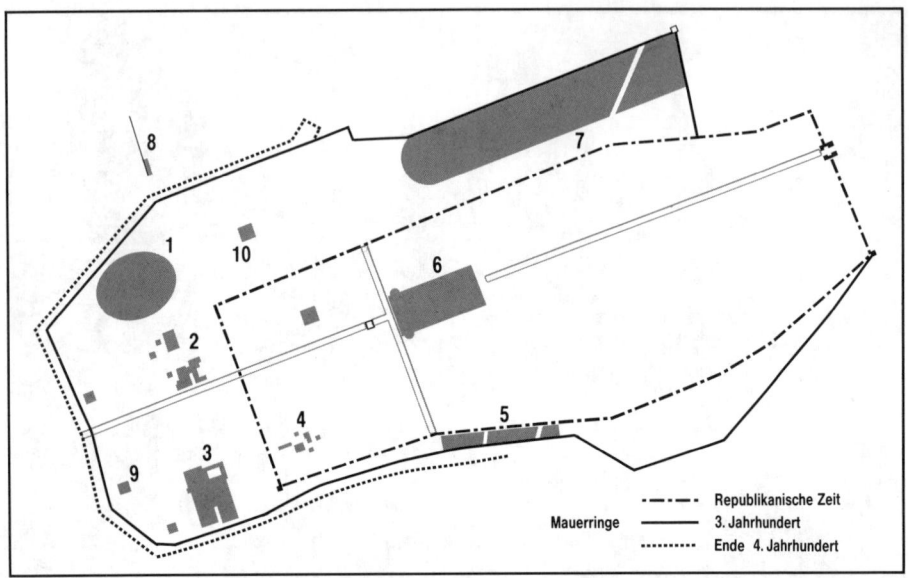

Mauerringe
- - - - - Republikanische Zeit
———— 3. Jahrhundert
·········· Ende 4. Jahrhundert

Durch die rasche Zunahme der Bevölkerung reichte schon im 1. Jh. v. Chr. die vom ersten Mauerring aus republikanischer Zeit umschlossene Fläche nicht mehr aus. So baute man außerhalb der Mauer Wohnhäuser und Villen. 238 n. Chr. bedrohte Maximinus Thrax die Stadt. Um auch die Vorstädte und den Hafenbereich zu schützen, wurde eine neue Mauer angelegt. Diese wurde unter Kaiser Theodosius noch einmal verstärkt, indem ihr an drei Seiten eine neue Mauer vorgelagert wurde. 1 Amphitheater 2–4 Häuser und Oratorien 5 Hafen 6 Forum 7 Zirkus 8 Gräber 9 Märkte 10 Große Thermen

eine Münzprägestätte und einen kaiserlichen Palast, in dem sich beispielsweise Kaiser Konstantin wiederholt aufhielt und seine Vermählung mit Fausta feierte. Keiner dieser Großbauten hat freilich den Zerstörungen während der Völkerwanderungszeit überdauert, die geringen Reste, falls sie überhaupt auffindbar waren, lohnten bisher noch nicht den Aufwand des Ausgrabens, oder sie waren so spärlich, daß man sie nach der Freilegung wieder zuschüttete.

Über die Bedeutung Aquileias als Handelszentrum hat Herodianus (3. Jh.) anschaulich berichtet: »Aquileia, nahe beim adriatischen Meer gelegen, diente Italien als Hafen; im übrigen hatte es Kontakte mit Illyrien. Sein Emporium ermöglichte es den Seefahrern, Waren aus Ländern des Kontinents zu erwerben, die hierher auf dem Land- oder Flußweg gelangten und schickte in jene Länder Produkte, die über das Meer hierher kamen. Diese waren für die Bewohner jener Gegenden notwendig, denn die Erde konnte sie dort wegen des kalten Klimas nicht hervorbringen. Daher wohnte in Aquileia eine große Menschenmenge, die nicht nur aus Bürgern der Stadt bestand, sondern auch aus Eingewanderten und Kaufleuten.«

Ein großer Teil der eingewanderten Kaufleute und Sklaven stammte aus dem Orient. Sie brachten ihre Sprachen und ihre Religion mit. Auf diese Weise wurde, spätestens im 3. Jh., auch das Christentum in Aquileia eingeführt. Nach der Legende soll der Apostel Petrus den hl. Hermagoras nach Venetien geschickt und zum Bischof von Aquileia ernannt haben. In den Quellen belegt ist das Christentum jedoch erst relativ spät, im Jahre 314, als der damalige Bischof Theodorus am Konzil von Arles teilnahm. Theodorus war es auch, der die beiden unter dem heutigen Dom ausgegrabenen Kirchengebäude mit den großen Bodenmosaiken errichten ließ (und dies wahrscheinlich noch vor dem Toleranzedikt Kaiser Konstantins von 313). Die Größe der beiden Kirchen, ihre mehrmaligen Erweiterungen und die Errichtung weiterer Kirchenbauten spiegelt die stetig wachsende Bedeutung der Gemeinde wieder. An einem 381 in Aquileia abgehaltenen Konzil (das sich für die Orthodoxie und gegen den Arianismus einsetzte) nahm Bischof Ambrosius von Mailand teil. Schon bald erlangte Aquileia eine kirchenpolitische Sonderstellung. Der Bischof von Aquileia übernahm organisatorische Aufgaben auch in anderen Diözesen von Venetia et Histria. Von einer Provinz des Bischofs von Aquileia spricht ein Dokument des Jahres 442. Das Gebiet erweiterte sich im Osten bis zum Mincio, im Norden bis zur Iller und Donau, im Nordosten bis zum Plattensee. Das Ansehen der Kirche von Aquileia in der Antike war die Grundlage ihres politischen Gewichtes und ihrer späteren weltlichen Herrschaftsbefugnisse im Friaul (Menis). Während das römische Reich auseinanderfiel, übernahm das Christentum eine verbindende und einigende Funktion.

Seit dem 4. Jh. verlor Aquileia allmählich seine strategische Bedeutung. Geographische Veränderungen führten dazu, daß der Flußhafen für größere Schiffe nicht mehr erreichbar war. Mit dem Zerfall des römischen Reiches und der Schwächung der militärischen Abwehr erwies sich die offene und exponierte Lage der Stadt in der Ebene, unweit der leicht überschreitbaren Pässe der Julischen Alpen, jetzt als nachteilig. Aquileia war das erste Angriffsziel der Invasoren, und dementsprechend verheerend waren die Zerstörungen.

Zunächst wurde die Stadt von rebellierenden Generälen belagert, dann war sie Beutestück von eingewanderten ›Barbaren‹-Völkern. Es begann mit Attilas Hunnen, die 452 die Stadt plünderten und anschließend in Brand setzten. Prokopios erzählt, Attila habe für einen Moment erwogen, die Belagerung aufzugeben, wodurch die Stadt vielleicht noch einmal gerettet worden wäre. Ein Schwarm auffliegender Störche wurde jedoch von dem Hunnenführer richtig als ein Zeichen für die aufgebrauchten Lebensmittelvorräte verstanden. Daraufhin rief er erneut zum Angriff und stürmte die Mauern. Als die Hunnen anmarschierten, floh der Bischof Secundus mit den Heiligenreliquien auf die Insel Grado, kehrte jedoch nach Abzug der Truppen in die Stadt zurück: ein Vorgang, der sich mehrmals wiederholte, wann immer ein feindliches Heer sich der Stadt näherte, so auch im Jahre 489, als die Goten unter Theoderich anrückten. Als aber das Riesenheer der Langobarden einfiel und sich auf Dauer niederließ, verblieb der Bischof, der sich jetzt als ›Patriarch‹ anreden ließ, auf Grado, wo er unter dem Schutz von Byzanz stand.

Aquileia war eine sterbende und extrem exponierte Stadt. Daher wählten die Langobarden nicht Aquileia, die einstige Hauptstadt der Provinz Venetien und Istrien, sondern

Cividale als Sitz ihres Dux. Auch der in Aquileia gewählte zweite Patriarch verblieb nicht in Aquileia, sondern floh vor den Awaren ins Kastell von Cormons. Indem Aquileia aufgegeben wurde, hatte die Region ihr politisches, wirtschaftliches und religiöses Zentrum verloren. Erst Karl d. Gr., der das Langobardenreich besiegte, versuchte der verfallenen Stadt etwas von ihrer einstigen Bedeutung zurückzugeben: Dem Patriarchen Maxentius (811–842) ließ er Gelder zum Umbau der Kirche zukommen (811). Doch etwa ein Jahrhundert später (zwischen 899 und 924) wurde die Stadt erneut zerstört – diesmal durch ungarische Reiterheere. Der bedeutende Patriarch Poppo (1019–1042), der Graf von Traungau, bemühte sich, Aquileia wiederzubeleben. Er ließ den Dom wiederaufbauen und einen Bischofspalast errichten, in dem er zeitweise residierte. Doch den alten Glanz konnte auch dieser große Kirchenfürst nicht wiedererstehen lassen. Seine Nachfolger, die von Kaiser Heinrich IV. auch mit weltlicher Herrschaft über große Teile des Friaul ausgestattet wurden, zogen wieder Cividale vor, nahmen später, ab etwa 1238, ihre Residenz in Udine, ab 1445 in Venedig. Mit der Aufhebung der Diözese, 1751, verlor Aquileia schließlich auch seine nominelle Bedeutung.

☐ Rundgang

In einem kleinen, übersichtlichen Ort wie Aquileia bedarf es keiner besonderen Besichtigungsstrategie. Die Reihenfolge, in der die Monumente hier aufgeführt werden, entspricht einem ausführlichen Rundgang, für den allerdings ein Tag etwas knapp bemessen ist. Doch einen guten Eindruck gewinnt man bereits, wenn man sich auf einige Monumente der Antike und des frühen Christentums beschränkt. Dieser verkürzte Rundgang beginnt ebenfalls mit dem Dom und seinen frühchristlichen Kultanlagen (1), führt sodann zu den nahegelegenen römischen Häuserruinen am Fondo Cossar (2) und weiter zum antiken Flußhafen (3). Der Rückweg führt vorbei am Forum (5) und am Mausoleum (6). Zuletzt kann man noch einige Exponate des Archäologischen Museums betrachten (9). (Stadtplan S. 60)

Dom und frühchristliche Kultanlagen
Der Dom von Aquileia ist das geschichtlich und künstlerisch bedeutendste Monument der gesamten Region. Er stellt allerdings an den Besucher auch besondere Anforderungen, denn man besichtigt nicht nur den heutigen Dom mit seiner reichen Ausstattung, sondern auch die beiden frühchristlichen Vorgängerkirchen, deren Mosaiken durch Ausgrabungen freigelegt wurden. Bei der Besichtigung empfiehlt sich, folgende Reihenfolge einzuhalten: Nach einem zunächst nur flüchtigen Blick in das Innere des Domes stellen wir als erstes die frühchristlichen Ausgrabungen in der sogenannten **Cripta degli Scavi** vor (Zugang durch das Dominnere, links vom Eingangsportal). Es folgen die Betrachtung des im Dom freigelegten großen Bodenmosaiks, sodann die Kapellen und übrigen Ausstattungsstücke des Domes, es bleiben dann noch der Außenbau und die Vorbauten des Doms (**Chiesa dei Pagani** und **Baptisterium**) zu besichtigen.

Wer durch das Eingangsportal des Doms getreten ist, wird sich wohl kaum

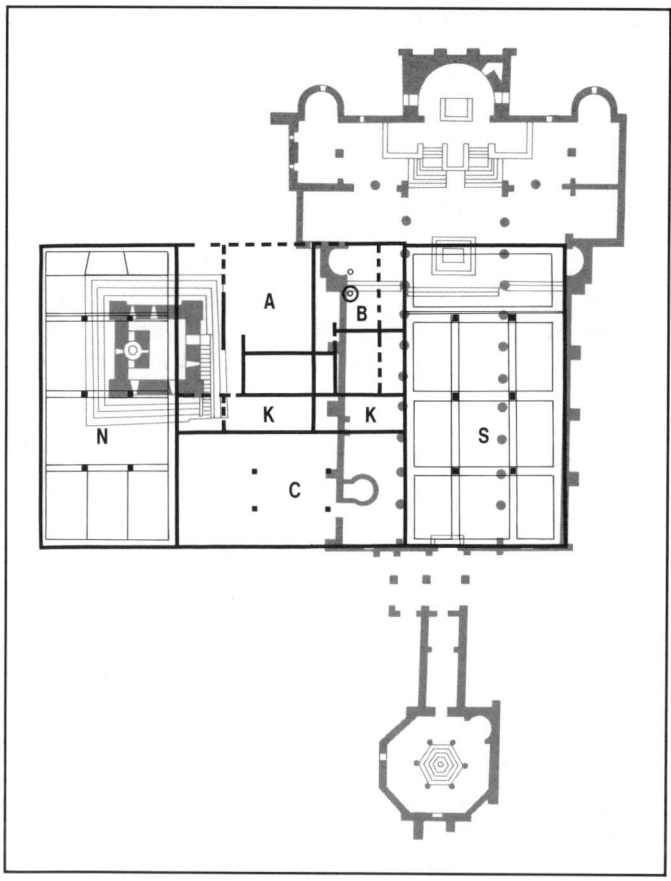

Grundriß der ältesten frühchristlichen Kirchenanlage Aquileias aus dem frühen 4. Jh. Sie umfaßte einen Südsaal (S), einen parallel zu ihm verlaufenden weiteren Kirchensaal, den Nordsaal (N), und einen dritten, ebenfalls rechteckigen Saal (C), der die parallel verlaufenden Kirchen verband. Es war wahrscheinlich das Consignatorium, das zur Firmung diente und dazu ein parallel verlaufender Verbindungskorridor. Der Nordsaal war etwa von der gleichen Länge (37,40 m) wie der Südsaal, doch um 3 m schmaler (17,02 m). Wie der Grundriß zeigt, bildeten diese drei Hauptgebäude eine U-förmige Anlage. Zwischen ihnen, im ›Hof‹, gab es einen weiteren Raum mit dem Taufbecken, das Baptisterium (B), und wahrscheinlich auch einen Brunnen zur Fußwaschung. Im übrigen gab es Korridore (K) und Diensträume. Die 2500 qm umfassende Anlage wurde vom Hafen aus durch das Atrium (A) betreten.

der Pracht des großen Bodenmosaiks, kaum der besonderen Wirkung dieses Raumbildes entziehen können. Nicht übertrieben ist es, in dieser Kirche eine der historisch und kunstgeschichtlich bedeutendsten des Abendlandes zu sehen. Das große **Bodenmosaik** gehört nicht zum jetzigen (im wesentlichen aus dem 11. und 14. Jh. stammenden) Bau, sondern zu einer der ältesten christlichen Kirchenanlagen, von der noch Teile erhalten sind (s. Fig. S. 45). Sie wurde möglicherweise schon begonnen, bevor Kaiser Konstantin im Jahre 313 das Toleranzedikt verkündete und noch bevor er in Rom die erste christliche Basilika, San Giovanni in Laterano, errichten ließ.

Dieses Kirchengebäude war ein einfacher rechteckiger Saal ohne Apsis, als Bautypus also noch keine Basilika. Doch war der Dachstuhl von schlanken Stützenpaaren getragen, so daß sich drei Schiffe bildeten. Dieser Saal wurde auch **Südsaal** genannt.

Cripta degli scavi

In diesen Ausgrabungen läßt sich eine Vorstellung von dem zweiten der beiden Kirchensäle, dem **Nordsaal,** und damit von der Gesamtanlage gewinnen. Man betritt die 1917–20 durchgeführten Grabungen durch den originalen frühchristlichen Eingang. Der erste Eindruck ist verwirrend. Man sieht mehrere Bodenschichten auf verschieden hohen Ebenen und dazu – rechts hinten – das Mauerwerk des romanischen Campanile-Fundamentes, das man bei den Ausgrabungen natürlich nicht antasten konnte. Außerdem erkennt man die Fundamente der Dom-Säulen sowie die Reste eines Taufbeckens (rechts vom Eingang). Man sollte zunächst versuchen, die drei übereinanderliegenden Mosaikschichten zu unterscheiden. Die mittlere Schicht ist mit farbigen Mosaikflächen bedeckt und gehört zu dem erwähnten Nordsaal. Durch den Bau des Campanile ging ein beträchtlicher Teil dieser Mosaikfläche verloren. Etwa einen Meter unter diesem Mosaikboden des Nordsaals liegt eine weitere Schicht mit ganz anderen Mosaiken, u. a. mit schwarz-weißen geometrischen Mustern: Es handelt sich um das Paviment eines römischen Privathauses. Das heißt aber: Dort, wo der nördliche Kirchensaal errichtet wurde, stand zuvor ein römisches Haus (mit Räumen, die um ein Peristyl angeordnet waren). Dieses wurde dann anscheinend aufgegeben, an seiner Stelle erbaute man Lagerhallen, die sodann in die christlichen Kulträume umgebaut wurden. Die dritte und oberste der drei Schichten, ca. 1,20 m höher, gehört zu einer etwas späteren Kirche, stammt aber wohl noch aus dem 4. Jh. (vgl. die Baugeschichte des Doms auf S. 51).

Die Mosaiken der mittleren Schicht, also des Nordsaales, sind recht unterschiedlich. Vorne, in den beiden ersten Jochen, sieht man etwas gröbere Arbeiten. Sechsecke, Achtecke und Kreuze verschränken sich. In den Achtecken erscheinen geometrische, pflanzliche und tierische Motive. Im ersten Joch (ganz links) findet sich die Inschrift: (Theod)ORE FELIX HIC CREVISTI HIC FELIX (Glücklicher Theodorus, hier wuchst du auf, hier warst du glücklich). Der hier erwähnte Theodorus war der zweite Bischof von Aquileia, der um das Jahr 319 verstarb. Die Inschrift besagt wohl, daß Theodorus in dem erwähnten römischen

Die drei verschiedenen Bodenschichten in der Cripta degli Scavi, im Vordergrund Mosaik eines römischen Hauses

Haus aufgewachsen sei, oder auch, daß er in dieser Kirche sein Priesteramt begann. Auch im zweiten Joch findet sich eine Inschrift. Sie nennt einen der Stifter der Mosaiken, Januarius: »Januarius hat diese Votivgabe von 880 Quadratfuß Paviment mit den Gaben Gottes gemacht«. Gemeint ist wohl: mit seinen irdischen Reichtümern, die er von Gott empfangen hat (880 Quadratfuß entsprechen ca. 261 qm).

Die interessantesten und qualitätsvollsten Arbeiten finden sich im dritten und vierten Joch, im Bereich des Campanile also. Hier hat sich auch das Muster geändert. Kreise und gekurvte Linien bestimmen die Motive, in denen sich eine bunte Tierwelt tummelt: Zicklein, Lamm, Esel, Tintenfisch, Steinbock, Stier, Papageien, verschiedene Vogel- und Hühnerarten mit ihren Nestern und Jungen. Daneben stilisierte Bäume. Es fragt sich, was diese Tier- und Pflanzenwelt in einem kirchlichen Raum soll. Liegt ihnen eine symbolische Bedeutung zugrunde? Bei den meisten

Motiven wohl keine spezifische, die sich auf ein bestimmtes Tier bezieht. Auffallen muß jedoch, daß einige Tiere sich in ungewohnter Umgebung aufhalten; der Ziegenbock und die Languste lagern in einer Art von Nest auf Baumstümpfen. Sollte man hier an das friedliche Nebeneinander des Paradiesgartens denken, oder ist es nur eine Spielerei einer späten Kultur? Vielleicht ist es beides, vielleicht auch der Versuch – wie bereits in der römischen Katakombenmalerei –, die überlieferten Bilder mit christlichem Sinn zu erfüllen. So könnte man in den stilisierten Sträuchern mit paarweise angeordneten Vögeln Lebensbäume sehen, in den Rebhühnern, die ihre Jungen ernähren, ein Sinnbild der fürsorgenden Mutter Kirche.

Eine Darstellung, deren symbolische Bedeutung nahe liegt, ist der Hahn im Kampf mit der Schildkröte: Es ist der Kampf des Lichtes (der Hahn kräht morgens) mit der Finsternis, mit dem Bedeckten, Erdhaften, das durch den Panzer der Schildkröte symbolisiert wird. Gemeint ist wohl die Auseinandersetzung Christi mit dem Herrn der Finsternis, mit Satan, oder aber die Konfrontation des rechten Glaubens mit der Häresie, dem Arianismus, der in jener Zeit die Christen verunsicherte.

Stilistisch gehören diese Mosaiken noch in die spätantike Kultur, die ihre Wurzeln im Hellenismus hatte. Es ist eine reiche, sinnliche Sicht dieser Welt. Der Meister, der diese Tiere schuf, war ein Virtuose seiner Kunst. Detailgenaue, naturalistische Wiedergabe verbindet sich mit einer bunten Farbpalette. Man beachte etwa, wie der Künstler die Languste im Licht modellierte und dazu einige Glanzlichter aufsetzte. Es ist dies eine hochdifferenzierte Darstellungskunst. Eine solche Farbenfreude und genaue Naturbeobachtung war charakteristisch für das 3. Jh., nicht mehr jedoch für das frühe 4. Jh., für die Zeit Kaiser Konstantins. Man möchte daher glauben, ein Meister der älteren Generation sei hier am Werk gewesen. Tatsächlich neigen einige Forscher dazu, diese Mosaiken noch in die Zeit vor Konstantin zu datieren.

In der Mitte des letzten Joches, hinter dem Campanile-Fundament, erkennt man im Mosaikornament eine trapezförmige Fläche ausgespart. Hier ist das Muster einfacher. Höchstwahrscheinlich stand an dieser Stelle der Bischofsstuhl, möglicherweise auf einem kostbaren Teppich. Die so ausgegrenzte Fläche hatte demnach die Funktion einer Apsis. Wir stehen hier im Bereich des Presbyteriums, das durch Schranken vom Laienraum abgegrenzt war. Diese Schranken sind nicht erhalten, wohl aber die etwa 10 cm breite Rille, in der die Schranke eingelassen war (um sie zu schützen, wurde sie mit roten Ziegelsteinen bedeckt). Über der Figur des Widders findet sich eine weitere Inschrift: CYBRIACE VIBAS (Es lebe Cybriacis).

Languste, Mosaik des Nordsaales, frühes 4. Jh.

Die Mosaikkünstler, die wohl bald danach in den ersten beiden Jochen, im westlichen Teil dieses Nordsaales, arbeiteten, besaßen nicht mehr diese extrem verfeinerte malerische Kultur. Die Umrißlinien werden gröber, sie geben die Körperformen weniger organisch wieder, tendieren zur Vereinfachung. Diese neuen stilistischen Mittel finden sich auch in der offiziellen Staatskunst dieser Zeit – etwa in den Reliefs des Konstantinbogens oder – um in der Mosaikkunst zu bleiben – bei dem reichen Fußboden der Villa del Casale von Piazza Armerina in Sizilien.

Diese späteren Mosaiken sind aus der Zeit um 313, als das Christentum offizielle Anerkennung fand. Diese Zeit war ein Wendepunkt nicht nur in der Religions- und Geistesgeschichte, sondern auch in der Geschichte der künstlerischen Form, ein Wendepunkt, der sich vielleicht an keinem Ort deutlicher aufzeigen läßt als in dieser frühen christlichen Kirche. Das Merkwürdige an dieser künstlerischen Revolution: Sie wurde nicht – oder zumindest nicht ausschließlich – durch die neue Lehre des Christentums ausgelöst. Sie war vielmehr ein Phänomen der Zeit, nicht zuletzt als Ausdruck einer materiellen Verarmung. Selbst in Rom konnte man sich eine kostspielige, üppig-sinnliche Darstellungsweise einfach nicht mehr leisten.

Die frühchristliche Taufzeremonie

Wie bei den frühen Christen üblich, wurden nur Erwachsene getauft und in die Kirchengemeinschaft aufgenommen, und zwar nach Abschluß der biblischen Unterweisungen: Sie wandten sich dazu im Saal der Unterweisungen, wahrscheinlich den Nordsaal (N), nach Westen, in Richtung der untergehenden Sonne, um dem bisherigen Leben zu entsagen. Anschließend wandten sie sich dann nach Osten, dem neuen Licht entgegen, um mit erhobenen Armen den neuen Glauben zu empfangen. In der Osternacht verließen die Katechumenen in einer feierlichen Prozession diesen Saal, legten ihre Kleider ab, um im Baptisterium (D) durch Untertauchen im Wasser das christliche Initiationsritual zu vollziehen, d. h. das Sakrament der Taufe zu empfangen. Anschließend traten die Neugetauften in das sogenannte *Consignatorium* (C) – den querliegenden Rechtecksaal –, wo sie durch den Bischof das Sakrament der Firmung erhielten. Erst dann durften sie endlich den Saal der Gemeindekirche (S) betreten und zum ersten Male an der Eucharistiefeier teilnehmen.

Man hat natürlich versucht, mit Hilfe der Mosaikdarstellungen die Funktion der Räume festzulegen. Das war bisher nicht möglich. Wohl aber könnten die verschiedenen Ausrichtungen der Mosaiken ein möglicher Anhaltspunkt sein. So sind im nördlichen Saal (N) die Mosaiken westlich orientiert, weshalb man hier den Kirchenraum der Katechumenen vermutet, die diese Mosaiken ›richtig‹ sahen, wenn sie nach Westen gewandt waren.

Zurückgekehrt in den Dom, sei zunächst die **Gesamtanlage** der frühchristlichen Kirchen erläutert (vgl. Fig. S. 45). Wie kam es zum Bau von gleich drei Kirchenräumen? Welche Funktion hatten diese drei Säle? Man kann davon ausgehen, daß eine der Hallen – wir wissen nicht mit Sicherheit welche – der Feier der Liturgie, dem Meßopfer vorbehalten war, es war die eigentliche *ecclesia*, zu der nur die Priester und die Getauften Zugang hatten und die man deshalb auch die Gemeindekirche nennt. Für die noch Ungetauften, für diejenigen also, die sich auf den Taufakt vorbereiteten und im Evangelium unterwiesen wurden (die Katechumenen), war der zweite der beiden parallel verlaufenden Säle vorbehalten. Der quer verlaufende Rechteckraum diente zur Firmung nach der Taufe.

Wir sind nun in der glücklichen Lage, anhand der Mosaiken diese ältesten Kirchenräume zeitlich recht genau bestimmen zu können: In beiden Kirchensälen ist der Auftraggeber der Mosaiken genannt worden: Theodorus. Er war – laut einem von ihm unterzeichneten Dokument – in den Jahren um 314 Bischof von Aquileia (in der Zeit von Kaiser Konstantin also). Theodorus starb um 319, nach ihm wird die dreiteilige Anlage auch **theodorianische Kirche** genannt.

Das große im jetzigen Dom freigelegte **Bodenmosaik** der ehemaligen Süd-Kirche gehört schon weitgehend dem neuen Zeitgeist der Epoche Kaiser Konstantins an, sowohl formal als auch inhaltlich. Die christliche Thematik kommt jetzt offen zur Darstellung. Es ist stilistisch verwandt mit den jüngeren Mosaiken der Nordkirche (*Cripta degli scavi*) und entstand möglicherweise noch vor diesen. Die Naturwiedergabe ist auch hier einfacher, weniger detailreich als in den frühesten Mosaiken im Bereich des Campanile. Der neue Stil nimmt den Figuren ihre Vitalität, er tendiert zum Abstrakten und Symbolischen, zum Zeichenhaften.

Die vereinfachende Formensprache ist sicherlich ein Verlust. Doch kann sie die neuen christlichen Ideale, die Glaubensinhalte, besser zum Ausdruck bringen als eine naturalistische Naturerfassung, die in der hellenistischen Tradition wurzelt.

Mit einer Fläche von ca. 750 m² ist dieses Mosaik das größte existierende aus frühchristlicher Zeit. Es ist in zehn teppichartige Felder eingeteilt, von denen neun etwa gleich groß sind und in Richtung der drei Schiffe verlaufen. Das zehnte, etwa dreimal so große Feld verläuft quer zu diesen und nimmt die Stelle des Presbyteriums ein.

Betrachten wir – vom Eingang kommend – zunächst die drei Felder des ersten Joches. Das mittlere ist fast ausschließlich durch Ornamente bestimmt. Lediglich im Zentrum findet sich eine figürliche Darstellung, die wahrscheinlich nachträglich eingefügt wurde: Ein Hahn und eine Schildkröte stehen sich miteinander kämpfend gegenüber. Diesem Motiv begegneten wir schon im Nordsaal, es symbolisiert hier ebenfalls den Kampf des Lichtes mit der Finsternis. Auf dem Säulenstumpf steht der Siegespreis: ein Sack mit dem angegebenen Wert.

Während das Mosaik des rechten Seitenschiffs rein ornamental gestaltet ist (mit Ausnahme eines fratzenhaften Profils), finden sich im nördlichen Feld außer verflochtenen Bändern und stilisierten Pflanzen

Von der frühchristlichen Kirche zum heutigen Dom

Die theodorianische Kirchenanlage bestand kaum drei Jahrzehnte, als sie schon nicht mehr den Bedürfnissen der wachsenden Gemeinde entsprach. Denn bereits um 350 n. Chr. wurde die Anlage umgebaut, indem der Nordsaal (N) wesentlich – um das Dreieinhalbfache – vergrößert wurde. Er war die eucharistische Kirche für die inzwischen angewachsene Gemeinde. Man betrat sie nicht mehr vom Hafen aus über den Hof, sondern wie heute vom Westen her. In einem Nebenraum im Süden stand ein sechseckiges Taufbecken, das in der **Cripta degli Scavi** teilweise erhalten blieb.

Der Südsaal (S) wurde damals nicht verändert. Wir wissen, daß in diesem Saal im Jahre 381 ein Konzil gegen die Arianer abgehalten wurde, dem der Mailänder Bischof Ambrosius vorstand. Der Saal wurde dann im späten 4. Jh. zum **Martyrium,** d. h. Kultraum zur Verehrung von Märtyrern.

Zu einem späteren Zeitpunkt wurde dieser Südsaal erweitert (wahrscheinlich im späten 4. Jh.). Seine Grundmauern waren mit Ausnahme der östlichen bereits identisch mit dem jetzigen Dom. Auch die Säulenbasen stimmten mit den jetzigen überein. Vor der Kirche wurde das heute noch existierende Baptisterium errichtet.

Es scheint, daß diese Kirche von den Hunnentruppen Attilas im Jahre 452 zerstört wurde und sodann erneuert werden mußte. Der große Nordsaal wurde allerdings nicht mehr wiederaufgebaut. Die jetzigen Außenmauern des Doms, auch die drei Portale im Westen, sogar das Biforium an der Eingangsseite, stammen noch von diesem Kirchenbau.

Nach dem Einfall der Langobarden verlegten die Patriarchen ihren Sitz nach Grado, die Gegenpatriarchen suchten Schutz in Cormons und später in Cividale. Erst Karl d. Gr. stiftete dem Patriarchen Maxentius (811–842) Gelder zum Umbau der Kirche: Das Querschiff wurde angelegt, unter dem Presbyterium wurde die Krypta geöffnet, die im 12. Jh. den bedeutenden Freskenschmuck erhalten sollte. Es kam außerdem zum Bau der sogenannten Kirche der Heiden (*Chiesa dei pagani,* S. 59).

Weitere Veränderungen gab es dann in der Mitte des 11. Jh.s unter dem Patriarchen Poppo (1019–1042), der die Kirche nach einem Erdbeben (998) erneuern ließ. Dabei wurden die Seitenmauern erhöht, die Säulen erhielten neue Kapitelle, der Campanile wurde errichtet (unter Verwendung von Baumaterial des römischen Amphitheaters).

Im Jahre 1348 durch ein Erdbeben schwer beschädigt, ließ Patriarch Marquard von Randeck den Bau restaurieren. Damals erhielt der Dom schließlich die gotischen Arkaden und den Dachstuhl in Form eines Schiffskörpers.

auch Bildnisse, Vögel, Fische, Sepien und Reusen. Im beschädigten mittleren Rechteck erkennt man Reste einer Fischfangszene.

Im nächsten Joch zeigt das mittlere Feld sieben Bildnisse und Fische in Medaillons. In den Bildnissen (ein jugendlicher Mann, eine verschleierte Frau und drei Mädchen) möchte man Porträts von Mitgliedern der Stifterfamilie vermuten. Ihre Tuniken mit kostbaren Bordüren waren höheren Ständen vorbehalten. Man hat sogar vermutet, hier seien Kaiser Konstantin und seine Familie dargestellt. In zweien der Medaillon-Bildnisse sieht man hingegen Personifikationen der (ursprünglich vier) Jahreszeiten. Der Fisch war in frühchristlicher Zeit ein verbreitetes Symbol des Namen Christi. Fisch heißt griechisch ICHTHYS, die ersten Buchstaben für *Jesouos Christos Theou Hyios Soter*, zu deutsch: Jesus Christus Gottes Sohn Heiland.

Im mittleren Achteck des rechten Seitenschiffeldes findet sich eine Darstellung eines Hirten, der ein Schaf auf der Schulter trägt: es ist der Gute Hirte, der um seine Herde besorgt ist. Schon die heidnische Kunst der Griechen und Römer kannte die Gestalt des Schafträgers als Sinnbild der Menschenliebe. Die Christen übernahmen den ›Guten Hirten‹ in der Katakombenmalerei, sahen ihn aber nicht nur als eine Verkörperung der Menschenliebe, sondern

Guter Hirte, Detail aus dem Fußbodenmosaik

auch als Symbol der Errettung der Menschheit durch Christus. »Ich bin der Gute Hirt, ich kenne meine Schafe, und sie kennen mich, so wie der Vater mich kennt, und ich ihn. Ich bin bereit für sie zu sterben« (Johannes-Evangelium, 10,14–15).

Die Behutsamkeit, mit der christliche Inhalte hier über den Umweg überlieferter Bilder zur Darstellung kommen, läßt sich darauf zurückführen, daß die ersten Christen ganz auf bildliche Darstellungen verzichteten.

Das mittlere Feld des dritten Joches zeigt im Zentrum eine junge geflügelte weibliche Figur, die in der Rechten einen Lorbeerkranz, in der linken einen Palmzweig hält. Es ist Victoria, die Siegesgöttin, die die Siegespalme und den Kranz dem über das Böse siegreichen Christen darbietet. Die Preisgaben stehen bereit: der Korb mit Brot (einem eucharistischen Symbol) und das Gefäß, das wahrscheinlich Trauben enthielt (also ein weiteres eucharistisches Symbol). In den umgebenden Achteckfeldern sind neben Vögeln auch Jünglinge und Mädchen dargestellt, die Brot, Trauben, Blumen, Vögel sowie über einem Stab gezogene Kringel opfern.

Das **zehnte große Mosaikfeld** läuft quer zur Längsrichtung des Kirchenraums, an der Stelle des Presbyteriums. Es zeigt die Geschichte des Propheten Jonas, verbunden mit einer breiten Darstellung der Meereswelt und des Fischfangs, wobei geflügelte Kinder (Eroten) mit Angeln und Netzen Fische fangen. Die Eroten übernehmen also die Rolle der Fischer und spielen gleichzeitig auf die Apostel an, die durch ihre Predigt Menschen für den neuen Glauben gewinnen. Hier wird versucht, der überlieferten heidnischen Bildwelt (den spielenden Eroten) einen neuen Inhalt zu geben.

Die Jonas-Geschichte wird in drei Episoden geschildert. Links wird der Prophet aus dem Schiff ins Meer geworfen und von einem Meeresungeheuer verschlungen. Rechts speit das Ungeheuer Jonas nach drei Tagen am Strand aus. Anschließend sehen wir Jonas wie er sich unter einer Kürbislaube ausruht. Die Jonasgeschichte ist die wohl bekannteste Präfiguration zu Christi Grablegung und Auferstehung. »So wie Jonas drei Tage und drei Nächte im Bauch des Seeungeheuers war, so wird auch der Menschensohn drei Tage und drei Nächte in der Tiefe der Erde verborgen sein«, heißt es bei Matthäus 12, 40. In der Mitte des Feldes findet sich in einer Kreisform folgende Widmungsinschrift: THEODORE FELI(X)... (»Glücklicher Theodorus, mit Hilfe des allmächtigen Gottes und der Herde, die dir vom Himmel anvertraut ist, hast du selig dieses Bauwerk vollenden und glorreich Gott weihen können«).

Der **Kirchenraum**, eine dreischiffige Basilika mit ausladendem Querschiff, mit Krypta und erhöhtem Presbyterium, verdankt sein Aussehen im wesentlichen der Wiederherstellung durch den Patriarchen Poppo (1019–42). Aus dieser Zeit sind auch die Granit- und Kalksteinsäulen sowie die Basen und Kapitelle (nach antiken Vorbildern korinthischen Typs). Aus gotischer Zeit (ca. 1365–81) sind die spitzbogigen Arkaden (einschließlich der Abakusplatten), das Mauerwerk des Mittelschiffs, die reichen Blatt- und Figurenkapitelle der Vierungspfeiler und schließlich der Dachstuhl. Wie bei einem gemauerten Gewölbe ist dieser aus Halb- und Vierteltonnen zusam-

Mädchenkopf, Detail aus dem Fußbodenmosaik

mengesetzt. Im Querschnitt ist dieses hölzerne ›Gewölbe‹ fünfpaßförmig. Durch die Freilegung des frühchristlichen Mosaiks erscheint der Raum jetzt ca. 1,20 m höher als ursprünglich geplant (Farbabb. 3).

Kapellen und Ausstattung

1 Vesperbild (*Pietà*) aus Sandstein. Ein Werk des frühen 15. Jh.s im internationalen Stil der Gotik, das nördlich der Alpen, wohl im süddeutschen Raum entstand.

2 Cappella di S. Ambrogio: Begräbniskapelle der Familie Della Torre, die vor den Visconti aus Mailand ins Friaul geflüchtet war. Die Torriani brachten vier Patriarchen hervor, die in dieser Kapelle begraben sind. Errichtet wurde die Kapelle vom Patriarchen Raimondo Della Torre, der in dem ersten der beiden Sarkophage aus Veroneser Marmor (links) bestattet wurde. An der Vorderseite erscheinen die Wappentürme der Della Torre und das mystische Lamm. Der Sarkophag des Patriarchen Ludovico (der zweite rechts) ist aus istrischem Mar-

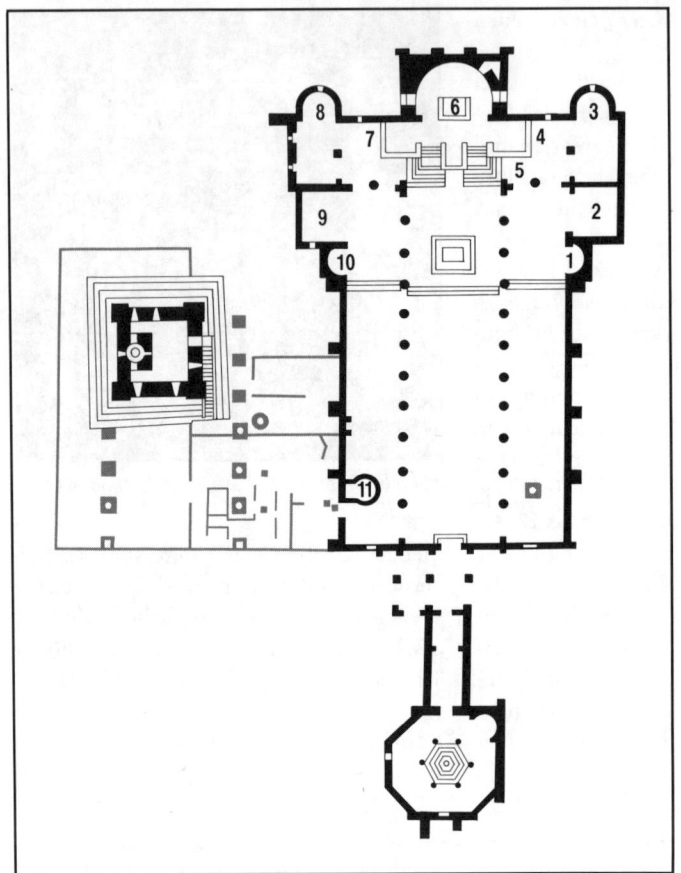

*Grundriß des Doms
von Aquileia im Plan
der frühchristlichen
Anlage*

mor. Das Polyptychon des Altares stammt von Pellegrino da San Daniele, 1503. Es zeigt den friulanischen Maler unter dem Einfluß der Venezianer, vor allem Giovanni Bellinis. In der rundbogenförmig schließenden Tafel der Auferstandene Christus, auf der mittleren Tafel die Apostelfürsten Petrus und Paulus, links die Heiligen von Aquileia, Hermagoras und Fortunatus, rechts Theodorus und Hieronymus. In den Predellentafeln Szenen aus dem Leben der Heiligen Markus und Hermagoras, denen wir in den Fresken der Krypta wiederbegegnen werden.

3 Cappella di San Pietro: Das aus dem 14. Jh. stammende Fresko in der Apsis ist eine freie Wiedergabe des *Volto Santo* im Dom von Lucca, einer Holzskulptur, die Christus lebend mit ausgebreiteten Armen und mit einer Tunika bekleidet vor dem Kreuz schwebend zeigt. Aus derselben Zeit das Kalottenfresko.

Von besonderem Interesse sind die Chorschranken aus der Zeit des Patriarchen Maxentius (811–842). Sie zählen zu den reichsten und schönsten aus karolingischer Zeit. Die hier provisorisch aufgestellten Fresken mit illusionistisch wiedergegebenen ornamentalen Motiven stammen aus der südlichen Kirchenhalle des Theodorus (frühes 4. Jh.).

4 Der um 1330 entstandene Sarkophag gehört der venezianischen Gotik an, wahrscheinlich aus der Werkstatt des Filippo de Sanctis (vgl. seine Arbeiten in der Kapelle San Felice in Sant' Antonio zu Padua, oder im Dom von Udine). Auf der Vorderseite »Hl. Hermagoras segnet die vier Jungfrauen aus Aquileia« (Euphemia, Dorothea, Thekla und Erasma) – Rückseite: »Christus zwischen zwei Gläubigen«.

5 Eingang zur **Krypta,** die wahrscheinlich auf den Patriarchen Maxentius zurückgeht und damit ins frühe 9. Jh. zu datieren ist. Die Krypta diente zur Aufbewahrung und Verehrung von Märtyrerreliquien. Um auch vom Kirchenraum aus an der Verehrung der Märtyrer teilhaben zu können, gab es zwischen dem Presbyterium und der Krypta ein spezielles Verbindungsfenster, die *fenestella confessionis,* vor dem die Gläubigen knieten, um »jenen Glauben zu bekennen, für den die Märtyrer ihr Leben gegeben hatten« (G. Brumat Dellasorte). Der außergewöhnlich gut erhaltene Raum wird durch Säulen in drei tonnengewölbte Schiffe unterteilt. Die Fresken zählen zu den bedeutendsten Zeugnissen der romanischen Wandmalerei in Italien. Gemalt wurden sie im späten 12. oder frühen 13. Jh.

Blick in die Krypta

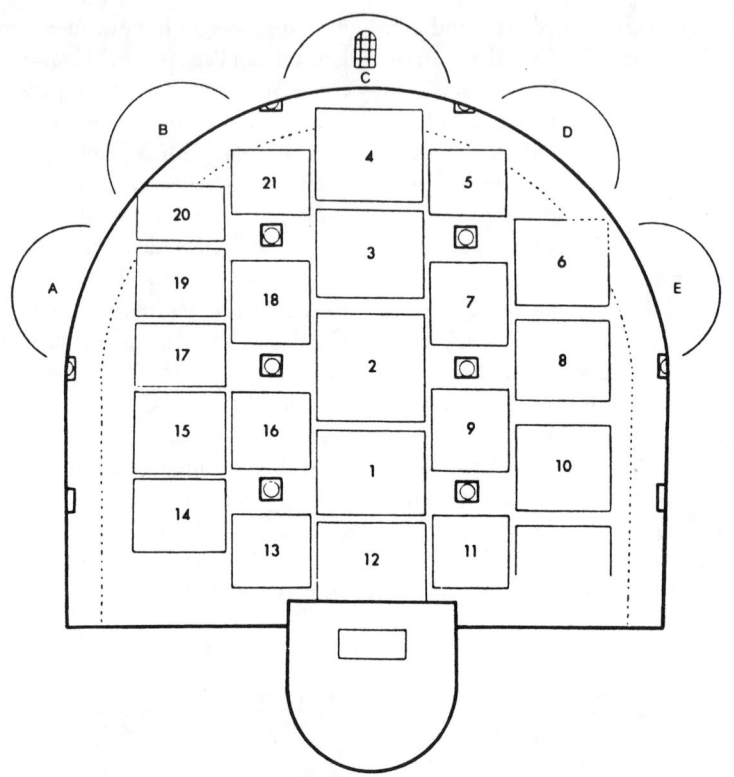

Anordnungsschema der Wand- und Gewölbefresken in der Krypta
Lünettenbilder: A Tod Mariens   B Kreuzigung Christi   C Hl. Markus heilt und tauft die Heiligen
Hermagoras und Fortunatus   D Kreuzabnahme (darunter: Ritter verfolgt Bogenschützen
E Beweinung Christi (darunter ritterliche Szene)
Im Gewölbe: 1 Christus zwischen zwei Heiligen 2 Thronende Muttergottes zwischen den Evangelistensymbolen 3 Hl. Hermagoras in der Glorie, umgeben von den Heiligen Fortunatus und
Syrus 4 Petrus entsendet den Evangelisten Markus nach Aquileia 5 Markus wird in Aquileia empfangen 6 Die Bewohner Aquileias stellen Hermagoras dem hl. Markus vor 7 Hermagoras wird
nach Rom eingeladen 8 Petrus weiht Hermagoras in Anwesenheit des hl. Markus zum Bischof
9 Hermagoras wird als Bischof von den Bürgern von Aquileia empfangen 10 Predigt des Hermagoras 11 Hermagoras vor dem Richter 12 Geißelung des Hermagoras 13 Weiteres Martyrium
des Hermagoras 14 Hermagoras predigt vom Gefängnis aus und bekehrt den Pontianus 15 Hermagoras heilt einen Besessenen 16 Die Priesterschaft vor dem Gefängnis des Hermagoras und
Taufe des Pontianus 17 Hermagoras tauft Gregorius und seine Familie 18 Hermagoras erwählt
Fortunatus zu seinem Diakon und heilt die blinde Alexandra 19 Hermagoras tauft Alexandra
20 Fortunatus und Hermagoras werden enthauptet 21 Begräbnis der beiden Heiligen und Lei-
chenfeier in Anwesenheit von Alexandra, Gregorius und Pontianus

Im Zentrum des Gewölbes findet sich die Darstellung der thronenden Madonna zwischen den Evangelistensymbolen. An 18 Bildfeldern des Gewölbes sind Szenen aus dem Leben der Heiligen Hermagoras und Fortunatus dargestellt. Nach der »Legenda aurea« hat der hl. Petrus den Evangelisten Markus von Rom in die Region Venetia et Istria gesandt. In Aquileia habe er gepredigt, eine christliche Gemeinschaft gegründet und viele Menschen zum neuen Glauben bekehrt. Sogar ein weiteres Evangelium soll er hier verfaßt haben. Unter den von Markus Bekehrten zeichnete sich Hermagoras durch Glaubensstärke aus. Daher soll Markus ihn nach Rom geführt haben, wo er von Petrus zum Bischof von Aquileia geweiht wurde. Während einer Christenverfolgung wurde Hermagoras dann gefangen genommen und gefoltert. Im Kerker setzte er seine Bekehrungen fort, ernannte den Mitgefangenen Fortunatus zum Diakon. Gemeinsam wurden Hermagoras und Fortunatus enthauptet.

Die halbrunden Wandfelder zeigen eine weitere Szene aus dem Leben der Heiligen Hermagoras und Fortunatus (Heilung und Taufe der Heiligen), drei Szenen aus der Passion Christi (Farbabb. 2) und den Tod Mariens. In den Zwickeln und Restflächen finden sich Darstellungen von Heiligen, Aposteln und Engeln.

Die ikonographischen Grundmuster sind in den Passionsszenen stark durch byzantinische Vorbilder geprägt, ebenso auch der Malstil. Bei den Heiligenszenen sieht man nur bei einzelnen Figuren und Figurengruppen byzantinische bzw. veneto-byzantinische Anklänge. »Am stärksten schlagen byzantinische Vorbilder in den Figuren der Apostel in den Gewölbe-

zwickeln des Mittelschiffs durch, die genau nach den Mosaikfiguren der Apsis von San Giusto in Triest kopiert sind. Sonst aber mischen sich unter die byzantinischen Formeln ausgesprochen romanische Details, ja sogar Typen« (Otto Demus). Insgesamt ist zu bemerken, daß hier »alles noch etwas spröder und härter« ist, die »pathetischen Züge« gesteigert sind und einige Szenen, für die es keine Vorbilder gab, in der Komposition recht unbeholfen wirken (Robert Oertel).

Stilistisch verschieden, doch wohl derselben Zeit angehörig, sind die unkonventionell mit roter Erdfarbe gezeichneten

Petrus weiht Hermagoras in Anwesenheit des hl. Markus zum Bischof, Fresko in der Krypta (Feld 8)

Darstellungen in der Sockelzone unter den Lünettenbildern der Wände: Auf fingierten Vorhängen finden sich ritterliche Szenen.

6 Presbyterium: Die Apsis ist ungewöhnlich groß dimensioniert; sie nimmt fast die gesamte Breite des Mittelschiffs ein. In ihre Grundform wurde sie wahrscheinlich schon zur Zeit des Patriarchen Maxentius angelegt (9. Jh.).

Das Fresko in der Apsiskalotte ist inschriftlich 1131 datiert, entstand also unter dem Patriarchen Poppo. Im Zentrum zeigt es die thronende Muttergottes in der Mandorla, umgeben von den vier Evangelistensymbolen (eine in der Marienikonographie seltene Darstellungsform, die von der Maiestas Domini übernommen wurde). Die umstehenden Heiligen genießen in Aquileia besondere Verehrung: links Markus, Hilarius (zweiter Bischof von Aquileia) und dessen Diakon Tatian, rechts Euphemia, Fortunatus und Hermagoras. Im Maßstab wesentlich kleiner dargestellt sind die Stifterfiguren: auf der linken Seite: Herzog Markus Heinrich von Kärnten und – durch den eckigen Nimbus der Lebenden ausgezeichnet – Patriarch Poppo, der der Madonna das Kirchenmodell darbringt; auf der rechten Seite Kaiser Konrad II., seine Gemahlin Gisela und (zuvorderst) ihr Sohn Heinrich (der spätere Kaiser Heinrich III.) in jugendlichem Alter. Der im Zentrum der Apsis stehende, aus verschiedenen Fragmenten zusammengesetzte Patriarchenstuhl ist wahrscheinlich aus der Zeit des Patriarchen Poppo.

Die harmonische, stilistisch sehr einheitliche Marmorausstattung erhielt das Presbyterium in der Zeit der Renaissance, seit den 90er Jahren des 15. Jh.s unter der Oberleitung von Domenico de' Maffei. Wesentlichen Anteil daran hatte der Bildhauer Bernardino da Bissone, der u. a. das Relief der *Pietà* am Sakramentsaltar schuf. Die zierlichsten ornamentalen Steinmetzarbeiten finden sich an der ›Tribüne‹ in der Mitte des Presbyteriums. Darunter öffnet sich in einer Nische die bereits erwähnte *fenestella confessionis* zur Krypta. Eine ähnlich kostbare Marmorausstattung eines Presbyteriums findet sich in S. Maria dei Miracoli in Venedig.

7 Ein auf Säulen stehendes marmornes Altarantependium (evtl. auch Vorderseite eines Sarkophags) ist aus der zweiten Hälfte des 14. Jh.s. Es zeigt unter Dreipaßarkaden Heiligengestalten, die Figur im Zentrum wurde als Christus oder als Hermagoras gedeutet.

8 Kapelle des hl. Hilarius: In der Apsis ein Freskenfragment des 12. Jh.s mit den Heiligen Hilarius, Tatian und wahrscheinlich Largius (Diakon des Hilarius). Darunter monochromer Freskendekor aus der Zeit des Patriarchen Maxentius (811–842). An der linken Wand Fresken des 14. Jh.s. Die (z. Zt. nicht gezeigte) Reliefplatte ist – lt. Inschrift – Teil einer Altartafel mit Christus, Petrus und Thomas von Canterbury. Sie entstand bald nach der Heiligsprechung (1173) des 1170 ermordeten Bischofs von Canterbury.

9 Cappella del Rosario: Rechte Wand Rest eines Freskos mit der Krönung Mariens, spätes 14. Jh.

10 Auf der Brüstung steht die Skulpturengruppe einer Verkündigung (pisanisch, erste Hälfte 14. Jh.).

11 Hl. Grab: Dieser Rundbau aus der Zeit des Patriarchen Poppo ist eine Nachbildung des Heiligen Grabes in Jerusalem.

Dom, Außenansicht

Der äußere Bau gibt die Anastasis-Kirche wieder, die in Jerusalem um das Heilige Grab gebaut wurde. Wie in Jerusalem hat auch hier der Sarkophag runde Löcher. Solche Nachbildungen des Heiligen Grabes wurden u. a. bei der Karfreitagsliturgie benutzt.

Auch am **Außenbau** des Domes läßt sich die lange Baugeschichte ablesen. Der untere Teil der Fassade, einschließlich des Biforiums, dürfte noch auf frühchristliche Zeit zurückgehen. Spuren des Brandes durch Attila sind noch erkennbar. Nach dem Erdbeben von 998 mußte der obere Teil einschließlich des Doppelfensters neu errichtet werden. An den Seitenflanken erkennt man, daß der Obergaden mit regelmäßigem Ziegelmauerwerk sowie mit

spitzbogigen Fenstern und Bogenfriesen dem 14. Jh. angehört. Aus dieser Zeit sind auch die kräftigen Strebepfeiler des linken Seitenschiffes.

Der 73 m hohe **Campanile** wurde unter dem Patriarchen Poppo erbaut. Die rundbogigen Fenster der Glockenstuben, der oktogonale Aufsatz und der kegelförmige Abschluß sind aus dem 16. Jh. Die **Vorhalle** aus dem 9. Jh. verbindet den Dom mit der sogenannten **Chiesa dei Pagani**, wohl ebenfalls aus dem 9. Jh. Die merkwürdige Bezeichnung (Kirche der Heiden) mag daher rühren, daß in dieser Kirche die noch nicht Getauften in den christlichen Glauben eingewiesen wurden. Man gelangt zunächst in einen quadratischen überkuppelten Raumteil, steigt dann einige Stufen hinunter in einen zweijochigen, kreuzgratgewölbten Raum. Das nahezu identische Obergeschoß ist weitgehend zerstört. Von hier aus gelangt man in das frühchristliche Baptisterium aus dem 5. Jh. Von den ursprünglich vier Nischen wurden im 9. Jh. drei zugemauert. Die Kuppel stürzte 1790 ein.

Römische Häuser am Fondo Cossar (2)
Derzeit sind zwei Ausgrabungszonen mit römischen Häusern zugänglich. Erhalten blieben lediglich Teile der Fundamente und Fußböden, so daß sich keine konkreten Vorstellungen vom Aufbau der Häuser gewinnen lassen. Selbst Grundriß, Ausdehnung und Haustypus sind nicht immer

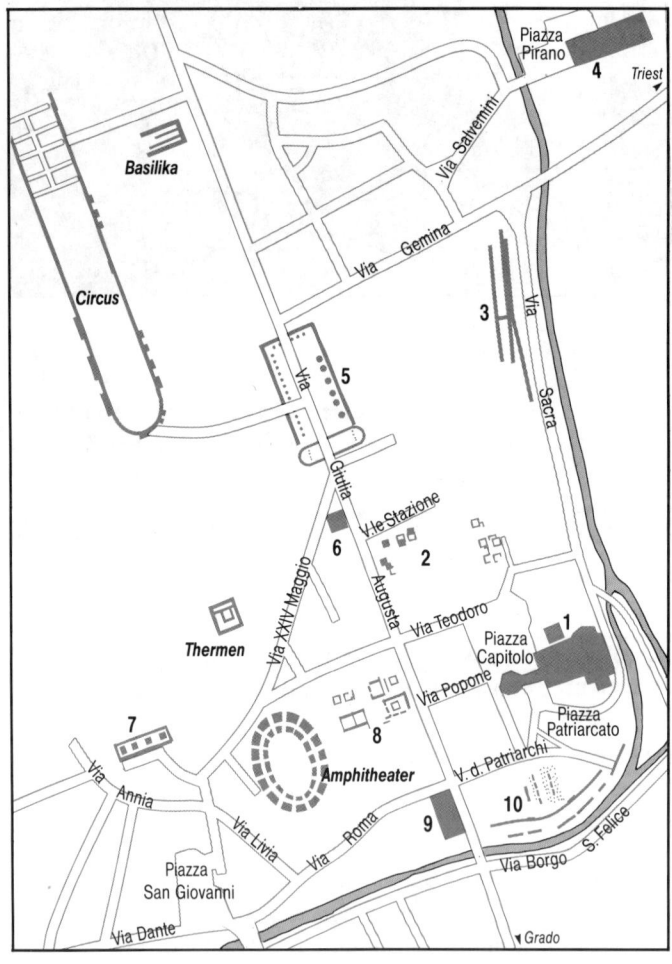

Stadtplan von Aquileia

1 *Dom und frühchristliche Kultanlagen*
2 *Römische Häuser am Fondo Cossar*
3 *Flußhafen*
4 *Museo Paleocristiano*
5 *Forum*
6 *Römisches Mausoleum*
7 *Römische Begräbnisstätte*
8 *Römische Häuser*
9 *Archäologisches Museum*
10 *Märkte und Mauern*

genau zu bestimmen. Die Häusergruppe am Fondo Cossar ist die ältere. Sie reicht bis ins 1. Jh. v. Chr. zurück. Hier wurden besonders schöne Mosaiken ausgegraben, die jetzt im Archäologischen Museum ausgestellt sind. Andere verblieben an Ort und Stelle. Dabei ist zu beachten, daß im Laufe der Jahrhunderte häufig zwei oder noch mehr Pavimente übereinandergelegt wurden. Um auch die unteren Mosaikböden sichtbar zu machen, wurden die darüberliegenden abgelöst und erhöht auf einem Postament angebracht.

In einem Gartenzimmer des ersten Hauses zeigt ein quadratisches Mosaik einen Hirsch, der von einem Hund angebellt

Römisches Haus am Fondo Cossar. Im Vordergrund Bodenmosaik des ›Guten Hirten‹, im Hintergrund der Dom

wird (3. Jh. n. Chr.). Ein größerer Raum - wahrscheinlich das Tablinum - wurde im 4. Jh. in ein privates Oratorium umgewandelt. Dazu wurde der Boden mit einem neuen Mosaik bedeckt, welches auf einer höheren Ebene gezeigt wird. Im Zentrum dieses Mosaiks fangen Eroten von ihren Barken aus Fische. Wie im freigelegten Jonas-Mosaik des Domes wurden dem überlieferten Bildthema eine christliche Symbolik aufgelegt. Fischen bedeutet, Menschen für den christlichen Glauben gewinnen.

Zu einem solchen privaten Oratorium gehört auch das Mosaik mit dem »Guten Hirten« des benachbarten Hauses. Der um seine Schafe besorgte, mit einem Nimbus versehene Hirte steht zwischen einem Schaf, einer Ziege und einem Milchgefäß. Er ist mit einer geschürzten Tunika und einem purpurnen Umhang bekleidet. In der Linken trägt er einen Hirtenstab, in der Rechten hielt er ursprünglich einen anderen Gegenstand, vielleicht eine Fackel. Eine Restaurierung (noch in frühchristlicher Zeit, wohl im 5. Jh.) ließ die Hand zum Redegestus erheben, doch ein Rest des Gegenstandes blieb erhalten. In der heidnischen Symbolik verkörperte der Hirte die Menschenliebe. Möglicherweise wurde ihm erst bei der Restaurierung der christliche Sinn der Errettung zugedacht. Umgeben wird das zentrale Rundbild von Weinranken mit Pfauen, einem Fasan und anderen Vögeln. In den Zwickeln finden sich weibliche Büsten, wohl Personifikationen der vier Jahreszeiten.

Auf zwei Wegen gelangt man zum römischen Flußhafen. Entweder direkt von den römischen Häusern aus, oder man wählt den längeren Weg, indem man rechts vom

Dom durch ein Tor geht, wo man zunächt an zwei hohen Säulen vorbeikommt - dem einzigen Überrest vom Palast des Patriarchen Poppo aus dem 11. Jh. Dieser Palast wurde an der Stelle des römischen Getreidespeichers errichtet, dessen Fundamente ausgegraben und wieder zugeschüttet wurden. Dieser von Zypressen gesäumte Weg, den man Via Sacra nennt, gestattet sodann einen Blick auf die Apsiden des Domes, er verläuft an der Stelle des trockengelegten Flußbettes des Natissa und parallel zum jetzigen Natissa-Kanal und führt sodann an den römischen Flußhafen. Einige Gedenksteine und Architekturfragmente sind am Weg ausgestellt, die als Baumaterial bei den Verteidigungsanlagen des 3. und 4. Jh.s wiederverwendet wurden.

Marmorgebälk aus der Zeit des Kaisers Trajan

Darunter befindet sich ein Marmorgebälk aus der Zeit Kaiser Trajans. Die Via Sacra (die Bezeichnung ist hier wenig sinnvoll) wurde übrigens mit dem Erdmaterial angelegt, das bei den Ausgrabungen des Flußhafens anfiel. Dieser Hafen lag außerhalb der älteren, republikanischen Stadtmauer, deren Verlauf die Pinienreihe linker Hand bezeichnet.

Der 1923–32 ausgegrabene **Flußhafen** (3) diente der Versorgung der Stadt. Er besaß eine eigene Zollstation, von der uns eine Inschrift berichtet. Angelegt wurde er wohl schon bald nach der Stadtgründung (181 v. Chr.). Unter Kaiser Claudius (41–54 n. Chr.) wurde er ausgebaut, doch in der Folgezeit mehrfach verändert. Das Hafenbecken – das auf 48 m verbreitete Flußbett – war 350 m lang. Die antiken Schriftsteller nannten den Fluß Natisone, in ihn mündeten hier die Flüsse Natissa und Torre. Erbaut wurden die Kais aus dem wasserresistenten istrischen Stein (der auch in Venedig verwendet wird). Sichtbar ist nur der westliche (linke) Kai zur Stadt hin. Der gegenüberliegende war bescheidener angelegt, ist auch schlechter erhalten und wurde daher nach der Ausgrabung wieder zugeschüttet.

Die Verlade-Einrichtung wurde auf zwei Ebenen angelegt: In der Tiefe ein einfacher flacher Kai, der bei tiefem Wasserstand (bei Ebbe) und vorwiegend für kleinere Schiffe benutzt wurde (er liegt jetzt gewöhnlich unter Wasser). Wie die Rekonstruktionszeichnung zeigt, führten Rampen zum

Rekonstruktionszeichnung des Flußhafens von Aquileia

Ruinen des Flußhafens

oberen Kai und zu den drei Lagerhallen. Diese waren den republikanischen Stadtmauern angelehnt und dementsprechend sehr lang gestreckt. Zwischen den Lagerhallen führten Straßen direkt vom unteren Kai ins Stadtzentrum. Zum Befestigen der Taue dienten an der oberen Kaimauer vorstehende durchbohrte Platten. Sie waren im regelmäßigen Abstand von 18 m angebracht, sind in größerer Zahl erhalten und gut erkennbar. Am unteren Kai finden sich hingegen kleinere, vertikale Halteringe (jetzt meist unter Wasser).

Diese Hafenanlage aus der Zeit des Claudius wurde dann im 3. Jh. wesentlich verändert, was uns heute die Entzifferung der Anlagen erschwert. Als Maximinus Thrax 238 n. Chr. Aquileia bedrohte, mußte in großer Eile eine neue Stadtmauer errichtet werden, die auch die Lagerhäuser des Hafens einschloß. Man erbaute den neuen Mauertrakt im Hafengebiet kurzerhand an der Kante des oberen Kais. Als dann nach Beendigung der Belagerung der Hafen wieder funktionsfähig werden sollte, entschied man sich dazu, die Mauer nicht abzureißen, sondern die freie Fläche zwischen den Lagerräumen und der neuen Mauer als zusätzliche Magazinräume auszubauen. Dazu wurden neue monumentale Eingänge geschaffen, zu denen die noch heute sichtbaren Stufen direkt von der Wasseroberfläche hoch führten. Die Treppenanlage wurde von rechteckigen Türmen flankiert. Die unteren Kaimauern konnten weiter benutzt werden.

So sieht man heute Reste vom Unterbau der Stadtmauer und der Türme, die in aller

Eile vorwiegend in Bruchstein und bereits verwendetem Baumaterial errichtet wurden. Nur die Treppenanlage ist aus istrischem Stein. Hingewiesen sei noch auf die den rechteckigen Türmen, bzw. Turmbasen vorgebauten runden Türme. Sie wurden zur Verstärkung errichtet, als ein Überfall durch Kaiser Julianus Apostata drohte. Um vom Hafen aus die Stadt anzugreifen, ließ dieser die Flüsse Natisone und Torre umleiten. Sie münden seitdem in den Isonzo (etwa 6 km östlich von Aquileia). Der Flußhafen scheint zu dieser Zeit aufgegeben oder zumindest stark eingeschränkt worden zu sein.

Vom Flußhafen erreicht man in wenigen Minuten das altchristliche Museum, das **Museo Paleocristiano** (4) in der Ortschaft Monastero. Diese erhielt ihren Namen nach einem seit 811 bezeugten Benediktinerinnenkloster, das 1782 aufgelöst und in ein landwirtschaftliches Gut umgewandelt wurde. Das Museum nimmt die Stelle der ehemaligen Abteikirche ein, welche wiederum an der Stelle einer frühchristlichen Kirche erbaut wurde. Das 1949–50 ausgegrabene große Bodenmosaik dieser Kirche war nun Anlaß, in diesem Gutsgebäude ein Museum für frühchristliche Kunst einzurichten und damit das Archäologische Museum, in dem zuvor frühchristliche Exponate ausgestellt waren, zu entlasten.

Im großen Saal des **Erdgeschosses** sind zunächst Bodenmosaiken aus anderen frühchristlichen Kirchen oder Privatoratorien ausgestellt. Das größte dieser Mosaiken mit ausschließlich geometrischen Mustern wurde zusammen mit einer Altarmensa nördlich des Friedhofes gefunden. Die ebenfalls hier ausgestellte Mensa ist von seltener Form. Sie ist nicht rechteckig, sondern halboval. Im leicht erhöhten, breiten Rand sind 12 runde sowie eine einzige kleinere rechteckige Ausbuchtung eingelassen (wohl in Anspielung auf das letzte Abendmahl Christi). Der vorwiegend im Orient verbreitete Mensentypus wird ›koptische Mensa‹ oder auch *mensa a sigma* (nach der Form des griechischen Buchstabens) genannt. Die von einer Schranke geschützten Bodenplatten gehörten zur Pflasterung des Vorplatzes zur frühchristlichen Kirche von Monastero. Ein Mosaik an der linken Wand zeigt einen Phönix in einem Kreis. Der Phönix - so der Mythos - verbrennt sich in seinem Nest und gelangt aus seiner eigenen Asche zu neuer Gestalt. Er galt daher schon in der römischen Staatsreligion als Symbol für die Erneuerung eines Zeitalters. Die Christen sahen in ihm ein Symbol für die Erneuerung des Lebens und die Auferstehung Christi. Dies wird hier anschaulich zur Darstellung gebracht: Der Phönix steht inmitten von

Phönix, Mosaik, 4. Jh.

Flammen, die ihn zur Asche werden lassen, und sein Haupt ist – wie bei Christus – von einem Lichtkranz umgeben.

Der Bereich der Vorhalle (Narthex) diente der frühchristlichen Gemeinde als Begräbnisstätte. Von den drei Portalen, die vom Narthex in den Kirchenraum führten, blieben die Türschwellen aus Spolienmaterial erhalten. Im hinteren Teil des Erdgeschosses sieht man das freigelegte frühchristliche Bodenmosaik. Auch wenn der Raum den Charakter einer Kirche verloren hat, entsprechen doch die Ausmaße, bis auf eine Höhe von 1 bis 3 Metern auch die Substanz des Mauerwerkes der frühchristlichen Kirchengebäude. Auf figürliche Darstellungen wurde bei diesem Paviment verzichtet. Teile des Mosaiks sind ergänzt, wobei man das Erneuerte absichtlich heller gehalten und durch eine rote Linie vom originalen Teil abgesetzt hat. Von Interesse sind die Inschriften, die genau angeben,

Frühchristliches Boden-mosaik, 4. Jh.

wer für wieviel Mosaikfläche Gelder stiftete, z. B. »Constantinus und Maximella gaben für 100 Fuß«, »Festus und Ursa gaben mit ihren Familienangehörigen die Summe, um 100 Fuß zu mosaizieren«.

Außer römisch-lateinischen Stifternamen finden sich auch griechische (Basilus, Eusebius) und semitische Namen (Mareas, Johannes, Joseph): ein Hinweis dafür, daß eine internationale Einwohnerschaft sich in diese hafennahen Viertel niedergelassen hatte.

Aufsehen erregte bei ihrer Entdeckung die Inschrift: D(OMI)N(US) SAB(AOTH). Sie wurde zunächst dahingehend interpretiert, daß es sich bei diesem Kultraum um eine Synagoge handelte. Doch stellte man fest, daß diese Worte, die ›Gott der Heerscharen‹ bedeuten, in der Liturgie des Orients schon seit dem 2. Jh. verbreitet waren.

Nach der Zerstörung durch Attila (452) wurde die Kirche durch sechs Stützenpaare in drei Schiffe unterteilt. Nur der letzte Pfeiler rechts wurde wieder aufgerichtet. Damals wurde auch das Presbyterium erhöht und mit einem neuen Mosaikpaviment belegt. Rest dieses Mosaiks hängen an der hinteren Schmalwand. Das Fresko an der linken Wand stellt den heiligen Papst Gregor den Großen dar (14. Jh.).

Das **erste Obergeschoß** wird fast vollständig von zwei großen, 1894 entdeckten Bodenmosaiken eingenommen. Sie fanden sich in einer größeren (53,50 m langen) frühchristlichen Kirche in der Ortschaft Beligna (1 km südlich von Aquileia, nahe der Straße nach Grado), und zwar im Bereich der Apsis, die die gesamte Breite des Mittelschiffs (25 m) einnahm (vgl. den rekonstruierten Plan an der Wand). Auf

beiden Mosaiken finden sich verschlungene Weinranken, die von Akanthuskelchen ausgehen. Weinranken waren bereits in römisch-heidnischer Kunst ein beliebtes Dekorationsmotiv. Hier wurden sie wohl eingesetzt in Anspielung auf die Worte Jesu: »Ich bin der Weinstock, ihr seid die Reben« (Joh. 15,5). Zwischen den Ranken finden außer verschiedenartigen Vögeln und einem Pfau zwölf Schafe Platz. Schafe stehen in der Obhut des Guten Hirten, d. h. Christi. Die Zwölfzahl spielt auf die zwölf Apostel an. Der Pfau, dessen Fleisch nicht gegessen werden soll, gilt - laut Augustinus - als Symbol der Unsterblichkeit. Das Mosaik wird verschieden datiert, häufig in die Zeit um 410–30.

Folgende weitere Exponate verdienen besondere Beachtung: ein unvollendetes Steinrelief mit den Apostelfürsten Petrus und Paulus (um 400 ?), eine marmorne Grabplatte eines jungen Mädchens. Sie zeigt den frühchristlichen Taufritus: Wir sehen das Mädchen in einer Wanne stehen; links der Taufende mit Nimbus, rechts der

Unvollendetes Steinrelief mit Petrus und Paulus

*Grabplatte eines jungen
Mädchens mit Taufritus*

Pate. Vor dem Wasser, das aus einer bestirnten Scheibe quillt, erscheint die Taube des hl. Geistes. Die Inschrift lautet: »Der unschuldigen Seele, die der Herr gerufen hat. Sie ruhe treu in Frieden. Zehn Tage vor dem Monat September«, nennt also weder den Namen der Verstorbenen noch ihr Todesjahr. Zahlreiche weitere Grabinschriften, sogenannte *tituli*, finden sich auf der Galerie.

Der Rückweg führt zunächst zum **Forum** (5), dem großen repräsentativen Platz der Römerstadt (Farbabb. 4). Nur die Hälfte vom Forumsbereich wurde bisher ausgegraben. Das Forum lag, wie in römischen Kolonialstädten üblich, bei der Kreuzung der beiden Hauptverkehrsstraßen, des *Decumanus maximus* und des *Cardo maximus*. Diesem Cardo maximus entspricht die heutige Via Giulia Augusta. Daher wird das Forum leider von der Hauptverkehrsstraße durchschnitten. Seine architektonische Gestaltung fand das Forum im 2. Jh. n. Chr. Es hatte ein Aus-

maß von 130 x 70 m. Gepflastert war es mit Platten aus Karstgestein, von denen ein Teil erhalten blieb. An allen vier Seiten war der Platz von Portiken umgeben, unter denen sich Läden, Tavernen und öffentliche Gebäude öffneten. Die Portiken lagen drei Stufen, 60 cm, erhöht. Vor den Stufen des Portikus erkennt man eine Rinne zum Ableiten des Regenwassers. Unter den Portiken war der Boden mit rotem Veroneser Marmor belegt. Die Portikus-Säulen waren alle in dieselbe Richtung umgefallen, was nur durch ein Erdbeben erklärbar ist. Einige Säulen wurden wieder aufgerichtet (Fehlstellen wurden in Ziegelstein ergänzt).

Im Bereich des Forums wurden zahlreiche Gebälkstücke und Säulenpodeste gefunden. Auf den hier verbliebenen Gebälkstücken tragen Adler und Eroten Fruchtgirlanden. Auf den Säulenpostamenten finden sich u. a. Medusen- und Jupiter-Ammon-Köpfe. Wir kennen nicht die Funktion dieser Architekturstücke.

Vielleicht gehörten sie zu einem Tempel, vielleicht auch zur Attika oder zu Balkonen im Obergeschoß der Portiken.

Von den öffentlichen Gebäuden des Forums sind allein die Reste der **Basilika** erhalten: Es war eine Halle mit einer Grundfläche von 2250 qm. In römischen Marktbasiliken fanden Gerichtsverhandlungen und politische Versammlungen statt, sie standen aber auch Geldgeschäften und dem Handel mit kostbaren Waren offen. Die Basilika von Aquileia besaß nicht nur eine sondern zwei Apsiden (Exedren), und zwar an den beiden Schmalseiten. Wie die meisten Marktbasiliken war sie durch Säulen in drei Schiffe geteilt. Doch im Unterschied zu den christlichen Basiliken fanden sich auch an den Schmalseiten Säulengänge, die sich also - ähnlich wie die Portiken des Forums - ringsum schlossen.

An einer der Schmalseiten grenzte die Basilika an einen Decumanus, von dem noch ein größerer Abschnitt der Trachytpflasterung erhalben blieb. Man nennt ihn ›Decumanus der Aratria Galla‹, denn eine reiche Matrone dieses Namens hatte im 2. Jh. n. Chr. testamentarisch die Pflasterung gestifet (Inschriftenstein im Archäologischen Museum).

Das imponierende, 17 m hohe **Mausoleum** (6) wurde 1956 aus Fragmenten rekonstruiert. Die einzelnen Teile fand man nicht in Aquileia, sondern einige Kilometer östlich in der Ortschaft Roncolon di Fiumicello, an der ehemaligen Römerstraße nach Triest (Tergeste). Die aufgefundenen Originalteile waren jedoch zu spärlich, als daß eine Rekonstruktion möglich war, die von der Forschung vorbehaltlos akzeptiert wurde. Umstritten sind nicht

nur einige Details, sondern auch Aufbau und Proportion des Monuments. Der von Löwen bewachte würfelförmige Block über der Basis war die eigentliche Grabeszelle, in der der Auftraggeber und seine Familie bestattet wurden. Über diesem Block erhebt sich das offene Gehäuse für die Statue: eine Ädikula in Form eines Rundtempels (Monopteros), abgeschlossen von einer kegelförmig zulaufenden, schuppenbesetzten Bedachung. Auf der Spitze sitzt ein Pinienzapfen: ein aus dem Dionysos- und Demeterkult stammendes Symbol der Fruchtbarkeit und Lebenskraft.

Wir kennen nicht den Namen des Auftraggebers. So viel ist gewiß: Es muß ein hoher Beamter gewesen sein (vielleicht ein für den Kaiserkult verantwortlicher Augustale), denn darauf weisen einige ›Attribute‹ hin: die Toga der Porträtstatue, auch das sogenannte *scrinium*, der Behälter zum Aufbewahren von Schriftrollen, zu seinen Füßen, ferner in den sehr fragmentarischen doch immerhin noch erkennbaren Reliefs des unteren Teiles des Cella-Kubus' das Bündel mit Ruten (*fasces*) und ein besonderen Würdeträgern vorbehaltener Sessel aus Elfenbein. Der Stil des Mausoleums weist auf die Augusteische Zeit hin.

Das Hinweisschild ›Sepolcreto‹ führt zur 1938–42 freigelegten **Römischen Begräbnisstätte** (7). Sie gibt eine gute Vorstellung von römischen Grabanlagen, von denen es in Aquileia wie auch in anderen größeren Römerstädten zahlreiche gab (Farbabb. 5). Sie lagen alle - wie es das Gesetz vorschrieb - außerhalb der Mauern, gewöhnlich entlang der sechs Ausfallstraßen. In den ersten Jahrhunderten überwog die Aschenbestattung, die Leichenbestat-

tung wurde erst im 2. Jh. n. Chr. üblich. Für beide Bestattungsarten bietet diese gut erhaltene, 1938–42 ausgegrabene Anlage Beispiele. Sie gehört zu einer größeren Nekropole an der südwestlichen Ausfallstraße. Das **erste umfriedete Feld** gehörte der Kaufmannsfamilie der Statii. Einige Extravaganzen wie die kleinen schräg gestellten Pfeiler der vorderen Umfriedung oder der üppige Dekor lassen an eine Entstehungszeit unter den flavischen Kaisern denken. Die an den Eckpfeilern dargestellten Gefäße fanden im Ritus der Verbrennung Verwendung. Wie bei den anderen Gräbern sind die niedrigen Ziegelsteinmauern durch abgerundete Lagen aus Naturstein geschützt. Das Grab des Familienoberhauptes wurde weitgehend rekonstruiert; original ist der größerenteils der reich mit Palmetten verzierte gestufte Sokkel. In dem pyramidenförmig bedeckten Grabmal wurde ein Mädchen aus einer anderen Familie beigesetzt: die 17jährige Fabricia Severina (darauf weist eine Inschrift am Hauptmonument ausdrücklich hin). In dem kleinen Sarkophag links wurde ein Kind bestattet (bei Kindern war stets die Leichenbestattung üblich). Die Aschenurnen aller Grabanlagen gelangten ins Archäologische Museum.

Die **zweite Grabanlage** ist die kleinste und bescheidendste. Die Urnen tragen keine Inschriften; wir kennen daher nicht den Familiennamen. Bei der **dritten Anlage**, die der Julii, nennt eine Inschrift an der Vorderseite der Umfriedung das Ausmaß der Anlage: 23 Fuß (ca. 7 m) an der Front, 30 Fuß (ca. 9 m) an den Seiten.

Römisches Mausoleum

Eine bemerkenswerte Inschrift an dem kleineren Grab besagt, daß Caius Iulius Trophimus das Momument dem Venustus, einem Sklaven mit seltenen Eigenschaften errichtete: VENUSTO SER(VO) RARISSIMO C(AIUS) IULIUS TROPHIMUS. Die spitze Bedachung des größeren Grabmales trägt an der Vorderseite ein Relief mit Delphinen, die um den Dreizack des Neptun geschlungen sind. Es sind Symbole des Jenseits, anspielend auf die Reise der Toten. In der **vierten Anlage**, die der Trebi, fand man außer Aschenurnen auf einer höheren Ebene auch Sarkophage. Die Anlage wurde als einzige wahrscheinlich noch im 3. Jh. benutzt. Eine Skulpturengruppe zeigt eine sitzende Frau mit einem geflügelten Mädchen, vielleicht die Verstorbene mit ihrer Seele (Kopie, Original im Archäologischen Museum, Saal 3). Die **fünfte Anlage** gehörte den Cestii. Ein Cippus trägt die Inschrift, die besagt, daß L. Cestius Potius ihn der Aemilia Primitiva errichtete, die durch ihr ehrenhaftes Leben Verdienst erlangte.

Zwischen Via Giulia Augusta und den (zugeschütteten) Resten des Amphitheaters können weitere **Römische Häuser** (8) besichtigt werden (Eingang gegenüber dem zum Dom führenden Viale Popone). Die Häuser lagen außerhalb der älteren, republikanischen Stadtmauer und entstanden später als die Häuser am Fondo Cossar (S. 60 f.), wahrscheinlich in der Zeit von Kaiser Augustus. Die freigelegten Fundamente, die unteren Mauerteile und Bodenmosaiken gehören zu drei verschiedenen Häusern. In den beiden Häusern nahe der Straße wurden im 4. Jh. christliche Oratorien eingebaut. Das Oratorium des ersten (südlichen) der beiden Häuser besitzt eine große halbrunde Apsis mit Resten eines rein ornamentalen Mosaiks. Das Oratorium des nördlichen Hauses besitzt ein großes farbiges Mosaik mit dem Guten Hirten in ruhender Haltung, mit Krummstab und Hirtenflöte, umgeben von Lämmern, Fischen und Delphinen, von Pfauen, Vögeln, Wildenten und Schwänen. Lämmer, Fische und Pfauen sind christliche Symbole (vgl. dazu S. 47 und 52). Ob auch dem Delphin in frühchristlichen Darstellungen eine Symbolik zugrunde liegt, ist umstritten.

In den Porträtbüsten sieht man Bildnisse der Stifterinnen. Die Apsiden beider Oratorien waren nicht - wie bei öffentlichen Kirche üblich - nach Osten gerichtet, sondern nach Westen.

Das weiter von der Straße entfernt liegende Haus war um ein Peristyl angeordnet, d. h. um einen inneren Garten mit Säulenportiken, der mit Cocciopesto und ein-

gelassenen weißen Stein belebt war. Bei einem späteren Umbau wurden unter einigen Böden Amphoren eingelassen, wahrscheinlich, um die Räume auszutrocknen.

Die spärlichen Reste des **Amphitheaters** wurden nach der Ausgrabung wieder zugeschüttet und können daher nicht besichtigt werden. Zur Zeit werden die weiter nördlich gelegenen **Thermen** ausgegraben, aus denen schon früher Mosaiken mit Athleten entfernt wurden, die im Lapidarium des Archäologischen Museums ausgestellt sind.

Das **Archäologische Museum** (9, Museo Archeologico Nazionale) gehört zu den interessantesten antiken Provinzmuseen Italiens. Mit der Fülle des Materials gibt es einen guten Einblick in die lokale kunsthandwerkliche Produktion des antiken Aquileia und das tägliche Leben einer Römerstadt. Gegründet wurde es 1882 vom österreichischen Staat. Untergebracht

Kaiserzeitliches Porträt aus dem 2. oder 3. Jh. (l.) und Porträt des sog. Agrippa (r.), Saal 1

Marmorrelief mit dem Ritus einer römischen Stadtgründung, Saal 1

wurde es in einer von der Familie von Ritter erworbenen Villa.

Saal 1: Römische Porträts aus spätrepublikanischer Zeit bis ins 5. Jh. Sie sind von links nach rechts fortschreitend chronologisch geordnet. Zu beachten ist vor allem das Porträt eines Alten mit abstehenden Ohren (Nase ergänzt) aus spätrepublikanischer Zeit (Nr. 3). Ein Marmorrelief zwischen den Fenstern zeigt den Ritus einer römischen Stadtgründung: Ochsen ziehen einen Pflug. Dabei bezeichnet die aufgeworfene Erde den Verlauf der zukünftigen Mauer, die Furche den Verlauf des Grabens. Von einem Ehrenmonument stammt die Inschrift darunter, die einen der Triumvirn nennt, die 181 v. Chr. mit der Gründung von Aquileia beauftragt waren: L. Manlius Acidinus. Rechts vom Durchgang in den nächsten Raum: Von den Bürgern Aquileias gestifteter Votivaltar nach der überstandenen Belagerung durch Maximinus Thrax (238 n. Chr.) für die kapitolinischen Gottheiten (Jupiter, Juno, Minvera) und Mars. Das seitliche Relief zeigt eine Personifikation Aquileias (mit Adler), die kniend Rom um Beistand bittet.

Saal 2: Porträtstatuen. Die Togastatue eines Priesters (rechts vom Durchgang) mit bedecktem Haupt ist entweder ein posthumes Bildnis des Oktavian-Augustus oder seines Nachfolgers Tiberius. Rechts davon Kaiser Claudius (41–54 n. Chr.) als Triumphator in militärischer Gewandung. Der Kopf des jungen Oktavian (Augustus) stammt von einer Statue, die nach der Schlacht von Aktium (31 v. Chr.) aufgestellt wurde. Die kopflose, halbnackte Statue galt einem Befehlshaber zur See (Schiffsschnäbel an der Basis). Die beiden Grabstatuen eines Ehepaares sind lokaler Provenienz (aus augusteischer Zeit). Der Mann trägt die Toga, die Frau dagegen Stola und Palla (ein rechteckiges Tuch). Ihre Frisur gleicht der der Livia, der Gemahlin des Augustus. Ein Relief des 4. Jh.s n. Chr. (zwischen Fenster und Außentür) zeigt eine sakrale Prozession: Zwei

Porträtbüste des jungen Oktavian, Saal 2

Beamte des Magistrats sitzen in einem Wagen; Männer tragen ein Tabernakel mit der Gottheit. Voran gehen zwei Liktoren. **Saal 3**: Zeugnisse zum Totenkult. Grabmonumente und Stelen illustrieren die Tätigkeiten verschiedener Berufe (Metzger, Schmied, Feldmesser, Wagner, Zimmermann, Steuereinnehmer) oder ihr handwerkliches Gerät. Die freistehende plastische Gruppe einer Frau mit geflügeltem Kind stellt vielleicht die Verstorbene mit Psyche dar. Die Gruppe stammt von der römischen Begräbnisanlage der Trebi (vgl. S. 69). In der Mitte des Saales steht auf einem Säulenstumpf eine Aschenurne aus Karstgestein mit der Darstellung eines Banketts bei einer Totenfeier, 1. Jh. n. Chr.

Saal 4: Griechisch-römische, orientalische und lokale Gottheiten. Die großen Steinmedaillons von einem öffentlichen Gebäude stellen dar: Merkur, Vulkan, Juno (?), Jupiter, Mars, die Göttin Roma, Mithras (?) und andere. Auf einer Metope findet sich eine Personifikation des Winters. Sie trägt ein Wildschwein, Hasen und eine Wildente. Ein Relief zeigt den Genius von Aquileia mit dem Flußgott des Natissone. Relief mit Mithras: Der persische Lichtgott stößt dem Urstier einen Dolch in den Hals. Aus dem Blut und dem Schwanz sprießen Ähren und Weinreben. Ein Hund und eine Schlange lecken am Blut, um an der Lebenskraft des Stieres teilhaftig zu werden. Ein Skorpion beißt dem Stier in die Hoden, um den Samen zu verderben. Doch der Samen wurde in die Mondsphäre erhoben, dort gereinigt und konnte vielfältige Tierarten hervorbrigen. So ist Mithras ein lebensspendender Gott, der begleitet wird von Cautes und Cautopates, den Sinnbildern der aufgehenden und untergehenden Sonne. In der mittleren Nische: römische Kopie der Venus vom Typ Medici.

Obergeschoß

Saal 5: Römische Grabbeigaben wie Schmuck- und Toilettenartikel, Geschirr und andere Gegenstände des täglichen Gebrauchs. Hervorzuheben ist ein Schleier mit goldenen Fliegen (das Netz erneuert). Reich ist das Museum an Erzeugnissen der Steinschneidekunst, insbesondere Gemmen. Auffallend häufig wird Bernstein verwendet, u. a. auf für Szepter, die möglicherweise beim Gastmählern Verwendung fanden. In Aquileia endeten die Handelsstraßen des Bernstein, der von der Ostsee importiert wurde. So war hier auch das

Sakrale Prozession, Relief des 4. Jh.s, Saal 2

wichtigste Verarbeitungszentrum für das ›Gold des Nordens‹.

Saal 6: Frühchristliches Kunsthandwerk, u. a. ein Gefäßboden (Glas mit Goldeinlagen) mit Darstellung des Quellwunders des Moses. In einem der kleinen Marmorbildnisse wird allerdings Sabina, die Gemahlin Kaiser Hadrians gesehen. Auch die in diesem Saal ausgestellten ägyptischen Gegenstände wurden in Aquileia gefunden.

Saal 7: Terrakotten aus Aquileia, Arezzo und andernorts, Öllampen, Geschirr, Urnen, Schreibgerät. Bildnisse des Sokrates, angeblich auch des Pythagoras und des Vergil.

Saal 8: Bronzearbeiten (Spiegel, Lampen, Fibeln etc.), u. a. ein mehrarmiger Leuchter aus der frühchristlichen Nordkirche der Mitte des 4. Jh.s (ausgegraben 1970) und ein 1968 in einer Zisterne gefundener Helm (69 v. Chr.).

Grabrelief eines Schmiedes, Saal 3

Saal 9: Überaus reiche Sammlung römischen Glases, gefunden als Grabbeigaben. Schon im 1. Jh. v. Chr. brachten Händler orientalische Glaserzeugnisse (vor allem aus Syrien) nach Aquileia. So wurde diese Hafenstadt ein bedeutendes Produktionszentrum. Es scheint, daß die Technik der Glaserzeugung in der Völkerwanderungszeit über Altinum nach Venedig und Murano vermittelt wurde. Während die einfarbigen Gläser, speziell die blauen und gelben, transparent gehalten wurden, sind die mehrfarbigen zumeist opak, um farbige Steine oder Marmor zu imitieren.

Im **zweiten Obergeschoß** sind im Treppenhaus frühgeschichtliche Funde von der Steinzeit bis in die Bronzezeit ausgestellt. **Saal 10**: weitere Gebrauchsgegenstände aus römischer Zeit. **Saal 11**: Münzsammlung, u. a. in Aquileia geprägte römische Münzen.

Im **Garten** des Museums ist das **Lapidarium** untergebracht. Hier finden sich Fragmente von Bauwerken und zahlreiche Inschriften. In der Mitte des Gartens steht das rekonstruierte Grabmal der *gens Curia*, 1. Jh. n. Chr.: Die Bildnisstatue der Curia Marcella steht unter einer merkwürdigen dreisäuligen Ädikula mit geschwungenem pyramidenförmigem Aufsatz. Sehenswert sind vor allem die Mosaiken im hinteren linken Portikus. Von stupender Detailgenauigkeit, Modellierung und Farbnuancierung ist die Wiedergabe von Efeu- und Weinranken, die mit einer Schleife verbunden sind. Das Fragment ist aus dem 1. Jh. v. Chr. Ein größeres Mosaik aus dem 1. Jh. n. Chr. zeigt eine Nereide auf einem Seestier (Farbabb. 1). Eine Kuriosität ist das Mosaik aus einem Speisezimmer *(triclinium)*, das einen ungefegten Fußboden zeigt (sog. *asaroton*). Liegengeblieben sind alle Arten von Abfällen vom Tisch eines vornehmen Hauses: Weinblätter, Fischköpfe, Gräten, Krustentiere, Sepien, Obst, Eier- und Nußschalen (1. Jh. v. Chr.). Aus dem 3. Jh. n. Chr. sind die in gröberer Technik ausgeführten Mosaikbildnisse von Athleten. Sie stammen aus den Thermen, die gerne auch von Athleten aufgesucht wurden.

In einem gesonderten Saal (den man sich zuweilen öffnen lassen muß) ist der Rumpf eines römischen Schiffes ausgestellt, das bei San Giovanni in Tuba gefunden wurde. Interessant auch die Dokumentation zur Bergung und Restaurierung des Schiffes. Ein Mosaik zeigt Fische und Meerestiere des Mittelmeeres, die größerenteils noch heute gefangen werden und daher ohne große Mühe identifizierbar sind.

Zwischen dem Archäologischen Museum und der Piazza Patriarcato, jenseits der Via Giulia Augusta, wurden die **Ruinen römischer Märkte** (10) ausgegraben. Es handelt sich um zwei rechteckige Plätze, die von Markthallen umgeben waren. Bei der Pflasterung wurden z. T. Grabsteine wiederverwendet.

Weiter südlich sieht man zwei Abschnitte der beiden letzten parallel verlaufenden Stadtmauern aus kaiserlicher Zeit, zunächst die 238 n. Chr. gegen Maximinus Thrax errichtete, sodann die ab 379 von Kaiser Theodosius vorgebaute Mauer. Diese besitzt zwar nur eine Stärke von 1,40 m, ist jedoch im Gegensatz zur älteren Mauer auf soliden Fundamenten gebaut.

Rumpf eines römischen Schiffes, Lapidarium

Grado

Die moderne, ausgedehnte Tourismus-Stadt Grado schließt ein altes Fischerdorf ein, die *Città vecchia*. An die Lagunenstadt Venedig erinnert vieles in der Altstadt von Grado: die Gassen *(calli)*, Durchgänge *(sottoportici)* und die kleinen Plätze *(campielli)*, die einfachen, unregelmäßigen Häuserformen, die Außentreppen, Vorbauten und Außenkamine, auch wenn die Bauweise hier bescheidener und meist spontaner ist. Die Bewohner der Insel, die früher ausschließlich von Fischfang lebten, sprechen nicht friulanisch, sondern einen alten Dialekt, der mit dem Venezianischen eng verwandt ist.

Grado ist eigentlich keine Laguneninsel sondern eine Insel zwischen Lagune und offenem Meer, eine Nehrung wie der Lido von Venedig. Und gerade diese Lage macht den Reiz der Insel aus: auf der einen Seite das offene Meer mit seinen Sandstränden, auf der anderen Seite eine äußerst vielfältige Lagunenlandschaft mit reicher Tier- und Pflanzenwelt, mit über hundert kleineren und größeren Inseln, auf denen die Fischer ihre *casoni*, ihre strohgedeckten Hütten, erbauten (Farbabb. 6 und 7). Auch wer die Lagune von Venedig kennt, hat kaum eine Vorstellung davon, wie andersartig die Lagune von Grado ist.

Grado soll der Seehafen von Aquileia gewesen sein. Auch wenn diese Annahme nie angezweifelt wurde: durch archäologische Funde läßt sich die Existenz eines Hafens nicht erhärten. Auch fehlte es in Grado an geographischen Voraussetzungen für einen natürlichen Hafen. Lediglich der Name Grado ließe auf die Existenz eines Hafens deuten: Grado (lat. *gradus)* heißt Stufe oder vielleicht auch Hafen. Der Name *gradus* findet sich dort, wo Flüsse ins Meer münden, so in San Piero a Grado bei der Arno-Mündung nahe Pisa oder Gradus bei der Rhone-Mündung. (Das Wort *gradus* führte in der Nachantike ein vereinzeltes Dasein, im Gegensatz zu *piera*, aus dem engl. *peer*, deutsch *Pier* wurde). Gegen die Annahme eines ausgebauten Seehafens in Grado spricht vor allem das Vorhandensein des großen Flußhafens in Aquileia, 12 km landeinwärts gelegen. Dort existieren noch die Ladekais sowohl für größere als auch kleinere Schiffe. Diese fuhren von Grado aus den damals schiffbaren Natisone aufwärts nach Aquileia.

Bewohnt war die Insel freilich schon in römischer Zeit. Davon zeugen die Grundmauern eines römischen Gebäudes unter der altchristlichen Kirche an der Piazza Vittoria (vgl. S. 90), oder auch Sarkophage aus dem 3. Jh. n. Chr., die heute am Zugang zum Baptisterium stehen.

Die geographische Situation war jedoch in der Antike anders: Der Boden des heutigen Lagunengebietes hat sich im Laufe der Jahrhunderte abgesenkt (und zwar durch das Phänomen des Bradiseismus). Er lag in römischer Zeit ca. zwei Meter höher und wurde von dem verzweigten Mündungsgebiet des Natisone (dessen Bett heute vom Natissa eingenommen wird) und wahrscheinlich auch von damals schon angelegten Entwässerungskanälen durchzogen. In der Spätantike begannen die Entwässerungseinrichtungen zu ver-

Häuser in der Altstadt von Grado

fallen. Das Gebiet versumpfte und entwickelte sich durch Bodenabsenkung damals erst zur Lagune. Wie Paulus Diaconus berichtet, hatte im Jahre 663, als der byzantinische Kaiser Konstans II. (641–668) in Italien landete, die Lagune noch eine so geringe Tiefe, daß Pferde eine nach Grado führende Straße passieren konnten.

Immer dann, wenn auf dem Festland Gefahr drohte, war der feste Lido von Grado Zufluchtsort für die Bewohner von Aquileia. Hier war man praktisch unangreifbar: auf der Seeseite die flachen Sandstrände, an denen kein Schiff anlegen konnte, auf der anderen Seite Sümpfe oder die sehr flache, nur mit kiellosen Booten befahrbare Lagune. Die Situation war ähnlich wie in der Lagune von Venedig. Wer sich in diese Gewässer wagte, mußte den Verlauf der natürlichen Kanäle kennen, die sich durch die Strömung gebildet hatten.

Wir wissen nicht genau, wann die Aquileier zum ersten Mal auf Grado Zuflucht suchten. Wahrscheinlich war es beim Anmarsch der Westgoten unter Alarich (401 und 407). Als dann 452 die Hunnen Attilas sich Aquileia näherten, als später Theoderich mit seinen Ostgoten die Stadt bedrohte (489), entflohen die Bewohner jedesmal auf die Insel. War die Gefahr überstanden, kehrte ein Teil der Bevölkerung aufs Festland zurück. Einige der Flüchtlinge verblieben jedoch auf Grado. Dies läßt sich durch Doppelnamen von Stifterinschriften nachweisen, die sich identisch auch in Aquileia finden.

Schon bevor Attila Aquileia angriff, gab es auf Grado christliche Kirchen. Die beiden ältesten gehen auf das späte 4. oder frühe 5. Jh. zurück. Wie Ausgrabungen unter der Piazza Victoria und unter Santa Eufemia zeigen – wurden die frühen Kirchen inmitten von Gräberfeldern erbaut.

Im 5. Jh. wurde die kleine Ortschaft Grado mit Schutzmauern versehen und zu einem »Castrum« ausgebaut. Es war – der Form der Insel entsprechend – ein sehr langgestrecktes Rechteck, das 320 mal 90 Meter maß. Seine Mauern blieben, wenn auch von späteren Häusern überbaut, streckenweise bis heute erhalten. Recht gut erkennbar sind sie in der Häuserzeile der Via Garengo oder im Lapidarium von Santa Eufemia (s. S. 87). So ließen sich die Ausdehnung des Castrums und auch seine späteren Erweiterungen recht gut rekonstruieren (s. Fig. S. 82/83).

Als die Langobarden 568 im Friaul einfielen, floh Bischof Paulinus von Aquileia, der sich erstmals Patriarch nannte, mit seiner Gemeinde, mit den Reliquien und dem Kirchenschatz nach Grado. Diesmal schien die Flucht für viele endgültig gewesen zu sein. Der Bischof jedenfalls verblieb in Grado, wo ihn die Byzantiner unterstützten und ihm Schutz vor den Langobarden gewährten. Er führte weiterhin den Titel des Patriarchen von Aquileia, auch dann noch, als der auf dem Festland gebliebene Klerus in den Auseinandersetzungen des Dreikapitelstreites (vgl. S. 16) einen Gegenpatriarchen gewählt hatte. Die Rechte auf die Kirchen seiner Provinz mußte der in Grado residierende Patriarch allerdings auf die Bistümer der adriatischen Küste und Istriens beschränken (zum kirchenpolitischen Hintergrund vgl. S. 21 f.).

Während die einst reiche Handelsstadt Aquileia allmählich zerfiel, erlebte Grado seine Blütezeit, die allerdings nur bis ins 10. Jh. dauerte. Vor den einfallenden Völkern war

Grado durch seine Insellage geschützt, nicht aber vor der Naturgewalt der Sturmfluten, die den Boden der Insel buchstäblich verschlangen. Gefährdete Kirchen- und Klostergebäude mußten verlegt werden, da ihr Grund zu unsicher wurde. Viele Bewohner wanderten auf die Inselgruppe am Rialto aus, in das aufblühende Venedig. 1156 verlegte auch der Patriarch seine Residenz an den Rialto, wo er einen Palast an der Riva del Vin bezog, um nur noch einmal im Jahr - am 12. Juli, dem Festtag der Stadtheiligen Hermagoras und Fortunatus - zusammen mit den Bischöfen seiner Provinz die Kathedrale auf Grado aufzusuchen. Das Leben auf der Insel wurde immer beschwerlicher, in den Sumpfgebieten drohte bald die Malariagefahr. Schließlich wurde 1451 der längst anachronistisch gewordene Bischofssitz von Grado aufgehoben. Die Patriarchenwürde ging an den venezianischen Bischof von Olivolo (Castello) über. Dieser nannte sich nunmehr Patriarch von Venedig.

Politisch unterstand Grado - wie das übrige Friaul - schon seit 1420 der Serenissima. Ein für sechs, später zwölf Monate bestellter venezianischer Gouverneur, den man ›Conte di Grado‹ oder ›Principe‹ nannte, regierte die Insel »nach den Gebräuchen dieses Ortes, wo diese aber fehlen, nach gutem Gewissen«, so die Statuten. Die Zahl der Bewohner schrumpfte zeitweise auf unter 2000.

Eine neue Zeit begann für die Insel, die von 1815-1915 zu Österreich gehörte, mit der Entdeckung der Heilkraft des Seeklimas und die Eröffnung der See- und Kurbäder - zunächst für kranke Kinder (1872), seit dem späten 19. Jh. im großen Stil für ein internationales Publikum. Für die neuen Hotelbauten und Wohnhäuser, für die Kur- und Parkanlagen reichte die vorhandene Inselfläche nicht mehr aus. Während die See jahrhundertelang der Insel Land entrissen hatte, wurde jetzt neuer Boden durch Aufschütten der Lagune gewonnen. Der Bau des Verbindungsdammes zum Festland ist ein Zeichen dafür, daß Grado aus seiner langen Isolation herausgefunden hat.

☐ Rundgang

Die Kirchenbauten, die in Grado besichtigt werden, liegen dicht beieinander. Sie stammen aus der Zeit der Völkerwanderung, als die Insel nach dem Untergang von Aquileia und vor dem Aufblühen Venedigs ihre kurze große Epoche erlebte.

Der Dom Santa Eufemia (1) ist die ehemalige Bischofskirche, war also Sitz des Patriarchen von Grado, der sich genau wie sein Rivale auf dem Festland offiziell ›Patriarch von Aquileia‹ nannte. Der Dom präsentiert sich als ein seltenes, noch weitgehend intaktes Beispiel einer Kirche der Völkerwanderungszeit. Als Bauwerk steht sie in der Tradition der frühchristlichen und ravennatischen Basiliken und teilt mit diesen eine besondere Raumwirkung, die man als leichter und lichter und zugleich festlich-prachtvoller erlebt als die späteren romanischen Kirchen in ihrer Schwere und ihrer Verschlossenheit.

Nach den Restaurierungsarbeiten von 1949 ist Santa Eufemia von barocken Zutaten befreit und trägt wie zur Entstehungszeit wieder einen offenen Dachstuhl (der jedoch rekonstruiert werden mußte). Zwei Inschriften im Fußbodenmosaik geben Auskunft über die Entstehung. Sie besagen, Patriarch Elias habe mit diesem Bau eine Vorgängerkirche erneuert und ihn am

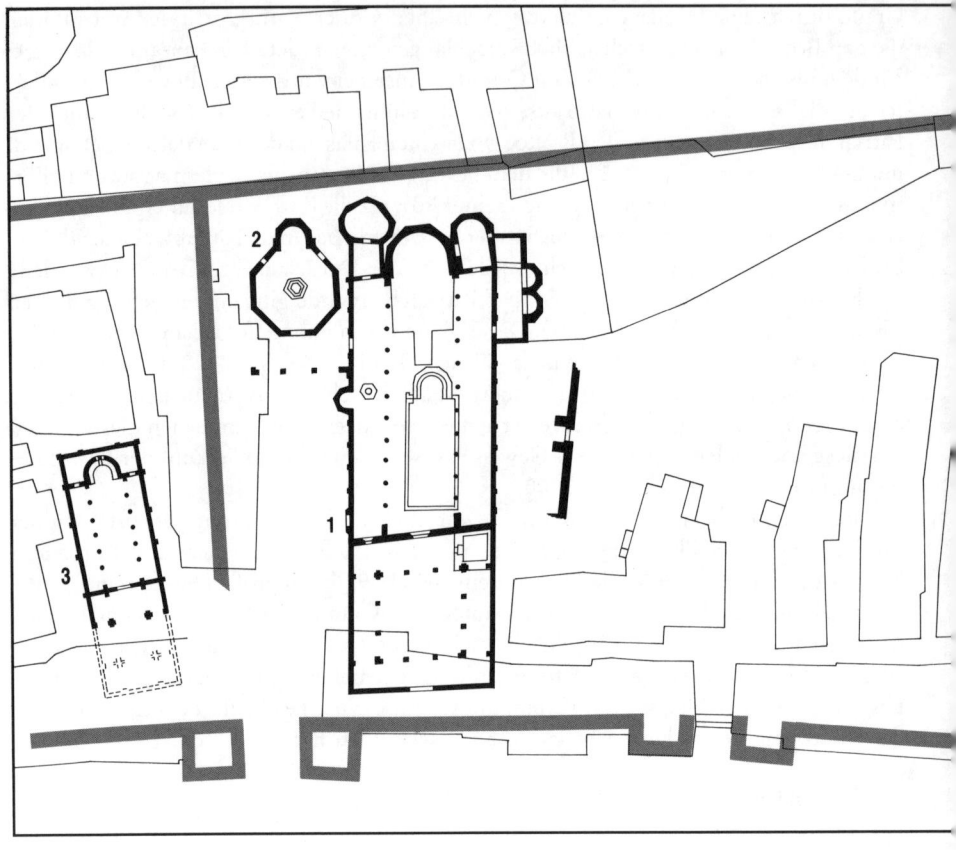

3. November 579 der hl. Eufemia geweiht. Eufemia ist nicht zufällig die Titelheilige: Sie war die Patronin des Konzils von Chalkedon, auf dem die Zweinaturenlehre eingesetzt wurde. Diese Lehre wurde trotz der Ablehnung durch den Papst von den Patriarchen von Aquileia und Grado anerkannt (vgl. S. 16).

Der erwähnte Vorgängerbau war bereits eine dreischiffige Basilika. Sie war genau so groß wie die heutige Kirche, so konnten ihre Grundmauern für den jetzigen Bau übernommen werden. Errichtet wurde die Vorgängerkirche wohl bald nach dem Einfall der Hunnen (451), als Bischof Secundus von Aquileia nach Grado geflohen war.

Aber auch diese Basilika war nicht die älteste Kirche an dieser Stelle. Wie Ausgrabungen offenlegten, gab es einen wesentlich kleineren, einschiffigen Vorgängerbau (zu dem ein Baptisterium gehörte), der höchstwahrscheinlich auf das späte 4. oder frühe 5. Jh. zurückgeht, also auf die Zeit vor dem Hunneneinfall. Neben vereinzel-

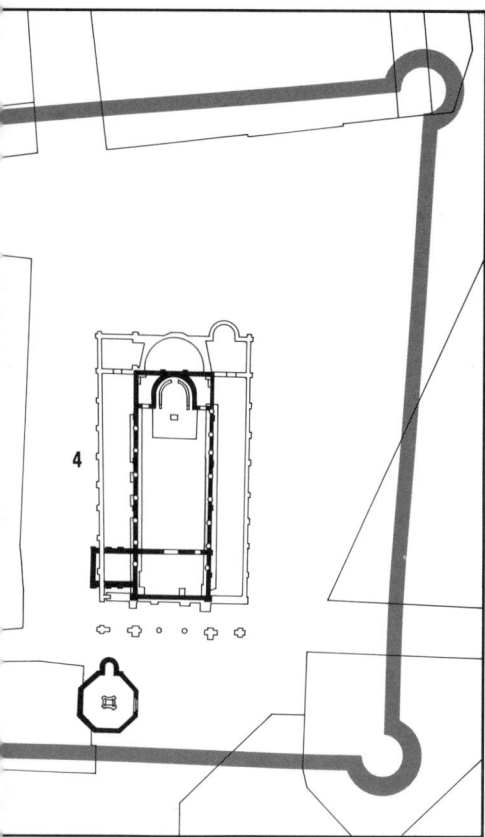

nare in Classe. Wie diese besitzt sie eine innen halbrunde, außen kantig gebrochene Mittelapsis. Auch hier in Grado sind an der Stirn der beiden Seitenschiffe Nebenräume ausgebildet, die sogenannten Pastophorien (s. u.). Im Unterschied jedoch zu den ravennatischen Bauten und auch zu den frühchristlichen Kirchen Roms, sind bei Santa Eufemia die Wände des Mittelschiffs durch flache Lisenen unterteilt, und zwar sowohl am Außenbau wie auch im Inneren. Es ist dies eine Art, die Wände durch plastisch hervortretende Elemente zu strukturieren, die bereits an hochmittelalterlich-romanische Architektur denken läßt. Innen finden sich diese Lisenen über jeder zweiten Säule (ursprünglich alle aus dunklem Marmor). Im Gegensatz zu den Kirchen in Ravenna sind zwischen den Kapitellen und dem Bogenansatz keine Zwischenstücke (›Kämpferstücke‹). Verschiedenartige Kapitelle wurden verwendet: Einige wurden von römischen Gebäuden des 3. und 4. Jh.s übernommen. Einzig ein Kapitelltypus korinthischer Ordnung kehrt mehrmals wieder (2., 5. und 9. Säule rechts, 2. Säule links). Daher glaubte man, er sei aus der Bauzeit der Kirche und nannte ihn ›eliasisch‹. Doch auch diese mit Hilfe des Bohrers bearbeiteten Kapitelle sind älter; es gibt sie seit der Zeit Kaiser Theodosius' II. (401–450). Auch sie gehör-

ten römischen Funden ist die Existenz dieser kleinen Kirche das Hauptzeugnis dafür, daß die Laguneninsel schon vor der Zerstörung Aquileias durch Attila dauerhaft bewohnt gewesen war.

Die heutige Kirche Santa Eufemia entspricht weitgehend dem vom Patriarchen Elias errichteten Bau. Es ist eine dreischiffige Säulenbasilika ohne Querhaus. Wenn auch kleineren Ausmaßes, erinnert sie an die einige Jahrzehnte zuvor entstandenen Basiliken von Ravenna, etwa Sant' Apolli-

Dom Santa Eufemia

ten also ursprünglich zu einem anderen Bauwerk, wahrscheinlich zur Vorgängerkirche.

Anders als in vielen frühchristlichen Kirchen in Rom und auch in Ravenna finden sich an den Wänden von Santa Eufemia keine Fresken oder Mosaikbilder. Der Schmuck konzentriert sich auf das große, ca. 700 qm umfassende **Bodenmosaik** (Farbabb. 8). Ein großer Teil dieses Mosaiks ging freilich im Laufe der Jahrhunderte verloren; es wurde 1946–48 in schwächeren Farbtönen ergänzt, was keine allzu großen Schwierigkeiten bereitete, denn es

finden sich - anders als in den Kirchen Aquileias - keine figürlichen Motive, sondern ausschließlich geometrische und vegetabile Ornamente. Besondere Beachtung verdient ein wellenförmiges Ornament. Etwa 30 Weihinschriften geben die Namen der Stifter an.

Durch zwei Bodenöffnungen im mittleren und linken Schiff blickt man auf einen Meter tiefer liegende Mosaikreste der ersten, einschiffigen Vorgängerkirche des 4. oder 5. Jh.s. Eine Inschrift erwähnt die Ruhestätte eines Petrus, der als einziges Mitglied einer Judengemeinde zum Christentum konvertierte.

Ausstattung:
Als heutiges Weihwasserbecken dient ein großes Kapitell aus augusteischer Zeit. Stilistisch wenig einheitlich ist die im Grundriß sechspaßförmige Kanzel, die im späten 13. oder frühen 14. Jh. entstanden sein dürfte. Die Säulen sind jedoch römische Spolien des 5. Jh.s, während die Kapitelle dem 6. Jh. angehören. Bei dem maurisch anmutenden Baldachin tragen geschweifte Bögen (wie sie sich auch an San Marco in Venedig finden) eine Kuppel.

Die ursprünglichen Chorschranken gingen verloren. Die jetzigen wurden 1949 aus Marmorplatten des 6. Jh.s verschiedener Herkunft zusammengesetzt. Im Presbyterium zeigt das moderne Fußbodenmosaik (1950) eine rekonstruierende Ansicht des Castrum von Grado. Das schlecht erhaltene Fresko in der Apsis-Kalotte mit Christus in der Mandorla, den Evangelistensymbolen, der Muttergottes und Heiligen dürfte auf das 12. oder 13. Jh. zurückgehen, wurde jedoch um 1400 übermalt. Die Silberpala hinter dem Altar ist eine venezianische Arbeit in einem volkstümlichen gotischen Stil. Sie wurde 1372 von dem Venezianer Donato Mazzalorsa gestiftet.

Die Nebenräume der Kirche liegen auf einem ca. ein Meter tieferen Niveau. Dennoch erhielten sie, wie die in den Pavimenten eingelassene Monogramme des Patriarchen Elias bezeugen, gleichzeitig mit der übrigen Kirche ihren Mosaikschmuck. Die sich rechts und links vom Presbyterium öffnenden Räume entsprechen den üblichen Pastophorien: rechts das Diakonikon zur Aufbewahrung von Kirchengerät, links die Prothesis zur Vorbereitung des Meßopfers. Hier dienten diese Räume jedoch als Begräbniskapelle und Martyrium.

Der Nebenraum links vom Presbyterium war spätestens seit 807 dem hl. Markus geweiht. Wir entnehmen dies einer früh mittelalterlichen Chronik sowie einer Inschrift auf einem Architrav, der jetzt im Lapidarium gezeigt wird. Demnach war also – was den Stolz der Venezianer kränken dürfte – der Markuskult in Grado um einige Jahre älter als in Venedig. Die Reliquien des hl. Markus wurden ja bekanntlich 828 von den Venezianern in Alexandria geraubt. Der Raum war ein sogenanntes Martyrium. Patriarch Johannes hatte im Jahre 807 Reliquien der Heiligen von Aquileia, den Märtyrern Hermagoras und Fortunatus, in diese Markus-Kapelle überführen lassen, damit sie hier, im neuen Aquileia eine neue Verehrungsstätte finden sollten. Von dieser Kapelle blickt man in einen Raum mit drei kleeblattförmig angeordneten Apsiden, die wellenförmig ineinander übergehen (Wände und Decke wurden rekonstruiert).

Der rechte Nebenraum schließt – wie das Presbyterium – mit einer innen runden, außen eckigen Apsis (sie wurde auf dem originalen Fundament rekonstruierend wiederaufgebaut). Rechts erinnert eine Inschrift an den hier beigesetzten Bischof Marcianus. Er blieb 40 Jahre seiner Kirche fern für die »Sache des Glaubens« (»peregrinatus est pro causa fidei«). Es ist anzunehmen, daß sein Fernbleiben mit dem Dreikapitelschisma zusammenhing (vgl. S. 17). Die lokale Forschung nimmt an, daß in der Apsis dieser Kapelle auch Patriarch Elias beerdigt wurde.

Der Panzerschrank mit dem **Domschatz** in diesem Raum wird auf Ersuchen durch den Sakristan geöffnet. Die silbernen Reliquienkapseln wurden 1871 unter dem Hochaltar aufgefunden. Die ovale Reliquienkapsel zeigt auf dem Deckel zwei Lämmer zu Seiten des Kreuzes, von dem die vier Paradiesflüsse ausgehen, an den Seitenflächen Medaillons mit Christus zwischen Petrus und Paulus sowie Heili-

Reliquienkapsel mit thronender Muttergottes mit Kind, 6. Jh. Domschatz Santa Eufemia

gen. Stilistisch stehen die Medaillonbüsten zumeist noch in der spätantiken Tradition. Die Kapsel dürfte daher im 4. oder 5. Jh. n. Chr. entstanden sein und stammt höchstwahrscheinlich noch aus dem Dom von Aquileia. – Die runde Büchse ist wohl eine byzantinische Arbeit aus dem 6. Jh. Sie zeigt auf dem Deckel die Muttergottes mit Kind auf einem Thron mit geschweifter Rückenlehne. In der Kapsel fand man die Lametten mit den Namen von Märtyrern und andere kleine Gegenstände sowie Reliquien, die auf einer Tafel ausgestellt sind. – Das silberne Reliquienkästchen ist eine venezianische Arbeit von 1338, die in der Kreuzigungsgruppe auf stilistische Erneuerungen Giottos antwortet. Das Ornament der Rahmenleiste findet sich auch bei den Deckeln eines Evangeliars mit den Darstellungen Christi und des hl. Hermagoras. Das Kreuzreliquiar (Staurothek) ist eine byzantinische Arbeit.

Rechts vom Seitenschiff öffnet sich ein ebenfalls tieferliegender, mit Mosaiken geschmückter Raum, der als **Empfangsraum des Bischofs** gedeutet wird (Salutarium), da sein Palast rechts neben der Kirche lag. Im zentralen kleinen Kreise wird das Monogramm des Bischofs Elias wiederholt. Die ringsum laufende Inschrift nennt Elias als Stifter: SERVUS IE(S)U CHRI(STI) HELIAS EP(I)S(COPUS) S(AN)C(T)AE AQUIL(EIENSIAE) ECCL(ESIAE) TIBI SERVIENS FEC(IT). (Elias, Diener Jesu Christi, Bischof der hl. Kirche von Aquileia, hat [dies] dir dienend gemacht). Weitere Stifternamen von bischöflichen Schreibern (*notarii*), Diakonen und Lektoren finden sich in den verschlungenen kleineren Kreisen und den Quadraten des benachbarten Feldes. For-

melhaft wiederholen sich die Worte: VOTUM SOLVIT (löste das Gelübde ein).

Der hier aufgestellte Bischofsstuhl ist eine Kopie nach dem Original in der Schatzkammer von San Marco in Venedig. Es heißt, diese Kathedra sei der (in Dokumenten erwähnte) ›Stuhl des hl. Markus‹, der in Alexandria von Byzantinern gestohlen wurde und nach Konstantinopel kam und den dann Kaiser Heraklius im Jahre 630 dem Patriarchen von Grado schenkte. Hier stand er so lange, bis das Patriarchat von Grado 1451 aufgelöst wurde und die Venezianer den Stuhl als Symbol des Patriarchats und zugleich als Reliquie des hl. Markus nach Venedig holten. So glaubwürdig diese Geschichte um den Thron auch sein mag, diese hier in Kopie vor uns stehender Kathedra kann nicht der ›Stuhl des hl. Markus‹ sein, denn dieser war mit Elfenbeintafeln geschmückt (von denen einige wahrscheinlich noch in verschiedenen Sammlungen erhalten sind). Doch ist diese Throngeschichte dennoch nicht ganz falsch. Aufgrund stilistischer Erwägungen könnte das Original dieser Kathedra durchaus in Alexandrien gefertigt worden und könnte ein weiteres Geschenk aus Byzanz für den Patriarchen von Grado sein. Jedenfalls haben die byzantinischen Kaiser den Patriarchen von Grado, der sich im Gegensatz zum Patriarchen von Aquileia im Dreikapitelstreit zu der von Byzanz und Rom vertretenen Lehre von der einen Natur Christi bekannte, politisch und symbolisch unterstützt. Im übrigen ist der Thron für die praktische Nutzung als Bischofsstuhl zu klein. Er war wahrscheinlich ein symbolischer Thron für einen Märtyrer und er diente als Reliquiar. Das nämlich zeigen die seitlichen Öffnungen, durch die man die Reliquie, auf Grund des Bild-schmucks wahrscheinlich ein Kreuzparti-kel, sehen konnte.

Im **Lapidarium** sind außer frühchristli-chen Denkmälern auch in Grado aufgefun-dene römische Sarkophage, Inschriften und Altäre versammelt. Sie stammen viel-fach aus dem vom Meer verschlungenen Ortsteil San Giorgio. Vom Lapidarium aus hat man auch einen Blick auf die Folge der Apsiden von Santa Eufemia, auf das Bapti-sterium und auch Reste der Stadtmauer.

Wieder auf dem Vorplatz der Kirche zurückgekehrt, betrachten wir den Außen-bau. Mit ähnlichen Mitteln wie das Innere wird auch die Fassade der Kirche geglie-dert. Hier sind es stärker hervortretende, strebepfeilerartig wirkende Lisenen, die zur Strukturierung der Front beitragen.

Baptisterium

Die Türstürze der beiden Portale werden von Entlastungsbögen umfangen: ein Motiv, daß sich auch beim benachbarten Baptisterium und bei der Kirche Santa Maria delle Grazie findet. Von der Vorhalle blieb nur eine einzige Säule erhalten. Sie steht auf einem Sockel auf dem Kirchplatz.

Der **Campanile** wurde erst in der Mitte des 15. Jh.s errichtet. Auf seinem spitz zulaufenden Dach trägt er eine Bronzefi-gur des Erzengels Michael, die sich nach dem Winde dreht. Die Figur des Engels, des *anzolo*, wie die Gradeser ihn nennen, wurde 1462 in Venedig gegossen.

Der kurze, zum Baptisterium führende Weg wird von römischen Sarkophagen begleitet, die 1860 in Grado ausgegraben wurden. Die Inschrift auf dem Sarkophag eines Ehepaares besagt, daß das Paar 23 Jahre ohne irgendwelchen Streit zuammen gelebt habe (»in se sine ulla querella annis XXIII«).

Das **Baptisterium** (2) liegt in Grado nicht wie üblich vor, sondern neben der Domkirche. Das Mauerwerk ist noch nicht durch Lisenen gegliedert. Die glatten Außen- und Innenwände, die regelmäßig-einfache achteckige Form und die verhält-nismäßig großen Rundbogenfenster ste-hen noch unter dem Einfluß der Architek-tur Ravennas. Sie sind ein Indiz dafür, daß das Baptisterium älter ist als der jetzige Dombau von Santa Eufemia. Es könnte etwa aus der Zeit des Bischofs Niceas (454–485) stammen, der wahrscheinlich auch die Vorgängerkirche errichtete. Für diese frühere Bauzeit spricht auch, daß das Mosaikpaviment im Baptisterium über einen Meter tiefer liegt als das des Domes, etwa auf gleicher Ebene mit dessen Neben-räumen. Von einer Vorhalle, die etwa im

9. Jh. errichtet wurde, blieben lediglich die Fundamente erhalten.

Der hohe Innenraum wird von einem (erneuerten) offenen Dachstuhl bedeckt. Seine Höhe von ca. 12 m entspricht den Diagonalen des nicht ganz regelmäßigen Oktogons. Indem auf jede Gliederung etwa in Form von Lisenen oder Gesimsen verzichtet wird, kommt die Raumgestalt in den Dimensionen der Breite, Tiefe und Höhe eindrucksvoll zur Geltung. Dem Eingang gegenüber öffnet sich eine weite runde Apsis, die außen wiederum polygonal schließt. Die erstaunlich schlanken Apsiden-Fenster wurden zwar rekonstruiert, dürften jedoch der ursprünglichen Form entsprechen. Eine freie Rekonstruktion sind hingegen die Chorschranken und die Mensa, für die die Restauratoren verschiedene, im Schutt aufgefundene Platten verwendeten. An der Vorderplatte des Altares findet sich auf dem Kreuz das Monogramm des Patriarchen Probinus (569–571), des Vorläufers des Elias.

Das Taufbecken steht, wie in frühen Baptisterien üblich, im Zentrum des Raumes. Es ist von sechseckiger Form, nimmt also keinen Bezug auf den oktogonalen Grundriß des Baues. Das gestufte Becken mußte mit Cipellino-Marmor rekonstruiert werden. Dabei konnte man sich jedoch auf geringe Reste des ursprünglichen Beckens stützen.

Bei den umfangreichen Restaurierungsarbeiten von 1925 mußte man zunächst eine 2,20 m hohe Schuttschicht abtragen. Leider hat man damals auch die Reste von stufenförmigen Sitzbänken entlang der Außenwände entfernt, die zwar nicht zum ursprünglichen Bau gehörten, doch wahrscheinlich im 9. Jh. eingebaut wurden.

Die Kirche **Santa Maria delle Grazie** (3) entstand etwa gleichzeitig mit der Domkirche Santa Eufemia. Sie wurde im 18. Jh. barockisiert. Bei den umfangreichen, 1927 abgeschlossenen Restaurierungsarbeiten entschied man sich, so weit wie möglich den Bau des 6. Jh.s freizulegen (Farbabb. 9). Bauherr der Kirche war – wie bei Santa Eufemia – wahrscheinlich wiederum Patriarch Elias (571-586). Ähnlich wie dort gliedern sich auch hier Lisenen die Fassade in drei Abschnitte, die den drei Schiffen entsprechen; auch hier finden sich über den geraden Türstürzen Rundbögen, die die Last der Mauer ableiten (der Türbalken des rechten Portals ist ein Fragment einer römischen Grabtafel eines Ehepaares). Statt der drei Fassadenfenster findet sich hier indes ein einziges dreigeteiltes Fenster, ein Triforium. Die Kirche ist vom Bautypus wiederum eine Basilika, ebenso wurden ältere Säulen und Kapitelle wiederbenutzt, und auch hier gliedern Lisenen die Wände des Obergadens. Doch ist das Langhaus beträchtlich steiler proportioniert und läßt daher noch mehr an Raumwirkungen späterer, romanischer Zeit denken. Auch Santa Maria delle Grazie hatte zumindest eine Vorgängerkirche, wohl aus der 1. Hälfte des 5. Jh.s. Deren ca. 1,10 Meter tiefer liegender Mosaikboden wurde bei Grabungen im rechten Seitenschiff freigelegt, während man im Mittelschiff und im linken Seitenschiff kleine Reste vom alten Paviment fand. In dem ornamentalen Mosaik finden sich wiederum zahlreiche Stifterinschriften, hier jedoch ohne Titel. Interessant ist, daß wir hier zwei Namen begegnen, die auch in der (nur in Resten erhaltenen) Kirche San Felice in Aquileia als Stifterpaar genannt sind, nämlich Mal-

*Santa Maria delle
Grazie*

chus und Eufemia. San Felice aber ist ebenfalls aus dem frühen 5. Jh. Daraus ließe sich schließen, daß die ersten Kirchen in Grado von Aquileia aus gegründet wurden und zwar – wie schon angedeutet – noch vor dem Einfall der Hunnen im Jahre 452.

Die Vorgängerkirche war mit der jetzigen im Grundriß weitgehend identisch, doch hat man bei der Erneuerung im 6. Jh. die Zahl der Säulenpaare von 12 auf 10 reduziert und dadurch dem Raum einen anderen Rhythmus gegeben. Nicht verändert wurde der Bereich der Apsis. Der Fußboden wie auch die Priesterbank mit dem Bischofsstuhl und den Apsidenfenstern wurden unverändert übernommen und liegen deshalb auf tieferem Niveau. Das ursprüngliche Platten-Paviment des Presbyteriums wurde jedoch aus praktischen

Gründen bei der Restaurierung 1927 auf das Bodenniveau der Kirche des 6. Jh.s angehoben. So ist es heute sichtbar, ohne die Benutzbarkeit als Kultraum zu beeinträchtigen.

Eine Besonderheit von Santa Maria delle Grazie gegenüber Santa Eufemia zeigt der Grundriß. Die Apsis tritt nicht nach außen hervor, sondern wird von einem zweigeteilten, mit Mosaiken ausgestatteten Raum umfangen, der als Prothesis und Diakonikon der Vorbereitung des Meßopfers und der Aufbewahrung von kirchlichem Gerät diente. Diese ›syrische‹ Lösung geht – wie die gesamte Anlage der Kirche – auf den Bau des frühen 5. Jh.s zurück.

Auf einige Details des Kirchenraumes sei noch hingewiesen: Die Kapitelle der Säulen sind auch hier nicht einheitlich. Das

89

ionische Kapitell der ersten Säule rechts dürfte aus spätrömischer Zeit sein, das erste links ist ein nur roh bearbeitetes byzantinisches Kapitell, die zweite Säule rechts trägt ein Kompositkapitell des frühen 6. Jh.s, die linke Säule und ebenso auch das 4. Säulenpaar tragen ein Kompositkapitell, das es in dieser Form seit Kaiser Theodosius II. (401–450) gibt. Das 3. Säulenpaar ist höher als die übrigen Säulen. Daher wurden statt Kapitellen nur Kämpferplatten verwendet. Auf der 5. Säule rechts sitzt ein korinthisches Kapitell des 6. Jh.s, auf der linken Säule ein äußerst kunstvoll gearbeitetes byzantinisches Korbkapitell aus der Zeit Kaiser Justinians, bei dem das Rankenwerk unterhöhlt ist (à jour).

Die Schranken des Presbyteriums wurde 1927 aus altem Material rekonstruiert. Auf der linken vorderen Platte u. a. ein Kantharos, auf der rechten ein griechisches Kreuz mit Tauben und Pfauen. Wahrscheinlich war jedoch der Balken der Ikonostasis ursprünglich aus Stein und öffnete sich in der Mitte in einem Bogen. Vor der Apsis »sieht man sowohl Basen der vier Säulen, die das Ziborium trugen, wie auch die Basis eines großes Altars mit den Stümpfen von fünf kleinen, in die Basis eingelassenen Säulen; auch die Basis selbst ist ein wiederverwendeter Altartisch« (Tavano). Am oberen Apsisfenster finden sich noch Reste vom originalen Stuckornament des 6. Jh.s, an der linken Seitenschiffswand Fragmente von zwei Ziborien des frühen 9. Jh.s.

Eine **dritte frühchristliche Basilika** (4) besaß Grado im Süden des Castrum, an der heutigen Piazza Vittoria. Sie ist für die frühe Geschichte der Insel aufschlußreich, jedoch nur in Resten erhalten, die beim Abtragen einer Festung 1905 zu Tage kamen und weiter ausgegraben wurden. Da der Ausgrabungsbereich eingezäunt ist und zudem noch von Vegetation überwuchert wird, sind wir auf ältere Fotografien und eine Grundrißzeichnung angewiesen.

Die dem Evangelisten Johannes geweihte Kirche entstand zunächst – im späten 4. Jh. – in kleinerer, einschiffiger Form, und zwar über einem römischen Gebäude bei einer Nekropole (von der mehrere Sarkophage erhalten blieben). Sie besaß (ähnlich wie Santa Maria delle Grazie) eine nach außen nicht in Erscheinung tretende ›syrische‹ Apsis. Ein Teil des Fußbodenmosaiks mit Stifterinschriften blieb erhalten. Bei dieser Kirche fand sich nun auch ein achteckiges Baptisterium. Die Existenz eines Bischofsstuhles und dieses zweiten Baptisteriums auf Grado läßt sich nur dadurch erklären, daß es sich hier um eine zweite Bischofskirche handelte, die wahrscheinlich arianischen Christen zur Verfügung stand. Dies führte zur Vermutung, daß auch auf Grado – wie an vielen Orten der Küste – eine gotische Garnison stationiert war.

Zur dreischiffigen Basilika umgebaut wurde die Kirche unter Bischof Macedonius (539–557). Das neue Mittelschiff nahm jetzt die Breite der Vorgängerkirche ein. Diese Basilika mußte unter dem Patriarchen Fortunatus zwischen 810–824 grundlegend erneuert werden, scheint jedoch am Ende des Jahrhunderts bereits aufgegeben worden zu sein.

Die Provinz Udine

Udine

Udine präsentiert die städtische Kultur des Friaul. Man bummelt durch das historische Stadtzentrum, das teilweise für den Autoverkehr gesperrt ist und fast nur Angenehmes bietet: ein Stadtbild, das durch die lange Herrschaft Venedigs geprägt ist, aber auch die Nähe zu den Alpen erkennen läßt, dazu belebte Gasthäuser und Weinschenken, Straßencafés, täglicher Markt, elegante Geschäfte und stattliche Paläste. Hinzu kommen reich ausgestattete Kirchen von der Romanik bis in die Barockzeit, mehrere Museen, das Kastell auf dem Stadtberg und der mit Fresken Tiepolos ausgestattete Palazzo Patriarcale. Udine hat noch nicht den Charakter einer Großstadt, ist auch nicht Hauptstadt der Region, jedoch Hauptstadt der Provinz Udine und Universitätsstadt, das wirtschaftliche Zentrum und die einstige größere Stadt der Friulaner Ebene und daher als Einkaufsstadt auch für das weite Umland beliebt.

Ansicht von Udine. Kupferstich von Francesco Valegio, 8,4 x 13,2 cm. Aus: »Raccolta di le più illustri di tutto il Mondo«, Anfang 17. Jh.

Geschichtlich trat Udine wesentlich später hervor als Aquileia oder Cividale. Zu einiger Bedeutung gelangte der Ort erst im 14. Jh. Die Ursprünge liegen auf dem Schloßberg, der unvermittelt in der Ebene aufragt. Die Krieger Attilas sollen diesen isoliert dastehenden Hügel mit ihren Helmen angehäuft haben, um von hier aus den Brand Aquileias zu sehen. Eine phantastische Legende, die natürlich nicht bestätigt werden kann. Die Geologen belehren uns, der Berg bestehe aus Fluß- und Gletscherkonglomeraten, sei der Rest einer Endmoräne. Erstaunlich allerdings, daß sich keine einzige Spur einer römischen oder vorrömischen Bebauung fand, obschon sich der Hügel in seiner isolierten Lage hervorragend zur Kontrolle des Landes und zur Verteidigung eignet. Besiedelungsspuren fand man zwar im heutigen Stadtgebiet – wie fast überall in der friulanischen Ebene. Doch gab es in der Antike hier noch keine Ortschaft von einiger Bedeutung. Die römischen Fernstraßen berührten nicht das Gebiet um den Stadthügel. Erst die Langobarden scheinen diesen Hügel befestigt zu haben. Davon zeugen Baufragmente aus langobardischer (oder frühkarolinigischer) Zeit, die man unter der Kirche Santa Maria di Castello und dem benachbarten Friedhof fand. Sie lassen auf eine Vorgängerkirche schließen. Eine fragmentarische Inschrift ... O LIUTP..., wird gerne auf König Liutprand bezogen.

Zum ersten Male urkundlich erwähnt wird Udine im Jahre 983: Kaiser Otto II. bestätigt darin dem Patriarchen von Aquileia den Besitz von fünf Kastellen, nämlich Fagagna, Buia, Gruagno, Braitan (das mit Brazzano identifiziert werden könnte) und eben Udine, hier noch *Castrum Utini* genannt.

Bis ins 13. Jh. bestand der Ort nur aus dem Kastell auf dem Hügel und einer kleinen Ansiedlung zu dessen Füßen und unter dessen Schutz. Im Kastell residierte der Stellvertreter des Patriarchen, hier wohnten auch einige zur Verteidigung verpflichteten Familien (*habitatores*). In der kleinen Ortschaft darunter lebten Bauern und einige Handwerker. Diese Siedlung war ebenfalls befestigt, war ein *borgo castellato*, der außer von einer Mauer auch von einem breiten Graben umgeben war, der vom Wasser des Torre gespeist wurde. Es ist die heutige Via del Mercatovecchio.

Die Entwicklung zur Stadt wurde dadurch gefördert, daß Patriarch Berthold von Andechs (1218–1251), nur noch selten in Cividale residierte, statt dessen das Kastell von Udine zu seinem bevorzugten, fast ständigen Wohn- und Amtssitz machte. Um 1245 verlieh Kaiser Friedrich II. Udine Stadt- und Marktrecht, ebenso auch Steuerfreiheit. Ausgestattet mit diesen Rechten wurde die kleine Ortschaft allmählich kirchliches, politisches und wirtschaftliches Zentrum der gesamten *Patria del Friuli*. Damit übernahm Udine die Funktion, die ursprünglich Aquileia, später Cividale innehatte. Bald nach der Verleihung der Stadtrechte wurde der Markt an jene Stelle verlegt, an der noch heute täglich Markt gehalten wird: an die Piazza Mateotti. In den Urkunden nannte man sie *Forum novum*, jahrhundertelang gebräuchlich waren die Bezeichnungen *Mercatonuovo* oder *Piazza San Giacomo*. In der Volkssprache heißt sie *Plazze*.

Der Markt von Udine zog Kaufleute und Bankiers aus den Städten des Veneto, der Lombardei und der Toscana an. Um den neuen Marktplatz bildete sich rasch eine Vorstadt, die noch im Laufe des 13. Jh.s von einem Mauerkreis und einem Grabenkanal umschlossen wurde. Während die Mauer später abgetragen wurde, hat der Kanal bis heute seinen Lauf beibehalten und zeigt daher die Stadtausdehnung des 13. Jh.s. Auf lange Strecken verläuft der Kanal allerdings heute unterirdisch. Zutage tritt er nur an wenigen Stellen, so an der Via Zanon.

Seit dem späten 13. Jh. tagte in Udine auch das Parlament der Patria del Friuli (*Patria Fori Julii*), das – wie auf S. 33 näher erläutert – aus Standesvertretern des Adels, des Klerus und der freien Gemeinden bestand. Im späten 13. Jh. versuchten die Grafen von Görz und andere Feudalherren des Friaul, ebenso auch die Camino von Treviso, ihre Herrschaft auf den Patriarchenstaat auszudehnen. Im Zuge dieser Machtkämpfe kam es 1350 zur Ermordnung des Patriarchen Bertrand des Saint Geniès. Udine blieb es nicht erspart, mehrmals belagert und angegriffen zu werden (1299, 1309, 1313 etc.). Die ständig drohende Gefahr mag die Patriarchen bewogen haben, den Kreis der Mauern noch zweimal zu vergrößern, so daß am Ende des 14. Jh.s nun auch die Dörfer und Äcker der näheren Umgebung von den Mauern umschlossen waren. Die Namen der eingemeindeten Dörfer – Poscolle, Grazzano – leben in den heutigen Straßennamen weiter. Die ummauerte Fläche war damals so weit bemessen, daß sie bis ins 20. Jh. hinein ausreichte.

Piazza Libertà mit Loggia San Giovanni

Dieser letzte Mauerring wurde im 19. Jh. abgerissen. Stehen blieben nur noch die Porta Aquileia (von 1373) und die Porta Villalta (von 1480).

Im Jahre 1420 fiel Udine wie das übrige Friaul unter die Herrschaft Venedigs. Bald danach zeichnete sich eine wirtschaftliche Krise ab, die u. a. daher rührte, daß der Handel mit dem Norden seinen Weg nun nicht mehr über Udine sondern über San Daniele nahm, um von dort aus die Flußhäfen von Pordenone und Portogruaro zu erreichen. Immerhin verlieh die Bindung an die Großmacht Venedig der Hauptstadt der Patria del Friuli besonderen Glanz. Udine war Sitz der Statthalter, der *Luogotenenti,* und ihrem Prestigebedürfnis war es zu verdanken, daß die Piazza Libertà mit Repräsentationsbauten ausgestattet wurde, die auch Venedigs würdig gewesen wären. Die Präsenz Venedigs an dieser exponierten Stelle im Stadtgefüge läßt leicht übersehen, daß Udine nicht nur ein venezianisches, sondern auch ein alpenländisches Gepräge hat (was noch stärker hervortat, bevor im Laufe des 20. Jh.s die bescheidenen Häuser der eingemeindeten Dörfer anonymen Neubauten weichen mußten).

Eine auf künstlerischem Gebiet besonders glückliche Zeit war für die Stadt das 18. Jh. als friulanische Adelsfamilien wie die Savorgnan und vor allem die Manin mit den Patriarchen aus der Familie Delfino im Ausbau ihrer Paläste wetteiferten. Damals wurden aus Venedig der Architekt Domenico Rossi und der Bildhauer Giuseppe Torretti, aus Paris der Maler Louis Dorigny nach Udine verpflichtet, und der junge, noch wenig bekannte Giovanni Battista Tiepolo schuf im Patriarchenpalast und im Dom seine ersten Fresken, in denen sein unverwechselbarer Stil schon ganz ausgeprägt ist.

☐ Rundgang

Venezianisch geprägt ist die **Piazza Libertà.** Nachdem 1420 Udine mit dem gesamten Friaul der Markusrepublik unterstellt worden war, sollte auf dieser repräsentativen Piazza Venedig gegenwärtig sein. Und so wurde sie bereits als »schönster venezianischer Platz auf der Terraferma« gepriesen. Tatsächlich erinnern die Loggia mit dem Uhrenturm und der Kommunalpalast spontan an die venezianischen Vorbilder (Prokuratien, Uhrturm, Dogenpalast). Zu Füßen des Stadthügels mit dem mächtigen Schloß liegt dieser verkehrsbelebte Platz, an dem die wichtigsten Straßenzüge zusammenlaufen.

Im Mittelalter war er Versammlungsort der Bürger und Warenumschlagplatz. *Plaza del comun* (Gemeindeplatz) oder auch *Piazza del vino* (Platz des Weines) hieß er. Erst 1481, unter dem venezianischen Statthalter Girolamo Contarini, kam es zur ersten Pflasterung. Knapp ein halbes Jahrhundert später, 1530, erhielt die Piazza ihr heutiges Erscheinungsbild. Nach dem schweren Erdbeben von 1511 waren an der Nordseite Neubauten notwendig. Zunächst wurde – unter der Leitung von Giovanni da Udine – anstelle eines mittelalterlichen Turmes der Stadtmauer der Glockenturm errichtet, die Torre dell'Orologio, wobei die Ähnlichkeit mit dem venezianischen Vorbild wohl bewußt gesucht wurde. (Der ihn zierende Markuslöwe war ursprünglich vergoldet, die beiden die Glocke schlagenden männlichen Bronzefiguren ergänzte Vincenzo Luccardi erst

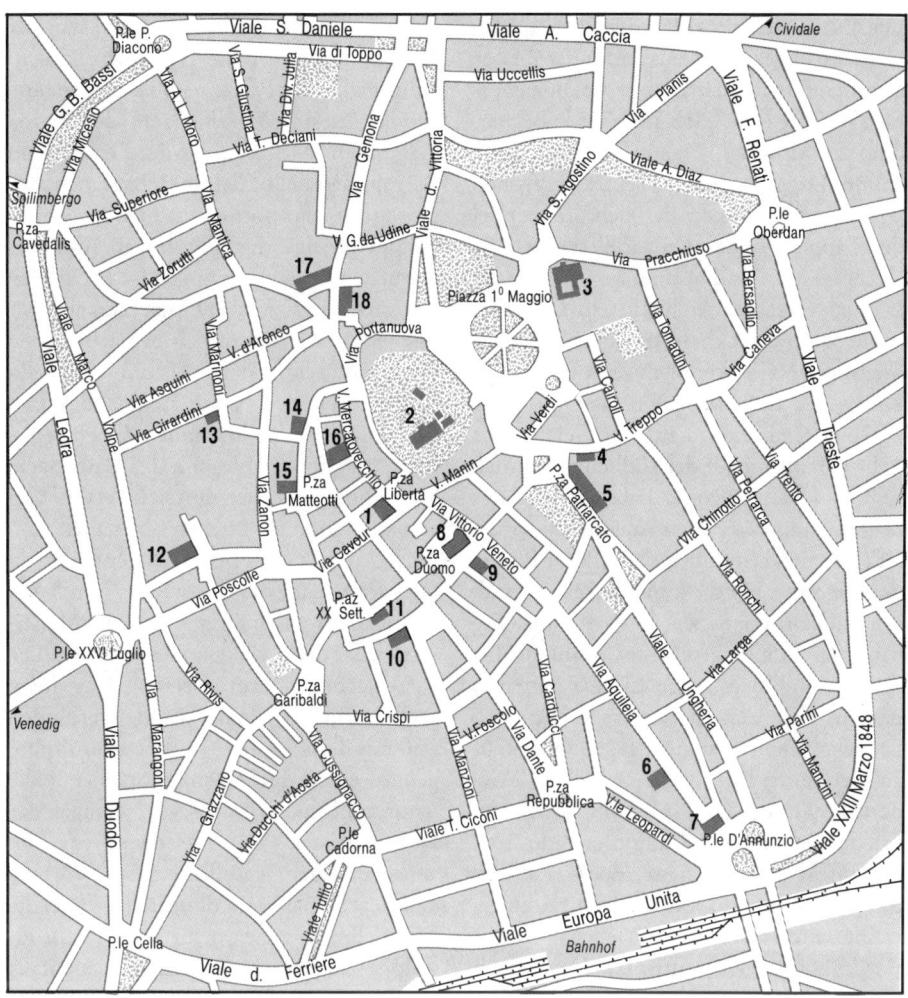

Stadtplan von Udine
1 Loggia del Lionello   2 Castello   3 Basilica Madonna delle Grazie   4 Sant' Antonio Abate
5 Palazzo Patriarcale   6 Madonna del Carmine   7 Porta d'Aquileia   8 Dom Santa Maria
Annunziata   9 Oratorio della Purità   10 San Francesco   11 Palazzo Antivari-Kechler   12 Mu-
seo delle Arti e Tradizioni Popolari   13 Cappella Manin   14 San Pietro Martire   15 San Gia-
como   16 Monte di Pietà   17 Palazzo Antonini-Cernazzi (Universität)   18 Palazzo Antonini

1850). Als nächstes sollte der Platz an dieser Seite abgeschlossen werden, wobei es galt, den **Glockenturm** miteinzubeziehen. Den Auftrag erhielt der Lombarde Bernardino da Morcote. Er entwarf die ausgedehnte **Loggia** mit einer zentralen großen Bogenöffnung, hinter der sich die Kuppel der Cappella di San Giovanni erhebt. Mit dieser leichten und horizontal orientierten Loggia setzte der Architekt ein Gegengewicht zum blockhaft-kräftigen, vertikal orientierten Glockenturm (erst in neuerer Zeit wurde die Cappella di San Giovanni zu einer Gedächtnisstätte für Gefallene).

Der **Brunnen** an der südlichen Schmalseite des Platzes wurde 1542 als einer der beiden Endpunkte eines Aquädukts errichtet (den anderen finden wir auf der Piazza del Mercato). Für die künstlerische Gestaltung des Brunnens wurde wiederum Giovanni da Udine verpflichtet, wahrend für die Hydraulik ein Ingenieur aus Bergamo namens Giovanni da Carrara verantwortlich war. Dem Brunnen gegenüber steht auf der linken Platzseite seit 1819 ein **Friedensdenkmal,** das Napoleon nach dem Friedensschluß von Campoformido 1797 in Auftrag gegeben hatte, doch erst 1819 durch Ferdinand von Habsburg eingeweiht wurde (Figur des »Friedens« von G. B. Comolli, vgl. Frontispiz). Die beiden Barockstatuen des Herkules und Kakus von Angelo de' Putti aus dem späten 17. Jh. versetzte man erst 1717 hierher. Sie stammen aus dem Palazzo Torri, der abgerissen und dessen Besitzer zum Tode verurteilt wurde. Die Statuen stehen zwischen zwei Monumentalsäulen. Die rechte ist von 1490; sie trägt einen Markuslöwen von 1883. Die andere wurde erst 1612 errichtet, sie trägt die Statue der Gerechtigkeit.

Der freistehende, harmonische Bau der **Loggia del Lionello** (1), auch Palazzo Comunale oder Palazzo Pubblico genannt, ist das älteste Monument an der Piazza (begonnen 1448–57 unter der Leitung von Bartolomeo delle Cisterne). In seinen ausgewogenen Proportionen, mit der gleichmäßigen Folge der Spitzbögen und den zierlichen Fensteröffnungen ist er ein Meisterwerk venezianischer Gotik (Farbabb. 10). Die jetzige Gestalt erhielt er nach Plänen des Goldschmiedes Nicolò Lionello (daher auch der Name Loggia del Lionello). Daß ein Goldschmied die Pläne lieferte, mag in der Eleganz des Baus nachvollziehbar sein, der durchaus etwas von einem Schmuckkästchen bewahrt hat. Nicht anders als beim Dogenpalast in Venedig scheint das dekorative, in rosafarbenen und weißen Streifen gefügte Mauerwerk über den Arkaden zu schweben. Die pastellfarbenen, durch verschiedene Steinarten farbig belebten Wände verbinden sich mit den Arkaden- und Fensteröffnungen zu einem Hell-Dunkel-Spiel. Für die Anordnung der Fenster war weniger der Dogenpalast als das Fassadenschema der venezianischen Familienpaläste Vorbild. Wie dort ist die Front dreigeteilt, wobei die Mitte durch eine mehrteilige Fenstergruppe eingenommen wird (der ebenfalls zum venezianischen Palast-Typ gehörende Balkon wurde im 19. Jh. verändert. Die Treppen an den Schmalseiten sind eine Ergänzung von 1549). Nachdem ein riesiger Brand 1876 den Großteil des Baus zerstörte, wurde er weitgehend originalgetreu wiederaufgebaut.

In der Loggia nimmt man ein schlichtes, in den Palast führendes Marmorportal wahr. Es wurde 1556 nach einem Entwurf

Loggia del Lionello

Palladios gestaltet. Rechts daneben die Kopie des beim Brand beschädigten Freskos von Pordenone. »Madonna mit Kind und Engeln«, 1516 (Original im Museo Civico des Castello). An der Fenstergruppe der Nordfront finden sich Tonden bzw. Halbtonden mit Reliefs der vier Evangelisten sowie Maria und der Engel der Verkündigung. An der rechten Kante zur Piazza hin »Madonna mit Kind und Modell des Udineser Schlosses«, nach 1448, von Bartolomeo Bon. Das Gegenstück an der linken Kante zeigt eine Personifikation der Patria del Friuli von 1876.

Hinter der Loggia steht der **Palazzo d'Aronco**, das heutige Rathaus, zwischen 1910 und 1932 von Raimondo d'Aronco errichtet. Neben historisierendem Formengut finden sich auch Formen des Jugendstils. an einer Ecke wurde eine Glocke von 1470 in den Bau miteinbezogen.

Um zum Castello auf dem Schloßberg zu gelangen, durchschreitet man den **Arco Bollani**. Die Pläne zu diesem Triumph-Portal aus roh behauenen Quadern lieferte Andrea Palladio. Errichtet wurde es 1556 zu Ehren des venezianischen Statthalters Domenico Bollani. Auf dem Bogen steht seit 1953 wieder ein Löwe, nachdem unter den Franzosen 1797 der ursprüngliche Markuslöwe als Wahrzeichen der venezia-

Hauptfassade des Castello

nischen Herrschaft entfernt worden war. Hinter dem Bogen beginnt rechts ein Laubengang, der **Portico Lippomano,** angelegt 1486-87 in gotischen Stilformen unter dem Statthalter Tommaso Lippomano (sein Wappen zu Beginn und am Ende des Ganges).

Castello (2)

Der befestigte Hügel war einst Sitz der Patriarchen, ab 1420 der Statthalter der Republik Venedig. Von 1483 bis zu dem Erdbeben von 1511 diente der Vorgängerbau des heutigen Schlosses auch als Sitz des friulanischen Parlaments. Am 3. April 1517 begann man den jetzigen Bau. Nach

dem Plan des venezianischen Architekten Giovanni Fontana sollte eine Vierflügelanlage entstehen, die Arbeiten gingen jedoch nur sehr schleppend voran; nur ein einziger Flügel wurde errichtet. So fügte der 1547 neu berufene Architekt Giovanni da Udine, dem bereits begonnenen Flügel ein weiteres Stockwerk und auf der Rückseite (zur Piazzale del Castello) eine monumentale Eingangstreppe hinzu (Farbabb. 12), Beendigung der Bauarbeiten 1595. Die Hauptfront zur Stadtseite wird durch eine dreiachsige triumphbogenartige Eingangsgestaltung hervorgehoben. Durch den Portikus dieser Hauptfassade gelangt man in die **Musei Civici** mit Gemäldegalerie und der Sala del Parlamento. Die städtischen Museen bestehen aus mehreren Abteilungen: Im Erd- und Untergeschoß sind die vor- und frühgeschichtlichen Funde und die Keramiksammlung zu besichtigen. Weitere Abteilungen werden demnächst eröffnet: so die Sammlung von Münzen und Gemmen, die Sammlung mittelalterlicher Skulpturen und die ehemaligen Gefängnisse.

Im **Obergeschoß** führt ein Rundgang durch die 1993 neu eröffnete Gemäldegalerie und gelangt dabei auch in die Sala del Parlamento. Wir nennen die wichtigsten Werke:

Saal I: Fresken emilianischer und friulanischer Meister des 14. Jh.s.

Saal II: Tafelbilder des 14. und 15. Jh.s: Kleine Tafel der hl. Katharina von Alexandrien von einem Meister des Veneto; Altarflügel eines deutschen Meisters aus dem späten 15. Jh.; eine Altartafel von dem Florentiner Bicci di Lorenzo (1373–1452).

Saal III: Eine 1479 datierte Altartafel von Domenico da Tolmezzo, der vor allem als Holzschnitzer hervortrat; die »Blutspende Christi« (umgeben von Engeln mit den Passionswerkzeugen) von Vittore Carpaccio, 1496; zwei Lünettenbilder von Giovanni Martini, darunter »Hl. Dominikus« von 1507.

Saal IV: Das große Gemälde »Letztes Abendmahl« von Pomponio Amalteo, 1574; »Verkündigung« von Pellegrino da San Daniele, 1519; Orgelflügel »Übergabe des Bischofsstabes an den hl. Hermagoras« und auf der Rückseite »Vier Kirchenväter« von Pellegrino da San Daniele, 1521.

Saal V: Porträt des Grafen Cicala von einem oberitalienischen Maler im Umkreis Monronis, 16. Jh.; »Madonna mit Kind

und Engeln«, abgelöstes Fresko von Pordenone aus der Loggia del Lionello, 1516 (bei einem Brand schwer beschädigt).

Saal VI: »Hl. Markus stellt Udine unter den Schutz des hl. Hermagoras« (mit Darstellung der Piazza Libertà und des Kastells von Udine) von Palma dem Jüngeren, 1595.

Saal VII: »Extase des hl. Franziskus«, wahrscheinlich Replik nach einem verlorenen Original von Caravaggio, 1594; »Landschaft mit der Begegnung Jesu und zwei Jüngern auf dem Weg nach Emmaus« von Paulus Bril (1554–1626).

Großer Saal: Es ist das Herz des Schloßbaues. Eine Zeitlang war er Tagungsort des Parlaments und wird daher *Sala del Parlamento* genannt. Die Szenen an den Wänden und der Decke bilden ein Gesamtprogramm, das der Bestimmung des Saales im 16. Jh. entspricht (wahrscheinlich nach einer Idee des venezianischen Statthalters Filippo Bragadin). Die Ausführung lag hauptsächlich bei den Malern Pomponio Amalteo und Giovanni-Battista Grassi. Grundgedanke ist die Glorifizierung der Republik Venedig, der Stadt Udine und des Friaul: ein politisches Programm, das den Vorstellungen eines venezianischen Statthalters in Udine entsprach. Mit einer Palette von Darstellungen der christlichen und weltlichen Tugenden wurde an die Moral der Abgeordneten apelliert, die sich hier einmal jährlich zusammenfanden. Der nördliche Teil des Saals ist Szenen der Antike vorbehalten. An der Nordwest-Wand die Legende vom »Freitod des Marcus Curtius«, der sich auf einem Pferd in eine Schlucht stürzt und »Freitod des Cato Uticensis«, gemalt von Grassi. Es sind Anspielungen auf die für die Abgeordneten vorbildhafte Haltungen dieser Männer, die so weit ging, daß sie sich selbst ihren Prinzipien und ihrem Staat opferten. An der gegenüberliegenden Wand symbolisiert die von Amalteo gemalte »Belagerung Aquileias durch Maximinius Thrax 238 n. Chr.« (vgl. S. 13) das Selbstverständnis Udines als ›neues Aquileia‹.

Die Wände des südlichen Teils hingegen, wo der Statthalter seinen Platz hatte, zeigen Darstellungen aus dem 16. Jh. Hier ließ sich 1568 an der Westwand Filippo Bragadin selbst in seinem von Pomponio Amalteo gemalten »Sieg über die Türken bei Malgariti« feiern (links davon: »Aufbruch der christlichen Schiffe« und »Victoria«) während an der gegenüberliegenden Wand sein Nachfolger, der Statthalter Venier, 1569 Grassis Allegorien der Liebe (in An-spielung an seinen der Liebesgöttin Venus ähnelnden Namen Venier – Venerius) in Auftrag gab. »Liebe und Justiz ziehen die Ungerechtigkeit in Ketten hinter sich«, »Großzügigkeit Venedigs gegenüber den Armen durch die Liebe«. Unterhalb der Decke sind in einem Fries die Wappen von 272 venezianischen Statthaltern aufgereiht, die zwischen 1420–1797 das Friaul regierten. Die Decke ist das Ergebnis mehrerer Übermalungen und zeigt Allegorien der Tugenden und Künste. In den 20er Jahren des 18. Jh.s wurde Tiepolo zu Restaurierungen in den Salone gerufen. Er gestaltete an den Wänden der beiden Schmalseiten eigenständig einige Szenen neu. Von seiner Hand und noch gut erkennbar sind u. a. über den querliegenden Fenstern die kleinen Putten mit Medaillons.

Tiepolo, Consilium in Arena. 1749. Öl auf Leinwand, 125 x 194 cm

Saal VIII: »Vagabund« und »Meditation« von dem Friulaner Antonio Carneo (1637–1692). Zwei großformatige Votivbilder zeigen den venezianischen Statthalter und die friulanischen Abgeordneten in der Verehrung der hl. Familie.
Saal IX: Ein Gemälde von Bernardo Strozzi, 1620, zeigt Berenike, die nach der glücklichen Rückkehr ihres Gemahls, Königs Ptolomeos III., ihre Locken opferte.
Saal X: »Ansicht von Udine aus der Vogelschau« von dem Udinesen Luca Carlevaris (1663–1730), dem Begründer der venezianischen Vedutenmalerei. Werke von G. B. Tiepolo »Schutzengel«, ca. 1730–35; im Auftrage des Patriarchen Daniele Delfino: »Consilium in Arena« (Graf Antonio Montegnacco erscheint vor dem großen Rat des Malteserordens, um die Aufnahme eines Udineser Adligen im Orden zu erreichen), 1749; Deckenbild »Stärke und Weisheit« (begleitet von Fama und Neid), aus dem Palazzo Caiselli (weitere Fassung in der Cà Rezzonico, Venedig), ca. 1740–43.
Saal XI: Landschaft von Marco und Sebastiano Ricci; »Orientale« von Giovanni Battista Piazetta; »Enthauptung der hl. Eurosia« von Francesco Cappella, einem Schüler Piazettas; »Verlöbnis Mariens« von Gaspare Dizani, um 1755.
Saal XII: Gemälde des Friulaner Barockmalers Nicola Grassi (1662–1748): u. a. »Anbetung der Könige«, 1740, und »Jakob und Rahel«, um 1735–40.
Saal XIII: Gemälde von Odorico Politi (1785–1846), der in den Poträts an Ingres, in den historischen Szenen an Delacroix orientiert war.

Gleich rechts neben dem Castello liegt die Kirche **Santa Maria di Castello** (zum Einlaß wende man sich an die Aufsicht der Musei Civici). Der Ursprung dieser Kirche liegt in frühester Zeit, es ist die älteste Kirchengründung Udines. Bereits im 6. Jh. stand an dieser Stelle eine christliche Kapelle. Unter den Langobarden baute man im 8. Jh. das Kirchlein um, im 12. und 13. Jh. wurde es erweitert. 1263 führte das große Domprojekt in der Unterstadt zur Ablösung von Santa Maria di Castello als Stadtpfarrkirche. Während der Restaurierungen von 1929 bis 1931 wurde die Ausmalung des 18. Jh.s entfernt und der Zustand des 13. Jh.s annähernd wiederhergestellt. Man beließ nur die Fassade, die 1526 nach Plänen Gaspare Negros dem Bau vorgeblendet worden war. Von Negro stammt auch der Entwurf zum Campanile (1515–40). Nach venezianischen Vorbildern trägt ein quadratischer, von Lisenen gegliederter Unterbau einen offenen Glokkenstuhl, Tambour und Kuppel. Zusammen mit dem 1777 aufgesetzten kupfernen Erzengel Gabriel, der die Windrichtung anzeigt, ist der Glockenturm ein Wahrzeichen Udines. Hinter der schlichten zweistöckigen Renaissancefassade der Kirche öffnet sich das dreischiffige Innere, das ursprünglich etwas kürzer war (vgl. die im Boden sichtbaren Markierungen). Zwei Pfeilerreihen mit weiten, glatt geschnittenen Bögen gliedern die Schiffe, im Osten schließt der Raum mit drei Apsiden. Auf den dicken, nur von kleinen Fenstern geöffneten Wänden des Mittelschiffes ruht ein teilweise erneuerter offener Dachstuhl. Der Eindruck von Ruhe herrscht vor. Zur Belebung trugen ehemals die farbigen Fresken bei, die sich heute nur noch im Bereich der Apsiden erhalten haben. Die ältesten, etwa aus der Mitte des 13. Jh.s, finden wir in der rechten Nebenapsis. Dargestellt sind die »Kreuzabnahme Christi« (in der Kalotte) und die zwölf Apostel, an der linken Wand »Tod Mariens« und »Taufe Christi«. Wie ein Teil der etwa gleichzeitigen Fresken in der Domkrypta von Aquileia gehen sie auf byzantinische Vorbilder zurück, wenngleich sich hier kraftvoll-volkstümlichere Züge zeigen. Aus derselben Werkstatt wohl auch die Freskenreste in der linken Apsis, während die Hauptapsis später ausgemalt wurde, und zwar im 14. Jh. und 1502–1504 durch Girolamo da Padova. Dem 14. Jh. gehört die »Krönung Mariens« in der Kalotte an, wobei das Gesicht der Muttergottes übermalt wurde, ferner die Apostelreihe und die Heiligengestalten (darunter die von den deutschen Patriarchen verehrte hl. Elisabeth, Landgräfin von Thüringen). Das Holzkruzifix am Hochaltar ist aus dem 16. Jh. Im linken Seitenschiff in einer Renaissance-Nische eine durch Übermalung entstellte Holzfigur einer Madonna mit Kind des späten 15. Jh.s aus dem Umkreis des Domenico da Tolmezzo. An der linken Wand, nahe dem Eingang u. a. das erwähnte Steinfragment mit der Inschrift ... O LIUT ..., die auf den Langobardenkönig Liutprand (712–744) hindeuten könnte.

Direkt neben der Kirche steht die gotische, ehemals verputzte **Casa della Confraternità**, das ›Haus der Bruderschaft‹, das erst 1929 unter Verbauungen wiederentdeckt und zu einem großen Teil durch ergänzende Restaurierungen wiedergewonnen wurde. Das Haus diente einer Bruderschaft, der Adelige und Künstler – wie etwa der Maler Giovanni Martini – angehörten. Nach dem Erdbeben von 1511 tagte hier vorübergehend das Friulaner Parlament, da der Palast der Statthalter zerstört war.

Auf den großen Schloßplatz gelangt man nun durch einen Bogen, der ursprünglich 1522 in der Unterstadt errichtet worden war und hierher versetzt wurde.

Auch die **Casa della Contadinanza** (rechts) stand ehemals in der Unterstadt (Kreuzung Via Vittorio Veneto/Via Rauscedo). 1928 bis 1931 baute man sie auf dem Schloßhügel wieder auf, jedoch mit einigen Veränderungen: statt der ursprünglich drei Stockwerke hat sie heute nur noch zwei. Einzelne Elemente wurden original wiederverwendet, während die Fresken von verschiedenen Udineser Häusern stammen. Bei der Contadinanza handelte es sich um eine politische Institution, die zu Beginn des 16. Jh.s unter der venezianischen Herrschaft entstanden war. Sie vertrat die 800 Kommunen des Friaul und vor allem die Interessen der Bauern; sie übte u. a. auch die Steueraufsicht und die Verwaltung der Waffen aus.

Hinter der Casa della Contadinanza kann man zur Piazza Primo Maggio hinuntersteigen. Von hier sieht man die drei romanischen Apsiden der Kirche Santa Maria del Castello. Die **Basilica Madonna delle Grazie** (3), an der nordöstlichen Seite der Piazza, ist eine Wallfahrtskirche des Servitenordens, die auf das 15. Jh. zurückgeht. Ihre heutige Gestalt stammt jedoch aus dem 18. Jh. 1730 schuf Giorgio Massari die Fassade, die im 19. Jh. um den Säulenportikus im palladianischen Stil ergänzt wurde.

Im reich ausgestatteten Saalraum findet sich links in der *Capella della Madonna* das wundertätige Madonnenbild, ein angeblich byzantinisches Werk, das der türkische Sultan Giovanni Emo geschenkt haben soll. In Wirklichkeit dürfte es erst im 15. Jh. von einem westlichen Maler in einem altertümelnden Stil ausgeführt worden sein. Man beachte, wie das blumengeschmückte Tuch perspektivisch in Untersicht dargestellt ist. An den Seitenwänden der Kapelle zwei Bilder von Giuseppe Diziani: »Esther vor König Ahasver«, »Judith und Holofernes« (nach 1770), am Hauptaltar »Madonna mit Kind und Heiligen« (1522) des 22jährigen Luca Monteverde aus Udine, der bereits mit 25 oder 26 Jahren starb. Vasari hat die Figuren dieses Giorgione nahestehenden Malers gelobt: Sie »zeigen wie herrlich ihr Meister bei längerem Leben geworden wäre«. Gleich rechts neben der Kirche Zugang zum Kreuzgang von 1478.

Wer einen charakteristischen Udineser Adelspalast des 17. Jh.s sehen möchte, geht auf dem unschönen, aber kürzesten Weg durch den Vicolo Porta zur Via Treppo. Dort steht der weiß verputzte Palazzo Della Porta-Masier (mit rustiziertem Eingangsportal und Serliana), 1655–85.

An der Piazza Patriarcato liegt etwas zurückversetzt die Kirche **Sant' Antonio Abate** (4). Für die im 14. Jh. gegründete, im 18. Jh. völlig umgebaute Kirche entwarf Giorgio Massari 1731 eine neue Fassade. Angelehnt an Entwürfe Palladios (vgl. etwa San Giorgio Maggiore in Venedig), gliederte Massari die Front mittels vier hoch aufgesockelter Säulen, die einen Dreiecksgiebel tragen: es ist das Bild einer antiken Tempelfront. Wie auch bei Palladio (und nur ausnahmsweise in der antiken Tempelarchitektur) ist die Mittelachse erweitert. Charakteristisch für die Zeit des Spätbarock ist hingegen die programmati-

Sant'Antonio Abate

sche Nutzung der Fassade als ein Ehrenmal für den in der Kirche begrabenen Patriarchen Dionisio Delfino: Seine Büste (von Johann Maria Morlaiter, 1737) erscheint in der Mittelachse. Zum Fassadenprogramm gehören auch die Personfikationen der Caritas (linke Achse) und der Justitia (rechte Achse), die Giebelstatuen des Kirchenpatrons Antonius Abt, der Stadtheiligen Hermagoras und Fortunatus (den Stadtpatronen auch von Aquileia und Grado) sowie das von Putten getragene Wappen der Delfino im Tympanon. Reste des gotischen Baus sind noch an der Apsis erkennbar. Im Inneren neben dem Grabmal des Dionisio Delfino weitere Patriarchengrabmäler (für Francesco Barbaro und seinen Bruder Ermolao mit Büsten von 1633 sowie für Daniele Delfino) und unter anderem eine Skultur des hl. Antonius Abbas von Morlaiter, 1737.

Palazzo Patriarcale (Palazzo Arcivescovile) – **Museo Diocesano (5)**
Der Sitz der Patriarchen war bis 1420 auf dem Schloßberg. Als die Venezianer das Kastell bezogen, mußten die Patriarchen während ihrer unregelmäßigen Aufenthalte in Udine zunächst die Gastfreundschaft in Adelspalästen suchen. Der um 1524 begonnene neue Palast war zunächst relativ klein, erfuhr mehrere Erweiterungen und Umbauten. Die jetzige langgezogene Hauptfront (1707–08) geht auf Pläne Domenico Rossis zurück. Nach der Auflösung des Patriarchats (1751) wurde der Palazzo Sitz des Erzbischöflichen Ordinariats.

Zur Ausschmückung der zu Beginn des 18. Jh.s neu errichteten Räume setzte Patriarch Delfino auch Künstler ein, die bereits im Dom tätig gewesen waren. Dazu gehörten der Franzose Dorigny und der junge Giovanni Battista Tiepolo, der hier seinen ersten größeren Freskenzyklus malen sollte.

Im Atrium haben sich Tugenddarstellungen aus dem 15. Jh. sowie (in den Lünetten) eine »Kreuzigung« und Heiligenfiguren aus dem 17. Jh. erhalten. Das Treppenhaus mit dem Fresko Tiepolos betritt man erst am Ende des Rundganges (S. 107).

Im ersten Obergeschoß wird z. Zt. das **Museo Diocesano** eingerichtet. Es wird Holzskulptur und andere Kunstwerke des 13. bis 18. Jh.s zeigen, u. a. aus Kirchen, die bei den Erdbeben 1976 zerstört wurden. Zu den Hauptwerken zählt eine farbig gefaßte Figur der hl. Eufemia aus dem

14. Jh., zu der es im Friaul keine Vergleichsbeispiele gibt und die daher wohl aus Siena oder Umbrien stammen dürfte. Aus der Pieve Santa Maria Maddalena in Invillino kommt der 1488 entstandene große Schnitzaltar von Domenico da Tolmezzo.

Im zweiten Obergeschoß, dem *piano nobile*, sind zur Besichtigung vorgesehen: Die unter dem Patriarchen Delfino erbaute große Bibliothek, die als erste im Friaul öffentlich zugänglich war. Die Deckenbilder von Nicolò Bambini (1710) zeigen die »Weisheit zwischen den Evangelistensymbolen« und vier Kirchenväter. Die *Sala Giovanni da Udine* wird nach dem Raffaelschüler benannt, der 1558–60 (wohl zusammen mit seinem Sohn Micillo) die Malereien mit Grotesken (seiner Spezialität) sowie biblischen und allegorischen Themen ausführte. Giovanni Battista Canal hat 1807 das zentrale Deckenfresko mit der »Schlüsselübergabe an Petrus« erneuert und damals wahrscheinlich die übrigen figürlichen Fresken übermalt. In der *Sala gialla (Sala dei stucchi)* ist eine didaktische Ausstellung zum Patriarchat geplant.

Die Deckenmalerei der *Sala rossa (Sala del tribunale ecclesiastico)* hat Giovanni Battista Tiepolo um 1730 ausgeführt. Die zentrale Szene mit dem »Urteil Salomos« entspricht der einstigen Bestimmung des Raumes als kirchlicher Gerichtssaal. Möglicherweise wurde das Thema der durch Weisheit verhinderten Teilung des Kindes gewählt in Anspielung auf die päpstlichen Pläne, die Diözese des Patriarchats in ein venezianisches und österreichisches Bistum aufzuteilen (was dann 1751 tatsächlich auch geschah). Die vier Eckmedaillons der Decke (ebenfalls von Tiepolo) zeigen die

Propheten Jesaias, Jeremias, Ezechiel und Daniel.

Die *Sala del trono* (der Thron- bzw. Empfangssaal) ließ Patriarch Delfino 1729 neu gestalten. Tiepolo setzte hier die um 1600 begonnene Reihe der Patriarchenporträts fort. Von ihm sind wohl auch die Rundbilder über den Türen mit den vier Kardinaltugenden und dem göttlichen Gesetz.

Von Tiepolo stammen auch die Fresken in der anschließenden **Galleria**, die 1727–1728 ausgeführt wurden. Nur Rahmenwerk und Scheinarchitektur sind von Girolamo Mengozzi (gen. Colonna), dem Spezialisten in der sogenannten Quadraturmalerei. Die figürlichen Szenen sind den alttestamentarischen Geschichten von Abraham und Jakob entnommen. Das erste Fresko der rechten Wand zeigt, wie ein älterer Mann sich vor drei Engeln anbetend und mit geschlossenen Augen verneigt. Es ist Abraham, dem im Haine Mamre drei Männer erscheinen, die er bewirten wird (sie werden als Hinweis auf die göttliche Dreifaltigkeit gedeutet, Gen 18, 1–8). Das große Fresko an der Wandmitte zeigt eine selten dargestellte Szene. Laban sucht nach den Götterbildern, die ihm seine Tochter Rahel gestohlen hat. Er betritt mit Jakob das Zelt Rahels, doch diese hält die Bildwerke unter ihrem Lager versteckt, während sie vorgibt, sich nicht erheben zu können, da es ihr »nach der Frauen Weise« ergehe. (Gen 31, 19–35). Es zeugt vom Raffinement einer Spätzeit, wenn das alttestamentarische Geschehen in die Bühnenwelt des Spätbarock transponiert wird. Die Zeltbahn wird zum Bühnenvorhang, der Vordergrund mit dem Strohlager der Protagonistin zum Proszenium. Rachels Gewandung und Habitus entsprechen einer venezianischen Patrizierin, hier jedoch kleiden sie die Tochter eines orientalischen Viehzüchters. Einfacher gekleidet mit ihrem Turban und ihren Umhängen ist die von einer Kinderschar umgebene Frau rechts. Sie stellt wohl Lea dar, die Schwester Rahels, deren »Augen ohne Glanz waren«. Für das ländliche und orientalische Ambiente sorgen die Hintergrundskulisse der Landschaft, die Schäferidylle, die Kamele mit ihren Treibern. Wenn dann Jakobs Augen auch noch den Betrachter fixieren, wird deutlich, daß das Bühnenspiel auch der Zuschauer bedarf. Wohl zu Recht gilt dieses Gesicht als ein Selbstbildnis des etwa 31jährigen Malers. Nicht an untergeordneter Stelle – am Bildrande – erscheinen diese Bildsignatur des Künstlers sondern genau in der Mittelachse.

Das Fresko wird flankiert von Grisaillemalereien, rechts: Jakob kämpfte eine Nacht lang mit einem Manne, der wie üblich in der Gestalt eines Engels wiedergegeben wird (Gen 32,23–30). Links erscheint die Versöhnung Jakobs mit seinem Bruder Esau, den er um das Erstgeburtsrecht gebracht hatte (Gen 33). Auf dem letzten buntfarbigen Bild sehen wir eine alte Frau, die vor einem Engel kniet. Es ist die Fortsetzung des ersten Freskos: Die Männer, die Abraham besuchten, prophezeiten ihm, daß seine Frau Sarah trotz ihres Alters, einen Sohn gebären werde. Sarah hörte dies, »lachte bei sich selbst und sprach: Nun da ich alt bin, soll ich noch der Liebe pflegen, und mein Herr ist auch alt« (Gen. 18,10–15). Es entbehrt nicht der Komik, wenn in der Tür des zerfallenden Bretterschlages eine Figur ihren Auftritt hat, deren hochvornehme Kleidung einer

Tiepolo, Erscheinung des Engels vor Sarah,
Fresko in der Galleria

anderen Welt zugehört als ihr Gesicht. Es
ist eine Frau vom Lande mit karikaturhaft
herausgestellten Falten und einer Zahn-
lücke. Die Inszenierung lebt vom Zusammentreffen der Gegensätze, die Heilsge-
schichte wird dargestellt mit den Mitteln
des Komödientheaters. Doch bedient sich
Tiepolo auch der überlieferten christlichen
Ikonographie: Wie die Jungfrau Maria
kniet Sarah vor dem strahlend-jungen,
kokett das Bein entblößenden Engel, der
ihr die Geburt eines Sohnes verkündet.
Voller Grazie ist diese kinderlose Alte und
vom Licht verklärt.

Zwischen diesen Szenen und an der
Fensterwand gegenüber erscheinen als gemalte Nischenfiguren prophetische Frauen
des Alten und Neuen Testaments.

Die Fresken der Decke zeigen weitere
Szenen aus dem Leben Abrahams: Nachdem Sarah Abraham endlich einen Sohn,
Isaak, geboren hatte, verlangte sie, daß
Hagar mit ihrem Sohn Ismael (den Abraham erzeugt hatte) nunmehr aus dem
Hause geschickt werde. Sie gehen also in
die Wüste, und dort erscheint ihnen ein
Engel und rettet sie vor dem Verdursten
(Gen 21,14–19). Ein weiteres Mal erscheint
ein Engel, um Gottes Willen kundzutun, in
der Szene »Abraham opfert Isaak«. Engel
finden sich auch in dem letzten Deckenfresko mit »Jakobs Traum von der Him-
melsleiter«, wo »die Engel Gottes« die Lei-
ter auf- und niedersteigen (Gen 28,10).

Man kann davon ausgehen, daß – wie
üblich – nicht der Maler die Szenen aus-
wählte sondern der Auftraggeber. Und so
wundert es nicht, wenn ein Patriarch, Dionisio Delfino, Szenen der alttestamentarischen Patriarchen wünschte, um den
Anspruch Udines als neues Aquileia zu
verdeutlichen.

Hier im Patriarchenpalast realisierte der
junge Tiepolo seinen ersten größeren Freskenzyklus. Zum ersten Mal konnte sich
hier sein Stil in seinem ganzen Reichtum
entfalten. Schon hier zeigen sich jene
Eigenschaften, die sich isoliert auch bei
anderen Malern der Zeit finden, die Tiepolo jedoch auf einzigartige Weise zu verbinden wußte: Helligkeit und Transparenz
der Farben, eine bewegt-nervöse Linien-
sprache, prachtvolle Zurschaustellung und
dennoch menschliche Anteilnahme, Leich-
tigkeit der Ausführung und der Sinn für

das Dekorative, Detailgenauigkeit und stupender Illusionismus, Komödiantentum und Freude am Volkstümlichen, Grazie, Witz und kritische Distanz. Hinzu kommt der große Atem, der den Götterhimmel mit der irdischen Welt zu verbinden weiß. Der Stil dieser Fresken ist der unverwechselbare Stil eines einzelnen, der zugleich eine ganze Epoche präsentiert, der internationale Anerkennung fand und als Vorbild unerreicht blieb.

Das große **Treppenhaus:** An der Decke sieht man Tiepolos »Engelssturz«. In diesem frühen Werk, wohl 1726, erleben wir Tiepolos Kunst noch weitgehend in der Tradition der Barockmalerei. Die Knäuel der Teufelsleiber in betonter Hell-Dunkel-Malerei sind nicht ohne die Chiaroscuro-Malerei eines Piazzetta oder Bencovich denkbar, während die extremen Verkürzungen an die Perspektivmalerei des römischen Barock erinnern (Andrea Pozzo). Man beachte den in Stuck ausgeführten Arm (unten links) und den Fuß (rechts): ein beliebter Effekt spätbarocker Dekorationskunst. Eine Szenerie unter freiem Himmel wird uns suggeriert.

Rechteckig gerahmt ist die Bildfläche wiederum vom Stuckwerk des Girolamo Mengozzi, der für die fein ausgeführten Stuckornamente im gesamten Treppenhaus und darüber hinaus für die Rahmungen aller Gemälde Tiepolos im Palazzo verantwortlich war.

Rechts vom Palazzo Patriarchale steht der **Palazzo delle Provincia** (Palazzo Antonini-Belgrado, heute Sitz der Provinzregierung) aus der 2. Hälfte des 17. Jh.s, einer der vielen von der Familie Antonini in Udine errichteten Paläste. Zu den berühmten Gästen dieses Palazzo zählten Papst Pius VI., Napoleon und Kaiser Franz I. von Österreich.

Der Weg zum Dom führt direkt durch die Via Lovaria oder durch die repräsentativere Via Manin, an deren Beginn die **Porta San Bartolomio** steht, die zu Beginn des 13. Jh.s als Teil der dritten Stadtmauer Udines errichtet wurde (heute verändert). Gleich danach rechter Hand, Nr. 18 r der

Tiepolo, Engelssturz, Deckenfresko im Treppenhaus des Palazzo Patriarcale

Palazzo Mantica aus dem 16. Jh. Der Palast zeigt im Zentrum eine Gruppe von fünf Bogenfenstern und zwei kleine Balkone im Stile der venezianischen Frührenaissance. Die schmiedeeisernen Fenstergitter im Erdgeschoß sind eine barocke Hinzufügung. Das kleine Relief »Madonna mit Kind« schuf Carlo da Carona, um 1520.

Vor der Piazza Libertà zweigt links die Via Vittorio Veneto ab. Nr. 22: **Palazzo Strassoldo-Manin,** heute Sitz der Banca del Friuli. Im Inneren im zentralen Saal Fresken von Guilio Quaglio, 1692. Als Mittelmotiv drei gekoppelte Bogenfenster mit Kopfschlußsteinen, darunter Balustrade. Dem Palast wurde wohl in späterer Zeit links ein zusätzliches Joch angefügt.

Folgt man der Via Vittorio Veneto südöstlich, wechselt sie bald den Namen in Via Aquileia. Diese Straße wird zu beiden Seiten von Palästen aus dem 16.–18. Jh. flankiert. Am Ende der Straße steht rechts die Kirche **Madonna del Carmine** (6). Hinter einer schlichten Fassade (die Marienskulptur mit Kind stammt aus dem 18. Jh.) öffnet sich der Saalraum der Kirche, die zwischen 1503 und 1525 von den Karmelitern errichtet wurde. Das von ihnen mitgebrachte Gnadenbild der »Madonna del Carmine« (im Presbyterium) gab der Kirche ihren Namen. An der Decke des Hauptraumes Fresko mit virtuos gemalter Architektur und der »Jungfrau in der Glorie, die dem hl. Simone Stock das Ordensgewand reicht«, von Giulio Cesare Begni, 1620, ein Hauptwerk der barocken Perspektivmalerei im Friaul.

In der Kapelle links vor dem barocken Hauptaltar Sarkophag des Beato Odorico Mattiussi da Pordenone (1286–1331), eines Franziskanermissionars, der die Erlebnisse seiner Missionsreise nach Indien, China und Japan (1318) in einem Buch veröffentlichte. Der von vier Säulchen getragene Sarkophag, ein Werk des Venezianers Filippo de Sanctis (1331–1332), zählt zu den besten Grabmalarbeiten des Trecento im Veneto und im Friaul. Ungewöhnlich die Darstellung, wie der Verstorbene in das Grab versenkt wird. Anwesend sind u. a. der Patriarch von Aquileia, Pagano Della Torre. Auf der Rückseite »Predigt des Heiligen an die Ungläubigen«.

Am Ende der Via Aquileia sieht man die **Porta d'Aquileia** (7), einen Torturm, der zum fünften und letzten Mauerkreis Udines des späten 14. Jh.s gehört (von den drei Spitzbogenfenstern ist nur das erste bei der Torre original).

Dom Santa Maria Annunziata (8)

Hauptkirche Udines war bis in das 14. Jh. Santa Maria di Castello. Erst nachdem Patriarch Berthold von Andechs 1238 von Cividale nach Udine übersiedelt war, wurde (um 1245) mit dem Bau eines neuen Doms begonnen. Er war in den Ausmaßen zunächst kleiner geplant als die heutige Kirche. Von der alten Bausubstanz des 13. Jh.s blieben lediglich die mittlere und linke Chorkapelle und das Querschiff (1251–1279) erhalten. Ihre heutigen Ausmaße erhielt die Kirche um 1334–1350 durch den Bau des Langhauses unter Patriarch Bertrand von Saint Geniès, der die ursprünglich dem hl. Ulrich geweihte Kirche der Maria der Verkündigung (Annunziata) weihte und zur Domkirche erhob. Nach der Ermordung des Patriarchen (1350) wurden die Bauarbeiten erst nach 1368 wieder aufgegriffen und um 1400 abgeschlossen.

Dom Santa Maria Annunziata

Wenig harmonisch ist die Fassade, die im frühen 20. Jh. stark überarbeitet wurde. Der untere Teil ist aus dem 14. Jh., während der obere Teil mit den eingerahmten Rundfenstern und den sich überschneidenden Blendbögen erst aus der Zeit der venezianischen Herrschaft (ab 1420) stammt. Die Skulpturen am Tympanon des Hauptportals zeigen die »Anbetung des Jesukindes«, »Kreuzigung«, »Christi Himmelfahrt« und das »Lamm Gottes«. Sie stammen aus dem späten 14. Jh. und sind wahrscheinlich von einem nordischen Meister (das Vordach ist eine falsche Rekonstruktion von 1926).

Ausdrücklich als das Werk eines »deutschen Meisters« (*magister theutonicus*) bezeichnet ist das linke Seitenportal neben dem Baptisterium, die *Porta della incoronazione* von 1395/96. Es zeigt im Tympanon die »Krönung Mariens«, am Portalsturz die »Geburt Christi«, die »Anbetung der Könige« und den »Bethlehemitischen Kindermord«, in den Archivolten und an den Gewänden Heiligenfiguren. Rechts daneben ein Portal aus dem 18. Jh. von Domenico Rossi (?), 1909 von der Hauptfront hierher versetzt. Der Glockenturm über dem achteckigen Baptisterium wurde

1441–1450 durch den Mailänder Baumeister Cristoforo errichtet, blieb jedoch aus statischen Gründen unvollendet.

Das Innere des Domes zeigt im wesentlichen die Struktur des 14. Jh.s, doch wurden nach 1420 die hohen Achteckpfeiler eingesetzt, die Seitenschiffe gewölbt und mit je einer Reihe von Kapellen erweitert. Zu größeren Veränderungen kam es im 18. Jh., als zunächst die mächtige Familie Manin den Chor und die Nebenkapellen barockisieren ließ. Anschließend, von 1714 bis nach 1735, ließ dann die Kommune nach Plänen des Venezianers Domenico Rossi das dreischiffige Langhaus umbauen und einwölben und die Seitenkapellen umgestalten. Dabei wurde das hohe, saalartige Langhaus wenig verändert. Die Ummantelung der Stützen mit Pilastern geriet eher schlicht. Von ausgeprägt barocker Wirkung ist eigentlich nur der Chorbereich: Mit fingierten Draperien, Stuckfiguren (von Abbondio Stazio da Como, der auch die Planung übernommen hatte) und Malereien (von Louis Dorigny) wurden Altarraum und Querschiff geradezu überladen. Die Lichtführung ist dagegen auf ein höchst ungenügendes Maß reduziert. Der Eindruck von zuviel an Details und zuwenig an einheitlicher Raumgestaltung überwiegt.

Ausstattung

Die Altäre entwarf G. Massari um 1720.

1 Über dem Hauptportal Hölzernes Reitermonument für den in den Kriegen von Gradisca gefallenen Grafen Daniele Antonini von Girolamo Pagliari, 1617.

2 Altarbild »Heilige Dreifaltigkeit«von Giovanni Battista Tiepolo, 1738. An der rechten Wand zwei ehemalige Orgelflügel mit »Christus heilt den Besessenen« und »Christus am Teiche Bethesda« von Pomponio Amalteo, 1535. Deckenfresken von Andrea Urbani, 1749.

3 Das Altarbild »Die Heiligen Hermagoras und Fortunatus« ist ebenfalls von Tiepolo, 1737. Im Gewölbe Architekturperspektiven von Andrea Urbani.

4 Kanzel aus Stein imitierendem Holz auf Marmorstützen, 1737. In der Mitte »Predigt des hl. Hermagoras«, links »Hl. Hermagoras tauft die Jungfrauen aus Aquileia«, rechts »Martyrium der Heiligen Hermagoras und Fortunatus«. (Zur Legende vgl. S. 56.)

5 Cappella del Sacramento, 1717 über polygonalem Grundriß erbaut. Für die Freskenausmalung wurde 1726 der junge Tiepolo verpflichtet, der kurz zuvor mit den Arbeiten im Palazzo Patriarcale begonnen hatte.

Auf Wolken tummeln sich singende Engel und Putten, von einem Streiflicht effektvoll beleuchtet. Für die schmalen Schrägseiten entschied sich Tiepolo für Grisaillemalereien mit zwei Szenen aus dem Leben des Abraham: die »Opferung Isaaks« (rechts) und die »Erscheinung des Engels«.

Ebenfalls von Tiepolo ist das kleine Bild der »Auferstehung Christi« im Tabernakel. Links die Außenseiten der erwähnten Orgelflügel mit der »Vertreibung der Händler aus dem Tempel« von Pomponio Amalteo, signiert und datiert 1535. Die Marmorengel neben dem Altar schuf Giuseppe Torretti, ebenso die kleinen Reliefs mit »Christus im Emmaus« und der »Schlüsselübergabe an Petrus« sowie mit Engelsköpfchen. Die in der linken Lünette gemalte Nischenfigur, eine Personifikation

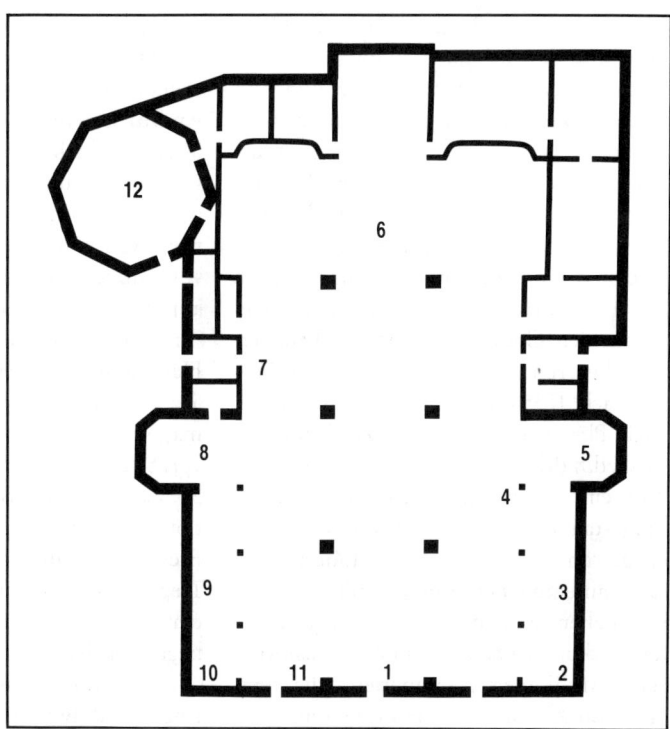

Grundriß des Doms

des Glaubens, und die Engelsglorie über der Vierpaßöffnung an der Decke stammen von Andrea Urbani, 1749.

6 Presbyterium. An den Seitenwänden monumentale Grabmäler der Familie Manin, durch deren finanzielle Unterstützung der gesamte Ostteil des Doms zu Beginn des 18. Jh.s barockisiert werden konnte. Das reiche Figurenprogramm spielt auf den Triumph der Manin und der venezianischen Herrschaft an (höchst ungewöhnlich die in Stein gehauenen Löwenfelle mit Kopf als Inschriftenträger). Die Chorgestühle sind Schnitzarbeiten u. a. von Francesco Picchi aus Udine und Matteo Calderoni aus Venedig, 1720.

Die qualitätvolle, stark bewegte Figurengruppe »Mariae Verkündigung« am Hochaltar ebenso wie die Leuchter tragenden Engel sind von Giuseppe Torretti, 1718. Die Seitenaltäre mit gedrehten Säulen nach dem Vorbild von Berninis Tabernakel von St. Peter in Rom stammen von Giuseppe Pozzo (1645–1721).

7 Orgel von Vincenzo de Columbi, 1549. Die dazugehörigen bemalten Flügel von Pomponio Amalteo hängen heute in der ersten und vierten Seitenkapelle auf der rechten Seite des Langhauses. Die Malereien an der Brüstung sind von Francesco Floreani und Giovanni Battista Grassi, 1556.

8 1714 erbautes Pendant zur gegenüberliegenden Kapelle (mit Reliquien der 1485 verstorbenen seligen Elena Valentinis aus Udine). Die Fresken »Hl. Dreifaltigkeit« und »Schutzheilige der Kirche von Aquileia« stammen von Pietro Antonio Novelli. Rechts großes Holzkruzifix von Bartolomeo dell' Occhio, 1473, umgeben mit barockem Stuckdekor.

9 »Hl. Joseph mit dem Jesuskind und Johannes« von Pellegrino da San Daniele, 1500. Der Engel links unten gilt als Selbstbildnis Pellegrinos. In der Predella im Detail liebevoll ausgeführte Szenen mit der »Anbetung der Hirten« und »Flucht nach Ägypten«. Unter der Altarmensa ruhen heute die Gebeine des 1350 ermordeten Partriarchen Bertrand de Saint Geniès.

10 »Hl. Markus mit den Heiligen Johannes der Täufer, Sebastian, Antonius, Bertrand, Hermagoras und Hieronymus« von Giovanni Martini, 1501. Unten in der Bildmitte kann man (bei Betrachtung von der Seite) eine eigenartige Inschrift erkennen: »Giovanni aus Udine hat dies mit bescheidenem Genius gemacht« (Johannes Utinensis hoc parvo ingenio fecit). Es ist das wichtigste Gemälde des Friulaner Malers und Holzschnitzers. Zeitgenossen kritisieren die Züge des hl. Markus, die eher einem Soldaten als einem verehrungswürdigen Heiligen entsprächen.

11 Weihwasserbecken von Bernardino da Bissone, 1497.

12 Das **Museo del Duomo** (Eingang unter dem Campanile) ist im ehemaligen **Baptisterium** und zwei abgetrennten Kapellen des Domes untergebracht. Neben verschiedenen Paramenten und Sarkophagen befinden sich in der Cappella di San Nicolò Fresken mit Szenen aus dem Leben des hl. Nikolaus von Vitale da Bologna, darunter das stark an Giotto erinnernde »Begräbnis der Heiligen« sowie weitere Fresken vorwiegend aus dem 14. Jh. Im Baptisterium steht ein Sarkophag, den der selige Patriarch Bertrand de Saint Geniès 1343 in Auftrag gab, um die Reliquien von Hermagoras und Fortunatus, der Heiligen von Aquileia, aufzunehmen. In diesem Sarkophag wurde jedoch der ermordete Patriarch dann selbst beigesetzt. Ferner finden sich hier Reliquien des Bertrand, darunter das Schwert, mit dem er 1350 ermordet wurde.

An der Stelle des **Oratorio della Purità** (9) stand seit dem 17. Jh. ein Theater, welches von der Familie Mantica erbaut worden war. In ihm fanden unter anderem die Komödien Carlo Goldonis Beifall. 1754 wurden den Schauspielen ein Ende bereitet, als Patriarch Daniele Delfino das völlig konträre Projekt eines Oratoriums zur Unterweisung junger Mädchen in die christliche Lehre verwirklichte. Der Umbau wurde nach den Plänen Luca Andriolis bis 1757 durchgeführt. Die schlichte Fassade ist zweistöckig. Blickfang sind vor allem die reich verzierten Fenstergitter des Erdgeschosses. In der Kartusche über dem Portal erkennt man das Wappen der Familie Delfino (drei Delphine). Für die Ausstattung wurde der inzwischen hochberühmte Giovanni Battista Tiepolo gewonnen. In weniger als einem Monat führte er zusammen mit seinem Sohn Domenico den großen Freskenzyklus aus, dessen alt- und neutestamentarische Themen nach Vorgaben des Patriarchen von Kindern und Jugendlichen handeln sollten. Vom Vater wurde die Decke mit der »Himmelfahrt Mariens« und den

sie umgebenden Engeln gestaltet (Farbabb.
13). Es ist eines der schönsten Werke der
Spätzeit. Vom Sohn ist das ebenfalls der
jungfräulichen Maria gewidmete Gemälde
des Altares. Seinem Pinsel entstammen
außerdem die Ton in Ton gehaltenen acht
belehrenden Szenen an den Wänden:
Links »Der Prophet Elias und der Tod der
Knaben, die ihn verspotteten«, »Einzug
Christi in Jerusalem« (Kinder brechen
Palmzweige), »Jakob segnet sterbend seine
Söhne«, »Jesus als Zwölfjähriger im Tempel«. Rechts »Christus segnet die Kinder«,
»Die sieben makkabäischen Brüder werden
von Antiochus IV. verurteilt«, »David und
die Kinder Israels«, »König Nebukadnezar
schickt die drei Jünglinge in den Feuertod«.

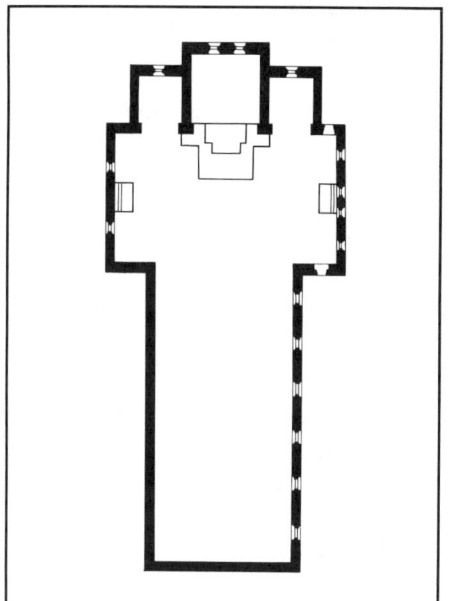

Grundriß von San Francesco

Kirche San Francesco (10)

Mit Zustimmung des Patriarchen Gregorio da Montelongo, des ersten italienischen Patriarchen von Aquileia, konnten
die Franziskaner 1259 eine ihrer ersten
Ordenskirchen im Friaul errichten. Die
Kirche entstand ab 1260 im üblichen
Schema der Bettelordensgotik über dem
Grundriß einer einschiffigen Anlage mit
drei platt geschlossenen Kapellen. Sie ist
im Osten jedoch um ein Querschiff erweitert. 1266 weihte man bereits den unvoll-
endeten Bau (von dem nur Apsis und
Querschiff standen), den Campanile 1291.
Im 15. Jh. fügte man zu beiden Seiten des
Langhauses Kapellen an; das 17. und 18. Jh.
brachten weitere Veränderungen. Nach
den Zerstörungen des Zweiten Weltkriegs
und einem anschließenden Brand wurde
der Bau in seiner ursprünglichen Struktur
weitgehend wiederhergestellt. Einfache,
aber in ihrer Schlichtheit kraftvoll wirkende Baukuben gliedern den Außenbau.

Einziger Schmuck sind ein Blendbogen-
fries unterhalb der Dachtraufe und die
Fensteröffnungen, die in ihrem Rythmus
dem Abschluß der Kirche im Osten sein
Gesicht verleihen.

Im Inneren empfängt den Besucher ein
weiter und hoher Raum, der mit einem
offenen Dachstuhl schließt. Im 14. und
15. Jh. war die Kirche nahezu vollständig
mit Fresken ausgemalt worden. Reste der
originalen Freskierung haben sich vor allem
in der mittleren Chorkapelle erhalten: An
der Nordwand des Langhauses sind die
abgelösten Fresken des frühen 15. Jh.s mit
den Szenen aus dem Leben des seligen
Patriarchen Bertrand de Saint Geniès, der
1350 ermordet wurde, zu sehen. An der
Südwand des Langhauses wurden Fresken

aus anderen Kirchen außerhalb Udines
angebracht.

Von San Francesco zur Cappella Manin
Die *Piazza XX Settembre* war in der frühen Stadtgeschichte der Marktplatz für
Getreide, Geflügel und Fisch. Erst später
kaufte die Familie Della Torre das Gelände
und ließ sich ihren Familienpalast darauf
errichten. Im Jahre 1717 wurde dann Graf
Lucio Della Torre zum Tode verurteilt, was
die Kommune zum Anlaß nahm, auch
gleich den Palazzo der Della Torre nieder-
zureißen (die Skulpturen des Herkules
und Kakus stehen heute auf der Piazza
Libertà). Die gotische **Casa Veneziana**
wurde 1929 von der Via Rialto hierher versetzt. In die glatte Wand sind als einzelne
Akzente Fenster und Fenstergruppen
eingelassen. An der gegenüberliegenden
Schmalseite der Piazza befindet sich der
Palazzo Antivari-Kechler (11), erbaut
1832 nach Plänen von Giuseppe Japelli,
dem Architekten des klassizistischen Café
Pedrocchi in Padua.

An der Piazza Garibaldi steht rechts der
1577 für Daniele Antonini errichtete
Palazzo Mangilli-Del Torso, dessen Fassade von 1680 zwei Eingangsportale für
Fußgänger und Kutschen sowie drei Fenstergruppen nach dem Serlio-Motiv auszeichnet. Der gegenüberliegende Palazzo
degli Studi wurde 1821 durch Valentino
Presani im klassizistischen Stil errichtet.

Das **Museo delle Arti e Tradizioni
Popolari** (12) in der Via Viola wurde 1962
im Palazzo Gorgo-Maniago aus dem 17. Jh.
eingerichtet. Im Innenhof hat sich noch die
ehemals offene Renaissance-Loggia im
Stile Palladios erhalten. Das Museum gibt
einen Überblick über friulanische Volkskunst und Wohnkultur: Kücheneinrich-
tungen mit dem *fogolar,* dem zentralen
Herd, bürgerliches und bäuerliches Mobi-
liar, Werkzeuge, Waffen, Trachten, Druck-
stöcke für Stoffe, Karnevalsmasken, Pup-
pen, Keramik, Votivgaben und vieles
andere mehr.

Von hier geht es weiter durch die kurze
Via Muratti zur *Via Zanon.* Entlang dieser

*Palazzo Gorgo
Maniago*

Straße fließt unbedeckt einer der größeren-teils unterirdisch verlaufenden Kanäle, die ehemals die erste Stadtmauer umgaben. Am nördlichen (linken) Ende der Straße steht links die viergeschossige **Porta di Santa Maria**. Sie gehörte zur Stadtmauer von 1295. Heute dient sie Ausstellungen des Stadtmuseums.

Direkt dahinter führt links die Via dei Torriani mit dem Palazzo Torriani-Manin aus dem 17. Jh. zur **Cappella Manin** (13), (Schlüssel beim Pfarrer, Via Mantica 27: Durch den Torbogen hindurch, linker Hand über eine kleine Treppe, 10–12 h werktags). Diese kleine spätbarocke Kapelle ist ein charakteristisches Beispiel für die Udineser Kunst im 18. Jh. Auch hier war wieder eine Adelsfamilie Auftraggeber, die Familie Manin, deren Palast in unmittelbarer Nachbarschaft stand (der heutige Palazzo Torriani). Dieses barocke Kleinod auf sechseckigem Grundriß entstand zwischen 1718 und 1735. Architekt war wahrscheinlich Domenico Rossi. Einer der Seiten ist eine schmale, qualitätvolle Schaufassade vorgeblendet. Im Inneren, das durch eine Kuppel Licht erhält, erlebt man einen prachtvoll ausgestatteten, gut proportionierten Kapellenraum. Charakteristisch für Domenico Rossi sind die rosafarbenen und grünen Marmoreinlagen an den Pilastern und am Fries. Die Reliefs zwischen den Pilastern unter den hohen Rundbogen schuf Giuseppe Torretti. Gleich am Eingang rechts »Geburt Mariens«, links neben der Tür »Mariae Tempelgang«, daneben »Heimsuchung« und »Darbringung Jesu im Tempel«. Die Hauptszenerie findet in der Augenhöhe des Betrachters statt, darüber perspektivische Architekturdarstellungen, ganz oben füllen Engel den lee-ren Raum. Torretti hat das von Donatello erfundene *relievo schiacciato* virtuos und auf extreme Weise angewandt: Unten die nahezu vollplastischen Hauptfiguren, über ihnen fast übergangslos das Flachrelief mit perspektivischen Effekten. Torriti bietet überraschend naturgetreue Details bis hin zum geöffneten Sattelgürtel eines Esels. Doch dominiert der Eindruck einer erstarrten Handlung, und es wird nicht deutlich, was zum Verständnis des Inhaltes wichtig ist. In der Apsis eine sitzende Marmormadonna mit Kind, ebenfalls von Torretti.

Die **Dominikanerkircher San Pietro Martire** (14) besitzt von ihrem Ursprungsbau von 1285 nur mehr das rechte Seitenportal und den Glockenturm. Das übrige ist das Ergebnis von Veränderungen vom 15. bis 19. Jh. Die Deckenfresken malten 1745 Andrea Urbani und Nicoletto Baldassini: »Hl. Dominikus in Verehrung der Jungfrau, die ihm den Rosenkranz überreicht« und »Triumph des hl. Dominikus über die Ungläubigen«. Am zweiten Altar links unter einer Madonnenstatue ein Marmorantependium von Torretti. Der dritte Altar für den hl. Antonius von Padua stammt aus der ehemaligen Familienkapelle des Palastes der Torriani (an der heutigen Piazza XX Settembre), die Figur des Heiligen ist ebenfalls ein Werk Torrettis. Im Presbyterium an den Wänden rechts »Madonna mit Kind, hl. Anna, hl. Joseph und Honofrius« von Giovanni Martini oder aus der Schule des Pellegrino da San Daniele, frühes 16. Jh. Qualitätsvoller die »Sacra Conversazione« links: »Madonna mit Kind, hl. Sebastian, hl. Dominikus, hl. Rochus und Petrus Martyr« von Luca Monteverde, um 1520–25. Hoch oben an

*Piazza di San Giacomo. Lithographie von L. Coleoni nach einer Zeichnung von G. B. Cecchini,
18,3 x 24,7 cm. Aus: »Il Friuli Illustrato«, Udine 1843*

der Chorwand »Tod des hl. Petrus Martyr«
von Pomponio Amalteo, 1578, das letzte
Bild dieses Friulaner Malers.

Schräg gegenüber der Kirche befindet
sich der **Mercato del Pesce** von 1927.

Die **Piazza Matteotti** (auch *Piazza del
Mercato Nuovo* oder *Piazza di San Giacomo*
genannt) öffnet sich großzügig inmitten
schmaler Straßen und Gassen. Hier stehen
wir auf einer Piazza, die dem Besucher
trotz ihrer Größe ein Gefühl von Geschlos-
senheit vermittelt. Rundherum reihen sich
dicht aneinander schmale Häuserfassaden,
in schöner Unregelmäßigkeit scheinen die
verschiedenen Fensterformen verteilt zu
sein. Hier und dort fängt ein kleiner Balkon den Blick auf, der immer wieder von

der bewegten Dächersilhouette oder vom
Rhythmus der rings umlaufenden Arkaden angezogen wird.

Nachdem Udine das Marktrecht besaß,
verlegte man um 1248 den Hauptmarkt,
der bisher auf der Via Mercatovecchio
abgehalten worden war, auf diese Piazza,
den *Mercato Nuovo*. Erst 1869 übernahm
die Piazza XX Settembre diese Funktion,
hier blieb nur noch der Obst- und Gemüse-
markt. Auf der Säule der Piazza steht eine
1487 geschaffene Marienstatue.

Der römisch wirkende Brunnen stammt
von Giovanni da Udine, 1543. Er ist als
Endpunkt einer Wasserleitung das etwas
kleinere Pendant zum Brunnen auf der
Piazza Libertà. Erst 1607 wurde er vom

Rand ins Zentrum der Piazza versetzt. Bevor der Brunnen erbaut wurde, diente eine Zisterne der Wasserversorgung. Sie blieb auf der Piazzetta links der Kirche erhalten und ist 1486 datiert. In ihrer Form erinnert sie an eine Laterne, man nennt sie ›Laterne des Diogenes‹. Der eigentümliche Name entstand durch sprachliche Verschleifung der ehemaligen Bezeichnung *lanterna die Demostene* (wegen ihrer angeblichen Ähnlichkeit zum Lysikrates-Denkmal in Athen). Die Piazzetta hieß ehemals *Campo di Giustizia* (Gerichtsfeld), denn auf ihr wurden Gerichtsurteile gefällt.

Die Einbindung der kleinen Piazza in die Gesamtanlage der Piazza Mateotti geht auf die Initiative des Statthalters Tommaso Lippomano zurück. Er ließ 1486 mittels einer einheitlichen Pflasterung und kleinen Stufen zwischen den Plätzen eine Umstrukturierung durchführen, zu der auch die Auflage an die Hausbesitzer gehörte, die Fassaden zu bemalen. Leider hat sich von der Bemalung heute kaum noch etwas erhalten.

Von den um den Platz führenden Fassaden heben sich die Schauseiten der Kirche San Giacomo und des daran angrenzenden Oratorio della Madonna del Suffragio (Cappella delle Anime) ab. Die **Kirche San Giacomo** (15) ist eine Gründung der Zunft der Pelzhändler. 1398 legte man für den heutigen Bau den Grundstein. Die jetzige Schaufront in der Art der venezianischen Fassaden der Lombardi wurde jedoch erst zwischen 1525 und 1533 nach Plänen des Bernardino da Morcote vorgeblendet. Charakteristisch für den Entwurf ist der kleine Glockenturm mit integrierter Uhr, die seitlich von Voluten mit der Muschel, dem Attribut des Titelheiligen,

flankiert wird (Farbabb. 11). Das rechts direkt anschließende, im Inneren verbundene **Oratorium** entstand im 18. Jh., wobei sich der Architekt Simone Perretti bei der Gestaltung der Fassade nahe an das Vorbild der Kirche hielt, ohne jedoch nur zu kopieren. Die stärkere Zurückhaltung in der Fläche und die filigranen Formen lassen durchaus die Epoche der Entstehung erkennen. Die Architekten Francesco und Luca Andrioli zeichneten für die Planung des Oratoriums verantwortlich, das in seinem Inneren erst 1912 erneut eine Ausschmückung erfuhr.

Der Saalraum der Kirche ist überreich ausgestattet mit Gemälden aus dem 17. und 18. Jh. (vgl. Erläuterungen rechts vom Eingang). Am Hochaltar des angrenzenden Oratoriums: »Madonna mit Kind« von Pietro Rotari, um 1748. Rechte Wand: »Zinsgroschen« von Antonio Carneo.

Von der Piazza Matteotti führt uns das kleine Sträßchen Via del Monte zur *Via Mercatovecchio*. Sie bildet einen der ältesten Straßenzüge der Stadt, an dessen Stelle sich ein tiefer, etwa 40 Meter breiter Graben um den Schloßberg und die wenigen Häuser des *borgo castellato* zog. Im Zuge der ersten Stadterweiterung im 13. Jh. wurde dieser dann zugeschüttet, und es entstand somit die ungewöhnlich breite Straße, die zum wichtigsten Handelsplatz wurde. Auch die Verlegung des Hauptmarktes zur Piazza di San Giacomo bzw. die Entstehung weiterer Märkte in den folgenden Jahrhunderten konnte die Bedeutung der Via Mercatovecchio nicht schmälern. In den großen, prächtig ausgestatteten Palästen, die sich zu beiden Seiten der Straße hinziehen, ließen sich im Laufe der Zeit neben dem Adel auch wichtige Institu-

*Pietà von Heinrich
Meiring, Cappella del
Monte di Pietà*

tionen nieder wie die Münzprägung (im
14. Jh.), die Staatskanzlei (im 16. Jh.) oder
– an der Südseite – das Pfandhaus, der
riesige **Palazzo Monte di Pietà** (16), heute
Cassa di Risparmio. Der hintere Teil des
Baues wurde 1596 nach Plänen Francesco
Floreanis begonnen, während die zur Via
Mercatovecchio zeigenden Räume und die
Fassade erst 1690 von Bartolomeo Rava
beendet wurden. Charakteristisch für die
Schauseite ist die mit Rustika verkleidete
Loggia mit sehr weiten Bögen und die
ungewöhnliche Anordnung der beiden großen Dreierfenstergruppen im Obergeschoß.
Deren gesprengte Giebel überschneiden
sich mit den Fenstern des Mezzaninge-
schosses. In der Rustika des Erdgeschosses
(unter der Loggia) ist ein Nachklang an die
Architektur Giulio Romanos und Palladios
spürbar, doch ist der Bau insgesamt von

ganz unpalladianischen Proportionen. An
den vier Kanten des Palastes wurden im
17. Jh. vergleichsweise winzige *Pietà*-Dar-
stellungen angebracht.

Im Zentrum des Palazzo hat man einen
Einblick in die **Cappella del Monte di
Pietà**. 1694 wurde sie vollständig mit Stuck,
Fresken und Skulpturen ausgestattet. Die
Gruppe der *Pietà* auf dem Altar stammt
von dem Deutsch-Venezianer Heinrich
Meiring: zwischen vier Engeln eine von
Trauer tief bewegte Madonna in der
Manier Berninis, während der Leichnam
Christi an den frühen Michelangelo erin-
nert. Als Antependium schuf Giacomo
Comini ein Marmorrelief mit der »Kreuz-
tragung Christi«. Gerahmt von den schwe-
ren Stuckarbeiten sind die 1694 datierten
Fresken an der Decke und an den Wänden
des Comasken Giulio Quaglio. Die Szene

mit »Christi Auferstehung« des Passions-
zyklus' an den Wänden ist das in Komposition und Farbe stärkste Bild, von ausgeprägter Realitätsnähe ist die »Verspot-
tung«. Unterhalb der Szenen finden sich
täuschend echt gemalte Imitierungen von
Wandteppichen.

Die Via Mercatovecchio mündet in die
Piazza Marconi, an der auf Nr. 8 seit der 2.
Hälfte des 17. Jh.s der *Palazzo Bartolini*
steht (mit dem Familienwappen an der Fassade, seit 1866 Sitz der Stadtbibliothek).
Linkerhand führt uns die Via Bartolini weiter zur **Kirche San Cristoforo**. Der kleine,
1358 von der Bruderschaft des Hl. Christophorus gegründete Bau wurde 1498 erneuert und vergrößert. Die gotischen Fenster-
rahmungen wurden freigelegt. Er besitzt
ein schmuckvolles Renaissance-Portal von

Bernardino da Bissone, 1518. Darüber eine
Christophorus-Figur von Girolamo Pagliari, 1617.

Kurz nach der Kirche links, in der Via
Palladio, steht der **Palazzo Florio**, 1763,
ein großer Dreiflügelbau. Der Palazzo war
Ort der Vorverhandlungen zum Vertrag
von Campoformido zwischen Napoleon
und den Österreichern. An der Ecke Via
Prospero Antonini / Via Mazzini (Nr. 1)
hat sich ein kleines, liebevoll restauriertes
Haus aus dem 14. Jh. erhalten, das zu
den ältesten erhaltenen Privathäusern des
Friaul gehört und ehemals von einer Hand-
werkerfamilie bewohnt wurde.

In der Via Antonini steht linker Hand
der **Palazzo Antonini Cernazai** (17),
heute Hauptsitz der Universität von
Udine. Die strenge Fassade dieses Palastes

*Palazzo Antonini
von Palladio*

119

aus dem 17. Jh. erfährt eine gewisse Auflok-
kerung im ungewöhnlichen Rustikasockel.

Rechterhand, in der Via Gemona 3, steht
der **Palazzo Antonini** (18) von Andrea Palladio. Im Jahre 1556 wurde der damals
48jährige Palladio von Floriano Antonini
nach Udine gerufen. Als Auftrag erwartete
ihn das Projekt eines Stadtpalastes, dessen
Errichtung er - wohl aus Zeitgründen - nur
in der ersten Phase beiwohnte. Dies hatte
bedauerlicherweise zur Folge, daß man
sich bei der Ausführung so weit von den
ursprünglichen Plänen entfernte, daß
heute nur noch die Grundidee Palladios
nachvollziehbar ist: Dabei handelt es sich
an der Straßen- und Gartenseite jeweils um
eine zentrale, zweigeschossige Loggia, die
von schmaleren Wandabschnitten flankiert
wird, wie wir es schon von früheren Arbeiten Palladios her kennen, etwa der Villa
Pisani in Montagnana. Im Vergleich mit
dem Originalplan wird man feststellen,
daß vor allem durch das Fehlen des
abschließenden Dreiecksgiebels die Gesamtwirkung der Fassade zur Straße hin
anders geriet, als Palladio sie beabsichtigte.
Der im Plan repräsentativen, stolz aufge-
richteten Loggia (zur Straßenseite wie
üblich geschlossen) ist durch das Kappen
des Giebels ihre vertikale Betonung
genommen. Dadurch wirkt der Palazzo
heute schwer und breit gelagert statt ausgewogen wie in der Originalzeichnung. Die
entgegen Palladios Vorstellung rustizierten
Halbsäulen der Eingangsloggia oder auch
die im 17. Jh. angebrachten Fensterdetails
tun ein übriges, um der Fassade einen ehemals nicht beabsichtigten Zug ins Wuch-
tige zu verleihen.

An der rückwärtigen Front ist das
Thema der Loggia wieder aufgegriffen.
Hier verleihen freistehende Säulen der Fassade einen offenen und luftigen Charakter,
wie er einer Gartenfront angemessen ist.
Doch auch hier ist durch den Dachüber-
hang statt des geplanten Giebels viel von
der ursprünglichen Idee verlorengegangen.
Im Inneren des Palazzo gruppieren sich
um einen großzügigen zentralen Viersäu-
lensaal die einzelnen Räume, deren Höhe
und Größe variiert. Durch die nicht plan-
mäßigen Treppenläufe ist allerdings auch
im Inneren die Klarheit der Raumordnun-
gen verändert worden. Nicht ausgeführt
wurden die im Plan erkennbaren Nebenge-
bäude mit der Küche etc.

An der Via Gemona steht auf Nr. 15–17
das ehemalige Wohnhaus des Udineser
Malers und Bildhauers Giovanni da Udine
mit freskierter Fassade von 1535, von der
sich noch Reste erhalten haben.

In der rechts abzweigenden Via Giovanni da Udine (Nr. 20) befindet sich das
Collegio Nazionale femminile Uccellis,
ein seit dem 15. Jh. existierendes Mädchen-
pensionat, seit 1685 in den Räumen des
ehemaligen Klarissenklosters untergebracht (Portier in der Wohnung rechts vom
Eingangstor). Im früheren Refektorium
haben sich zwei Fresken aus dem 14. Jh.
erhalten.

Die angeschlossene Kirche **Santa Chiara,** deren Fassade auf die Via Gemona
zeigt, wurde im 17. Jh. errichtet. Im Inneren
Grabmäler für Ludovico Uccellis, der 1431
die Gründung des Pensionats testamentarisch verfügte, sowie für Uccellutto
Uccellis, der um 1300 den ersten Kirchenbau von Santa Chiara und das Konvent
erbauen ließ. Barockdekoration um ein
Marienbild (1690) von Giulio Quaglio und
seiner Werkstatt sowie Stuckaturen.

Palmanova und die Orte der Friulaner Ebene

☐ **Palmanova - Strassoldo - Gris - Castions di Strada - Mortegliano - Villa Manin in Passariano - San Martino - Varmo - Latisana**

Die Orte des Gebiets südlich von Udine sind hier zu einer Exkursion zusammengefaßt worden, die ausgehend von Palmanova nordwestlich bis Passariano und dann südlich nach Latisana führt. Sehenswert sind vor allem Palmanova und die großartige Villa Manin in Passariano, in der im Sommer meist Ausstellungen stattfinden. In Mortegliano erwartet den Reisenden der reichste spätgotische Schnitzaltar des Friaul. Liebhaber der Kunst Pordenones werden auch die Altartafel in der Pfarrkirche von Varmo sehen wollen.

Palmanova ist die berühmteste Festungsstadt der Renaissance. Erbaut wurde sie ab 1593 von der Republik Venedig. Sie sollte die östliche Grenze schützen: gegen die Habsburger (denen der östliche Teil des Friaul gehörte) und gegen die Türken, die in der Vergangenheit mehrmals über die Julischen Alpen ins Friaul eingefallen waren. Eine ähnliche Funktion als Bollwerk hatte eine Jahrhundert zuvor Gradisca eingenommen. Doch wurde Gradisca durch die Kriege zwischen Venedig und der Liga von Cambrai österreichisch. So planten die Venezianer seit 1585 den Bau einer neuen Festungsstadt. Zahlreiche Entwürfe wurden eingereicht. Zur Begutachtung der Pläne wurde eine Kommision bestimmt, der Marcantonio Barbaro, Prokurator von San Marco und Freund Palladios, vorstand. Den Zuschlag erhielten die Pläne von Giulio Savorgnan, der in der gesamten Republik - auch im östlichen Mittelmeer - die Befestigungsarbeiten leitete. Die Grundsteinlegung fand am 7. Oktober 1593 statt, dem 22. Jahrestag des Seesieges über die Vene-

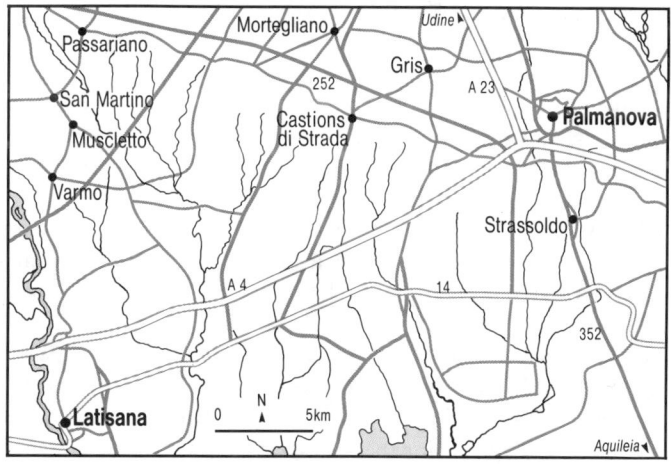

Die Friulaner Ebene bei Palmanova

121

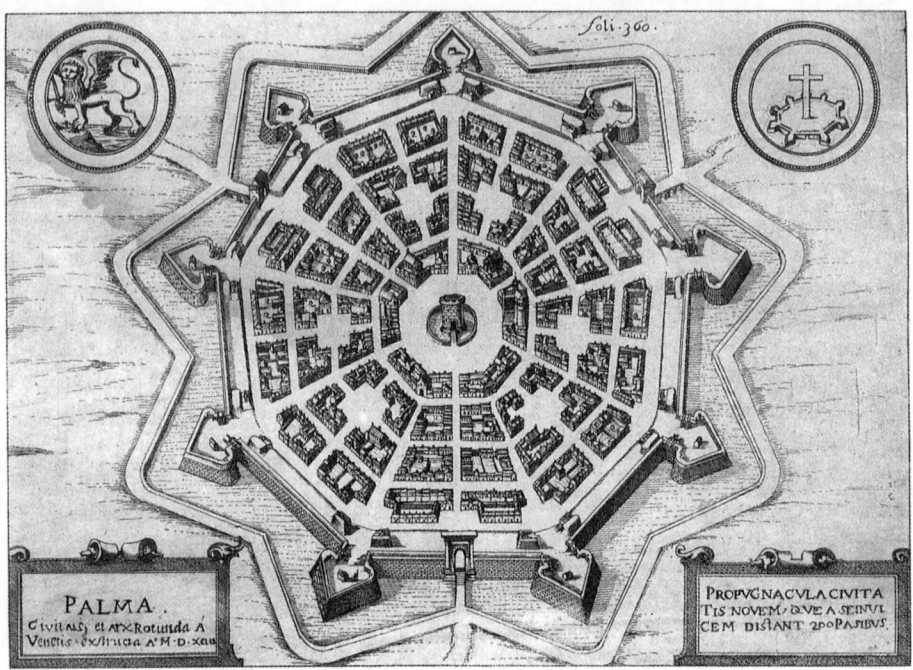

Plan von Palmanova. Kupferstich, 17,5 x 24,5 cm. Aus: Jesse de Hondt, »Nova et accurata Italiae Hodiernae descriptio ...«, Amsterdam 1626

zianer. Die Bauarbeiten schritten rasch voran, doch fanden sich nur wenige Bürger, die bereit waren, in der neuen Stadt zu wohnen. Um Siedler zu gewinnen, war die venezianische Regierung sogar darauf angewiesen, Verurteilten Straffreiheit zu gewähren und ihnen in Palmanova ein Baugrundstück zur Verfügung zu stellen. Auf 20 000 Bewohner war die Stadt projektiert. Doch wurde diese Zahl nur zu einem Viertel erreicht. Mit der Gründung von Palmanova bot sich zum ersten Mal die Möglichkeit, einen Idealplan zum Bau einer Stadt zu realisieren. Ideale Stadtpläne hatten Renaissance-Architekten wie Filarete seit ca. 1460 entworfen.

Die Besonderheit des Plans von Palmanova erschließt sich allerdings nicht durch eine Stadtbesichtigung. Man muß Ansichten, Pläne und Luftaufnahmen zur Hand nehmen, um eine Vorstellung von der durchrationalisierten, geometrisch perfekten Stadtanlage zu bekommen. Palmanova ist eine sogenannte Radialstadt, d. h. die Hauptstraßen gehen wie die Radien eines Kreises vom Zentrum, der Piazza Grande, aus. Sechseckig ist dieser Platz, und sechs Straßen nehmen auf dieser Piazza ihren Anfang. Drei davon führen zu den drei Stadttoren (Porta Aquileia, Porta Udine, Porta Cividale), die drei anderen Straßen führen zu drei Bastionen. Insgesamt gibt es neun Bastionen, und zwar an jeder Ecke

Porta Udine

der Umfassungsmauer. Dieser liegt nämlich ein Neuneck zugrunde (im Gegensatz zum Sechseck der zentralen Piazza). Die in die übrigen sechs Bastionen mündenden Straßen konnten daher nicht an der zentralen Piazza ihren Ausgangspunkt nehmen, sondern beim ersten Straßenring, der - wie die anderen Ringe und die Umfassungsmauer - neunekkig angelegt ist. Man sieht, der Plan ist komplizierter als es zunächst den Anschein hat . . . Die Zahlen, die ihm zugrunde liegen, sind drei und ein Mehrfaches von drei, nämlich sechs und neun. So gibt es auch drei innere Straßenringe. Am mittleren der drei Ringe liegen sechs weitere Plätze, einer für jedes der Stadtsechstel.

Die Festungsstadt Palmanova galt als uneinnehmbar, sie war allerdings jahrhundertelang nie einer Belagerung ausgesetzt. Während der französischen Herrschaft ließ Napoleon einen zusätzlichen, weit ins Land vorgerückten sternförmigen Mauerring hinzufügen. Er sollte der Stärke und Schußweite der neuen Kanonen standhalten. Bei der Besichtigung von Palmanova konzentriert man sich auf die Piazza Grande mit dem Dom und eines der Stadttore. Der 1615 begonnene *Dom* galt früher als ein Werk des Vincenzo Scamozzi. Heute setzt sich die Ansicht durch, die Pläne seien im venezianischen Amt für das Befestigungswesen erstellt worden. Die Bauarbeiten und die Altarausstattung zog sich bis in die zweite Hälfte des 17. Jh.s hin. Der Dom ist eine einfache Saalkirche nach dem Vorbild von Santi Cosma e Damiano in Venedig. Die Fassade ist durch zwei Säulenordnungen in zwei Geschosse und drei Travéen gegliedert. Wenig spannungsvoll (und mit der Meisterschaft Scamozzis kaum zu verbinden) sind die Proportionsverhältnisse. Gegenüber steht der *Palazzo dei Provveditori*, der Palast der venezianischen Statthalter, jetzt Rathaus (erbaut 1598). Der *Brunnen* (1602) mit dem Fahnenmast steht an der Stelle eines ursprünglichen Festungsbaues. Er nimmt das Sechseck der Piazza auf. Seine drei Nischen entsprechen den drei Hauptstraßen, die zu den Toren führen.

Bei den *Stadttoren* ist die Autorschaft von Vincenzo Scamozzi, dem Palladio-Nachfolger aus Vicenza, wahrscheinlich. Beim Einsatz der Rustika und der toscanischen Ordnung dürfte sich Scamozzi an Sanmichelis Stadttore in Verona erinnert haben. Die Porta di Udine besitzt noch die Zugvorrichtung für die Grabenbrücke. Am Ende des Borgo Aquileia steht links der *Palazzo d'Arsenale* von 1626, in dem Waffen und Munition aufbewahrt wurden. In der Nähe der Umfassungsmauer haben sich die ehemaligen Kasernen erhalten.

Das Örtchen **Strassoldo** lag einst am Knotenpunkt dreier großer römischer Straßenachsen, der Via Augusta, Via Postumia und Via Anna. Der ursprüngliche Name Straso

Der Dom von Palmanova

oder Strassau setzt sich zusammen aus dem deutschen *straß* und *hau*, was soviel bedeutet wie gerodete Stelle an einer Straße. Wir kennen nicht die Anfänge des Kastells. Möglicherweise war es ursprünglich ein langobardisches Verteidigungskastell gegen die Byzantiner, die die Küste und die Lagune besetzt hatten. Die beiden unregelmäßig angeordneten Häusergruppen *Castello di Sotto* und *Castello di Sopra* (an der Via dei Castelli, die von der Hauptstraße Via San Marco abzweigt) sind in ihrem heutigen Erscheinungsbild das Ergebnis von Umbauten 1749. Seit ihrer Entstehung im frühen 14. Jh. sind sie im Besitz der Strassoldo, einst freie Feudalherren fränkischen oder langobardischen Ursprungs. Im Laufe der Geschichte wurde auch ihr Kastell nicht von Bränden und Zerstörungen verschont, so 1381, als sich die Patriarchen für die Verbündung der Strassoldo mit Venedig rächten, oder 1509, als die Liga von Cambrai sich gegen Venedig vereint hatte. In einer großen Parkanlage, umgeben von Resten eines ehemaligen Mauerrings mit Toren und einem Graben, den der Taglio durchfließt, liegt zunächst das Castello di Sotto. Linkerhand führt ein Weg vorbei an einstigen Stallungen und Nebenbauten zum Castello di Sopra, dessen Anlage noch stärker dem ehemaligen Mauerverlauf folgt. Das Kirchlein *Santa Maria in Vineis* besitzt noch einige Fresken aus dem späten 14. Jh.

Westlich von Palmanova kann man eine kleinere Kirche besichtigen, die um 1534 vollständig mit Fresken ausgemalt wurde: *Sant'Andrea in Gris* (auf der SS. 252 und ca. 6 km rechts abzweigend, Ortschaft **Gris** oder Griis, zur Gemeinde Bicinicco gehörend). Die Malereien sind aus der Zeit der Hochrenaissance und des Manierismus, allerdings sehr volkstümlich und von bescheidenem künstlerischen Anspruch. Diese »Bilderbibel« stellt an den beiden Seitenwänden das Alte Testament (Schöpfungsgeschichte, Geschichten Noahs) dem Neuen Testament (Leben Jesu) gegenüber. Das »Jüngste Gericht« (mit Paradis und Hölle) findet sich wie üblich an der Eingangswand. Die Chorkapelle zeigt das Leben des Titelheiligen, des hl. Andreas, sowie Bildnisse der anderen Apostel, der Evangelisten und Kirchenväter. Die populären Heiligen wurden dargestellt, wo sich noch Platz fand, u. a. an der rechten Schiffswand. Als Malernamen werden Nachfolger Giorgiones und Pellegrinos genannt: Gaspare und Arsenio Negro.

In **Castions di Strada** befindet sich in der im 15./16. Jh. erbauten Kirche *Santa Maria della Grazie* im Mittelschiff das Hauptwerk des Venezianers Gaspare Negro, der 1534 entstandene letzte Freskenzyklus des Malers. Links sieht man Szenen aus dem Leben des hl. Blasius sowie die »Fußwaschung«, rechts Begebenheiten aus dem Neuen Testament (darunter der »Tod Mariens«) und Darstellungen aus dem Leben der hl. Magdalena.

Der größte und wohl auch künstlerisch bedeutendste Schnitzaltar des Friaul findet sich in einer neogotischen Kirche, einem 1864 begonnenen Zentralbau in **Mortegliano**, der wie seine Vorgängerkirche den Aposteln Petrus und Paulus geweiht ist. Nachdem der groß dimensionierte Kirchenraum 1955 endlich vollendet war, hatte die Gemeinde den Ehrgeiz, nicht nur den größten Zentralbau und schönsten Altar zu besitzen, sondern auch den höchsten Campanile weit und breit. Man ließ daher einen Stahlbetonbau errichten, der mit einer Höhe von 113 m nun wirklich alle anderen Kirchtürme des Friaul überragt, sich aber auch - betrachtet man etwa den Übergang vom Turm zur Spitze - durch sel-

Mortegliano, Schnitzaltar von Giovanni Martini, Detail »Beweinung Christi«

tene Häßlichkeit auszeichnet. Den Schnitzaltar vollendete Giovanni Martini 1525. Es ist der letzte in der Reihe seiner Altäre. Das Retabel ist nicht mehr – wie etwa in Prodolone – in einzelne Nischen unterteilt. Er wird vielmehr gegliedert in drei von Säulen getragene Geschosse, abgeschlossen von einem kräftigen Gesims und einer rechteckig gerahmten Lünette. Im Zentrum stehen vier Szenen aus dem Leben Mariens. Von unten aufsteigend: »Beweinung Christi«, »Tod Mariens« (im Beisein des Titelheiligen Petrus mit der Papstmitra und den anderen Aposteln), »Himmelfahrt« und »Aufnahme im Himmel«. Gerahmt werden diese Szenen von den mannifaltig variierten Säulen und Heiligenfiguren. Daß Martini sich keineswegs von gotischen Formvorstellungen gelöst hat, zeigen nicht nur die vorwiegend in Gold gefaßten Gewandfiguren mit ihrem reichen Faltenwurf, sondern auch die dekorative Art, in der die Figuren dem Rahmenwerk untergeordnet sind. Die Funktion von aufgerolltem Blattwerk, wie es bei gotischen Altären die Form auflockert, übernehmen hier die in kleinerem Maßstab wiedergegebenen vier Kirchenväter. An gotischen Fialen und Wimperge erinnern die Figuren auf den Schlußgesimsen: der sitzende Paulus (einer der beiden Titelheiligen der Petrus und Paulus geweihten Kirche) wie auch die Engel und die Ritterheiligen Georg und Martin. Ja, man gewinnt den Eindruck, daß selbst bei der Auswahl der Heiligen Georg und Martin mit ihren Pferden kompositionelle Gesichtspunkte entscheidend waren.

Die riesige *Villa Manin* in **Passariano** war Landsitz des letzten Dogen von Venedig, Ludovico Manin. In ihren Dimensionen ist sie nur vergleichbar mit der Villa Pisani in Strà (am Brenta-Kanal) und der Villa Contarini Simes in Piazzola sul Brenta (Padua). Erst nach der Gründung von Palmanova wurden im 17. Jh. weitere Gebiete der Friulaner Ebene entsumpft und von Kanälen durchzogen. Und hier besaß auch die aus der Toscana stammende, seit dem 13. Jh. im Friaul nachweisbare Familie Manin Ländereien.

Wie in Oberitalien üblich, war diese Villa Mittelpunkt eines landwirtschaftlichen Besitzes. Das Hauptgebäude - das Herrenhaus - wurde schon in der Mitte des 17. Jh.s begonnen, doch im frühen 18. Jh. umgebaut. Es ist ein durch kräftige Risalite gegliedertes dreigeschossiges Gebäude, dem in der Mitte ein weiteres Geschoß aufgesetzt wurde, um den großen Ballsaal aufnehmen zu können, der die drei oberen Geschosse des Mitteltraktes einnimmt. Dem Herrenhaus sind als vorspringende Flügel Wirtschaftsgebäude, sogenannte Barchessen, vorgesetzt, so daß sich ein Ehrenhof bildet. Den Barchessen sind rustizierte Pfeilerarkaden vorgebaut. Hinter der rechten Barchesse liegt die oktogonale Kapelle, die den Besitzern und ihren Gästen, aber auch der Landbevölkerung offenstand. An den Ehrenhof schließt sich nach den Fischteichen und den zurückgesetzten seitlichen Torbauten die große Exedra an: ein runder Hof, den man durchaus als Platz bezeichnen könnte. Gebildet wird er aus weiteren Barchessen, denen ebenfalls Loggien in Form von Pfeilerarkaden vorgebaut sind. Diese Barchessen dienten hauptsächlich als Pferdeställe.

Das Vorbild für diese Hof- oder Platzgestaltung liegt offensichtlich in Berninis Petersplatz mit seinen umfangenden Kolonnaden, findet sich jedoch auch in der Villenarchitektur (Villa Contarini Simes in Piazzola di Brenta, Villa Badoer Marcello in Badoere, Provinz Treviso) und geht letztlich auf Palladio zurück (Villa Badoer in Fratta Polesine). Der Hof war nie geschlossen, er diente der Landbevölkerung als Marktplatz. Hier wurden die

Kapelle der
Villa Manin

127

»Ernteerträge des gesamten Gebietes gesammelt, bevor sie über die zahlreichen Straßen und schiffbaren Kanäle nach Venedig und dann in die überseeischen Kolonien geschickt wurden« (Michelangelo Muraro). Zwischen den beiden ›Armen‹ der Stallungen betonen Türme die Hauptachse, die wie üblich auf die Mitte des Gebäudes zuläuft.

Nicht geklärt ist die Autorschaft der Villa. Für den Umbau des Herrenhauses scheint der Bauherr selbst, Ludovico Manin, Pläne entworfen zu haben. Unterstützt wurde er wahrscheinlich durch Baldassare Longhena und Giuseppe Sardi. Auf Sardis Neffen Domenico Rossi geht vermutlich die Planung der Gesamtanlage zurück. Rossi war jedenfalls ›Hausarchitekt‹ der Manin, der ihre Bauten in Venedig (Santa Maria dei Gesuati) und Udine leitete. An diesem Großprojekt war mindestens ein weiterer Baumeister beteiligt, denn inschriftlich wird 1738 der sonst nicht bekannt gewordene Giovanni Ziborghi genannt.

Die qualitätvollen Skulpturen auf der Attika, im Park, im Treppenhaus, in der Kapelle und der Sakristei stammen von Giuseppe Torretti, der uns bereits im Dom von Udine begegnete und dem auch hier die Mitarbeiter Francesco Bonazza und Pietro Baratta zur Verfügung standen. Torretti gilt zu Recht als bedeutendster venezianischer Bildhauer des 18. Jh.s. Der Hauptaltar der Kapelle wird jedoch in neuerer Forschung der Werkstatt der Marinali zugeschrieben. Die Fresken im Hauptgebäude stammen von dem französichen Maler Louis Dorigny, der ebenfalls in Udine wirkte und auch Palladios Villa ›La Rotanda‹ freskiert hat. Dorignys Malerei ist fester und akademischer als die des vier Jahrzehnte jüngeren Giovanni Battista Tiepolo. Für die farbige Stuckdekoration im Herrenhaus ist der Name Abbondio Stazio überliefert.

Napoleon bezeichnete die Villa Manin als zu groß für einen Grafen, jedoch zu klein für einen König. Sie war sein Hauptquartier nach dem Waffenstillstand mit Venedig. In der Nacht vom 17. auf den 18. Oktober 1797 unterzeichnete er hier den Friedensvertrag zwischen Frankreich und Österreich (nach dem benachbarten Ort »Friede von Campoformido« genannt), der das gesamte Friaul mit Istrien Österreich zusprach. Die Villa wurde im Ersten Weltkrieg schwer beschädigt, in den 60er Jahren restauriert, und dient jetzt der Region Friaul-Julisch Venetien als Restaurierungs-, Katalogisierungs- und Ausstellungszentrum.

Etwa 3 km südlich der Villa Manin, in **San Martino**, liegt die um 1600 erbaute *Villa Kechler*. Sie ist lange nicht so grandios wie die Villa Manin, doch sehr charakteristisch für eine zum Zwecke der Landwirtschaft erbaute Villa mit ausgedehnten Nebengebäuden in der Friulaner Ebene. Das Hauptgebäude präsentiert den Typus der venezianischen Villa mit zentraler Rundbogenfenstergruppe im Zentrum des *Piano nobile*, dahinter die große Sala. Die landwirtschaftliche Nutzung steht auch bei der *Villa Colloredo-Mels* im Vordergrund (in **Muscletto**, ca. 3 km weiter süd-östlich). Hier wird das Hauptgebäude (16. Jh.) von zwei quadratischen Türmen flankiert. Zu einem späteren Zeitpunkt, wohl im 17. Jh., wurden die Barchessen hinzugebaut.

◁ *Villa Manin in Passariano*

Die Pfarrkirche von **Varmo** besitzt ein Altarbild von Pordenone: »Madonna mit Kind, den Heiligen Laurentius, Jakobus, Michael und Antonius Abbas«, 1526, entstanden nach genauen Vorgaben der Auftraggeber, der Bürger von Varmo, die nicht nur die Heiligen wählten sondern auch ihre Gestaltung festlegten. Sie wünschten ein Triptychon – eine für die 20er Jahre des 16. Jh.s recht konservative Altarform (man denke an Giovanni Bellinis Triptychon in der Frarikirche von 1488, das Vorbild für diesen Altar in mehrfacher Hinsicht), dessen Form eine ›Zwiesprache‹ zwischen den Heiligen erschwert. Eine helle Lichtquelle von rechts hebt die stark farbig gehaltenen Figuren, die in enge Räume gezwängt wurden, hervor. Die Madonna, deren Knie stark hervortreten, ist durch starkes Volumen gekennzeichnet. Ihrer Ausdruckswucht antwortet rechts der in annähernd denselben Farben gehaltene, lässig den Drachen tötende Erzengel Michael. Die Körpermasse des bewegungslosen Laurentius links dagegen erhält durch das in starker Verkürzung aus dem Bild ›herausragende‹ Buch einen willkommenen Akzent. Das Rahmenwerk wurde von Pordenone entworfen.

Von hier sind es nur wenige Kilometer bis **Latisana,** in dessen Pfarrkirche *San Giovanni Battista* ein gutes Werk des venezianischen Malers Paolo Veronese hängt, das 1567 vollendete Tafelbild der Taufe Christi.

Villa Kechler in
San Martino

131

San Daniele und die Burgen des zentralen Hügellandes

☐ Moruzzo – Fagagna – Villalta – Arcano – San Daniele del Friuli – Muris – Susans – Colloredo di Monte Albano – Casacco

Der Ausflug führt von Udine aus in das sanft gewellte Hügelland im Herzen des Friaul. Es ist eine Endmoränenlandschaft, die von Geologen als »moränisches Amphitheater« bezeichnet wird. Tatsächlich sind die Endmoränen in drei mehr oder weniger halbkreisförmigen, konzentrisch angeordneten Ringen gebildet, die den Rängen eines Theaters gleichen. Zwei weitere, seitliche Moränen laufen dann im spitzen Winkel aufeinander zu, ohne sich zu berühren, so daß der Tagliamento bei Venzone Durchlaß findet. Faszinierend kann eine Auto- oder Fahrradtour in diesem Hügelland an klaren Tagen werden, wenn die Karnischen und Julischen Alpen die Hintergrundkulisse bilden und von den Aussichtspunkten der Rundblick von der Alpenkette bis zu den Lagunen der adriatischen Küste reicht. Für diese Fahrt, die man mit dem Auto bequem an einem Tag unternehmen kann, verläßt man Udine in nordwestlicher Richtung und zweigt bei Pagnacco links in eine ruhige und landschaftlich schöne Straße nach Moruzzo ab.

Bereits in **Moruzzo** bietet sich von der erhöht gelegenen Kirche ein eindrucksvoller Rundblick. Das noch von einer doppelten Burgmauer umgebene Kastell mit einem streng gegliederten dreigeschossigen Hauptgebäude wurde 1161 zum ersten Male erwähnt, mußte jedoch nach Plünderung und Brandschatzung durch die Türken 1477 erneuert wer-

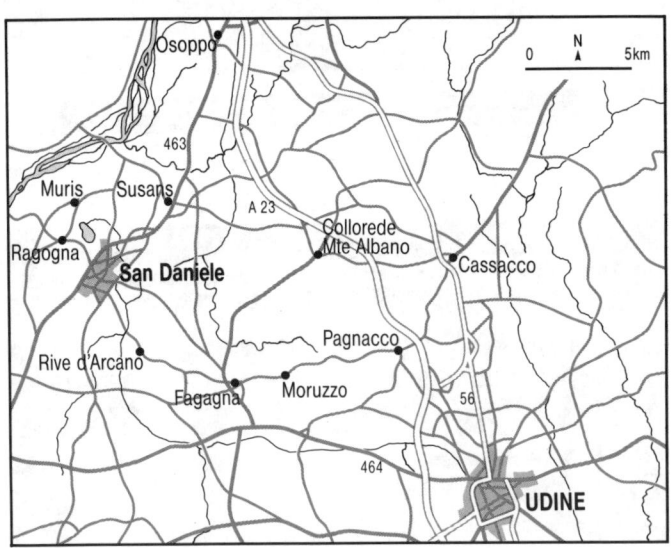

Das zentrale Hügelland bei San Daniele

den. Wie fast alle Kastelle dieser Gegend wurde auch Moruzzo 1511 bei den Auseinandersetzungen zwischen den venedigtreuen Zambarlani und den kaisertreuen Strumieri erneut geplündert und teilweise zerstört. Auf der Piazza von Moruzzo, zwischen Kirche und Borgo, steht eine mehr als 700 Jahre alte Linde, unter der sich im Mittelalter die Dorfältesten zu Versammlungen trafen. Tatsächlich erwähnt ein Dokument vom 20. November 1301 eine solche Versammlung *(vicinia)* unter der Linde *(sub tileo in cortina Murucii)*.

Zu den besterhaltenen Burgen des Friaul zählt das **Castello Villalta**, das außer dem Wohn- und Wirtschaftsgebäude auch seine runden Verteidigungstürme, den Bergfried und seine Kapelle erhalten konnte. Noch heute gelangt man in den ersten Burghof mit den Wirtschaftsgebäuden über eine Zugbrücke und durch einen Torturm. Zinnenbewehrte Mauern sondern einen zweiten Hof ab. Der Wohnpalast konnte im wesentlichen seine Gestalt des 16. Jh.s bewahren. Die im 12. Jh. erstmals erwähnte Burg kam in Besitz der Familie Della Torre, die drei Patriarchen gestellt hatte. Heute steht die Burg für Empfänge, Bankette, Seminare und Kongresse zur Verfügung, während die Wirtschaftsgebäude in ein Hotel umgebaut werden (für Gruppen Besichtigungsmöglichkeit der Innenräume nach Voranmeldung, Tel. 04 32-80 01 71).

Das Kastell von **Fagagna** ist eine nicht zugängliche Ruine. Die Kirche *San Michele in Castello* wurde bereits 1386 erwähnt, allerdings im 16. Jh. umgebaut. Unterhalb des Kastells liegt die *Casa della Comunità*, ein Renaissancebau mit offener Loggia im Erdgeschoß.

Das **Castello d'Arcano** (bei Rive d'Arcano) ist eine imposante, trotz der Erdbebenschäden gut erhaltene und von einer zinnenbewehrten Mauer umgebene Anlage, die auf das 12. Jh. zurückgeht, mit Wehrtürmen und Kirche. Dreigeschossig ragt das hohe Hauptgebäude hervor.

☐ San Daniele del Friuli

Das Städtchen ist in aller Welt durch seinen Schinken bekannt, den luftgetrockneten milden *Prosciutto di San Daniele*. Das alte (durch das Beben 1976 stark zerstörte und wiederaufgebaute) Städtchen kann auf eine lange Handelstradition zurückblicken. Seine geographische Lage im Zentrum der Moränenhügel erwies sich als besonders günstig durch die Nähe zu den Ufern des Tagliamento, aber auch durch die Lage an einer wichtigen Verbindungsstraße zwischen der Adria und dem Norden. Die Namen seiner zahlreichen kleinen Plätze zeugen von den verschiedenen Märkten, die einst in San Daniele abgehalten wurden, nachdem der Ort 1139 durch den Patriarchen zum Markt ernannt worden war und damit für Jahrhunderte ein bedeutender Umschlagplatz wurde (der drittwichtigste nach Cividale und Aquileia).

Die Ursprünge des Ortes reichen freilich noch weiter zurück. Auf dem seit vorchristlichen Zeiten besiedelten *Colle Massimo*, dem ›höchsten Hügel‹, errichteten die Römer wohl im 5. Jh. eine befestigte Anlage, die die Langobarden dann erweiterten. 1420 fiel San Daniele mit dem übrigen Friaul an Venedig, gelangte aber 1445 zusammen mit Aquileia und San Vito al Tagliamento zurück in den Besitz der Patriarchen, die es bis zum Tode des letzten Patriarchen Daniele Delfino 1762 behalten konnten. Venedig, das von da an die Herrschaft übernahm, beließ der Stadt weiterhin ihre seit dem 12. Jh. ausgeübten Rechte als freie Kommune, ebenso auch das Privileg, Vertreter in das Parlament der *Patria del Friuli* zu senden.

Das aufgeschlossene und traditionsgemäß kulturell interessierte Städtchen engagierte sich vor allem während der Renaissance für die humanistischen und progressiven Bewegungen der Zeit. Damals lebte hier der Maler Martino da Udine, der sich nach seinem Geburtsort Pellegrino da San Daniele nannte (s. Kasten S. 142).

☐ Rundgang

An der Piazza Vittorio Emanuele steht über einer breiten Treppe erhöht der Dom **San Michele Arcangelo** (1), dessen heutige Gestalt zwischen 1700 und 1806 entstand. Nur nach und nach konnte man in San Daniele vor allem durch den drückenden Abgabenzwang der venezianischen Herrschaft das Geld für den aufwendigen Neubau aufbringen, mit dem die kleinere gotische Pfarrkirche des 14. Jh.s ersetzt wurde. Der venezianische Architekt Domenico Rossi entwarf die Fassade, die 1703 begonnen wurde. Nach Vorbildern Palladios in Venedig (San Giorgio Maggiore, Il Redentore) tragen vier hoch aufgesockelte Kolossalsäulen Gebälk und Giebel und bilden ein Motiv, das an griechische Tempelfronten erinnert. Der Entstehungszeit ent-

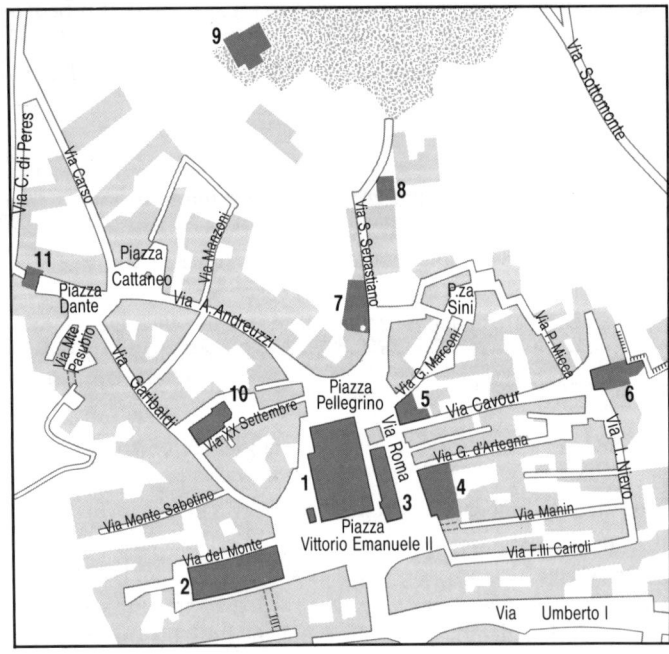

Stadtplan von
San Daniele

1 Dom San Michele
  Arcangelo
2 Palazzo del Monte
  di Pietà
3 Municipio/Civica
  Biblioteca
  Guarneriana
4 Palazzo Astemio
5 Bürgerhaus des
  14. Jh.s
6 Santa Maria della
  Fratta
7 Casa Portunerio
8 Palazzo Masetti
  De' Concina
9 San Daniele in
  Castello
10 Sant'Antonio
  Abate
11 Porta Gemona

*Dom und Palazzo
del Municipio*

sprechend ›barock‹ sind an Rossis Fassade
nur Einzelformen wie die bewegten dekorativen Figurengruppen und der gesprengte Giebel über dem Hauptportal.
Für die Proportionen störend erweisen
sich die beiden seitlich ergänzten Wandab-
schnitte aus dem 19. Jh. Der lichte Innenraum ist nach dem Schema venezianischer
Kreuzkuppelkirchen (mit zwei Kuppeln)
konstruiert. Die Pläne lieferten Carlo Corbellini und Luca Andrioli.

Ausstattung:
In der linken Seitenkapelle steht ein Taufbecken mit Putten und der Figur Johannes
des Täufers, von Carlo da Carona, 1510. Im
Stil ähnelt das Becken den fein gemeißelten
Werken des bekannteren Renaissance-
Steinmetzen Pilacorte.
    Am links folgenden ersten Altar hängt
eine Kopie des 19. Jh.s von Pordenones
berühmter »Heiliger Dreifaltigkeit«, 1534.

Das Original ist im Museo del Territorio.
    Weiter links finden sich zwischen
Beichtstühlen aus dem späten 18. Jh. drei
Ölskizzen Tiepolos mit »Mariae Himmelfahrt«, »Almosenspende des hl. Johannes«
und »Enthauptung Johannes des Täufers«,
1730–35. Die Entwürfe waren für Decken-
gemälde in Santa Maria della Fratta in San
Daniele bestimmt, wurden jedoch 1746
von Giuseppe Buzzi in San Giovanni Batti-
sta in Spilimbergo ausgeführt. Der Hochal-
tar ist von Francesco Fosconi, 1725, die
Figuren stammen von Francesco Andrioli.
Das Chorgestühl mit Intarsien ist von den
Gebrüdern Rizzani da Cividale, 1741.
    An den Wänden sechs Bilder (einst
Orgelflügel). Die beiden mittleren mit der
»Vermählung Mariae« und »Beschneidung
Christi« von Pomponio Amalteo, 1569.
Die übrigen Tafeln mit alttestamentari-
schen Themen sind von Girolamo Lugaro

135

(1625). Ein weiterer spätbarocker Altar ist ebenfalls von Francesco Fosconi, 1739.

Zu Ostern und Pfingsten zeigt man in der Kirche ein großes silbernes Prozessionskreuz aus dem 14. Jh., das Patriarch Bertrand de Saint Geniès (1334–1350) dem Dom geschenkt hat und das gewöhnlich in der Schatzkammer des Domes aufbewahrt wird.

Links vom Dom steht der **Palazzo del Monte di Pietà** (2) von Matteo Lucchesi. Über einem Rustikageschoß ist die Mitte betont durch ein repräsentatives, doppeltes Rundbogenfenster (eine Konzession an den venezianischen Palasttypus).

Rechts schließt sich direkt an den Dom – also in städtebaulich besonders ausgezeichneter Lage – der **Palazzo del Municipio** (3), das ehemalige Rathaus mit Loggia, an. Die deutlich als Schaufront gestaltete schmale Fassade zur Piazza hin entstand 1740–41. Der kleine eiserne Ring diente dazu, säumig gebliebene Schuldner anzubinden und über mehrere Tage hinweg dem Volk als Mahnung zur Schau zu stellen – eine der Funktionen der Loggia war die Rechtsprechung.

Heute beherbergt der Palazzo del Municipio das Archivio Comunale (mit vielerlei Urkunden und Schriften zur Stadtgeschichte) sowie die bedeutende *Civica Biblioteca Guarneriana*, die älteste öffentliche Bibliothek des Friaul, der eine moderne Sammlung angeschlossen ist. Die Guarneriana hat ihren Namen nach dem Humanisten Guarnerio D'Artegna (gest. 1466), dessen Schriftensammlung von etwa 160 Werken den Grundstock der Bibliothek bildete. 1724 wurde der Bestand noch einmal vergrößert durch die Schenkung des Erzbischofs Giusto Fontanini.

Nach diesem benannte man auch den berühmten, 1739 mit Holzregalen ausgestatten historischen Saal des Palastes ›Fontaniniana‹. Berühmt ist die Guarneriana vor allem wegen der hier aufbewahrten byzantinischen Codices (u. a. eine Bibel aus Jerusalem aus dem 12. Jh.), einer Teilausgabe von Dantes »Göttlicher Kommödie« aus dem späten 14. Jh. (enthalten das »Inferno« und die ersten drei Teile des »Purgatorio«), den illustrierten Ausgaben des »Canzoniere« und der »Trionfi« des Petrarca aus dem 16. Jh. oder dem »Missale Romanum« des 15. Jh.s.

Die Längsseite des Palazzo del Municipio zeigt auf die *Via Roma*. Die breite Straße wurde einstmals Piazza della Cisterna genannt, da unter venezianischer Herrschaft unterirdisch in einer riesigen Zisterne Wasservorräte für Zeiten der Belagerungen und Dürren gespeichert wurden. Nach einem modernen Umbau befindet sich hier auch heute noch das Wasserreservoir der Stadt.

An der Via Roma 6 steht der **Palazzo Astemio-Albergo Italia** (4), der im frühen 16. Jh. verändert wurde und einen Laubengang erhielt. Die Kommune erwarb den Palast im späten 16. Jh., um ihn dem Patriarchen bei seinen Aufenthalten in San Daniele zur Verfügung zu stellen. Das Haus wurde 1781 Locanda (»Alle Due Spade Dello Scudo di Francia«). Kaiser Jopseh II. nannte es das beste Hotel zwischen Padua und Klagenfurt.

Das Haus Via Roma 18 ist ein seltenes Beispiel für ein *typisches Bürgerhaus* (5) des 14. Jh.s. Nach den Erdbebenschäden von 1976 wurde es originalgetreu restauriert.

Zur Kirche Santa Maria della Fratta führt die rechts abzweigende **Via Cavour**.

*Portal von Santa
Maria della Fratta*

Entlang dieser Straße verlief einst die Befe-
stigungsmauer der Langobarden. Ihre Verlängerung lief quer durch das heutige Zentrum mit dem Dom bis in die Via Monte
Sabotino. Erst nördlich dieser Mauer
begann das langobardische Kastell. Die
Hausnummer 6/8 der Via Cavour bezeichnen die ehemaligen *Domenicali,* Häuser

der Adelsfamilie Pittani, die sich sonntags
hier zur Ruhe zurückzogen.

Blickpunkt am Ende der schmalen Via
Cavour bildet die schlichte Fassade der Kirche **Santa Maria della Fratta** (6), begonnen 1350, erst 1469 wurde die Fassade
beendet. Der Name der Kirche läßt sich auf
den Standort in der Nähe des steil abfallen-

den Hangs zurückführen (*fratta* = steil abfallender, unzugänglicher Ort). Gebaut wurde die 1469 vollendete Fassade in gotischer Formensprache und von derselben Werkstatt, die auch für Sant'Antonio Abate, ferner in Muggia und Maniago tätig war. Allein die fein skulptierten Arabesken-Reliefs an der Portallaibung verweisen auf die Renaissance. Im Tympanon Relief »Thronende Madonna mit Kind und zwei Engeln« von dem Comasker Meister Giorgio da Carona, 1476. Im Inneren links ein Fresko aus dem 15. Jh. mit einer Falkenjagd. Der polygonale Grundriß der Apsis erklärt sich aus der Tatsache, daß ein achteckiger Turm der alten Stadtmauer in den Kirchenbau miteinbezogen wurde.

Zurück zur Via Roma erreicht man die *Piazza del Pellegrino,* den zweiten großen Platz in San Daniele. Seinen früheren Namen, Piazza della legna (Platz des Holzes), hatte er durch seine Funktion als Umschlagplatz für Holz aus Karnien erhalten, das bis Ende des 19. Jh.s über die Flußstraße des Tagliamento aus den Bergen Richtung Meer befördert wurde.

Von der Piazza aus führt die Via San Sebastiano hinauf zum Civico Museo del Territorio und dem ehemaligen Kastell.

An der Piazza del Pellegrino Nr. 11–13, Ecke Via San Sebastiano steht die **Casa Portunerio** (7) aus dem 15. Jh., die lange als das schönste Haus der Stadt gerühmt wurde. Ein besonders stattlicher Adelspalast des 18. Jh.s ist der **Palazzo Masetti-De'Concina** (8) an der Via San Sebastiano 2–6. Ein Teilbereich des Palastes wurde 1981 von den Hauseigentümern dem **Civico Museo del Territorio** zur Verfügung gestellt (zur Zeit nicht zugänglich. Information im Rathaus).

Das Museum befindet sich im oberen Stockwerk. In sieben großen Sälen werden Kunstgegenstände und Fresken aus San Danieles Kirchen und der weiteren Umgebung gezeigt, die zum Teil nach dem Erdbeben nicht mehr untergebracht werden konnten. Hier hängt auch das Leinwandbild von Pordenone mit der »Trinität«, 1535, dessen Kopie sich im Dom befindet. Zu den sehenswerten Stücken gehört ein Schnitzaltar aus der Mitte des 15. Jh.s, der ursprünglich für den Dom bestimmt war. Es ist ein mehrfiguriger, reich dekorierter Altar, der im Aufbau an die Polyptychen der Vivarini oder an das vielfigurige Steinretabel in der venezianischen Frarikirche erinnert. Es gilt als ein Werk der Venezianer Paolo di Amedeo und Michele Bono, könnte jedoch auch von einem Friulaner Meister stammen, der Domenico da Tolmezzo beeinflußte. Jedenfalls ist dieses Retabel in seinem Aufbau Prototyp der Schnitzaltäre im Friaul (die erst seit den 80er Jahren des 15. Jh.s und vor allem in der ersten Hälfte des 16. Jh.s zahlreicher werden). Die Gruppe der »Beweinung Christi« gehört zu einem Altarwerk, das laut Inschrift 1488 von Leonhard Thanner (einem im Friaul tätigen Schnitzer aus dem bayerischen Landshut) geschaffen wurde. Bei dieser Beweinung wird das Vesperbild um die knienden und stehenden Heilgen erweitert. In der zu dieser Gruppe gehörenden Predella waren die fünf gemalten Halbfiguren der Heiligen Helena, Michael, Daniel, Ludwig und Antonius Abbas. Zu sehen sind ferner eine »Madonna mit Kind« von Francesco da Milano (bekannt 1502–42) sowie archäologische Fundstücke und Kunsthandwerk.

Man folgt der Via San Sebastiano. Im Bereich des großen Privatparks stand in römischer Zeit ein Castrum, von dem aus die Straßen nach Norden und Süden kontrolliert werden konnten, später dann war hier das Kastell der Patriarchen von Aquileia, von dem noch ein Turm erhalten blieb. Die auf der höchsten Erhebung des Colle Massimo stehende Kirche **San Daniele in Castello** (9) war bis in das 15. Jh. Pfarrkirche der Stadt und gab dem Ort auch den Namen. Gegründet wurde sie nach der Legende im frühen 10. Jh. vom Langobardenherzog Rodoald als Zeichen der Sühne für die Ermordung des Patriarchen Leo. Der heutige Bau entstand 1750, doch wurden einzelne frühere Teile in das neue Bauwerk miteingegliedert, so an der Außenseite des Chores ein Relief mit der »Anbetung der Magier«, etwa 12. Jh., ebenso auch das Seitenportal (das vom früheren Dombau hierher versetzt wurde). Es ist ein Werk von Carlo da Carona, 1510. An denselben, aus der Gegend von Bergamo stammenden Renaissance-Bildhauer wurde 1512 für die Vorgängerbau von San Daniele auch das Steinretabel des linken Altars in Auftrag gegeben. Nur das Triptychon mit der Muttergottes, Sebastian und Rochus sowie der Pietà-Gruppe sind original. Die äußere Rahmung ist barock, das Christuskind eine moderne Ergänzung. Bei Grabungen, die im Inneren der Kirche nach dem Erdbeben von 1976 begonnen wurden, konnten Fundstücke aus keltischer Zeit, die auf einen sakralen Ort schließen lassen, Reste eines römischen Hauses, einer karolingischen Chorschranke und die Fundamente von drei Apsiden einer romanischen Kirche freigelegt werden, die weiterhin sichtbar sind.

Der Campanile der Kirche, ehemals Teil der Stadtmauer und heute Wahrzeichen der Stadt, erhielt 1486 seine heutige Gestalt.

Zurück auf der Piazza del Pellegrino erreicht man nach wenigen Schritten über die Via XX Settembre die Kirche **Sant'Antonio Abate** (10). Nach dem Erdbeben von 1348 entschied sich die für die Kirche zuständige Bruderschaft, eine ältere, 1308 geweihte Kirche zu erneuern und zu erweitern, während der Patriarch den Abriß vorschlug. 1441 waren Chor und Sakristei vollendet. 1470 war auch die Fassade beendet. Der unbekannte Baumeister entwarf (evtl. zusammen mit zwei weiteren) eine eher unmoderne Front mit noch gotischen Spitzbögen. Der Reiz dieser Hausteinfassade ist allerdings nicht zu leugnen. Die Proportionen sind harmonisch, der Kontrast zwischen massiver, glatter Wand und fein verzierten Öffnungen ist wirkungsvoll und doch behutsam konzipiert. Bewußt gesetzten Höhepunkt bildet die formschöne Fensterrose mit Maria und dem Kind im Zentrum.

Die Besonderheit der Kirche, die nicht mehr liturgischen Zwecken dient, findet sich jedoch im Inneren. Durch das Portal (mit der Figur Johannes' der Täufers zwischen den Heiligen Antonius Abbas und Antonius von Padua im Tympanon, 1470) gelangt man in einen Saalraum. Neben einzelnen unbedeutenderen Arbeiten (noch aus der zweiten Hälfte des 14. Jh.s bzw. vom frühen 15. Jh.) sehen wir hier ein Hauptwerk des Pellegrino da San Daniele der eigentlich Martino da Udine hieß (s. Kasten S. 142). Mit Hilfe seiner Werkstatt schuf dieser Maler zwischen 1497 und 1522 in zwei Phasen einen großen Fresken-

*Inneres von Sant'
Antonio Abate*

zyklus. Wir stehen hier vor einem Zyklus,
der eine geradezu ideale Möglichkeit bietet, die künstlerische Entwicklung dieses
Malers nachzuvollziehen. Die ältesten
Malereien (1498) sind in den Gewölbekappen der Apsis: Christus, Evangelisten, Propheten und Engel sowie der obere Teil mit
den drei Gekreuzigten der großen Kreuzigungsszene.

Pellegrino zeigt sich hier als Schüler des
Bildhauers und Malers Domenico da Tolmezzo, den wir vor allem von Schnitzaltären in Karnien kennen (Forni di Sopra,

Ovaro) kennen, dessen harte Linienführung und wenig nuanciertes Kolorit er
übernimmt.

In der nächsten Arbeitsperiode entstanden zwischen 1513 und 1522 alle übrigen
Fresken: Der untere Teil der großen Kreuzigungsszene, die vier Kirchenväter im
Kreuzgewölbe der Chorkapelle, die Grisaillemalereien am Sockel mit Szenen aus
dem Leben Jesu, die Szenen an den Seitenwänden der Chorkapelle: In den Lünetten
Begebenheiten aus dem Leben des hl.
Antonius Abbas, des Titelheiligen der Kir-

»Anbetung der Könige« von
Pellegrino da San Daniele

che (»Versuchung und Tod des Heiligen«), darunter »Fußwaschung Petri«. Rechts, in den Lünetten: »Hl. Antonius von Padua erweckt ein Kind vom Tode, damit es die Unschuld seiner Mutter bezeuge«, darunter »Christus in der Vorhölle«, um die dort Wartenden (beginnend mit Adam und Eva) zu befreien. Wohl anschließend an die Chorkapelle wurde die Triumphbogenwand bemalt. Oben links: »Anbetung der Hirten«, darunter Heilige und Engel neben einer gemalten Nische. Rechts oben: »Die Anbetung der Könige«, darunter die Heili-

gen Sebastian, Hiob und Rochus, darunter die Heiligen Jakobus und Leonhard neben einer fingierten Nische (Farbabb. 14). Wahrscheinlich folgten sodann die Fresken an den Wänden des Laienraumes. Linke Wand oben »Hl. Sebastian und Erzengel Michael«, darunter »Der auf seinem Abtstuhl sitzende Antonius segnet seine Bruderschaft«. Rechte Wand »Hl. Florian«, darunter »Der Tod des hl. Sebastian«. Diese späteren Arbeiten sind von sehr unterschiedlicher Qualität, da sie teilweise von Mitarbeitern ausgeführt wurden. Hier

Pellegrino da San Daniele

Martino da Udine war der offizielle Name des Malers, der wohl 1467 in Udine geboren wurde. Von Kindheit an dürfte er durch seinen slawischen Vater, einen Maler und Holz-schnitzer, mit der Kunst vertraut gewesen sein. Nach dessen Tod 1484 folgt eine kurze Lehrzeit bei dem eher drittklassigen Maler Antonio da Firenze. Von 1488–1491 nennen die Quellen Martino dann als Schüler des wesentlich bedeutenderen Domenico da Tolmezzo, dem wichtigsten Vertreter der friulanischen Bildhauerei des 15. Jh.s, der nebenher auch als Maler wirkte.

Schon 1491 hören wir vom ersten selbständigen Werk Martinos in Santa Maria von Villanova, deren Fresken heute leider verloren sind. Das früheste erhaltene Werk ist eine Tafel in Osoppo, die der Maler 1494 schuf und auf der schon so grundlegende Züge seiner Malerei wie das Interesse für Architekturdarstellungen oder die Vorliebe für dekoratives Beiwerk deutlich werden. Auffallend ist aber auch ein ausgeprägter Eklektizismus, der sich im gesamten Lebenswerk des Malers zeigt. Martinos stilisti-scher Werdegang, der vom schlichten Provinzialismus in den Frühwerken bis hin zur Aneignung der jüngsten Stiltendenzen der venezianischen Renaissance des frühen 16. Jh.s reicht, ist durchwegs gekennzeichnet durch dieses Auswahlprinzip. So sind in seinem Werk die Einflüsse Bellinis und der lombardischen Steinmetzkunst, der Maler Ferraras und Giorgiones, Raffaels und Pordenones spürbar.

Mit Martino da Udine beginnt im Friaul die Malerei der Renaissance; er ist nach dem etwas jüngeren Pordenone deren wichtigster Vertreter. Seine Tätigkeit be-schränkte sich vorwiegend auf friulanisches Gebiet, sieht man von einigen Aufent-halten in Venedig und einr längeren Schaffenszeit in Ferrara sowie einer Arbeit in Assisi ab. Aus diesem Grund behauptet die Forschung heute nicht mehr, Martino hätte seinen Beinamen Pellegrino (*pellegrino* bedeutet Pilger, Fremder, aber auch wie *pere-grino* fremdartig, eigenartig), der seit 1491 in den Urkunden erscheint, aufgrund über-aus zahlreicher Reisen erhalten. Vasari will wissen, daß Bellini den Beinamen im Sinne von ›eigenartig, hervorragend‹ als Qualitätsmerkmal eingeführt habe. Am wahr-scheinlichsten ist jedoch wohl die Äußerung Morellis, daß Pellegrino aufgrund seines slawischen Ursprungs ›der Fremde‹ genannt wurde. Pellegrino da Udine nahm späte-stens seit seiner Heirat mit Elena Portinerio aus San Daniele 1497 den bis heute bekannten Namen Pellegrino da San Daniele an, wo er bis zuletzt in der Via Umberto I seinen Wohnsitz hatte. In San Daniele entstand auch das Hauptwerk des Malers, der Freskenzyklus von Sant'Antonio Abate.

hat sich Pellegrino von der spröden Darstellung seiner Figuren in der Apsiskalotte
gelöst und malt nun unter dem Einfluß von
Giorgione und Tizian stärker bewegte und
fließendere Gestalten. Herausragend in
ihrer weichen Ausarbeitung sind die drei
Heiligen rechts an der Triumphbogenwand, die auffallend an Arbeiten Pordenones erinnern. Ein weiteres Fresko Pellegrinos zeigt den hl. Antonius bei der
Predigt in Nußbaum (rechte Seitenwand).
Der Kirche gegenüber in der Via Garibaldi 23 befindet sich heute das Rathaus.
Von 1378 bis 1869 gab es hier ein weit über
die Stadt hinaus bekanntes Hospital, das
Ospedale San Daniele. Hier wurden außer
Armen und Kranken der Stadt auch Kaufleute und Pilger betreut, die über San
Daniele nach Rom und ins Heilige Land
reisten. Viele der hier Aufgenommen
machten dem Hospital Stiftungen, so daß

nach bescheidenen Anfängen im Laufe der
Jahrhunderte die Bedeutung der Institution wuchs.

Die unregelmäßige Piazza Dante geht in
die Piazza Cattaneo über, das ehemalige
Zentrum des Judenviertels der Stadt. An
der Piazza Dante sieht man die Rückseite
der **Porta Gemona** (11), deren Außenseite in toscanisch-dorischer Ordnung auf
Wunsch des Patriarchen 1579 von Andrea
Palladio entworfen wurde. Palladio sandte
dazu allerdings nur seinen Entwurf für den
Arco Bollani in Udine ein, den er nur in
winzigen Details überarbeitete und mit
anderen Maßen versah. Hinter diesem Torturm, den man in Cividale ›Portonat‹
nennt, öffnet sich die Via Mazzini (der frühere Borgo Gemona). Auf Hausnummer
5–7 steht die **Casa Sini** aus dem 16. Jh., ein
Beispiel für die zahlreichen Herrenhäuser
des 16. Jh.s an dieser Straße.

In großartiger Lage über dem Tagliamento liegen die Ruinen des Kastells von **Ragogna**.
Sehr schön gelegen, aber nicht unbedingt sehenswert ist die kleine Kirche *San Giovanni*
bei **Muris** auf dem Monte di Ragogna, der sich isoliert im Tagliamento-Tal erhebt und entsprechend interessante Ausblicke gewährt. Die Kirche wurde im Ersten Weltkrieg zerstört, doch wieder aufgerichtet und dient der Alpendivision ›Julia‹ als Gedenkstätte.
Schon von weitem sichtbar, erhöht auf einem Hügel, steht die *Villa Colloredo* von **Susans**.
In ihrer klaren Formgebung und mit ihren vier quadratischen Ecktürmen erinnert sie an
toscanische Villen bzw. Kastelle. Dies mag sich dadurch erklären, daß der Bauherr, Fabri-
zio Colloredo, als Minister im Dienst der Medici-Großherzöge der Toscana stand. Einer
alten Friulaner Adelsfamilie angehörend, entschied er sich im Gegensatz zum venezian-
schen Patriziat für einen Villentypus, der an die Tradition der Feudalkastelle erinnert, und
verpflichtete für die Pläne wahrscheinlich den Florentiner Matteo Nigetti. Desungeachtet
zeigen einige Details Eigentümlichkeiten der venezianischen Architektur: die ungleichen
Fensterabstände in Rücksicht auf die Kamine oder das Gebälk über den Fenster mit
konvex gewölbtem Fries (wie es zum ersten Mal Palladio einsetzte). Eine Burg stand auf
diesem Hügel schon im Mittelalter. Erbaut wurde die Villa in der ersten Hälfte des
17. Jh.s (für Besichtigungen informiere man sich bei den Besitzern, Signori Burgi in
Gemona).

Das Kastell von **Colloredo di Monte Albano** war vor den Erdbeben von 1976 zweifellos die großartigste und touristisch interessanteste Anlage des Friaul. Es wurde bei den beiden Beben von 1976 größerenteils zerstört. Dennoch entschieden sich die Besitzer, die Grafen Colloredo-Mels, für den Wiederaufbau, der noch nicht abgeschlossen ist. Die Ursprünge des Schlosses gehen auf das Jahr 1302 zurück, als die Grafen Mels vom Patriarchen die Erlaubnis zum Kastellbau erhielten. Die meisten Gebäude entstanden im 16., 17. und 18. Jh. In einem der Türme hatte Giovanni da Udine einen Studierraum 1559 mit Grotesken ausgemalt. Zu den Bewohnern des Kastells zählte Ippolito Nievo, der hier einen großen Teil seiner »Confessioni di un italiano« (Bekenntnisse eines Italieners) niederschrieb. Westlich vom Kastell, auf der Straße nach Capriacco, bei der Abzweigung nach Carnia und Osoppo liegt auf der rechten Seite erhöht die kleine Kirche *San Pietro* (falls geschlossen, Schlüssel in der Trattoria Peres). Sie ist mit Fresken des späten 14. Jh.s ausgestattet. An der mittleren Presbyteriumswand: »Thronende Muttergottes mit Kind«, »Kreuzigung Christi« und ein Freskenrest. An der rechten Seite wurde das Petrusfresko durch die Öffnung des Fensters teilweise zerstört. An der linken Wand: »Petrus und eine Gruppe von Gläubigen« sowie ein Fresko des 16. Jh.s einer »Thronenden Muttergottes mit Kind«.

Das Kastell von **Casacco** geht in seiner jetzigen Gestalt auf Erneuerungsarbeiten von 1480 zurück. Es gehört den Herren von Montegnacco. Leider wurden später die Türme verändert, indem auf Höhe der Zinnen weitere Räume ausgebaut wurden.

Kastell Colloredo di Monte Albano

Cividale del Friuli

Cividale ist die Stadt der Langobarden. Ihre Denkmäler finden sich an keinem anderen Ort so konzentriert, in so zahlreichen und bedeutenden Zeugnissen. Vom Ursprung her ist Cividale jedoch römisch, gegründet – wie auch Julium Carnicum (das heutige Zuglio) – zwischen 56 und 50 v. Chr. durch Julius Cäsar. Nach seinem Begründer wurde die kleine Handelsstadt dann auch *Forum Iulii* genannt.

Ihre Stadtmauern hatten die von den Römern bevorzugte Form eines Rechtecks. Deren Verlauf ist heute noch zwischen dem Natisone im Süden, der Via Ristori und der Piazza Paolo Diacono im Norden nachweisbar. Das Forum lag an der heutigen Piazza del Duomo, wie üblich an der Kreuzungsstelle der beiden Hauptachsen, des Decumanus maximus (dem heutigen Corso Mazzini entsprechend) und des Cardo maximus (Stretta Rubeis und Via Cavour).

Ansicht von Cividale. Kupferstich, 16 x 22 cm. Aus: Th. Salmon, »Lo stato presente di tutti i Paesi e Popoli del Mondo«, Venedig 1753

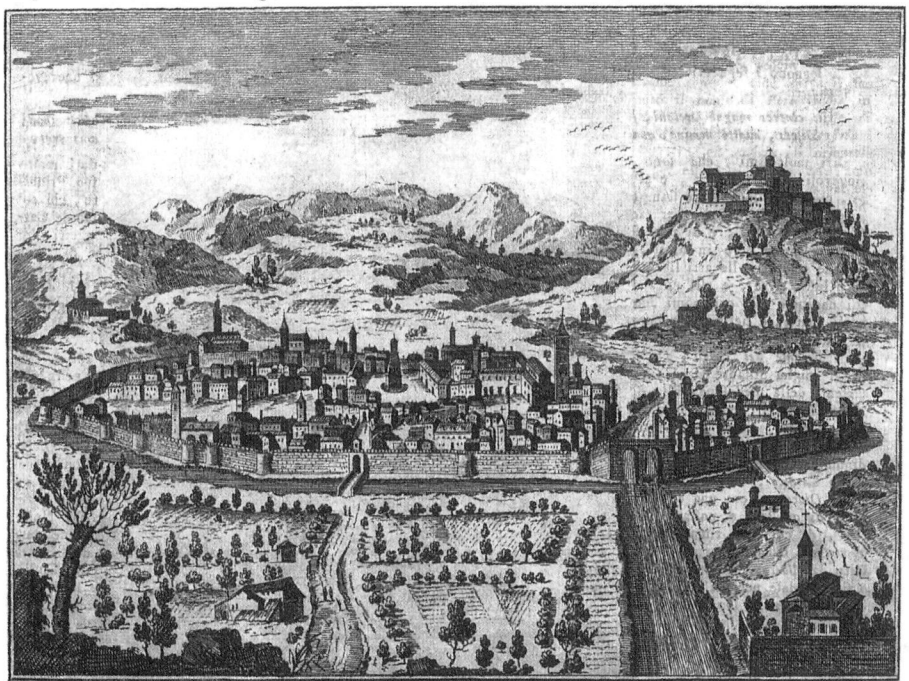

Teufelsbrücke und Dom

Die Bedeutung des Ortes wuchs nach der Zerstörung Aquileias, er wurde sogar Hauptstadt Venetiens, *caput Venetiae,* genannt. Als die Langobarden 568 im Friaul einfielen, nahmen sie als erstes Cividale ein und erhoben es zur Hauptstadt ihres ersten Herzogtums auf italienischem Boden. Der Name *Forum Julii* wurde dabei auf das ganze von ihnen besetzte östliche Oberitalien übertragen. Aus Forum Julii wurde später das italienische *Friuli* (das deutsche Friaul). Der heutige Name *Cividale* hingegen leitet sich von *civitas* (Stadt) ab. *Civitas Forum Julii* hieß die Stadt nämlich zurZeit der Langobarden, *Civitas Austriae,* Stadt des Ostens, zur Zeit der Karolinger, die im Jahre 774 die Nachfolge der Langobarden antraten.

Unter den Langobarden wurde die Stadt erweitert. Im tiefer gelegenen Südosten, nahe beim Natisone, entstand eine Zone, die man *valle* (Tal) nannte. Hier wurde für den langobardischen Gastalden, den *gastaldus regis,* der dem König in Pavia über die Vorgänge im Herzogtum zu berichten hatte, ein eigener Palast (die *Gastaldaga*) errichtet, zu dem verschiedene militärische Einrichtungen gehörten.

Der Palast des Herzogs selbst wird dagegen weiter nördlich bei Santa Maria del Corte vermutet. Daneben entstanden im 6. oder 7. Jh. eine dem Johannes dem Täufer geweihte, ursprünglich für den arianischen Kult bestimmte Kirche, San Giovanni in Valle, sowie ein Nonnenkloster, zu dem wahrscheinlich ein Marienoratorium (der berühmte *Tempietto Longobardo*) gehörte.

Nachdem Cividale im Jahre 610 durch die Avaren zerstört worden war, folgte ein langsamer Wiederaufstieg. 737 verlegte der Patriarch von Aquileia, Callixtus, seine Residenz von Cormons in das besser geschützte Cividale. Fünf Jahrhunderte sollten die Patriarchen von nun an diesen Sitz beibehalten, bis sie ab 1238 Udine bevorzugten. Von der kleinen Stadt am Natisone wurden nicht nur die Metropolitanrechte über die ausgedehnte Kirchenprovinz ausgeübt, Cividale war gleichzeitig die Hauptstadt des Friaul, hatte doch Kaiser Heinrich IV. die Patriarchen mit Grafenrechten über den größten Teil des Friaul ausgestattet.

Als um 737 Callixtus seine Residenz nach Cividale verlegte, hatte das eine indirekte Konsequenz für die Langobardenherrscher: Wie Paulus Diaconus berichtet, residierte bei der Ankunft des Callixtus in Cividale schon der ihm untergeordnete Bischof von *Julium Carnicum,* denn diese Stadt war bei einem Barbareneinfall zerstört worden. Diesen Bischof aber wollte Callixtus jetzt verbannen. Dem konnte der Dux von Cividale, Pemmo, nicht tatenlos zusehen, weshalb er Callixtus im Kastell von Duino einkerkern ließ, »um ihn von dort ins Meer werfen zu lassen« (Paulus Diaconus). In diesem Moment sah der langobardische König Liutprand (712–744) die Stunde gekommen, um Pemmo seines Amtes zu verweisen und statt seiner dessen Sohn Ratchis als Dux von Cividale einzusetzen.

Begrünstigt durch die Präsenz der Patriarchen und der Kurie genießt Cividale während des ganzen Mittelalters fast ununterbrochen eine ökonomische und kulturelle Vorrangstellung. Cividale war damals vom Rang her nach Aquileia die zweite Stadt im Friaul, de facto sogar die erste (Umschlagvorderseite und Farbabb. 15).

☐ Rundgang

Als Wahrzeichen Cividales gilt der Ponte del Diavolo, die Teufelsbrücke. Im Mittelpunkt der Besichtigung stehen indes die Denkmäler der Langobarden: der sogenannte *Tempietto Longobardo*, das dem Dom angeschlossene Museo Cristiano sowie die langobardischen Exponate des Archäologischen Nationalmuseums. Dieses Museum bietet eine anschauliche und geradezu ideale Einführung in die Kultur und Kunst dieses germanischen Wandervolkes und könnte daher auch am Anfang der Besichtigungen stehen.

Dom Santa Maria Assunta – Museo Cristiano (1)

Das Zentrum von Cividale bildet die Piazza del Duomo (s. u.), an deren rechter Langseite sich der Dom Santa Maria Assunta erhebt. Er ist die Hauptkirche von Cividale (wenngleich nicht mehr Bischofssitz). Dieser Dom wurde im wesentlichen im 15. und 16. Jh. errichtet, doch führen uns seine Vorgängerbauten bis in die Zeit der Langobardenherrschaft zurück. Nachdem im Jahre 738 Patriarch Callixtus von Cormons hierher – in die Residenzstadt des Langobardenherzogs – übersiedelt war, ließ er sogleich eine dem Ansehen des Patriarchats würdige Kirche errichten. Es war eine Säulenbasilika, von der Form, wie wir sie aus Ravenna oder auch Grado kennen. Die Kirche wurde durch Brand- und Erdbebenschäden mehrmals zerstört und wiederaufgebaut. Den jetzigen Bau begann 1457 der Baumeister Bartolomeo delle Cisterne. Doch der Baustelle war wenig Glück beschieden (bescheidene finanzielle Mittel, Pest von 1466/67, Türkeninvasionen 1479 und 1480, Tod des Baumeisters 1480,

Einsturz von einem Teil des Mittelschiffgewölbes 1502). So fiel schließlich Pietro Lombardo, zusammen mit seinen Söhnen Antonio und Tullio, die äußerst schwierige Aufgabe zu, ein Projekt zu erstellen, das möglichst viel von den bereits begonnenen Bauteilen beibehalten, gleichzeitig aber auch den neuen ästhetischen Vorstellungen der Renaissance entsprechen sollte. An der Fassade sind die beiden Bauphasen des 15. und 16. Jh.s gut ablesbar: Der untere Abschnitt mit den spitzbogigen Portalen und den hoch sitzenden Rundfenstern gehört noch dem gotischen Bau des 15. Jh.s an. Das mittlere Portal schuf 1467 Jacopo da Venezia. Der obere Abschnitt hingegen mit dem Dreiecksgiebel und den Voluten gehören zum Renaissancebau (die drei Rundbogenfenster mit vorgelegten Halbsäulen wurden erst 1535 hinzugefügt).

Im Inneren umfängt den Besucher heute ein dreischiffiger Raum, dessen Weite an die gotischen Bettelordenskirchen des Veneto erinnert (etwa Santi Giovanni e Paolo in Venedig), der gleichzeitig aber ein Renaissancebau sein will, und zwar der erste des Friaul. Pietro Lombardo ließ über den alten Pfeilerfundamenten des 15. Jh.s statt der ursprünglich vorgesehenen polygonalen Stützen säulenartige Rundpfeiler setzen, behielt also den ursprünglichen Grundriß bei. Das Mittelschiff schloß er mit einer Halbtonne, die drei Chorkapellen mit Kuppeln. Die Gewölbe der Seitenschiffe jedoch (in denen bereits die stützenden Vorlagen angelegt waren) führte er in gotischen Kreuzgratgewölben aus, also im Sinne des 15. Jh.s. Gotisch spitz blieben auch die Gurtbögen, die die Seitenschiffjoche trennen. Erbgut Florentiner Gotik sind die Tondofenster in den Lünetten.

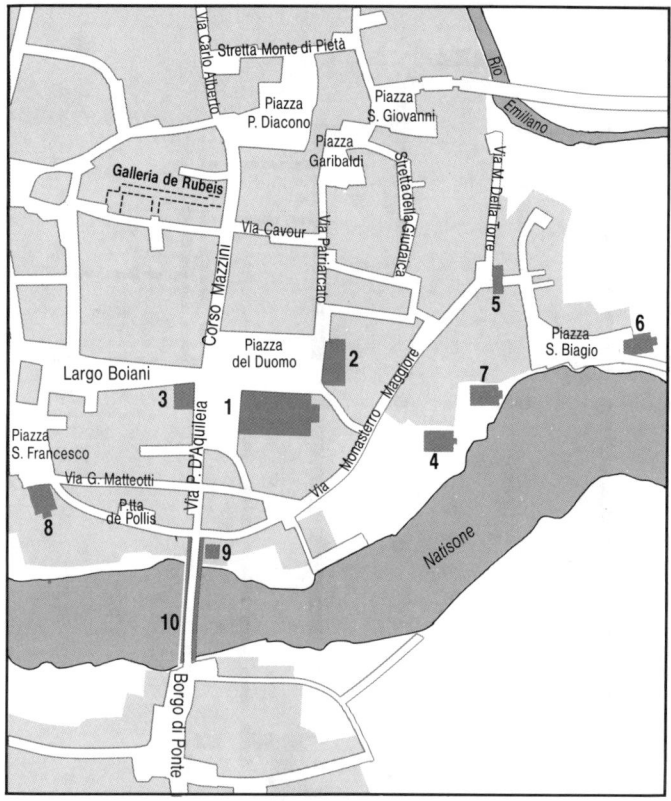

Stadtplan von
Cividale

1 Dom/Museo
   Cristiano
2 Palazzo
   Provveditori/
   Museo
   Archeologico
3 Palazzo
   Comunale
4 Monastero
   Maggiore
5 Porta Patriarcale
6 San Biagio
7 Tempietto
   Longobardo
8 San Francesco
9 Keltisches
   Hypogäum
10 Ponte del Diavolo

Der Gesamteindruck des Dominneren ist nicht unwesentlich durch die farbliche Gliederung geprägt. Ähnlich der Architektur Brunelleschis wird die Raumstruktur betont, indem Stützen, Bögen und Profilierungen in Grau vor hellem Grund erscheinen. Einen Blickfang bildet die Hauptapsis, deren Wand durch flache Pilaster in einzelne Felder unterteilt ist.

Neben der recht gut beleuchteten Chorgruppe wirkt das Langhaus geradezu düster, denn es gibt weder Mittel- noch Seitenschiff-Fenster. Die von Pietro Lombardo geplante große Fensterrose konnte nicht verwirklicht werden. Zu nicht unwesentlichen Veränderungen und Erneuerungen kam es im 18. Jh. Giorgio Massari, der wohl bedeutendste Vertreter des palladianischen Klassizismus' in Venetien, ließ die Mittelschifftonne erneuern, sah die Öffnung von Rundfenstern vor (die nicht alle realisiert wurden), er entwarf die Barockaltäre (von den fünf ausgeführt wurden) und eine neue Treppe zum Baptisterium. Der Campanile entstand in dem langen Zeitraum von 1631–1771.

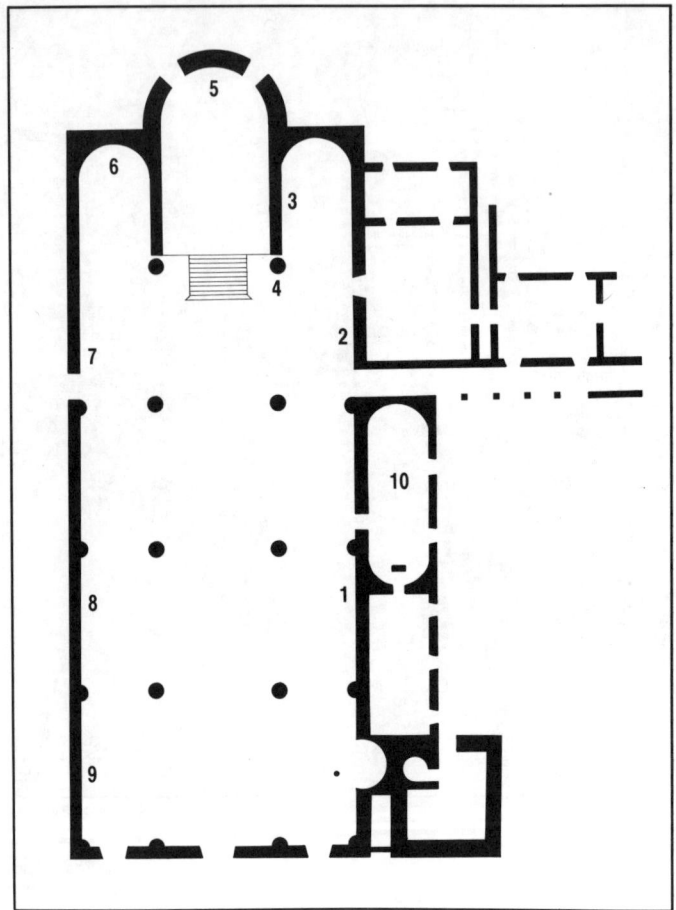

Grundriß des Doms

Ausstattung:

1 Vesperbild aus Sandstein, 1. Hälfte 15. Jh., wohl in Südostdeutschland entstanden, aus der Zeit des ›weichen Stils‹. Sanfte Gesichtszüge und ein fließendes Gewand kennzeichnen die Madonna, während im Gegensatz dazu der Leib Christi kantig vor die Muttergottes gelegt ist.

2 Rest einer Kirchenfahne mit einer gemalten und gestickten »Verkündigung«

von Giovanni da Udine, 1536 (MCDLIX).

3 »Verkündigung« von Pomponio Amalteo, 1546.

4 Eingang zur Krypta. Am Altar der Sarkophag des 802 verstorbenen Patriarchen Paulinus.

5 Im Zentrum des barocken Hochaltares steht eine große Silberschmiedarbeit aus der Zeit um 1200. Im mittleren Feld unter Arkaden thront die Muttergottes mit dem

Kind auf dem Schoß. Die Erzengel Michael und Gabriel haben sich dem Thron genähert, mit bedeckten Händen Gefäße haltend. Auf den Nebenfeldern sind in drei Reihen 25 namentlich genannte Apostel und Heilige dargestellt. Der Rand besteht aus Rankenwerk und Medaillons, in denen wiederum Apostel erscheinen und außerdem Propheten. Die drei Medaillons über der Muttergottes sind Christus, der fürbittenden Maria und Johannes dem Täufer vorbehalten (Deesis). Gestiftet wurde diese Silberschmiedearbeit von Pellegrinus II., dem in Cividale gebürtigen Patriarchen von Aquileia. Er erscheint knieend, in bittender Haltung unter den Füßen der Madonna. Die Inschrift lautet: PELLEGRINUS PATRIARCHA – MATER DEI MISERERE MEI (Pellegrinus Patriarch – Erbarme Dich Muttergottes meiner). Pellegrinus erscheint in einem rechteckigen Feld, denn er ist hier der einzige Nichtheilige und daher nicht durch die Glorie ausgezeichnet. So ist wohl nicht richtig, wenn man in dem Medaillon rechts von Johannes dem Täufer Kaiser Heinrich VI. sehen will, den Förderer des Patriarchats von Aquileia und Freund des Stifters.

Diese kostbare, in Silber getriebene und feuervergoldete Arbeit war ursprünglich ein Antependium, war also vor einer Altarmensa angebracht. Man sucht die Meister dieses bedeutenden Werkes unter Friulaner Goldschmieden, die venezianische und byzantinische Vorbilder vor Augen hatten (Mutinelli), diese jedoch in einen kraftvolleren und massigeren, nunmehr romanischen Stil umsetzten. Das Astkreuz ist eine getreue Kopie nach dem Original, das zur Silberplatte gehört und jetzt über dem neuen Altar hängt.

6 An den Seitenwänden Gemälde von Palma d. J., 1606: »Letztes Abendmahl« und »Steinigung des hl. Stephanus«. Der Marmoraltar und das Ziborium stammen aus dem 16. Jh.

7 Hölzernes Kruzifix, wohl aus der ersten Hälfte des 13. Jh.s. Der Moment nach dem Eintreten des Todes ist festgehalten: Der Körper scheint vor unseren Augen zusammenzusacken, der Kopf zur Seite zu sinken. Über dem reliefhaften, in sanft fließendem Schwung gebildeten Körper sitzt das zur Seite geneigte – wie üblich vollplastisch gebildete – Haupt. Im Gegensatz zu der plastischen Durchbildung des Körpers steht die graphisch-lineare Zeichnung der Rippen und des Lendentuches. Einen andersartigen Kontrast zum Massigen des Rumpfes bilden die überlängten, dürren Gliedmaßen: Nicht nur hohe Stilisierung zeichnet dieses überlebensgroße Kruzifix aus, sondern ebenso ein expressiv-herber Realismus, der sich außer in den Armen und Beinen besonders in den Gesichtszügen zeigt. Der zugleich verhaltene und expressive Ausdruck läßt an qualitätvolle romanische Holzkruzifixe nördlich der Alpen denken. Doch eine nähere Zugehörigkeit zu deutschen Bildhauerarbeiten läßt sich ebenso wenig fassen wie zu französischen oder italienischen Werken (etwa aus dem Umkreis Antelamis).

8 Altarbild »Die Heiligen Josef, Rochus und Sebastian mit dem Jesuskind« von Sebastiano Secante d. Ä., 1537.

9 Grabmal des Patriarchen Nicolò Donato (gest. 1497) von dem lombardischen Bildhauer Giovanni Antonio da Carona, 1513–1515. Einziges von ursprünglich acht Patriarchengrabmälern, das in Cividale erhalten blieb.

10 **Museo Cristiano** mit Hauptwerken langobardischer Kunst. Das oktogonale *Taufbecken* wurde von Callixtus, in Cividale residierender Patriarch von Aquileia (737–756), in Auftrag gegeben (am oberen Rande ringsum laufende Widmungsschrift). Ursprünglich stand das Becken in der ebenfalls unter Callixtus erbauten Taufkirche, die zum Vorgängerbau des Domes gehörte und dessen achteckige Grundmauern 1906 im Bereich der heutigen Domfassade entdeckt wurden. Das innen gestufte, achteckige Becken trägt einen Aufsatz in Form eines Ziboriums. Als oberen Abschluß muß man sich ein pyramidenförmiges Dach vorstellen. Die acht Säulchen mit den korinthischen Kapitellen sind aus griechischem Marmor. Leider wissen wir nicht, ob sie – was man aus stilistischen Gründen und auch auf Grund des Materials annehmen könnte – aus der Spätantike (5. oder 6. Jh.) stammen und hier wiederverwendet wurden oder ob sie gleichzeitig mit dem gesamten Taufbecken unter Callixtus neu gearbeitet wurden. In diesem Falle hätte sich der Steinmetz ein spätantikes Modell zum Vorbild genommen (vgl. S. 188 f., *Tempietto Longobardo*). Genauere Betrachtung verdient die ornamentale Dekoration der Bögen und der Zwickel: Es finden sich

Taufbecken des Callixtus

Sigwaldplatte vom Taufbecken des Callixtus

Ranken mit Trauben und Weinblättern, Perlstäbe, Flechtwerk, Palmblätter, aber auch – jeweils paarweise angeordnet – Tiergestalten: Pfauen, Löwen, Hirsche, Lämmer, Seeungeheuer und Mischwesen. Diese sind zwar extrem flach gearbeitet, doch liegt ihnen zugleich eine recht genaue Naturbeobachtung zugrunde. Ihre Vorbilder lassen sich in der Reliefkunst Ravennas finden.

Eine solche Verwendung von rein ornamentalen (oft dem spätantiken Formenrepertoire entnommenen) und mehr oder weniger naturalistisch aufgefaßten pflanzlichen oder tierischen Dekorationsmotiven ist charakteristisch für eine Stilstufe, die

man ›liutprandische Renaissance‹ nennt. Unverkennbar ist, daß die Künstler nach einer dichten, symmetrisch-ausgewogenen Flächenfüllung streben (siehe Kasten S. 156, vgl. dazu auch die Stuckdekoration des *Tempietto Longobardo*).

Einer anderen Stilstufe gehören die beiden Reliefplatten am unteren Beckenrand an. Auf der *Sigwaldplatte* (rechts) sehen wir eine äußerst befremdend anmutende Darstellung der vier himmlischen Wesen der Apokalypse. Sie erscheinen in Rankenbändern, die sich, ohne Anfang und Ende, zu einer 8 gewunden haben. Ausgerichtet sind sie auf das Kreuz (oben) und den Lebensbaum (unten). Das Kreuz wird

153

umgeben von je zwei Palmetten, Rosetten und Kandelabern, der Lebensbaum von Greifen und Vögeln, wobei zwei der Blätter in Löwenköpfen enden. Hier herrscht eine äußerst vereinfachte, stark ornamentale Darstellungsweise vor, die ihre motivische und stilistische Anregung in orientalisch-sassanidischer Kunst fand. Sie ist weit entfernt vom naturalistischen und verfeinerten Stil der ›liutprandischen Renaissance‹ der Bogenzwickel. Diese Reliefplatte ist später als das übrige Taufbecken; sie entstand unter dem Nachfolger des Callixtus, Patriarch Sigwald (756–86). Die Inschrift besagt, daß er die Platte (oder aber das Taufbecken) Johannes dem Täufer – wohl nach Beschädigung – ›wiedergab‹: HOC TIBI RESTITVIT SIGVALD BAPTESTA JOHANNES. Die vier apokalyptischen Wesen (die hier kürzelhaft mit Unterkörpern als Voluten dargestellt werden) sind hier – was zu dieser Zeit noch selten ist – als Evangelistensymbole zu deuten. Darauf weisen die von ihnen gehaltenen Schrifttafeln hin (Distychen aus dem »Carmen Paschale« des Sedulius Caelius, 5. Jh.). So beim Adler oben links: »Johannes, der wie ein Adler fliegt, wendet sich mit dem Wort zu den Sternen«.

Nur teilweise erhalten hat sich das zweite Relief, die *Paulinusplatte* (links). Benannt wird sie nach dem Patriarchen Paulinus, in dessen Amtszeit (787–802, also bereits unter die Herrschaft der Karolinger) sie aus stilistischen Gründen datiert wird. Noch stärker betont sind hier die geometrische Flächenaufteilung und die Dichte der Komposition. Das Fragment zeigt zwei der himmlischen Wesen, den geflügelten Stier und den Adler sowie Teile des Lebensbaumes. Auf den Schrifttafeln

der Wesen finden sich wiederum die Verse aus dem »Carmen Paschale«. Wegen derselben Thematik ist es kaum denkbar, daß beide Platten ursprünglich zum Taufbekken gehörten. Die Paulinusplatte ist beidseitig bearbeitet. Von der Rückseite wurde an der Eingangswand des Museums ein Gipsabguß ausgestellt. Sie zeigt u. a. Schlangen und gehört offensichtlich einer älteren Stilstufe an, wohl dem 7. Jh.

Hochberühmt ist der *Ratchis-Altar,* laut Inschrift gestiftet für eine Kirche San Giovanni durch Ratchis im Andenken an Pemmo, seinen Vater. Ratchis war Langobardenherzog des Friaul. Der Altar wird zwischen 737 und 744 entstanden sein, bevor Ratchis in Pavia zum König gewählt wurde. Die Vorderseite zeigt die »Maiestas Domini«: Vier Engel halten eine aus Palmblättern gebildete Mandorla. In ihr erscheinen Christus (mit Kreuzesnimbus) und zwei Cherubim. Die Hand Gottes weist auf das Haupt Christi. Die linke Seite zeigt die »Heimsuchung«: die Begegnung zwischen Elisabeth und Maria (mit Kreuzeszeichen auf der Stirn), die sich umarmen. Auf der rechten Seite findet sich die »Anbetung der Könige«: Ein Engel weist auf das Christuskind, das auf dem Schoß der thronenden Muttergottes sitzt. Schwer deutbar ist die kleine Gestalt hinter ihr: Ist es Joseph oder eine Dienerin oder der Prophet Balaam, der auf den Stern von Bethlehem hinwies? Die Nische auf der Rückseite dient dem Aufbewahren von Reliquien. In diesen Reliefs verbinden sich eine dekorative Flächenfüllung mit einer naiven Sicht des Gegenständlichen und einen starken Willen zum Expressiven. Wie sehr Naivität und Ausdruckskraft über die rationale Wirklichkeitserfassung dominieren, zeigt etwa der freie Umgang mit den menschlichen Proportionen. So sind in der »Maiestas Domini« die Arme der Engel überlängt. Erheblich größer als die auffallend kleinen Füße sind die Hände. Ihre Funktion ist mehr die des Hinweisens und Rahmens als die des Tragens. Man beachte auch die Unbekümmertheit, mit der die Säulen in der »Heimsuchung« von der Vertikalen abweichen.

Ausgeprägt ist auf allen drei Reliefs der *horror vacui*, die Furcht vor dem leeren Raum: Jede Restfläche wird – ob thematisch motiviert oder nicht – ausgefüllt: mit Sternen, Blüten, Bögen, Akanthusblättern, Palmetten etc. Sicherlich von der Holzschnitzkunst angeregt sind die parallel verlaufenden Linien, die gerne löffelförmig enden und wie Einkerbungen im Holz wir-

ken. Sie erscheinen als Falten, als Gefieder oder als Haare. Eine gewisse stilistische Verwandtschaft besteht zur Sigwaldplatte. Sie ist erkennbar vor allem an der hier wie dort auftretenden birnenförmigen Kopfform. Die Reliefs, die sich uns heute in bloßen Kalkstein präsentieren, muß man sich schließlich farbig bemalt vorstellen. Wie bei Goldschmiedewerken waren zudem Augenhöhlen, die Borten sowie das Gefieder der Engelsflügel mit Edelsteinen besetzt.

Dieser Altar zählt ebenso wie Taufbekken oder die Sigwaldplatte zu den charakteristischen Werken der frühmittelalterlichen Kultur, in der sich Stileinflüsse aus Spätantike, Byzanz (bzw. Ravenna) und dem Orient verbinden. Byzantinisch ist vor allem die Themenauffassung und ihre

»Maiestas Domini« vom Ratchis-Altar

Was ist ›langobardische Kunst‹?

Obwohl man mit den Schriften über die Langobarden eine kleine Bibliothek füllen könnte, sind heute noch viele Fragen nach der Kunst dieses kriegerischen Volkes offen oder zumindest umstritten. Eines weiß man allerdings inzwischen mit Sicherheit: Die Kunst zur Zeit der Langobardenherrschaft wurde zwar von den neuen Herrschern in Auftrag gegeben, jedoch nur zu einem Teil von den Langobarden selbst geschaffen. Der Begriff ›langobardische Kunst‹, in der Frühphase der Forschungen vergeben, ist daher irreführend und bedarf einer genaueren Erläuterung.

Wie für nordische Völker typisch, hatte auch das langobardische Volk in der Metall verarbeitenden Kunst, heute als ›Kleinkunst‹ bezeichnet, eine Tradition entwickelt. Wir kennen sie durch zahlreiche Gräberfunde, vor allem um Cividale, wo zum Teil überaus kostbare Grabeigaben in Form von Schwertern, Fibeln, Gürtelschnallen, aber auch Goldkreuzen entdeckt wurden. Abstrakt-stilisierende Motive und fließende Ornamente mit einem Hang zum *horror vacui* zeichnen diese Arbeiten aus, die von langobardischen Künstlern geschaffen wurden, zum Teil schon vor ihrem Einzug im Friaul.

Nach dem Einfall in Italien wurden die Langobarden mit der ›mediterranen‹ Kunst und Architektur konfrontiert, der sie als Nomadenvolk nichts entgegenzusetzen hatten. Für die neuen Aufgaben (die sich vor allem stellten, als die Oberschicht sich zum Katholizismus bekehrt hatte), nämlich der Errichtung von Kirchenbauten und deren Ausstattung, mußte man nun auf einheimische bzw. ortsansässige Architekten und

bildliche Anordnung (beonders deutlich in der »Maiestas Domini«). Obwohl im Auftrage eines Langobardenherzogs entstanden, kann man dieses Werk nicht mehr in der langobardischen Stiltradition sehen und daher nur mehr unter Vorbehalt als ›langobardisch‹ bezeichnen. Es ist ein ausgeprägtes Beispiel für die Umsetzung einer hochentwickelten Kunst in eine volkstümlichere Variante, wie sie nicht nur im Herrschaftsbereich der Langobarden, sondern auch in anderen Gebieten Europas zu finden ist. Zur byzantinischen Hofkunst verhält sich ein solches Werk wie das *volgare* zum klassischen Latein. Zweitrangig ist

dabei die Frage nach der mehr oder weniger zufälligen nationalen Zugehörigkeit der Werksleute.

Der aus dem Dom stammenden *Thron* war für den in Cividale residierenden Patriarchen von Aquileia bestimmt. Er wurde wahrscheinlich bereits im 11. Jh. unter Verwendung bearbeiteten Materials zusammengesetzt.

Die *Fresken*, 11. bis 14. Jh., stammen aus dem *Tempietto Longobardo* (S. 188 f.). Ein stark unter byzantinischem Einfluß stehendes, schwer datierbares Fresko zeigt (von links nach rechts): Maria Magdalena, Caritas, Hoffnung, Glaube und

Steinmetzen zurückgreifen. In den wenigen und meist fragmentarisch erhaltenen Bauten und größeren Ausstattungsstücken, stoßen wir daher auf spätantike und frühchristliche Einflüsse, auf symmetrisch-ausgewogene Kompositionen und naturalistische Motive. Dazu kommen noch außerklassische Tendenzen, also byzantinisches, sassanidisches oder auch arabisches Formengut. Dieses wurde von östlichen Künstlern mitgebracht, welche vor allem zu Beginn des 8. Jh.s vor den bilderfeindlichen Strömungen und dem Einfall der Araber nach Westen geflohen waren und jetzt ebenfalls für die langobardischen Herrscher tätig wurden. Reiches Linienspiel, zoomorphe und florale Motive sind die Merkmale dieser Stilrichtung.

Wenn man also von ›langobardischer Kunst‹ spricht, so sind die verschiedenen Stilströmungen und das multikulturelle Klima gemeint, in denen das Kunstschaffen westlicher und östlicher Künstler unter langobardischer Herrschaft seinen Ausdruck fand. Eine »zwanglose Kombination von Symbolen, Figuren und Ornamenten«, die »rhythmische Füllung der Fläche ohne reale Größenrelationen« (Hermann Fillitz) mag als allgemeines Charakteristikum dieser Kunst gelten.

Als wichtiges Stichwort im Rahmen der stilistischen Diskussion sei der Begriff der ›liutprandischen Renaissance‹ angeführt. Mit ihm bezeichnet man die Phase der langobardischen Kunst in der ersten Hälfte des 8. Jh.s (zur Zeit König Liutprands), die sich durch besonders starke klassische Tendenzen auszeichnet (wichtigstes Beispiel ist der *Tempietto Longobardo* in Cividale). Aus den stilistischen Erörterungen sei hier der Begriff der ›Tierstile‹ hervorgehoben, d. h. zweier unterschiedlicher Arten stilisierender Tierornamentik: Ein zeitlich früherer ›Tierstil I‹ (der noch in der Tradition der vor dem Italieneinfall entstandenen langobardischen Arbeiten steht) und ein späterer ›Tierstil II‹ (der bereits die Übernahme neuer Motive kennzeichnet).

die ›Mutter‹ der christlichen Tugenden, die hl. Sophia (Weisheit).

An der **Piazza del Duomo** kreuzten sich in römischer Zeit der Decumanus und der Cardo Maximus, an dieser Stelle befand sich also das ehemalige Forum. Über die Jahrhunderte hinweg hat sich diese Piazza als Zentrum Cividales behauptet. An ihrer östlichen Schmalseite, wo heute der Palazzo dei Provveditori (Museo Archeologico Nazionale) steht, muß man sich die römische Basilika vorstellen, die von den Avaren zerstört wurde (wohl 610 n. Chr.), später stand hier – nach 737 – der Palast des Patriarchen Callixtus. Nach der Zerstörung durch das Erdbeben von 1511 wurde 1559 von den Venezianern der Beschluß gefaßt, den Palast ihres ständigen Vertreters in Cividale hier zu errichten. So entstand der **Palazzo dei Provveditori Veneti,** der spätere Palazzo Pretorio (2), er ist heute Sitz des *Museo Archeologico Nazionale.*

Den Bauauftrag erhielt der berühmteste Architekt seiner Zeit, Andrea Palladio aus Vicenza (Grundsteinlegung war 1565, Abschluß der Arbeiten erst 1596 nach dem Tode des 1580 verstorbenen Palladio). In Anlehnung an einen schon früher von ihm verwendeten Typus (Palazzo Civena-Trissino in Vicenza) entwarf Palladio eine zweistöckige Front mit neun schmalen, offenen Arkaden im Erdgeschoß und den entsprechenden, von Pilastern gegliederten Achsen darüber im Obergeschoß. Die optische Verbindung der beiden Geschosse schafft das Wiederaufgreifen der Arkadenbögen in den drei zentralen Fenstern im ersten Stock. Diese sind eine Referenz an den venezianischen Palasttypus und werden durch Einsatz der Plattenrustika zusätzlich von den Seitenteilen abgehoben. Entscheidend ist aber auch die Bossierung der Arkadenpfeiler. Hier wird das Felsgestein sichtbar gemacht, auf dem ganz Cividale erbaut wurde. Dieses grob behauene Gestein gibt dem Palast sein ›Lokalkolorit‹. Zusammen mit den ebenfalls dunkler gehaltenen Gesimsen und Kämpfern, den Sockeln und Kapitellen der Pilaster, entsteht so ein kontrastreiches und vielfältiges Gesamtbild. Spätere (den Gesamteindruck beeinträchtigende) Hinzufügung ist u. a. die barocke Gestaltung der inneren Portikuswand. Beachtenswert für das Stadtgefüge an dieser Stelle ist die Tatsache, daß Palladio mit der offenen Loggia des Palastes eine Verbindung der zwei Straßen herstellte, die seitlich auf den Palast zuliefen, wodurch ein durchgehender Straßenzug geschaffen wurde. Heute ist diese städtebauliche Situation durch die Erweiterung des Doms verunklärt. Der schräg gegenüber stehende **Palazzo de' Nordis** entstand im 16. oder frühen 17. Jh. Restaurierungen erfolgten 1947.

Museo Archeologico Nazionale (2)
Das **zweite Obergeschoß** zeigt die Kultur der Langobarden in Cividale und den anderen Orten ihres Herzogtums im Friaul. Präsentation und Auswahl sind im wesentlichen identisch mit dem in Cividale gezeigten Teil der großen Langobarden-Ausstellung von 1990. Gezeigt werden vorwiegend tägliche Gebrauchsgegenstände und Schmuckstücke. Sie stammen ausnahmslos aus langobardischen Gräbern.

Die Langobarden bestatteten ihre Toten außerhalb der Stadtmauern, eine Sitte, die sie möglicherweise von den Römern übernahmen. An die 500 Gräber wurden im Friaul, davon die meisten im Umkreis von Cividale, gefunden. Der Tote wurde gewöhnlich ungeschützt in die Erde gelegt. Doch oft finden sich auch kastenförmige Gräber. Der Verstorbene lag stets mit den Füßen nach Osten, dem Licht der aufgehenden ›heiligen‹ Sonne zugewandt (ein Brauch, der sich auch bei den anderen aus

Langobardische Fibel, Saal 1

den Norden in Italien eingewanderten Völker findet). Alle Grabbeigaben, wie sie hier gezeigt werden, benutzte der Verstorbene zu Lebzeiten, ob es sich um Waffen, Kämme, Schmuckstücke, Gürtelschnallen, die charakteristischen Fibeln oder auch goldene Kreuze handelt. Sie wurden daher gewöhnlich bei der Körperstelle gefunden, an der er sie als Lebender trug.

Zum Verständnis der Funktion der einzelnen Gegenstände ist ein Blick auf die Transparente über den Vitrinen hilfreich. Leider sind die Vitrinen nicht numeriert.

Saal 1 (erster Raum rechts) zeigt Grabbeigaben der ältesten Nekropolen von Cividale, kurz nachdem die Langobarden die Alpen überquert hatten und sich hier niederließen. Diese ältesten Gräber fand man im Vorort San Giovanni (nord-östlich von Cividale), wo bis ca. 630 bestattet wurde (Vitrine 6, sowie Vitrinen in der Mitte des Raumes). Danach wurde die Nekropole von Cella benutzt.

Vitrine 1 zeigt eines der ältesten Exemplare der »Historia Langobardorum« des Paulus Diaconus (Codex Foroiulensis XXVIII, aus den ersten Jahrzehnten des 9. Jh.s). Es ist jene Schrift, der wir ein Großteil unseres Wissens über die Langobarden verdanken.

Vitrine 2: Ältere Funde aus unbekannten Gräbern (hier präsentiert als eine Huldigung an Rotgaud, den letzten Langobardenherzog des Friaul, der verzweifelt Widerstand gegen die Karolinger leistete).

Vitrine 3: Waffen aus der Nekropole San Gallo.

Vitrine 4: Eine große Zahl der hier ausgestellten Fibeln ist aus vergoldetem Silber, in der Form eines S. Ein anderer Typus erinnert in der Form an eine Armbrust. Erst später kamen Fibeln in Form einer

runden oder rechteckigen Scheibe auf. Seltener sind Fibeln in Form eines Pferdekopfes. Kunstvolle Fibeln wurden nicht für praktische Bedürfnisse angefertigt. Sie wurden oft auch am Gürtel hängend getragen, waren dann Zeichen von hohem Stand oder Ansehen.

Vitrine 5: Fibeln vom Typus Steigbügel mit herabhängendem Tierkopf. Eine stammt von einer Frau, die vorher im Gebiet von Mähren lebte.

Vitrine 6 und 7: Grabbeigaben der Nekropole San Giovanni, in der auch einheimische Bevölkerung bestattet wurde. (Vitrine links vom Fenster): Zwei Münzen tragen das Bildnis von Kaiser Justinian I. Es sind keine echten byzantinische Prägungen sondern langobardische Imitationen von römischen Münzen. Sie wurden häufig als Kettenschmuck getragen.

Vitrine 13: Bemerkenswert ist die Fibel in Form einer Silberscheibe mit dem Bildnis der Lucilla, der Gemahlin des römischen Kaisers Lucius Verus. Es ist die langobardische Imitation einer römischen Münze aus dem Jahre 189 n. Chr.

Vitrine 14: Byzantinische Münzen und langobardische Imitationen. Erst unter König Aripert gab es langobardische Münzen im eigentlichen Sinne. Nach einem unter König Rothari erlassenen Gesetz wurde Münzfälschung mit dem Abschlagen einer Hand bestraft.

Vitrine 16: Grab eines Kriegers, der gleichzeitig das Handwerk des Goldschmieds ausübte. Man fand in diesem Grab Instrumente für die Metallverarbeitung.

Saal 2:

Vitrine 1: Selten findet sich in langobardischen Gräbern keramische Gefäße (mit Stempeldruck) oder Gläser. Die Glasge-

CIVIDALE

fäße waren immer römischen Ursprungs. *Vitrine 2:* Die Bronzebecken kamen aus koptischen Werkstätten in Alexandrien (Ägypten). Sie gelangten über verschiedene Handelsstützpunkte nach Ravenna, von dort in das Langobardenreich und weiter bis in das Gebiet von Kent.

Vitrine 3 zeigt Angriffswaffen. Die Langobarden kannten ein zweischneidiges Schwert *(spatha).* Es wurde durch die Technik des Damaszierens widerstandsfähiger. *Vitrine 4:* Die typische Waffe des Berittenen war die Scramasax: ein Langdolch. Schwert und Dolch wurden in einem oft dekorierten Futteral aus Leder oder Holz getragen. Verbreitet war die Lanze (mit Spitze auf Holzstab aufgesteckt).

Vitrine 5: Verteidigungswaffen. Die Schilde hatten eine Art Nabel aus Eisen im Zentrum. Helme und Panzer waren selten, sie waren den Rittern von hohem Rang vorbehalten.

Vitrine 7: Am Gürtel des Ritters hingen silberne Schmuckstücke, die an der byzantinischen Mode inspiriert waren.

Saal 3: Fundstücke aus zwei großen, besonders reich ausgestatteten Gräbern der Nekropole Gallo, und zwar eines Kriegers und einer Frau.

Vitrine 1: Paulus Diaconus beschrieb die Kleidung der Langobarden: Sie war weit geschnitten, bestand aus Leinen mit Bändern verschiedener Farbe. Die Schuhe waren unten offen und wurden mit Lederriemen zusammengehalten. Später kamen Gamaschen und Stiefel in Gebrauch. Die Berittenen übernahmen von den Römern das Tragen von Stoffschuhen oder die um die Beine gewickelten Binden.

Vitrine 2: Der Kamm. Die Langobarden kannten Kämme aus Knochen und Elfenbein. Beide – Mann und Frau – besaßen Kämme, aber auch Feuersteine, Messer, Scheren und Bronzebecken (Alexandriner), wie sie in der 1. Hälfte des 7. Jh.s in Mode waren. Fibeln hingegen waren den Frauen vorbehalten.

Vitrine 4: Die häusliche Arbeit der Frau am Webstuhl. Sie benutzte dazu eine Art Schwert, das Webschwert. In der am Gürtel hängenden Tasche bewahrte sie die kleinen Objekte des täglichen Gebrauchs, zusammen mit kostbaren Schmuckstükken, darunter die Kette mit Goldscheiben und die übliche Fibel in vergoldetem Silber.

Vitrine 5: Aberglaube und Amulette.

Vitrine 6: Die Frau trug Ketten mit Perlen, Bernstein, Korallen und kostbaren Steinen, nicht nur, um sich zu schmücken, sondern auch um sich vor ›Übeln‹ zu schützen. Wie viele Völker glaubten also auch die Langobarden an die apotropäische Wirkung von Bernstein, Bergkristall und anderer kostbarer Materialien.

Vitrine 7: Das Grab eines bewaffneten Kriegers.

Saal 4: Der große Sarkophag des Herzogs Gisulf I. wurde 1874 unter der Piazza Paolo Diacono ausgegraben. Der Steinsarkophag zeigt die Form eines Hauses. Auf dem rechten Dach in der Mitte die Inschrift CISUL (wird von einigen Forschern als

3 Aquileia, Dominneres mit frühchristlichem Bodenmosaik
2 Aquileia, Krypta des Domes: »Kreuzabnahme« und Kampfesszene, Fresken, um 1300

4   Aquileia, Römisches Forum

5   Aquileia, Römische Begräbnisstätte

6 Die Lagune von Grado

7 Laguneninsel mit Fischerhütte bei Grado

8   Grado, Santa Eufemia

9   Grado, Santa Maria delle Grazie

10   Udine, Loggia del Lionello (links) und Loggia San Giovanni

11 Udine, Piazza San Giacomo mit Kirche San Giacomo

12 Udine, Castello (Hofseite) und Campanile von Santa Maria in Castello

14   San Daniele del Friuli, Sant'Antonio Abate: »Die Heiligen Sebastian, Hiob Rochus, Jakobus und
       Leonhard«, Fresken von Pellegrino da San Daniele, 1513–1522

13   Udine, Oratorio della Purità: »Himmelfahrt Mariens«, Fresko von Giovanni Battista Tiepolo (Detail)

16   Venzone, Palazzo Comunale

◁ 15 Cividale, Tal des Natisone

17   Venzone, Stadtmauer und Porta San Genesio

18/19 Weinberge im Collio bei Cormons

20 Weinberg im Collio bei Villa Russiz Superiore [

21 Lago di Sauris

22 Sacile am Livenza, Kirche Madonna della Pietà und Campanile des Doms

23–26 Freskendetails von Pordenone aus San Lorenzo in Vacile (23–25) und Sant'Odorico in Villanova (26)

27   Arzenutto, Santi Filippo e Giacomo: »Das Jüngste Gericht«, Fresko von Pietro da San Vito

28 Triest, Borsa Vecchia von Antonio Molar

30 Triest, Canal Grande mit Sant'Antonio Nuovo von Peter Nobile

29 Triest, Dom San Giusto

nicht authentisch angezweifelt). Die Vitrine zeigt die Grabbeigaben: das goldene Kreuz aus Goldblech, eine Treibarbeit aus Goldblech mit 8 gleichen, birnenförmigen Köpfen, besetzt mit 9 Edelsteinen (ein Granat, vier Lapislazulisteine, 4 Aquamarine). Beachtenswert auch die viereckige gerahmte Fibel mit Glasflußeinlagen (Zellenschmelz), der goldverzierte ›Nabel‹ eines Paradeschildes, sein Goldring mit einer Goldmünze des Kaisers Tiberius, ein goldenes Reliquiengefäß mit Zähnen und Knochenresten, eine Glasflasche, die beim Fund noch das Votivwasser enthielt, Reste des Brokatgewandes und der Lederschuhe.

Saal 5 zeigt in den ersten Vitrinen besonders kostbare Grabbeigaben. Sie stammen aus der 1960–1988 ausgegrabenen Nekropole von Santo Stefano in pertica. Die Beigaben sind nicht nur reicher, sondern auch aus späterer Zeit als die der übrigen Nekropolen von Cividale. Das traditionelle langobardische Kunsthandwerk wurde jetzt durch verfeinerte byzantinische Techniken und bildliche Darstellungen bereichert. Beachtenswert sind vor allem die Goldkreuze, die als Votivgaben dem Grab beigegeben wurden. Zwei Kreuze in der 4. Vitrine links (Tomba 11) zeigen im Zentrum einen Hirsch, der aus einem Gefäß trinkt. Er gilt als das Symbol eines orthodoxen Christen, der sich vom arianischen Glauben abgekehrt hat. Ein anderes Kreuz (Vitrine 5) bildet einen Frauenkopf ab, der sich (allerdings nur beim sehr genauen

Hinsehen) als Darstellung einer Orantin erweist. Neben den Kopf lassen sich tatsächlich die erhobenen Hände erkennen.

Um die Krieger zu ehren, die fern von ihrer Heimat starben, gab es auch Gräber ohne den Toten (Kenotaphe). Auf diese leeren Gräber wurde – auf einer Stange – eine Holztaube gesetzt. Sie war – als ein Zeichen der Überbrückung von Entfernungen – in die Richtung des Ortes gewandt, an dem der Krieger verstorben war. Nach dieser Stange (ital. *pertica*) heißt noch heute die Ortschaft bei Cividale, in der man eine der langobardischen Nekropolen ausgrub, Santo Stefao in pertica.

Im hinteren Teil des Saales (und im Saal 6) werden Funde von langobardischen Garnisonslagern auf den Straßen nach Aquileia, Oderzo und zur königlichen Residenzstadt Pavia präsentiert. In diesen Nekropolen wurden gleichzeitig alteingesessen-römische und langobardische Bevölkerungsgruppen bestattet.

Saal 7: Exponate aus den letzten Jahren der Langobardenherrschaft und aus der frühen karolingischen Zeit. Die stilistisch bereits zur karolingischen Kunst gehörende Pax des Herzogs Ursus (Vitrine rechts) war ursprünglich wohl ein Buchdeckel, wurde dann in eine Pax umgewandelt, die während religiösen Feiern den Gläubigen zum Kuß gereicht wurde. Die geschnitzte Elfenbeintafel mit der Kreuzigung trägt zweimal den Namen des Auftraggebers: URSUS DUX FIERI FECIT. Es handelt sich wahrscheinlich um Herzog

◁ 31 Castello di Miramare bei Triest

Kreuz aus Goldblech vom Grab Herzog Gisulfs I., Saal 4

Ursus von Céneda (Stadtteil des heutigen Vittorio Veneto). Daneben karolingische Reliquienbehälter, um 800.

Im **Erdgeschoß** befindet sich das Lapidarium. Eingangshalle: Reste eines zweifarbigen römischen Mosaikfußbodens (Nr. 2), 2. Jh. n. Chr. Aus derselben Zeit rechts (Nr. 14) ein Mosaikfußboden der römischen Thermen mit dem perspektivisch dargestellten Kopf des Gottes Oceanus. Überrest eines weiteren mehrfarbigen Mosaikfußbodens (Nr. 16), 1. Jh. n. Chr.

Man überquert den schmalen Korridor und gelangt in **Saal 4**: An Wand B ein Fund aus der Basilika Santa Maria Assunta: Schrankenplatte mit Christogramm und zwei Kreuzen (Nr. 25), 6. Jh. n. Chr. In **Saal 5** an Wand C eine weitere Platte aus derselben Basilika mit Flechtwerk und pikkenden Vögeln (Nr. 21), 1. H. 9. Jh. Rückwand eines Bischofsstuhls mit einem von Rosetten, Lilien und einem Dekorband umrahmten Kreuz (Nr. 25), frühes 8. Jh.

Im **Saal 6** Arbeiten aus dem 12. und 13. Jh. In **Saal 7** links neben dem Fester eine Steinplatte mit einer Sirene, wohl 12./13. Jh.

Im **Korridor** eine Madonna vom Typus ›Hodegetria‹ (Nr. 43), entstanden zwischen dem 12. und 14. Jh.

Einige antike und zahlreiche mittelalterliche Kunstwerke, die früher im Archäologischen Museum ausgestellt waren, sind seit dem Umzug in den Palazzo dei Provveditori noch nicht wieder ausgestellt. Wir erwähnen dennoch die wichtigsten Werke: Großes silbernes Prozessionskreuz des 9. oder 10. Jh.s (aus dem Kloster Santa Maria in Valle). Der sogenannte ›Schleier‹ der sel. Benvenuta Boiani ist eine Stickerei auf dünnem Leinen, wohl eine aus Ländern nördlich der Alpen importierte Arbeit des späten 14. Jh.s. Dargestellt sind die Kreuzigung Christi, 22 Apostel und Heilige, eine

Pax des Herzogs Ursus, Saal 7

Verkündigungsszene sowie zahlreiche Medaillons. Wegen des großen Formats (4,76 × 1,48 m) kann es sich nicht um ein Antependium handeln. Wahrscheinlich hing das Tuch über der Altarmensa, ersetzte also ein Altarbild. Nach der Legende habe die sel. Benvenuta Boiani, Vorsteherin des Domenikanerinnenklosters Santa Maria in Cella (1254–1296) den ›Schleier‹ mit Hilfe von Engeln in einer Mondnacht selbst gestickt.

Unter den ca. 150 Codices aus der Dombibliothek findet sich ein mit Miniaturen versehener Psalterium für den Erzbischof Egbert von Trier (977–993), ein wichtiges Werk ottonischer Buchmalerei. Das sog. Gebetbuch der hl. Elisabeth (ebenfalls mit Miniaturen) wurde für den Landgrafen Hermann von Thüringen (1190–1217) gefertigt.

Die beiden farbig gefaßten Skulpturen Maria und Johannes waren Assistenzfiguren eines nicht erhaltenen Kruzifixes. Sie standen auf dem Chorbalken des *Tempietto Longobardo*. Es scheint, daß sie in der Mitte des 13. Jh.s im Friaul unter dem Einfluß der Kunst des Antelami entstanden, doch ist Zuordnung zu einer Bildhauerschule äußerst schwierig. Ein dreigeteilter Schnitzaltar in Form einer Tempelfront ist von den Brüdern Francesco und Pietro Floreani, 1538.

Das Altar-Triptychon von Pellegrino da San Daniele entstand zwischen 1525 und 1529 unter Mitarbeit von Sebastiano Florigerio. Dargestellt sind die thronende Muttergottes und Heilige, darunter der hl. Donatus, der ein Stadtmodell von Cividale hält. Von Giovanni Antonio da Pordenone besitzt das Museum ein spätes Altarblatt mit »Noli me tangere« (1539).

Vor dem Dom steht der **Palazzo Comunale** (3). Restaurierungen im Jahre 1936 gaben dem Bau die Gestalt zurück, die er im 15. Jh. hatte, gegründet wurde er jedoch schon im 14. Jh. als Zeichen der wirtschaftlichen Bedeutung des mittelalterlichen Cividale. Der auf mittelalterliche Weise noch völlig ungegliederte Palazzo mit seinen spitzbogigen Arkaden erhielt 1968–72 einen modernen Anbau. Vor dem Palazzo steht heute eine Statue Iulius Caesars, dem Gründer des Forum Iulii.

Direkt neben dem Rathaus steht der **Palazzo Attimis Minissini** aus dem 16. Jh. (mehrere Restaurierungen), gegenüber der **Renaissancepalast Boiani Meroi** mit einem von kleinen Köpfen verzierten Balkon.

Über die Via G. B. Candotti rechts vom Dom und dann weiter die Via Monastero Maggiore entlang führt der Weg zum **Monastero Maggiore** (4). Bei diesem heute von den Ursulinen geführten Kloster handelt es sich um einen im 8. Jh. von Benediktinerinnen angelegten Klosterkomplex, zu dessen Gelände der berühmte **Tempietto Longobardo** gehört (siehe Nr. 7). Durch ein Renaissanceportal von den Brüdern Astori di Dossena, 1521, kann man einen Blick auf den barock-geschweiften Narthex der Kirche San Giovanni Battista werfen. Diese geht auf einen Plan Luca Andriolis zurück, der im 18. Jh. dem seit dem 14. Jh. immer wieder veränderten Bau seine jetzige Gestalt gab.

Folgt man weiter der Via Monastero Maggiore, durchschreitet man bald die ehemalige **Porta Romana**, ein römisches Stadttor, das heute von Häusern überbaut und kaum mehr als solches zu erkennen ist. Die folgende **Porta Patriarcale** (5) mit

Porta Patriarcale

zwei gotischen Biforien bildete neben der ebenfalls teilweise erhaltenen Porta Arsenale Veneto (im Westen der Stadt) zwei der ehemals vier mittelalterlichen Stadttore aus der Patriarchenzeit.

Die nahe gotische Kirche **San Biagio** (6, den Schlüssel erhält man im Haus links direkt neben der Kirche) ging in ihrer heutigen Gestalt des 15. Jh.s aus zwei zu einem Bau zusammengefügten und ergänzten Kapellen des 13. Jh.s hervor. Freskenreste an der Fassade von 1506/08, das Portal ist von 1488. Im Inneren eine Statuette des hl. Blasius von Domenico di Zucco, 1467. In der rechten Kapelle Fresken aus der zwei-

ten Hälfte des 14. Jh.s mit Szenen des Titelheiligen, »Christus in der Mandorla« und (unten) Monatsdarstellungen; aus dem 15. Jh. »Hl. Blasius auf dem Thron«. Die Altartafel schuf Pietro Miani, 1507, in der Apsislünette »Verkündigung« von Marco Vecellio, 1604. Spätgotisches Netzgewölbe in der linken Kapelle.

Mit **Tempietto Longobardo** (7) bezeichnet man das **Oratorium Santa Maria in Valle.** Dieser kleine Bau des 8. oder frühen 9. Jh.s am Steilufer des Natisone ist hochberühmt. Ursprünglich freistehend, tritt er jetzt äußerlich kaum in Erscheinung, im Inneren enthüllt er jedoch eine einzigartige Ausstattung, zu der es in der gesamten westlichen Kunst keine gleichzeitigen Vergleichsbeispiele dieses Ranges gibt. Die zahlreichen bis heute offen gebliebenen Fragen im Bezug auf seine Bedeutung bzw. seinen Zweck werden wir erst im Anschluß an die Besichtigung erörtern.

Der Zugang zum Tempietto erfolgt heute durch einen im 16. Jh. hinzugefügten Nebenraum, der lange als Sakristei diente (jetzt Kassenraum). Die hier gezeigten abgelösten Fresken stammen allerdings aus dem Hauptraum. Ein Lünetten-Fresko an der Hauptwand zeigt Szenen mit Adam und Eva, 12. Jh. An der linken Wand findet sich u. a. ein Kreuzigungsfresko des späten 14. Jh.

Das anschließende *Oratorium* besteht aus dem Presbyterium (dem Altarraum), von dem wir in eine quadratische ›Aula‹ blicken (die ursprüngliche Eingangstür ist stets verschlossen; sie gehört – wie auch ein vorgelagerter Narthex – zur Klausur des Monastero Maggiore.)

Einzigartig ist die Stuckausstattung des Tempietto, sie umzog ursprünglich alle drei Wände der Aula. Nahezu vollständig erhalten blieb sie nur an der ursprüngli-

Tempietto Longobardo

chen Eingangswand, der Westwand (Abb. S. 189). Hier überfängt sie die ursprüngliche Eingangstür und rahmt in einem breiten, reich ornamentierten Bogen ein tympanonartiges Lünettenfeld. Der Bogen selbst besteht aus zwei von Perlschnüren gesäumten Bändern, dem Rankenfries und einem äußeren Ring von hochstilisierten, kaum noch als gegenständlich erkennbaren Blüten. Daß der Rankenfries mit seinen – recht naturalistisch wiedergegebenen – Trauben und Blättern nicht der Wand aufliegt, sondern unterhöhlt ist *(à jour)*, schafft die besondere Wirkung. Unterhalb des Bogens setzt sich die Dekoration fort, die den Bogen stützenden Säulen und Kapitelle werden allerdings – soweit noch vorhanden – durch das Chorgestühl verdeckt. Das erkennbare zeittypische (nicht allein auf langobardische Kunst beschränkte) Flechtwerk am Türsturz findet sich auch an der Innenseite des Bogens.

Höhepunkt der Dekoration sind die von zwei Blütenfriesen eingerahmten weiblichen Stuckfiguren, die für einen Laienraum höchst ungewöhnlich sind. Die sechs schmalen, überlängten und in lange Gewänder gehüllten Gestalten sind durch ihre Nimben als Heilige ausgezeichnet. Die äußeren vier mit ihren mit mehrteiligen aufwendigen Borten besetzten Gewändern sind offensichtlich Frauen fürstlichen Standes; sie tragen Kreuze und Kronen vor der Brust. Ihr Blick ist unbewegt in den Raum gerichtet. Anders die links und rechts von der Fensternische stehenden Frauen. Die Gewänder sind wesentlich schlichter. Es handelt sich dabei um die von antiken Statuen her bekannte Palla, ein traditionelles Gewandstück, das gewöhnlich – und wohl auch hier – geistli-

chen Frauen oder Heiligen vorbehalten ist. Diese Frauen haben ihre Hände im Gestus der Anbetung erhoben und führen unseren Blick auf die reich bekrönte Bogenöffnung in der Mitte, auf die Stelle eines ehemaligen Fensters. Weitere heilige Frauen waren einst auch an der Süd- und Nordwand dargestellt, ebenfalls als Hochreliefs.

In ihrer Aufreihung, in ihrem hoheitsvollen Stehen erinnern die Frauen an Mosaikdarstellungen in Ravenna (Sant'Apollinare, San Vitale). Die Mosaiken von Sant'Apollinare Nuovo könnten auch zum ikonographischen Verständnis helfen: Wie dort war wohl auch hier dargestellt, wie in einer feierlichen Prozession Kronen dargebracht werden. Diese Darbringung muß Christus gegolten haben, der durch das Licht des (heute vermauerten) Fensters verkörpert war, auf das die Frauen in geistlichen Gewändern verweisen. Sämtliche Stuckarbeiten – die Figuren wie auch die Ornamentik – muß man sich farbig gefaßt vorstellen. Hinzu kamen in den unteren Wandabschnitten Marmorverkleidungen (erhalten u. a. an der südlichen Presbyteriumswand) und Gewölbemosaiken (erhalten nur minimale Reste). In dieser Kombination von Marmorverkleidung, von Malerei, farbigem Stuck und Gewölbemosaiken präsentierte sich dieser Raum in kostbarster Pracht, in einem Licht- und Farbenspiel von einzigartiger Wirkung. Für die Vorstellung des ursprünglichen Raumbildes gilt es dabei zu bedenken, daß eventuell ursprünglich statt eines Kreuzgratgewölbes nur eine flache Holzdecke den Raum nach oben hin abschloß (das jetzige Gewölbe wurde nach dem schweren Erdbeben von 1222 erneuert, z. T. mit älteren, wiederverwendeten Ziegelsteinen.)

Das Lünettenfresko über dem Westportal zeigt den jugendlichen Christus mit den beiden Erzengeln Michael und Gabriel. Reste in der Lünette der Südseite zeigen die Muttergottes mit Kind und Engel. Die gemalten Heiligen der zweiten Zone sind alle männlich. Mit Ausnahme eines Bischofs sind es Soldatenheilige. Nur zu einem ist die Inschrift erhalten, er wird als Hadrianus bezeichnet.

Das Prebyterium wird durch sechs Stützen in drei tonnengewölbte Schiffe gegliedert, wobei die mittlere der gestelzten Längstonnen durch eine leichte Erhöhung akzentuiert wird. Man kann hier zahlreiche Spolien entdecken: Aus römischer Zeit (2. Jh. n. Chr.) stammen die als Kapitelle genutzten Konsolstücke über den beiden Vierkantstützen sowie Teile des Architravs. Die Blattwerkkapitelle der Säulen hingegen und wohl auch die Kapitelle der schlanken Stützen des Chorbalkens sind eng verwandt mit denen des Callixtus-Baptisteriums im Museo Diocesano, das man aufgrund einer Inschrift um 750 datiert. Der Chorbalken behielt zum Teil noch seine ursprünglicher Bemalung.

Zu der Stuckplastik wurde auf Parallelen in byzantinischen Werken in syrisch-palästinensischem Gebiet hingewiesen, zu der Malerei finden sich Vergleichsbeispiele u. a. in den von Papst Paul I. (757–767) gestifteten Fresken in Santa Maria Antiqua in Rom. Von erheblichem Interesse ist beim *Tempietto Longobardo* die Frage der Datierung. Sie könnte bei der Klärung der Frage helfen, ob es sich hier um ein Werk aus langobardischer Zeit handelt (das dann auf die Erneuerungen der karolingischen Hofkunst von Einfluß war), oder um ein Werk aus bereits karolingischer Zeit. Der Baubefund hat gezeigt, daß Stuck, Fresken und Marmorverkleidung gleichzeitig entstanden sein müssen, wohl unmittelbar nach Beendigung des Rohbaues. Für eine Datierung in die Mitte des 8. Jh.s – also zur Zeit der Langobardenherrschaft, wie sie vor allem die norwegischen Forscher L'Orange und Torop vertraten – sprechen die Säulenkapitelle des Presbyteriums, die – wie erwähnt – von der gleichen Werkstatt sein müssen wie die Kapitelle des um 750 zu datierenden Callixtus-Baptisteriums im Dom. Für eine Datierung in karolingische Zeit um 800–810 (Adriano Peroni) spricht u. a. die Ähnlichkeit der Tympanonbogen zu ornamentalen Arbeiten in San Salvatore in Brescia, die aus gewichtigen, aber nicht zwingenden Gründen um 810 entstanden sein müssen.

Das Chorgestühl ist eine seltene Arbeit aus der Zeit um 1371. Da es im Friaul keine Vergleichsbeispiele gibt, liegt es nahe, eine süddeutsche Werkstatt anzunehmen, obwohl in neuerer Forschung auch an eine venezianische Werkstatt gedacht wurde (ähnliche Schmuckformen finden sich am Dogenpalast).

Die kunsthistorische Forschung beschäftigt sich bereits seit dem 19. Jh. mit dem Tempietto, doch blieben bis heute noch wesentliche Fragen ungelöst. Was war seine ursprüngliche Bestimmung? Für wen wurde er errichtet? So lange die Datierungsfrage ungelöst bleibt, ist noch nicht einmal gesichert, ob dieses Bauwerk zu Recht ›Tempietto Longobardo‹ genannt werden darf. Einig ist man sich allerdings in der Annahme, daß dieser außergewöhnlich prachtvolle Bau nur in königlichem Auftrag entstehen konnte. Er wurde auf königlichem Gelände errichtet: in dem etwas niedriger gelegenen Stadtteil zwischen Teufelsbrücke, Dom und Piazza San Biagio, das man *Valle* nennt. Hier stand auch der königliche Palast, in dem der Stellvertreter des Königs, der Gastalde, residierte. So war vielleicht der Tempietto entweder eine zum Palast des Gastalden gehörende Palastkapelle, oder er diente als Oratorium für das unmittelbar angrenzende Nonnenkloster (das erstmals 830 erwähnt wurde). Wenig hilft uns dabei eine auf das 13. Jh. zurückreichende Überlieferung, nach der Oratorium und Kloster durch die langobardische Königin Piltrudis gestiftet worden sein sollen.

Unser Rundgang führt uns wieder zurück durch die Porta Patriarcale in die Via Monastero Maggiore, von der wir sogleich rechts abzweigen und vorbei an einem mittelalterlichen Haus (Abb. unten) rechts zur Stretta di Santa Maria di Corte gelangen, an deren Ende die Via Patriarcato abgeht. Gleich an der Ecke steht etwas zurückversetzt das Kirchlein **Santa Maria di Corte,** an dessen Stelle sich wahrscheinlich ehemals die Hofkapelle der langobardischen Herzöge, später auch der Patriarchen befand. Romanisch ist noch der Glockenturm, die Fassade ist aus dem 17. Jh. (Inneres unzugänglich). Der nun folgenden Piazza Garibaldi schließt sich die Piazza San Giovanni an mit der Kirche **San Giovanni in Xenodochio** aus dem 19. Jh. (sie wird nur zu Hochzeiten geöffnet). Der

Mittelalterliches Haus

ungewöhnliche Name leitet sich ab von einem ehemaligen Pilgerheim (lat. *xenodochium*) aus der Zeit der Langobarden.

Ein kurzer Durchgang verbindet die Piazza Garibaldi mit der großen *Piazza Paolo Diacono*. Dieser belebte Platz mit seinem L-förmigen Grundriß ist ein beliebter Treffpunkt der Cividalesen, der Fremde wird hier gerne dem Leben zwischen Cafés und Arkaden zusehen. An dieser Piazza soll angeblich der langobardische Geschichtsschreiber Paulus Diaconus (s. S. 25) geboren sein. Eine kleine Tafel an einem Haus aus dem 15. Jh. (mit sechs gotischen Spitzbogenfenstern) macht darauf aufmerksam.

Ein kurzer Abstecher durch die Via Carlo Aberto führt zu dem Kirchlein **Santi Silvestro e Valentino**, das im 13. Jh. gegründet, vom 18. Jh. (damals entstand die jetzige Fassade) bis heute aber völlig umgebaut wurde. Im Inneren links ein Kurzifix von Orazio Liberale, 1566. Rechts neben der Kirche ein Haus aus dem 15. Jh.

Zurück zur Piazza Diacono und weiter durch den Corso Mazzini (den römischen Decumanus maior), erreicht man die Via Cavour. An der Ecke befindet sich der **Palazzo Levrini-Stringher** aus dem 16. Jh. mit Fresken christlicher und mythologischer Thematik in fiktiver Marmorrahmung, wohl von Marco Bello, einem Schüler des Giovanni Bellini, 1515–1520. Zu erkennen sind u. a. »Taten des Herkules«, »Venus mit den drei Grazien« und »Pyramus und Thisbe«.

Die Via Rubeis rechts führt zum südlichen Stadttor des unter den Patriarchen errichteten Mauerrings, der **Porta Arsenale Veneto**, 14./15. Jh. Direkt dahinter steht die kleine Kirche **San Pietro ai Volti**, der eine Kapelle des 11. Jh.s vorausging. Am Hauptaltar »Christus erscheint den Heiligen Rochus und Sebastian« von Palma dem Jüngeren, 1607.

Von den römischen Thermen, nach denen die nahe kleine Piazzetta delle Terme Romane benannt ist, haben sich nur geringe Reste (u. a. Hypokausten) erhalten. An der Piazza Foro Giulio Cesare steht noch ein (stark restaurierter) Wohnturm aus dem Mittelalter, in dem die Adelsfamilien Varmo und Della Torre residierten.

Nach den Prinzipien mittelitalienischer Bettelordensgotik entstand ab 1285 die Kirche **San Francesco** (8). Vollendet wurde sie im 14. Jh. Von der ehemaligen Klosteranlage blieb nichts erhalten. Ein Brand im Jahre 1917 verursachte schwere Schäden, die Erdbebenkatastrophe von 1976 tat ein übriges, um umfangreiche Restaurierungsarbeiten notwendig werden zu lassen. Der klar gegliederte Außenbau der Kirche ist in seiner Ostpartie hoch aufgerichtet und ragt mit seinem Campanile stolz über dem Ufer des Natisone auf. Die schlichte Fassade schmückt ein großes Rundfenster. Der hohe, langgestreckte Innenraum mit – erneuertem – offenen Dachstuhl, einem kurzen Querhaus und drei Apsiden entspricht dem Schema der Bettelordenskirchen. Die Wände waren ursprünglich durchgehend mit Fresken bedeckt, wie wir es auch von anderen Franziskanerkirchen kennen. Die freigelegten Fresken stammen aus der Zeit zwischen der Mitte des 14. Jh.s und dem frühen 16. Jh. Bemerkenswert die »Kreuzigung« im Zentrum der Apsis sowie »Christus in der Mandorla«, »Thronende Madonna« und »Verkündigung«, im rechten Querschiff, alle wohl von Meistern der

Schule von Rimini, 1. Hälfte 14. Jh. Der Schule des Altichiero Altichieri aus Padua werden die Szenen »Anbetung der Magier« und »Grablegung« zugeschrieben. In der Sakristei Fresken des 14. Jh.s, außerdem Malereien von dem Comasker Giulio Quaglio, 1693.

Schräg gegenüber der Kirche ist die Fassade des **Palazzo Pontotti Brosadola** aus dem 18. Jh. zu sehen. Drei Rundbogenfenster mit Balustrade markieren die Mitte, entsprechend sind drei weitere Fenster im Mezzaningeschoß darübergesetzt.

Bevor man die Besichtigung Cividales mit dem Überschreiten der Teufelsbrücke (erreichbar von der Piazza Francesco über die Via Stellini, die an der Via P. d'Aquileia endet) abschließt, kann man zuvor das **Keltische Hypogaeum** (9) besichtigen, ein unterirdisches Gewölbe, das von den Römern und auch noch von den Langobarden als Kerker benutzt wurde (Via Monastero Maggiore 4, den Schlüssel erhält man im Haus nebenan oder gegen Hinterlegen eines Dokumentes bei der Touristeninformation schräg gegenüber vom Dom). Die höhlenartige Anlage ist K-förmig in die Felsen gehauen worden bis zu einer Tiefe, wie sie etwa der des nahe vorbeifließenden Natisone entspricht. Zwischen kleinen Nischen, Stützpfeilern und zellenartigen Räumen ragen seltsam anmutende Köpfe dem Besucher entgegen. Vielleicht sind sie ein Hinweis auf keltische Grabkultur, eine genauere Klärung der Bestimmung der Höhle steht noch aus.

Bei der berühmten **Teufelsbrücke** (10), dem *Ponte del diavolo*, fühlt man sich an Sujets romantischer Maler erinnert. Von der Stretta San Martino aus – am anderen Ufer des Natisone – hat man einen schönen

Blick auf sie: Durch zwei weite Bögen strömt das Wasser des Natisone, der hier knapp die Hälfte seines Weges bis zum Zusammentreffen mit dem Isonzo hinter sich hat. In Ocker- und Rottönen gestrichene Häuser reihen sich am Ufer entlang, dazwischen ragt links der Turm von San Francesco auf. Glaubt man den Legenden, so war es der Teufel höchstpersönlich, der eines nachts die beiden Bögen über den Fluß spannte. Zumindest aber schleuderte er einen Felsbrocken in den Natisone, auf den sich der mittlere Stützpfeiler des 50 m langen und über 20 m hohen Bauwerkes stützt – und zwar in Erwartung der Seele, die ihm von dem Lebewesen versprochen ward, das als erstes die Brücke überschreiten werde. Er konnte nicht ahnen, daß die Cividalesen einfach eine Katze lossschickten... Reichlich nüchtern klingt daneben die Tatsache, daß Quellen den Namen Erhards von Villach überliefert haben, der das architektonische Meisterwerk ab 1452 (nach anfänglichen Arbeiten von Jacopo Dagura da Bissone um 1442) vollendete. Bis heute hat die Brücke, die wahrscheinlich schon unter den Römern Teil einer wichtigen Straßenachse war, mehrere Restaurierungen erfahren. Zu einer schweren Zerstörung führte ein Angriff der Italiener in den Kämpfen des Oktobers 1917.

Weiter auf dem Borgo di Ponte sieht man links die Kirche **Santa Maria dei Battuti**, erbaut zwischen 1444 und dem ersten Drittel des 16. Jh.s (Fassade von 1536). Im Inneren Triptychon von Sebastiano Florigerio, 1. Hälfte 16. Jh.

San Francesco am Natisone-Ufer ▷

Die Umgebung von Cividale

☐ Momacco – Ziracco – Remanzacco – Colli orientali – Rocca Bernarda – Abbazia di Rosazzo – Villen bei Manzano – Castelmonte – San Pietro al Natisone – San Giovanni in Antro – Campeglio – Faédis – Belvedere – Attimis – San Gervasio

Zwischen Cividale und Udine findet man einige der interessantesten Villen des Friaul. Die Villa mit dem schönsten Garten *all'italiana* (angelegt im späten 19. Jh.) liegt östlich von Moimacco in der Ortschaft **Bottenico** (kurz vor Cividale): die wohl vor 1670 erbaute *Villa de' Claricini*.

Die *Villa De Puppi* in **Moimacco** zeigt zur Gartenseite hin eine palladianische Front mit vier jonischen Halbsäulen und einem Dreiecksgiebel. Das *piano nobile* liegt im Erdgeschoß: ein Hinweis für eine Erbauungszeit im 18. Jh. Nördlich von Moimacco, in **Ziracco,** steht die *Villa Torre* (Thurn) aus dem 17. Jh.; sehenswert ist vor allem die Fassade zum Garten hin, die jedoch nur nach schriftlicher oder telefonischer Voranmeldung besichtigt werden kann.

Villa de' Claricini in Bottenico

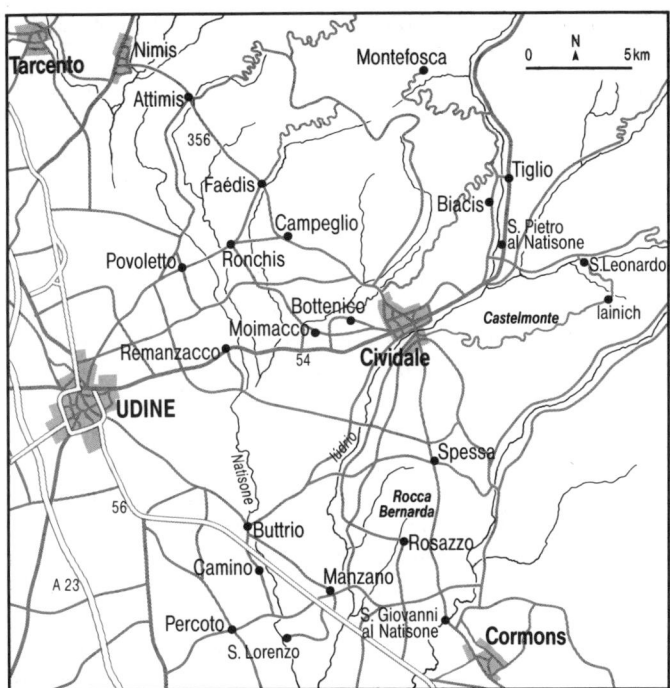

Die Umgebung
von Cividale

In der rechten Nebenkapelle (mit gesondertem Eingang) der Pfarrkirche von **Reman-zacco**, wird ein bedeutender Schnitzaltar gehütet, den man leider nur durch zwei winzige Fenster betrachten kann. Giovanni Martini (um 1470–1535) schuf ihn 1510–15 für die Votivkirche Santo Stefano. Im Aufbau, in den Zierformen und der Figurenbildung ist er ähnlich dem Altar in Prodolone (S. 281). Vom ehemaligen Hochaltar der Pfarrkirche hängen hoch im Chor vier Heiligentafeln von Bernardino Blaceo (1567).

Von Cividale aus lassen sich darüber hinaus drei landschaftlich schöne Ausflüge unternehmen: in den südlichen Teil der Colli Orientali Richtung Cormons, eine Fahrt zur Wallfahrtskirche Castelmonte und in die Täler des Natisone sowie eine Fahrt auf der Weinstraße nach Faédis und Umgebung (Richtung Tarcento).

Für die Fahrt in die südlichen, zwischen den Flüssen Natisone und Iudrio gelegenen Hügel der *Colli Orientali* nimmt man in Cividale die Straße 356 Richtung Cormons (das zur Provinz Gorizia gehört und daher auf S. 298 f. beschrieben wird).

Über Spessa führt die Straße in die Nähe der **Rocca Bernarda**, die mit ihren drei runden Türmen auf einem Hügel steht (keine Innenbesichtigung). Erst 1567, zur Zeit der venezianischen Herrschaft, wurde die Rocca erbaut, und zwar für die aus Rom stammende Familie Capoferro. Gegen die Errichtung eines Kastells in der Nähe ihrer Stadt protestierten die Bürger von Udine. Wenn jedoch der venezianische Senat dem Bau statt-gab, so deshalb, weil es sich hier nicht eigentlich um ein Kastell, sondern um eine Villa handelt. Die Wehrtürme wurden ihr wie ein nostalgischer Dekor beigegeben und hätten bei einer Belagerung Kanonengeschossen kaum standgehalten. Ähnliche Beispiele leicht befestigter Villen aus der Zeit der venezianischen Herrschaft kennen wir aus dem Veneto (Castello Roncade, Castello Thiene). Die zwischen den Wehrtürmen eingespannte Villa ist von L-förmigem Grundriß und umfängt zusammen mit einer L-förmigen Mauer einen hängenden Garten *all'italiana*. Die Villa hat häufig die Besitzer gewechselt. Durch Erb-schaft kam sie an die Familie Valvasone di Maniago, die sie nach dem jungen Bernardo ›*Rocca Bernarda*‹ nannte. Es folgten die Antonini, die Maraschi und (seit 1905) die Peru-sini. Nach Ermordung des Grafen Perusini (1977) kam die Rocca Bernarda durch testa-mentarische Verfügung in Besitz des Malteserritter-Ordens, der die von den Perusini zu hohem Ansehen gebrachte und für ihren Picolit bekannte Weinkellerei fortführt.

Inmitten von Weinbergen liegt auch die ehemalige **Abbazia di Rosazzo**. *Monasterium Rosarum*, Rosen-Kloster hieß sie im Mittelalter in Anspielung auf die hier wachsenden wilden Rosen. Vertraut man einem 1319 verfaßten Nekrolog wurde das Kloster unter dem Patriarchen Sigehard (1068–1077) nach der Regel des Augustinus gegründet. Erwähnt wurde die Abtei jedenfalls zum ersten Male 1084. Sie stand unter dem Schutz der Eppen-stein aus Kärnten. Und aus Kärnten, der Abtei von Millstatt, kamen 1091 auch die ersten Benediktinermönche. Das ›Rosen-Kloster‹ stand in großen Ansehen und wurde häufig mit Schenkungen bedacht. Der Abt hatte seinen Sitz im Parlament der *Patria del Friuli*. Ab dem 14. Jh. stellt sich die Geschichte der Abtei kaum anders dar als die Geschichte eines Feudalkastells. Sie wurde befestigt und mußte immer wieder Angriffe abwehren. Sie hatte sich gegen die österreichischen Herzöge (nach 1361) ebenso zu behaupten wie gegen Udine (1386). Mehrmals, in den Jahren 1323, 1334 und 1389, wurde sie in Brand gesetzt. 1422 gelang es dem Patriarchen von Aquileia mit Hilfe von 4000 bewaffneten Ungarn, das Kloster (zusammen mit dem Castel von Mazzano) einzunehmen. Die schlimmsten Angriffe erlebte die Abtei während des Krieges zwischen der Liga von Cambrai und Vene-dig, 1509, als die deutschen Truppen des Herzogs von Brunswick sie plünderten und nahezu vollständig zerstörten. Auf Wunsch des Kommendaturabtes, des Bischofs Gio-vanni Matteo von Verona, wurden Kirche und Kloster ab 1533 wiederaufgebaut und erneut befestigt. Ein Maler aus Verona, Francesco Torbido (›Il Moro‹), stattete die Kirche mit Fresken aus.

☐ Villen bei Manzano und Wallfahrtsort Castelmonte

Bei **Dolegnano** erbauten die Grafen Trento im späten 17. Jh. eine große Villenanlage nach dem Vorbild der Veneto-Villen (Richtung Manzano am Ortsende, auf der rechten Seite der Hauptstraße). Das Herrenhaus besteht aus drei Blöcken, dessen mittlerer drei Geschosse aufweist und dessen Fenster mit Rücksicht auf die Kamine unregelmäßig ver-teilt sind.

Die kleine Kirche *San Giusto* in **San Giovanni al Natisone** (mit Vorhalle und Glockensegel) geht auf das 15. Jh. zurück. Die *Villa De Brandis* (mit großem, von Mauern umgebenen, öffentlich zugänglichen Park) im Zentrum des Ortes wurde 1722 begonnen. Sie gehört der Gemeinde und wird gelegentlich für Ausstellungen benutzt.

Noch reiner als die Villa Trento verkörpert die wohlproportionierte *Villa Piccoli* in **Soleschiano** den Typus der Veneto-Villen (auf der Straße von Manzano nach Percoto rechts abbiegen nach San Lorenzo, dem Wegweiser ›Ristorante Borgo‹ folgend). Hier entspricht nicht nur die Anordnung, sondern auch die Form der rundbogigen Fenster dem venezianischen Typus, wie er auf der Terraferma, aber auch bei den Stadtpalästen Venedigs üblich ist. Der Baublock ist zudem von kubischer Gestalt. Nur der mittlere Teil wächst aus dem Block heraus und wird von einem Dreiecksgiebel gekrönt.

Wer an den Anfängen des Villenbaus interessiert ist, findet bei **Manzano** (ca. 1,5 km nördlich des Ortszentrums) ein frühes Beispiel aus der Zeit um 1500: die schlecht erhaltene, verwahrloste *Villa Manzano* (auch *Castello Sdricca* genannt) mit massivem, ursprünglich höherem Verteidigungsturm und einer nach 1509 hinzugefügten Loggia.

Schwer auffindbar ist die im späten 17. Jh. erbaute *Villa Marchi-Ottelio* bei **Buttrio** (vom Ortszentrum aus zunächst dem Wegweiser für den Nachtclub ›Conte di Montecri-

Villa Piccoli in Soleschiano

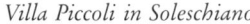

Castelmonte

sto‹ folgend), die in ihrer langgestreckten Form einen im Friaul häufigen Typus präsentiert, der sich aus dem Bauernhaus entwickelt hat. Im Erdgeschoß der Villa wurde früher
Wein entwickelt hat. Im Erdgeschoß der Villa wurde früher Wein gepreßt und gekeltert,
im Keller darunter wurde (und wird noch heute) Wein gelagert, das *piano* nobile diente
dem vorübergehenden Aufenthalt der Besitzer, das Dachgeschoß zum Trocknen von
Trauben und anderen Ernteerträgen.

Besser erhalten als die frühe Villa Manzano ist eine namenlose Villa in **Camino** bei Buttrio aus dem frühen 16. Jh., die ebenso mit einem Turm (der wohl als Taubenschlag diente)
und einer fünfbogigen Loggia ausgestattet ist.

Castelmonte liegt auf einer einsamen Anhöhe von 618 m, kurz vor der Grenze nach
Slowenien. Von Cividale aus erreicht man, den berühmten Wallfahrtsort über eine von
Kapellen gesäumte Straße, die immer wieder herrliche Ausblicke in das Hügelland der
Umgebung bietet. Nach Castelmonte ziehen alljährlich große Pilgerscharen aus dem
Friaul, aus Kärnten und dem früheren Krain zu der Madonnenstatue, die am 8. Septem-
ber 1479 hier aufgestellt wurde. Die sitzende Madonna mit Kind ist im weichen Stil gear-
beitet (erste Hälfte des 15. Jh.s) und wird von den Friulanern ob ihrer Schönheit gerühmt,
obgleich sie durch Kronen und spätere Fassungen entstellt ist. Urkundlich belegt ist ein
Marienheiligtum in Castelmonte seit 1175. Im 13. und 14. Jh. wuchs seine Beliebtheit, als
die Päpste Innozenz IV. (1243–1254) und Urban VI. (1378–1389) den Pilgern großzügigen
Ablaß garantierten. Aufgrund von Grabungsfunden, zu denen ein römischer Ziegelfuß-
boden (spätestens aus dem 6. Jh.) gehört, geht man heute davon aus, daß Castelmonte

eine der ersten Wallfahrtsstätten Oberitaliens war und darüber hinaus eines der ersten Marienheiligtümer überhaupt nach dem Konzil von Ephesos (431).

Seine strategisch günstige Lage führte immer wieder zu Belagerungen, so durch die Ungarn 1419, als große Teile der Anlage zerstört wurden. Aus Furcht vor den Türken mußte die Wallfahrtsstätte 1478 befestigt werden. In den Jahren 1511 und 1513 rissen Erdbeben das Kastell nieder. Seit 1913 haben Kapuzinerbrüder die Wallfahrtskirche übernommen.

Der Kirchenbau geht auf das 16. und 17. Jh. zurück, wurde jedoch mehrfach verändert, auch im neo-romanischen Stil. Groß ist die Zahl der z. T. volkskundlich sehr interessanten Votivbilder, die sich im Laufe der Jahrhunderte angesammelt haben.

Eine kurvenreiche Straße mit schönen Aussichten führt von Castelmonte über Jáinich, wo sich alte Bauernhäuser erhalten haben, und San Leonardo in das Tal des Erbezzo, eines der Zuflüsse des Natisone. Bei **San Pietro al Natisone** (das bis 1867 San Piero degli Slavi hieß) steht auf der Straße nach Cividale rechts die kleine gotische Kirche *San Quirino* (1493). In entgegengesetzter Richtung führt die Hauptstraße weiter in das Natisone-Tal (Richtung Slowenien). Um zur Felsenkapelle **San Giovanni in Antro,** zu gelangen, biegt man nach Tiglio links ab und fährt bei der Straßengabelung rechts hoch zur Ortschaft Antro (die Kapelle ist sonntagsnachmittags geöffnet, sonst Schlüssel im Dorf erfragen; Inf. Tel. 04 32-7 60 20). Nach einem ebenen Fußweg sind über 100 Stufen zur Felsen-

Verlassenes Bauernhaus bei Jáinich

201

kapelle hochzusteigen. Die Kapelle entstand 1477 am Eingang einer natürlichen Grotte, wobei für die Wände und das Gewölbe weitgehend das natürliche Felsgestein verwendet wurde. Nur für die Eingangswand, die Chorkapelle und die Sakristei wurden Mauern hochgezogen. Baumeister war der Slowene Andrea da Skofja Loka. Seit Vorzeiten wurde die Grotte bewohnt. Man fand Knochenreste des *Ursus spelaeus* und römische Tonziegel.

Zurück bis zur erwähnten Straßengabelung geht es rechts Richtung **Biacis.** Bald nach dem Dorf, vor dem Brunnen, führt rechts eine kleine Straße zu einer besonders schön gelegenen ländlichen Kapelle: zu *San Giacomo.* In der Vorhalle wird eine Steintafel mit nicht entzifferbaren Schriftzeichen aufbewahrt. Diese Tafel diente als Tisch, um den herum sich im Mittelalter Familienvorstände versammelten.

☐ Straße der Kastelle von Cividale nach Tarcento

Von landschaftlichem und kulturgeschichtlichem Reiz ist die Fahrt auf der ›Straße der Kastelle‹ von Cividale nach Tarcento (SS 356). Sie führt in den nördlichen Teil des Weinbaugebietes der *Colli Orientali.* Wer genügend Zeit aufbringt für einige Abstecher mit dem Wagen und kleine Wanderungen auf die Anhöhen und nicht allzu große Erwartungen an den Rang der Monumente stellt, kann Kastelle, baugeschichtlich nicht uninteressante Villen und zahlreiche bescheidene Votivkirchen kennenlernen.

Zur Votivkirche *San Rocco* und den Resten des *Castello Soffumbergo* biegt man bei **Campeglio,** rechts in die Via San Michele Richtung Maschiacho ab. Rechter Hand führt ein zunächst asphaltierter Weg, die Via Castellano, hinauf zur kleinen spätgotischen Kirche San Rocco, wohl aus dem 15. Jh.: ein schlichter, unverputzter Bau aus Haustein mit offener Vorhalle und Glockenstuhl. Im Inneren öffnet sich hinter dem spitzen Chorbogen eine quadratische Chorkapelle mit einfachem Kreuzgewölbe. In der Nähe der Kirche finden sich die spärlichen Reste des Kastells der Soffumbergo, die auch Scharfenberg genannt wurden. 1242 ging das Kastell in Besitz der Patriarchen von Aquileia über, von denen einige es als Sommerfrische benutzten. Zeitweise diente das Kastell dem Patriarchenstaat auch als Münzprägestätte.

Von **Faédis** aus, einem der wichtigsten Weinorte der *Colli Orientali,* sind zwei Votivkirchen zu besichtigen: *San Pietro degli Slavi* und *Madonna di Zucco* (Schlüssel für beide Kirchen bei Sr. Ubaldo, Via Castello 28, im 2. Hof). Vom Hauptplatz von Faédis biegt man rechts ab, fährt sofort danach Richtung Montefosca. Da nach 200–300 m rechts abbiegende Straße Borgo S. Pietro führt zur ehemaligen Friedhofskirche S. Pietro degli Slavi. Sie ist seit 1319 bezeugt, wurde jedoch im 15. Jh. grundlegend erneuert. Im Chor ein Sterngewölbe. Der Schnitzaltar von Giovanni Martini, 1522, wurde aus Sicherheitsgründen ausgelagert.

Zur Kirche *Madonna di Zucco* fährt man von Faédis zunächst auf dieselbe Straße, folgt dann bald links einem Wegweiser für den Fußweg zur Kirche (ca. 15–20 Minuten). Man hält sich zunächst links, überquert eine Fahrstraße, nimmt bei der Wegscheide den rechten Weg. Unweit der Kirche liegt das Castello di Zucco, noch höher das Castello di Cucagna.

Für speziell an Villenbau Interessierte sei auf die *Villa Partistagno* bei **Ronchis di Faé-dis** verwiesen. Der verfallende Palast aus dem 16. Jh. war das Herrenhaus der Grafen von Partistagno. Hier wurde der alte Typus einer Portikusvilla mit Eckrisaliten mit neuen formalen Mitteln des 16. Jh.s realisiert. Der zwischen den ›Türmen‹ eingespannte doppelgeschossige Portikus wird von einem Dreiecksgiebel gekrönt. Durch den abgefallenen Verputz erkennt man, daß der Architrav des Erdgeschosses von flachen Segmentbögen entlastet wird. Ein statischer Kunstgriff, der bereits in der antik-römischen Baukunst bekannt war. In Ronchis steht auch die *Villa Cataruzzi* aus dem 18. Jh.

Eine weitere Villa besaßen die Grafen Partistagno in **Belvedere** bei Povoletto. Die Ortschaft liegt südwestlich von Faédis zwischen Masure di Sotto (hier die elegante *Villa Mangilli* aus dem 18. Jh.) und Salt: die *Casa dei Partistagno* ist eine der frühesten Villen im Friaul. Das auch *domus magna* genannte Herrenhaus in Form eines Stadtpalastes ist 1467 datiert. Ein fein ausgearbeitetes gotisches Dreipaßtriforium ähnlich den Fenstern am ›venezianischen Haus‹ in Udine, bildet den Hauptschmuck. Nicht erhalten blieben die alten Wirtschaftsgebäude.

Ein imposantes, mehrgeschossiges hochgelegenes Kastell der Partistagno sieht man bei der Weiterfahrt von Faédis Richtung Attimis – Tarcento bald nach Racchiuso (die Zufahrtsstraße zweigt bei Borgo Faris ab).

Oberhalb von **Attimis** haben sich die Reste von zwei mittelalterlichen, zwischen 1250 und 1270 begonnenen Kastellen der Grafen Attimis (auch Grafen Attems genannt) erhalten. Die Weiterfahrt geht über den Paß von Montecroce (267 m) zunächst nach **San Gervasio,** wo die im 12. Jh. erbaute, im 14. Jh. vergrößerte und veränderte *Pieve Santi Gervasio e Protasio* steht, deren Gründung auf das 7. Jh. zurückgeht. Kaum sehenswert sind der Weinort Nímis und das einstmals prachtvolle Städtchen Tarcento.

Im Weingebiet der Colli orientali

203

Venzone und Gemona

☐ Venzone

Wer heute das schmucke, belebte Städtchen besucht, kann sich kaum vorstellen, daß Venzone bei den beiden Erdbeben in Mai und September 1976 fast vollständig zerstört wurde. Aufrecht, wenn auch schwer beschädigt, stand nach dem Septemberbeben allein noch der Kommunalpalast; dieser jedoch war bereits bei einem Bombenangriff am Ende des Zweiten Weltkriegs vollständig zerstört worden und wurde in den 50er Jahren neu errichtet. Der Dom und die übrige Stadt bildeten dagegen nach dem zweiten Beben von 1976 ein einziges Trümmerfeld. Kaum jemand hätte damals geglaubt, daß die mittelalterliche Stadt einmal wiedererstehen und der Wiederaufbau viel vom alten Ambiente zurückbringen könne. Bei einer Umfrage, die Anfang der 90er Jahre von der Europäischen Gemeinschaft und der Zeitschrift »Airone« initiiert wurde, wählte man Venzone unter den kleineren Orten Italiens aus, in denen »das Leben angenehm« sei (dove »vivere e bello«). Dabei gab es 1980 noch keine Einigkeit darüber, ob Venzone überhaupt wiederaufgebaut werden sollte oder ob ein neues Venzone an anderer Stelle entstehen sollte.

Der schließlich durchgeführte Wiederaufbau gelang nur deshalb so überzeugend, weil man äußerst sorgfältig zu Werk ging. Man achtete darauf, daß jeder Stein möglichst an seine ursprüngliche Stelle zurückkehrte. Beim Gang durch Venzone wird man daher sehr häufig in den Stein eingravierte Nummern bemerken. Beim Wiederaufbau des Domes, der im Frühjahr 1994 noch nicht abgeschlossen war, wurde für jeden einzelnen Stein, neben einer fotografischen Dokumentation ein vierseitiger Katalog erstellt, in dem sämtliche Maße, jede Unebenheit, die genaue Lage im Trümmerhaufen, Wetterspuren etc. minutiös vermerkt sind. Aus all diesen Daten wurde – auch mit Hilfe von Computern – schließlich die Rekonstruktion angegangen.

Nähert man sich der Stadt von Süden, erkennt man sofort ihre besondere Lage. Venzone wurde dort erbaut, wo der Tagliamento die Voralpen durchbricht, um in das hier trichterförmig zulaufende ›moränische Amphitheater‹ zu treten. Der transalpine Verkehr – sowohl über den Plöckenpaß als auch über Tarvisio durch den Canal di Ferro führt über Venzone, wo die Karnischen und Julischen Voralpen fast zusammenstoßen, so daß man von einer ›Enge‹ oder ›Klause‹ sprechen kann. Venzone wurde daher auch ›Chiave della Friuli‹ (Schlüssel des Friaul) genannt. Diese Schlüsselposition wußten das mittelalterliche Venzone bzw. seine Feudalherren zu nutzen, indem man von jedem durchreisenden Kaufmann Zoll verlangte, und zwar in Ausübung des Niederlagrechtes: Dieses Recht verpflichtete alle Kaufleute, hier zu übernachten und ihre Waren umzuladen. Um zu verhindern, daß die Stadt umfahren werde, errichtete man an beiden Seiten des Tagliamento-Ufers Burgen. Die Rechte an der Klause Venzone verlieh einst Kaiser Otto III. 1001 den Patriarchen. In der betreffenden Urkunde wird der Ortsname zum ersten Male erwähnt. Die Patriarchen übertrugen die Rechte auf Venzone nach 1214 den Herren von Mels.

Diese wiederum gewährten der Stadt 1252 das Marktrecht und umgaben sie mit einem Mauerring. Doch der ›Schlüssel des Friauls‹ und die damit verbundenen Zolleinnahmen waren so begehrt, daß sich 1288 die Herzöge von Kärnten des Ortes bemächtigten. Doch die Besitzer wechselten weiter. Vorübergehend hatten die Grafen von Görz (1323–1336) und die Herzöge von Österreich (1351–1365) Venzone in Besitz. 1381 gelangte die Stadt zur Selbstverwaltung (wenn auch immer noch den Patriarchen unterstellt), um 1420 mit dem übrigen Friaul der Republik Venedig angegliedert zu werden.

☐ Rundgang

Man besichtigt den kleinen übersichtlichen Ort gewöhnlich von Norden her, denn außerhalb der Stadtmauer gibt es einen größeren Parkplatz. Die Hauptstraße (Via Roma, auch Via Nazionale genannt) führt zur zentralen Piazza Libertà. Sie wird beherrscht vom **Palazzo Comunale** (Farbabb. 16). Dieser Stadtpalast zeigt sich im wesentlichen so, wie er nach der Zerstörung im Zweiten Weltkrieg rekonstruiert wurde. Errichtet wurde er zwischen 1390 und 1410. Er verkörpert den Typus des oberitalienischen Kommunalpalastes: ein zweigeschossiger Bau mit offener Loggia im Erdgeschoß und einem großen Ratssaal im Obergeschoß. Schwere rundbogige Pfeilerarkaden öffnen sich zur Loggia. In den Ratssaal führt eine Außentreppe hoch. Diese wurde ebenso wie auch der Uhrenturm erst 1505 unter der Herrschaft Venedigs errichtet. Man beachte die unterschiedlichen Fensterformen: die ursprünglichen, gotischen Biforien mit Dreipaßbögen (wie sie in der Toscana verbreitet sind), und die nach einem Brand 1576 hinzugefügten Renaissancefenster mit Dreiecksgiebeln. Der Markuslöwe am Turm wurde 1543 angebracht. Von einem Fresko Amalteos in der Loggia (1582) blieben nur Reste erhalten.

Der Brunnen wurde 1878 errichtet (und wie alle übrigen Bauwerke Venzones nach den beiden Erdbeben von 1976 rekonstruiert). An der rechten Längsseite der Piazza, dem Kommunalpalast gegenüber, steht der **Palazzo Radiussi** mit venezianischen Fensterformen gotischen Typs und einem mächtigen Portal des 18. Jh.s. Eine Passage führt in den großen Innenhof des Häuserblocks.

Folgt man wenige Schritte der Via San Giovanni steht man vor den Ruinen der Kirche **San Giovanni,** die noch nicht wiederaufgebaut wurde. Es war ein einschiffiger Bau mit drei Chorkapellen nach dem Typus der Bettelordenskirchen, errichtet Mitte des 14. Jh.s. Das dazugehörige Klostergebäude, ein Augustinerkonvent, stammt im wesentlichen aus dem 17. Jh. Auf der anderen Seite vom Hauptplatz führt die Via Santa Caterina zur **Porta San Genesio,** einem charakteristischen Torturm des frühen 14. Jh.s. Er gehört zu den Stadtmauern, die durch den Herzog von Kärnten wiederaufgebaut wurden, nachdem sie 1309 durch die Truppen des Patriarchen zerstört worden waren. Als eines der ersten Gebäude wurde dieses Tor nach den Erdbeben von 1976 durch das Denkmalamt rekonstruiert (Farbabb. 17).

Wieder zurück auf die Piazza Libertà führt die Via Roma zum Dom **Sant'Andrea Apostolo.** Mit dem Wiederaufbau des Domes wurde erst um 1992 begonnen.

Tödlicher Schrecken - Die Erdbeben von 1976

Am 6. Mai und noch einmal am 15. September 1976 erschütterten das Friaul schwerste Erstöße, die auf der 12 Stufen umfassenden Mercalli-Scala Katastrophen-Richtwerte bis zwischen 9 und 10 erreichten. Es waren nicht die ersten Beben, die dieses Gebiet erleben mußte - seit 1115 wissen wir von ca. 200 Vorfällen -, und es wird wohl auch nicht das letzte sein: Denn die Region Friaul ist Teil jener gefährdeten Zonen, in denen die eurasische Platte mit der afrikanischen aufeinandertrifft.

Die Schreckensmeldungen in den Zeitungen im Jahre 1976 zeichneten ein Bild des Unglücks, das man sich heute, nach dem inzwischen fast abgeschlossenen Wiederaufbau im Erdbebengebiet, kaum mehr vorstellen kann. »Friaul ist nicht mehr Friaul«, schrieb damals der Journalist Rino Sanders, »auch seine Menschen (...) sind nicht mehr dieselben«. Diese Menschen mit ihrem zähen, ja nahezu unbezwingbaren Lebenswillen haben es jedoch geschafft - mit Hilfe tatkräftiger und materieller Unterstützung aus aller Welt -, aus unzähligen Schutthaufen wieder Ortschaften entstehen zu lassen und ihre alte Heimat neu zu erbauen. Wer die grauenvolle Zeit überlebte, wird aber wohl nie vergessen, was sich in jenen Tagen, in denen die Erde bebte, zutrug: Am 18. September berichtete die Süddeutsche Zeitung: »Die Szene wirkt gespenstisch: Überall eingestürzte Häuser und zerfetzte Stromkabel, Wohnungseinrichtungen hängen auf Mauerresten bizarr in der Luft. Schutthalden versperren die Ortsdurchfahrten. Im Scheinwerferlicht des Autos tauchen vereinzelt Menschengruppen auf, die sich mit Taschen, Koffern und Bettzeug auf dem Kopf durch die Verwüstung einen Weg ins Freie bahnen. An den Straßenrändern hocken graue Gestalten, die sich mit übergeworfenen Decken notdürftig gegen Kälte und Regen zu schützen versuchen. Kaum einer dieser Menschen ist ansprechbar, allen steht blankes Entsetzen und Angst ins Gesicht geschrieben. Auf den Feldern vor den ärmlich wirkenden Gebirgsdörfern sind Männer damit beschäftigt, Zelte und Notunterkünfte aufzuschlagen. Durch die stockdunkle Nacht rasen Wagen mit Blaulicht.

Vier Monate nach dem ersten schweren Erdbeben, das rund tausend Todesopfer gefordert hat, ist die oberitalienische Region Friaul zum zweiten Male von schweren Erdstößen erschüttert worden, die zum Teil noch heftiger waren als die im Mai. Was damals noch den Naturgewalten standgehalten hat, ist jetzt in sich zusammengestürzt. Innerhalb von nur wenigen Sekunden hat sich die Zahl der Obdachlosen von 40 000 auf 70 000 erhöht. (...) Allein von Mittwoch auf Donnerstag hat die Erde über 30 mal gebebt. Mit jedem neuen Erdstoß wachsen Angst und Hoffnungslosigkeit. (...) Bei Venzone, etwa sechs Kilometer nördlich von Gemona, sind Berge buchstäblich abgebrochen. Felsbrocken, so groß wie ein Einfamilienhaus, sind die Steilwände hinuntergedonnert und haben den halben Ort zermalmt. Mit Preßlufthämmern und Sprengladungen versuchten Pioniere der italienischen Armee noch in der Nacht bei Fackelschein, die mächtigen Hindernisse, die den Fluchtweg nach Udine und an die Adria versperren, aus dem Weg zu räumen. (...)«

Die vom Erdbeben zerstörte und noch nicht wieder aufgebaute Kirche San Giovanni

Bei Abschluß der Recherchen zu diesem Buch war der Rohbau schon beendet, doch als Baustelle noch unzugänglich. Wir begnügen uns deshalb mit kürzeren Hinweisen zu seiner Baugeschichte, seiner Gestalt und den wenigen geretteten, zur Zeit noch ausgelagerten Kunstwerken.

Der Dom entstand in zwei Bauphasen. Der älteste Teil ist das Längsschiff, das noch vom Vorgängerbau des 13. Jh.s stammt. Um 1300 wurde dann der Bau erhöht und erweitert, so daß er seine heutige Gestalt auf kreuzförmigem Grundriß fand. Von den beiden Türmen in den Ecken zwischen Chorbau und Querschiff wurde nur der nördliche hochgeführt.

Drei reich ausgestattete Portale besaß der Dom. Ihre ornamentalen Schmuckformen zeigten noch romanisches Formengut. Das nördliche Seitenportal trug die Inschrift: MAGISTER JOHANNES FECIT HOV OUS ANNO D. MCCCVIII (Meister Johannes schuf dieses Werk im Jahre 1308). Es war derselbe Meister Johannes, der auch am Dom zu Gemona seine Signatur hinterließ. Das Tympanonrelief zeigte Christus in der Mandorla als Weltenrichter, umgeben von den vier Wesen, denen die Symbole der vier Evangelisten beigegeben wurden. Links und rechts der Portalarchivolten fanden sich Reliefs mit den Aposteln Petrus und Andreas. Sie standen auf liegenden Figuren, von denen eine als Nero bezeichnet war. Wahrscheinlich handelte es sich um Verkörperungen des überwundenen Heidentums und Judentums. Auf den beiden Giebelschrägen stand eine freiplastische Gruppe der Ver-

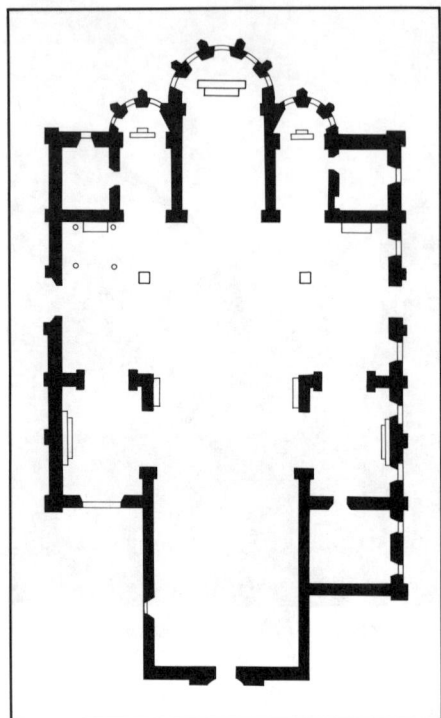

Grundriß des Doms

kündigung. Ein weiterer Meistername fand sich am Westportal: SCACO ME FECIT. Das Tympanonrelief zeigte eine etwas spätere (um 1330 entstandene) Kreuzigungsszene. Am Südportal fand sich am Tympanon die »Krönung Mariens«.

Betritt man das Innere, steht man in einem einschiffigen Kirchenraum mit einem stark ausladendem Querschiff, mit Seitenkapellen und drei Chorkapellen. Diese sind kreuzrippengewölbt und schließen nicht flach wie in Mittelitalien, sondern polygonal (mit fünf Seiten eines Zwölfecks), wie auch im Veneto üblich. Längs- und Querschiff des Laienraumes tragen hingegen einen offenen Dachstuhl. Nicht ausgewogen ist das Verhältnis der Längschiffbreite zu den drei Chorkapellen. Das noch von der Vorgängerkirche stammende Längsschiff hat weder die Breite der Hauptchorkapelle noch der drei Chorkapellen zusammen. So enden die mächtigen Schwibbögen, die das Langhaus über die Seitenschiffe hinweg fortsetzen, unschön über den Eingangsbögen der Nebenchorkapellen. Trotz des vollständigen Einsturzes der Kirche blieben mehrere Werke der Ausstattung erhalten, wenn auch zum Teil nur fragmentarisch:

1970 entdeckte man in der linken Chorkapelle zwei Fresken eines lokalen Meisters aus der Zeit nach Fertigstellung des Domes, um 1340–1350. Das eine zeigt die Trinität in Form des Gnadenstuhles (Gottvater, der gekreuzigte Jesus und der hl. Geist in Gestalt der Taube), das andere zeigt den hl. Georg als Drachentöter im Beisein der Prinzessin und eine thronende Muttergottes (deren Gesicht leider nicht erhalten blieb).

Relativ gut erhalten ist eine mehrfigurige Gruppe der »Beweinung Christi« aus farbig gefaßtem Holz. Um 1530–1550 dürfte sie in einer süddeutschen Werkstatt entstanden sein. Sie zeigt stark in den Raum greifende, bewegte Gewandfalten, wie sie nördlich der Alpen zeittypisch sind, aber auch regelmäßige, zu stereometrischen Formen tendierende Kopfformen, die nicht unbeeinflußt sind von oberitalienischer Skulptur (W. Körte sah in ihr eine Arbeit aus dem Umkreis des Landshuter Leinberger, G. Marchetti lokalisierte die Gruppe ins Schwäbische).

Von einem Vesperbild *(Pietà)*, einem bedeutenden Sandsteinwerk deutscher

Herkunft des frühen 15. Jh.s, fand man im Bauschutt nur einzelne Teile. Von einem weiteren Vesperbild aus Holz aus dem späteren 15. Jh. blieb allein die Gestalt der sitzenden Muttergottes erhalten.

»Beweinung Christi« (Detail), Süddeutsches Holzbildwerk, um 1530–1550

☐ Gemona

Gemona gehört zu den Städten des Friauls, die bei den beiden Erdbeben von 1976 am stärksten getroffen wurden. Verheerend waren die Schäden vor allem in den äußeren Stadtbezirken. Die Kirche San Giovanni in Brolo wurde fast gänzlich zerstört. Von Santa Maria delle Grazie blieben nur das Portal und die Zugangstreppe stehen. Diese beiden Kirchen, ebenso auch Sant' Anna und Santa Maria di Loreto, wurden nicht wieder aufgebaut. Am besten widerstand dem Beben der alte Ortskern mit dem Dom, dem Kommunalpalast und dem Kastell. Doch auch hier stürzten das rechte Seiteschiff des Domes und der Campanile ein. Sehr bald nach der Katastrophe begannen die Aufbauarbeiten, und bereits Ende der 80er Jahre waren Stadt und Dom weitgehend wiederhergestellt. Wenngleich viel von der Bausubstanz erneuert werden mußte, gelang es den Architekten mit modernen Mitteln wie Stahlbeton, uns zumindest wieder eine Vorstellung von mittelalterlichen Ortsbild zu geben.

Gemona wurde in erhöhter Lage am Rande des weiten Tagliamento-Tales erbaut, kurz nach dem Durchbruch des Flusses in die Ebene. Durch Gemona führt die wichtigste Straße nach Norden, die heutige Staatsstraße 13, die dem Verlauf der römischen Via Augusta folgt. Wie Venzone war Gemona eine wichtige Zollstation für den Güterverkehr mit dem Norden. Sämtliche Kaufleute, die Gemona passierten, waren verpflichtet, sich für eine Nacht hier aufzuhalten und ihre Waren abzuladen. Damit besaß Gemona das sogenannte Niederlagrecht (›niederlach‹). Dieses war aber auch dem nur 13 km nördlich gelegenen Venzone zugestanden worden: Grund genug für eine dauernde Rivalität zwischen diesen beiden Städten. Sie wurde dadurch noch verstärkt, daß beiden Städten auch das Recht zugesprochen wurde, Wochenmarkt abzuhalten: Gemona 1184, Venzone 1336. Beide Städte gelangten zur kommunalen Selbstverwaltung mit eigenen Statuten und Sitz im Parlament der Patria del Friuli (Gemona 1189). Der Landesherr, der Patriarch von Aquileia, beschränkte sich auf die Bestellung eines Capitano, dem die Exekutivgewalt oblag. Mit etwa 5000 Einwohnern zählte das mittelalterliche Gemona zu den bedeutendsten Orten des Friaul. In der *Magnifica Comunitas Gemonae* ließen sich florentinische, lombardische und auch jüdische Kaufleute und Bankiers nieder.

Während Venzone erst um 1000 geschichtlich hervortritt, hatte Gemona schon eine strategische Bedeutung z. Zt. der Langobardenherrschaft. Wie Paulus Diaconus berichtet, zählte das *Castrum Gemonae* zu den sieben wichtigen Kastellen, die der Langobardenherzog Gisulf 611, nach dem Einfall der Avaren, zum Schutze des Friauls errichtete.

☐ Rundgang

Der Dom **Santa Maria Assunta** (della pieve) liegt am Fuße des Berges Glemina. Von einem kleineren, einschiffigen Vorgängerbau behielt er den Titel Santa Maria della Pieve bei. Wie man seit den Wiederherstellungsarbeiten nach dem Erdbeben von 1976 weiß, wurde die Kirche in etwas kleinerer Gestalt etwa im 12. Jh. erbaut, 1280–1290 sodann vergrößert und mit einer neuen Fassade versehen, so daß sie am Pfingstfest 1337 durch den Bischof von Parenzo (Istrien) erneut geweiht werden konnte. Vier Jahre später wurde der Bau des Campanile in Angriff genommen (1341–1369). Den Eingang zum Vorplatz markieren zwei Obelisken, die von romanischen (wohl vom Portal des Vorgängerbaues stammenden) Telamonen getragen werden. In der Stützmauer des Vorplatzes

sind zwei römische Grabreliefs von Ehepaaren eingelassen. Sie stammen aus dem 3. bzw. 5. Jh. n. Chr. und zeugen von der römischen Besiedlung Gemonas.

Fassade des Doms von Gemona im 18. Jh. Kupferstich, 28,2 x 20,2 cm, aus: G. G. Liruti, »Notizie di Gemona . . .«, Venedig 1771

Eine Inschrift, links über dem Hauptportal, nennt das Jahr 1290 und den Meister Johannes: ANNO DOMINI MILESIMO CCLXXX QUODD MAG. JOHANNES FECIT HOC OPUS. Vermutlich hat dieser Meister die gesamte Fassade gestaltet. Es handelt sich um eine Schaufassade, die größer ist als der Querschnitt der drei Schiffe. Doch wurde diese Fassade 1825 durch den Udineser Architekten Valentino Presani abgetragen und erheblich umgestaltet. Das Untergeschoß wurde durch Pilaster unterteilt, unter den Gesimsen wurden Bogenfriese angebracht, Bildwerke und architektonische Elemente entfernt bzw. versetzt. Sogar die Position der Rundfenster wurde verändert.

Die aus dem Norden einreisenden Kaufleute sahen schon aus einiger Entfernung ihren Schutzpatron, den hl. Christopho-

rus. Wie üblich wird der Riese, der das Christuskind trägt, überlebensgroß dargestellt. Hier erreicht er eine Höhe von etwa 7 m. Geschaffen wurde diese kostbar gewandete Figur von einem Meister namens Giovanni Griglio im Jahre 1331. Für italienische Kirchenfassaden ungewöhnlich ist die Galerie über dem Mittelschiffportal. Sie erinnert an die Königsgalerien französischer Kathedralen. Der französischen Gotik sind auch architektonische Details wie die Dreipaßbögen und dünnen Säulchen verpflichtet. Anders als in Frankreich sind hier allerdings keine alttestamentarischen Könige dargestellt. Dennoch handelt es sich um eine Art Königsgalerie, denn das Thema ist die Anbetung der hl. Drei Könige, d. h. die Epiphanie, die Erscheinung Christi vor den Magiern als den Repräsentanten der Welt. Das Kind, dem die Anbetung gilt, sitzt auf dem Schoß der Muttergottes unter der höheren Mittelarkade. Dabei nimmt Maria – die Titelheilige der Kirche – die Mitte der Fassade ein. Unter den Arkaden der rechten Seite der hl. Joseph und die Könige, denen ein Engel den Weg weist, links die Könige in der Anbetung und ihre drei Pferde mit einem Reitknecht. Den auffallend rundplastisch gearbeiteten Skulpturen ist eine gewisse Volkstümlichkeit eigen. Sie werden ebenfalls Griglio, dem ›Meister des hl. Christophorus‹, zugeschrieben. Reste der alten Bemalung blieben erhalten.

Der Fries unter der Galerie mit Ranken und Apostelköpfen wurde erst 1825 vom Presbyterium hierher versetzt.

Fassade des Doms heute

Galerie mit »Anbetung der Könige«

Auf der linken Seite der Fassade erscheint der thronende Christus in einer Nische (vor 1280). Links davon der Erzengel Michael als Seelenwäger, rechts die Martyrerin Katharina (mit Inschrift). Die beiden Reliefs darüber, wohl vom Meister Johannes, um 1280–1293, wurden ebenfalls erst 1825 hierher versetzt. Sie zeigen die thronende Muttergottes mit Kind und zwei Heiligen sowie die Kreuzigung Christi. Das große gotische Radfenster gehört zu den reichsten seiner Art in Italien. In zwei Kränzen überschneiden sich profilierte und ornamentierte Spitzbögen, was auch in einem räumlichen Vor und Zurück zum Ausdruck kommt. In der feinen Steinmetzarbeit stehen das Radfenster und die ›Königsgalerie‹ in auffallendem Gegensatz zum kompakten, noch romanisch wirkenden Quaderwerk der Fassadenwand. Geschaffen wurde das Radfenster 1334-1336 von einem Meister namens Buzeta, wohl nicht ohne Kenntnis lombardischer Vorbilder.

Das Relief im Tympanon des Portals zeigt den thronenden Christus als Weltenrichter mit seinen Passionswerkzeugen. Maria und Johannes d. T. leisten Fürbitte für die Auferstehenden. Diese haben sich – noch in Leichentücher gehüllt – aus ihren Gräbern erhoben und wenden sich ebenfalls bittend Christus zu. Das Relief ist älter als die übrigen Fassadenskulpturen. Es stammt wahrscheinlich von der Vorgängerkirche und ist vor 1280 entstanden. Seitlich der Archivolte, über den Portalpfosten, erkennt man die Apostel Petrus und Paulus.

Die auf der Fassade stehenden freiplastischen Figuren vom Meister Johannes stellten ursprünglich Allegorien dar. In späterer Zeit hat man sie in Engel umgewandelt, indem man ihnen Metallflügel gab.

Das Innere wurde mehrfach verändert, zuletzt im 19. Jh., als die Kapitelle des dreischiffigen Langhauses erneuert wurden (wohl nach originalen Vorbildern). Ur-

Grundriß des Doms

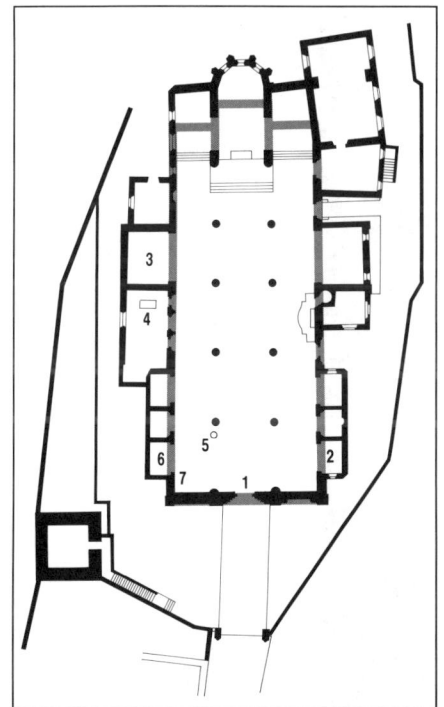

sprünglich handelte es sich um eine Basilika mit offenem Dachstuhl und sieben Stützenpaaren. 1457–70 wurde das Langhaus (unter der Leitung von Elias und Bertrand aus Lugano) umgebaut. Dabei wurden die sieben quadratischen Pfeilerpaare durch fünf Rundpfeilerpaare ersetzt und die Seitenschiffmauern erhöht (die Position der ursprünglichen Pfeiler ist aus der Lage der Fensterachsen ablesbar). Schließlich wurde noch das gesamte Langhaus mit einem Kreuzrippengewölbe versehen. Die Kuppel über dem Presbyterium und auch die jetzige Form der Hauptapsis bestehen seit 1428–29.

Ausstattung

1 Über dem Eingangsportal: Bemalte Orgelflügel mit »Himmelfahrt Mariens« von Giovanni Battista Grassi aus Udine, 1575–77.

2 Holzkruzifix des frühen 15. Jh.s. Es wurde nach dem Erdbeben von 1976 schwer beschädigt in den Trümmern aufgefunden.

Nach dem Seitenportal Leinwandbilder mit der »Vision des Ezechiel« und »Himmelfahrt des Elias in einem Feuerwagen« von Grassi, zur selben Orgel gehörend wie Grassis »Himmelfahrt Mariens«.

3 »Thronende Muttergottes mit Heiligen«, ein in Gemona entstandenes Altarbild des Schweizers Melchior Widmar aus der Mitte des 17. Jh.s.

4 Als Altarmensa der Kapelle wurde ein römischer Grabaltar verwendet. So finden sich auf der Vorder- und Rückseite je ein Delphin, auf dem ein geflügelter Genius reitet. Im auffallenden Gegensatz dazu stehen die grob ausgeführten Taufszenen, die etwa im 12. Jh. an den Schmalseiten hinzugefügt wurden, als der Sarkophag als Tauf-

becken diente. Dahinter, an der Wand: Fragment eines Sandsteinkruzifixes, wohl von Meister Johannes, um 1290 (vom Außenbau der Sakristei, wo jetzt eine Kopie zu sehen ist).

5 An der 1423 gegossenen »Glocke Dantes« findet sich die erste Terzine des letzten Gesanges der »Divina Commedia«.

6 »Anbetung der hl. drei Könige«, Altarbild eines unbekannten venezianischen Meisters des 16. Jh.s.

7 Freskenfragment mit dem hl. Christophorus aus dem frühen 13. Jh. Es zählt zu den Fresken, die erst nach dem Erdbeben von 1976 unter späterem Verputz entdeckt wurden.

Zur Ausstattung des Domes gehört auch ein hölzernes Antependium mit Resten farbiger Fassung. Es zeigte ursprünglich 33 biblische Szenen. Geschnitzt wurde es 1391 von dem Venezianer Andrea Moranzone. Es ist z. Zt. (1993) noch nicht entschieden, in welcher Form und wo es gezeigt werden wird. Zum Dom-Schatz, der demnächst in einem gesonderten Museum Platz finden soll, gehört eine auf-

Kreuzigungs-Fresko in der Krypta des Doms, 14. Jh.

wendig gestaltete, große Monstranz des Nicolò Lionello aus Udine, der auch als Architekt, u. a. der Loggia in Udine (S. 96 f.) wirkte.

Über eine Außentreppe gelangt man in die sogenannte Krypta. In Wirklichkeit handelt es sich um zwei ältere, miteinander verbundene Kapellen, die vom Dom überbaut wurden. Sie sind dem Erzengel Michael und Johannes dem Täufer geweiht. Die Freskenbemalung mit den beiden Kreuzigungsszenen ist aus dem 14. Jh.

Der **Palazzo del Comune** wurde 1502 nach Plänen von Bartolomio de Caprileis errichtet. Nach dessen Beinamen Boton wird dieser Palast auch **Palazzo Boton** genannt. Der Udineser Architekt entschied sich für Formen der venezianischen Frührenaissance, behielt dabei aber das traditionelle Schema der oberitalienischen Kom-munalpaläste bei: im Untergeschoß die Loggia für Versammlungen, Kundgebungen und Zeremonien, im Obergeschoß, das hier bemerkenswert niedrig ausfiel, der Saal für die Ratsversammlungen. Die Fenster sind nach dem Vorbild venezianischer Paläste angeordnet: im Zentrum eine Dreiergruppe mit Balkon, begleitet auf beiden Seiten von schmalen Rundbogenfenstern. Auffallen muß, daß das Erdgeschoß an der rechten Seite nicht wie links mit einem Pfeiler sondern mit einer Säule abgeschlossen wird. Daraus ließe sich schließen, daß der Palast ursprünglich breiter geplant war. Dem widerspricht jedoch die streng symmetrische Anordnung des Obergeschosses. Vielleicht hatte der Baumeister mit dem Einsatz dieser Säule lediglich Vorsorge treffen wollen für eine eventuelle spätere Erweiterung.

Tolmezzo und die Täler Karniens

☐ Tolmezzo

Bei Tolmezzo öffnen sich die beiden wichtigsten Täler der karnischen Alpen, das Tal des But und das Tagliamento-Tal. Von diesen Tälern zweigen wiederum alle anderen karnischen Täler ab. So ist Tolmezzo der verkehrstechnische Mittelpunkt der karnischen Alpen, auch wenn es an deren Rande liegt, und konnte sich daher zum wirtschaftlichen und kulturellen Zentrum Karniens entwickeln.

Seit der Zeit um 1000 n. Chr. war Tolmezzo im Besitz der Patriarchen von Aquileia. Ein wichtiges Datum in der Stadtgeschichte ist das Jahr 1258, als Patriarch Gregorio da Montelongo der Gemeinde das Marktrecht für ganz Karnien zusprach und sein Kastell hier errichtete. Die Stadt erhielt bald Befestigungsmauern, stieg 1275 zur Kommune auf und wurde schließlich 1356 vom Patriarchen als führender Ort Karniens bestätigt. Seine Privilegien konnte Tolmezzo auch unter der venezianischen Regierung (seit 1420) beibehalten. Einen überraschenden wirtschaftlichen Aufschwung erfuhr die Stadt im 18. Jh., als Jacopo Linussio eine Tuchfabrik gründete. Bekannt wurde der Ort durch die ›Schule von Tolmezzo‹. Dazu zählt man Maler wie Gianfrancesco da Tolmezzo, Bildhauer wie Domenico und Giovanni da Tolmezzo oder Giovanni Martini. Diesen Künstlern kam eine wichtige Vermittlerfunktion zwischen alpenländische Spätgotik und den Neuerungen der italienischen Renaissance zu. Bei den beiden Erdbeben von 1976 erlitt auch Tolmezzo schwere Schäden, die jedoch von den Besuchern kaum noch wahrgenommen werden, so vorbildlich ist der Ort wieder instandgesetzt worden.

☐ Rundgang

Tolmezzo kann bequem zu Fuß durchwandert werden, die charakteristischen Laubengänge erlauben auch bei schlechterem Wetter einen Spaziergang. Wir beginnen den Rundgang bei der Piazza Domenico da Tolmezzo, auf der Wochenmarkt abgehalten wird. Das schlichte Stadttor, die **Porta del Sotto,** ist aus dem 15. Jh. Die Pläne werden Domenico da Tolmezzo zugeschrieben, der außer als Maler auch als Architekt wirkte. Das Sträßchen hinter dem Tor führt uns zur *Piazza Mazzini* (die eigentlich nur eine Straßenerweiterung ist). An der linken Platzseite (Hausnummer 11/12) blieb ein Haus aus dem 15. Jh. erhalten: die im gotisch-venezianischen Stil erbaute **Casa Janesi** mit zwei Biforien im Obergeschoß. Die Janesi weilten als Vertreter Venedigs lange in Spanien.

Schräg gegenüber befindet sich die Kirche **Santa Caterina,** ein Bau aus dem 18. Jh. Von Pomponio Amalteo, einem aus San Vito del Tagliamento stammenden Schüler Pordenones, ist das Altarbild mit der »Mystischen Hochzeit der Heiligen Katharina« (1537), bei der außer Katharina auch die Heiligen Lucia und Apollonia den Thron Mariens umstehen. Dominierend sind die Farben Grün und Orange. Der gedrängte Bildaufbau mit den weit gewandeten Figuren ist typisch für Amalteo. Die beiden Predellaszenen zeigen, wie der Henker vergeblich versuchte, Katharina durch das Schwert zu töten, und wie die

Heilige dann den Märtyrertod auf dem Rad fand. Bei der Kirche beginnt bereits die Via Roma, die einst im Mittelalter (in Verlängerung der Via Ermacora) den einzig befahrbaren Weg durch die Stadt bildete. Heute flankieren liebevoll gestaltete Fassaden mit Laubengängen die Straße. Das Haus Nr. 27 links war ehemals ein Konvent, von dem noch ein kleines in die Fassade eingemeißeltes Christusmonogramm von 1484 zeugt.

Seit jeher ist die ›Piazza Grande‹, die heutige *Piazza XX. Settembre,* das Zentrum der Stadt. Links neben dem Dom sieht man den schlichten **Palazzo del Tribunale,** ehemals der Familienpalast der Tolmezzaner Familie Garzolini, mit einem Wappen der früheren Kommune von Tolmezzo. Hier beginnt die parallel zur Via Roma verlaufende Via Renato del Din mit der auf das 16. Jh. zurückgehenden **Casa Gortani** (Hausnummer 6) und – schräg gegenüber – dem **Palazzo Frisacco** aus dem 18. Jh.

Etwas zurückversetzt an der Piazza XX Settembre steht der Dom **San Martino.** Er wurde zwischen 1750 und 1764 durch den bekanntesten Friulaner Architekten, Domenico Schiavi, errichtet. Erst 1931 jedoch wurde die an palladianische Vorbilder angelehnte Fassade vollendet. Großzügig gestaltet ist der Innenraum, ein Saalraum, dessen Seiten von je einer rhythmischer Trevée gegliedert sind und dem ein tiefer Altarraum angeschlossen ist.

Ausstattung:

Die beiden ersten Altarbilder rechts und das zweite Altarbild links sind von dem Venezianer Pietro Antonio Novelli. Das zweite Altarbild rechts zeigt die »Enthauptung des hl. Hilarius«, 1791. Der römische Legionär Hilarius erlitt im Jahre 362 sein Martyrium unter Kaiser Julianus Apostata. Seine Reliquien gelangten 1791 aus den römischen Katakomben nach Tolmezzo und wurden unter diesem Altar beigesetzt. Über der Seitentür, nach dem 2. Altar, hinter Glas ein Holzkruzifix des 16. Jh.s.

Am 3. Altar rechts »Madonna mit Kind, den Heiligen Franziskus, Hieronymus und Antonius sowie den Seelen des Fegefeuers« von Gaspare Diziani, um 1735–1740. Charakteristisch für den in Belluno im nahen Veneto geborenen Diziani, der entscheidend vor allem von Sebastiano Ricci beeinflußt wurde, sind die betont plastischen, in ruhiger Pinselführung gemalten Figuren, die gleichzeitig zu einer lebhaften Szenerie gefügt sind. Beachtenswert auch die Altararchitektur mit weißen und rosafarbenen Marmorsäulchen und Engeln.

Der von der Familie Linussio aus Venedig nach Tolmezzo geholte Hauptaltar zeigt ein Bild des Venezianers Francesco Fontebasso, »Madonna mit Kind und den Heiligen Martin und Karl Borromäus«, 1763. Fontebasso war ein weiterer Schüler Sebastiano Riccis, dessen Werkstatt er nach dessen Tod übernahm. Später wandte er sich Tiepolo zu und entwickelte einen etwas gefälligeren Stil, der sich durch nervösen Pinselstrich und plastisch herausgearbeitete Figuren bei oft fast greller Beleuchtung auszeichnet. Über der Mensa des Altars ein marmornes Tabernakel, wahrscheinlich von Giovanni Antonio Pilacorte, Anfang 16. Jh.

Oberhalb der Gesimse der Kapellen zwölf Darstellungen der Apostel von Nicola Grassi, 1731–1732. Der 1682 in Zuglio (Karnien) geborene Maler zählt zu den friulanischen Künstlern, die es in Venedig zu Ansehen brachten. Grassi wurde von mehreren Malern beeinflußt: von Sebastiano Ricci, Piazzetta, Tiepolo und Pittoni. Die Apostelbilder gehen auf einen Auftrag des Textilfabrikanten Linussio zurück.

Rechts vom Dom geht die von Bogengängen begleitete Via Cavour ab, sie verbindet den Domplatz mit der Piazza Garibaldi. Dort an der Ecke rechts, Nr. 11/12, die **Casa De Gleria** mit einem Wappen der Familie Torriani (Adler über vier Türmen).

Der im 18. Jh. errichtete (und im 19. Jahrhundert erneuerte) **Palazzo Campeis** mit seiner breiten, schlichten, rhythmisch gegliederten Front ist Sitz des **Museo Carnico delle Arti Popolari ›Michele Gortani‹**. Das 30 kleine Räume umfassende Museum gibt einen guten Überblick über die Volkskunst und Kultur Karniens vom 14. bis zum 19. Jh. Alle Stücke wurden von dem unermüdlichen Sammler Michele Gortani (1883–1966) seit den 20er Jahren zusammengetragen, um das Leben und die Arbeitswelt der karnischen Bevölkerung zu dokumentieren. Neben komplett eingerichteten Zimmern oder Küchen gibt es Trachten, Werkzeuge und Kleinkunstarbeiten, die das Museum zu einem der bedeutendsten ethnologischen Museen Europas macht.

Südlich des Zentrums von Tolmezzo (an der Via Pio Paschini) erinnern zwei Seitenflügel der spätbarocken Villa des Fabrikan-

Karnische Küche des 18. Jh.s im Museo Carnico delle Arti Populari

ten Jacopo Linussio an dessen ehemalige **Fabrik Linussio** (heute Kaserne). Links von der Anlage befindet sich das kleine **Oratorium Santa Maria dell'Annunziata** von 1747, das den Gefallenen der Kriege geweiht ist.

Die Pfarrkirche von **Invillino** (westlich von Tolmezzo) besitzt einen Schnitzaltar von Domenico da Tolmezzo, 1488 (vorübergehend im demnächst zu eröffnenden *Museo Diocesano d'Arte Sacra* von Udine). Dargestellt sind in der unteren Reihe die Heiligen Rochus, Johannes der Täufer, Maria Magdalena, Pantaleon, Laurentius, in der oberen Reihe die Heiligen Katharina und Barbara, die Muttergottes mit Kind, und die Heiligen Margareta und Lucia.

Landschaftlich interessant ist der Besuch einer Schlucht südöstlich von Vináo, der *Forra della Vindaia*.

☐ Die Täler (Valli oder Canali) Karniens

Tolmezzo ist idealer Ausgangspunkt für Exkursionen durch Karnien, von hier aus lassen sich die verschiedenen Täler, die man hier meist *Canali* (statt *Valli*) nennt, bequem in Tagestouren erschließen. Wem genügend Zeit zur Verfügung steht, wird für jedes Tal einen ganzen Tag einplanen, schon allein der landschaftlichen Schönheit wegen. Wir haben drei Besichtigungstouren zusammengestellt, die sich nach Belieben verlängern, verkürzen oder miteinander verbinden lassen.

Rundfahrt 1: Canal d'Incaroio – Canal di San Pietro
(Zuglio – Dierico – Paularo – Treppo Carnico – Paluzza – Sutrio)
Der Ort **Zuglio** geht auf das römische *Forum Julium Carnicum* zurück. Eine keltische Siedlung auf dem nahen Hügel San Pietro wurde um 50 v. Chr. römisch. Die Stadt wurde bald in die Ebene verlegt und zu einer *colonia* ernannt. Ihr Territorium reichte bis Tarvisio, ins Cadore und hinunter bis Spilimbergo. Die Stadt erhielt einen Bischofssitz, der beim Einfall der Langobarden auf den Hügel San Pietro verlegt wurde.

Im Ortskern wird in zwei Häusern aus dem 16. Jh. das *Museo Archeologico Julium Carnicum* eingerichtet. Im Bereich der Ausgrabungen sind die Überreste des einstigen Forums aus claudischer Zeit (41–54 n. Chr.) zu beachten. Stufen und Säulenstümpfe künden von einer 38,50 x 75 m großen Anlage mit einem tetrastylen Tempel im Nordwesten und einer zweischiffigen Basilika im Südosten. Während in einer unteren Erdschicht Spuren einer vorrömischen Straße erkennbar sind, verweisen andere Überreste auf die frühe

Die Täler Karniens

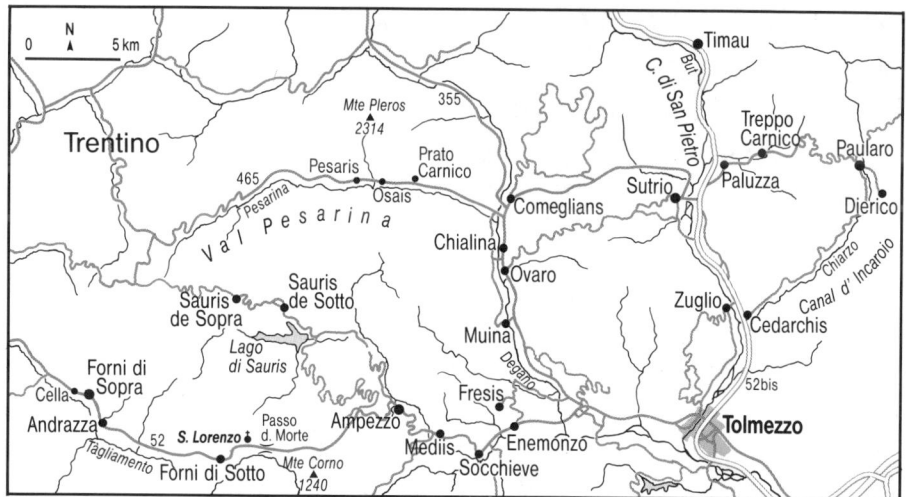

*Dierico, Santa Maria
Maggiore: Schnitzaltar
von Antonio Tironi 1522*

römische Siedlung mit Häusern und Thermen. Auf einem Hügel oberhalb Zuglios steht die älteste Kirche Karniens, die *Pieve San Pietro di Carnia.* (ca. 3,4 km vom Forum. Geöffnet Mai–September 10–12 und 14–17 Uhr, in der übrigen Zeit nur samstags und sonntags und nur bei gutem Wetter). Bis ins Jahr 737 blieb der Bischof von Zuglio, der vor den Langobarden Zuflucht gesucht hatte, hier oben, um dann seinen Sitz nach Cividale zu verlegen. Der heutige Kirchenbau geht auf das Jahr 1312 zurück, wobei nur mehr wenige Details aus dieser Zeit stammen. Die Vorhalle besitzt noch ein romanisches Biforium.

Vieles, wie das Seitenportal von 1551 oder die Strebepfeiler aus dem 16. Jh., wurde später hinzugefügt. Von Erdbeben 1976 stark beschädigt, waren tiefgreifende Restaurierungen nötig. Im Presbyterium und im zweischiffigen Langhaus Netzgewölbe, um 1500. Der Schnitzaltar mit reichem gotischen Dekor ist von Domenico da Tolmezzo, 1494. Die 18 Holzfiguren dieses bedeutenden Altarwerkes wurden 1981 gestohlen, beim gleichen Diebstahl wurden auch die Figuren des Altars des hl. Antonius Abbas an der linken Wand entwendet. Unter den Holzbildwerken blieb lediglich die zu einem anderen Altar gehörende Petrus-Figur (um 1460) zurück. Rechts vom Chor führt eine Treppe zu einer Sakristei mit Fresken von Giulio Urbanis, 1582. Vom kleinen, stimmungsvollen Friedhof hat man einen Ausblick in das Tal.

Noch kurz vor Zuglio zweigt bei Cedarchis eine schmale Straße ab. Die Weiterfahrt führt durch das enge und von steilen, bewaldeten Hängen begleitete Tal des Chiarzo, genannt **Canal d'Incaroio**. Hier befindet man sich auf dem ›Ring um den Berg Tersadia‹, einer kurvigen und abwechslungsreichen Straße mit herrlichen Ausblicken auf den Chiarzo, die kleinen Orte des Tales und den über 2000 m hohen Monte Sernio im Osten.

Von der Kirche *Santa Maria Maggiore* in **Dierico** blieb bei dem Erdbeben 1976 nur die Apsis des 16. Jh.s verschont, der Rest des neogotischen Zentralbaus wurde inzwischen wiederhergestellt (wenn geschlossen, wende man sich an das Pfarrhaus gegenüber). Prunkstück der Kirche ist der Renaissance-Altar des Bergamasken Antonio Tironi (um 1470–1528) mit geschnitzten und vergoldeten Figuren von 1522. In der unteren Nischenreihe: »Madonna mit Kind«, umgeben von Johannes dem Täufer und dem hl. Leonhard (links) sowie dem Apostel Petrus und dem Erzengel Michael. Darüber flankieren den Heiligen Georg im Drachenkampf links Papst Urban und der hl. Florian, rechts die Heiligen Vitus und Mauritius. Den oberen Abschluß bildet der Auferstandene Christus zwischen den Heiligen Katharina und Apollonia sowie Barbara und Lucia. Reich variiert sind die Körperhaltungen der Figuren. Die Stoffbehandlung und eine durchaus sichere Hand bei den Proportionen, die zusammen bereits auf die Prinzipien der Renaissance verweisen, heben Tirones Arbeit deutlich von den Werken friulanischer Schnitzer seiner Zeit ab. Charakteristisch sind die überraschend individuellen Gesichtszüge, etwa bei der Madonna.

Die Fresken der Apsis sind übersät von den Spuren der Hammerschläge, die einer späteren Putzschicht Halt geben sollten. Sie gehen auf den ursprünglichen Bau des 16. Jh.s zurück. Der Maler Giulio Urbanis aus San Daniele war hier tätig, wahrscheinlich 1598. Dargestellt sind Propheten, Heilige, Kirchenväter, Evangelisten, die Verkündigung und die nur schlecht erkennbare Geburt Christi. Am Ende des Tales schmiegt sich der wohl auch schon zu keltischer Zeit besiedelte und vom hier noch jungen Chiarzo durchflossene Ort **Paularo** in eine Hügellandschaft ein. Schon von weitem erkennbar ragt auf einer Anhöhe die Kirche *San Vito* auf, sie wurde 1745 von Domenico Schiavi aus Tolmezzo errichtet und 1850 mit einem Säulenportikus erweitert durch Giovanni Battista Bassi. Überraschend in diesem kleineren Gebirgsort wirken auf den Besucher die stattlichen Päläste (mit auffallend kleinen Fenstern). Im Zentrum, direkt an der Brücke über den

Paluzza, Santa Maria: Kapelle mit Schnitzaltar von Antonio Tironi und Fresken von Giuseppe Furnio

Chiarzo steht der mächtige, über quadratischem Grundriß erbaute, weiß verputzte *Palazzo Mocenigo Linussio Fabbiani* aus dem 18. Jh., wohl vom Tolmezzaner Architekten Domenico Schiavi. Hinter der Brücke gleich links führt ein Sträßchen hinauf zum *Palazzo Calice Screm*, einem der schönsten Paläste ganz Karniens. 1591 ließ die Familie Calice diesen Bau vollendeter Porportionen, dessen einziger Schmuck Fenster und Portale sind, mit einem von Bogengängen gegliederten Hof (auf der Rückseite einsehbar) errichten.

Über die engen und steilen Gassen des Ortsteiles Villafuori (das Sträßchen zurück und dann links den Berg hinauf, bald wieder links hoch) gelangt man zu dem mächtigen, streng gegliederten *Palazzo Calice Valesio* auf L-förmigem Grundriß des 18. Jh.s (Innenbesichtigung nur Mi., Sa. und So., 16 Uhr, im Juli und August, mit Führung). Links vom massiven Eingangsportal kann man einen Blick auf die Rückseiten des Palazzo werfen.

Über das idyllisch gelegene, stille Treppo Carnico gelangt man nach **Paluzza** mit seinen zum Teil noch erhaltenen alten Häusern. Der Ort liegt am Zusammenfluß des But mit dem Pontaiba. Nahe der Hauptstraße steht links die Kirche *Santa Maria*, ein 1924 neu konzipierter Bau, bei dem die Apsis des Vorgängerbaues aus dem 15. Jh. als Kapelle miteinbezogen wurde (die erste des rechten Seitenschiffes). Hier haben sich die ursprünglichen Fresken von Giuseppe Furnio erhalten, der 1555 für diesen Auftrag von seinem Heimatort San Vito al Tagliamento nach Paluzza gekommen war. Bedeutender ist der Schnitzaltar des Antonio Tironi (der auch den Altar von Dierico fertigte), entstanden zwischen 1508 und 1510. Ganz unten thront in der Mitte der hl. Petrus, zu seinen Seiten Johannes der Täufer und der hl. Daniel, darüber die betende Muttergottes mit Kind, die von den Heiligen Paulus und Nikolaus flankiert wird. Den oberen Abschluß bildet der den Drachen tötende hl. Georg zwischen den Heiligen Hieronymus und Florian. Das Werk zeigt noch deutlich spätgotische Anklänge in der Ornamentik der Altararchitektur, dem rahmenden Blattwerk und auch in den Gewandfiguren. Gleichzeitig versucht Tironi, sich den klassischen Figurenproportionen der Renaissance anzunähern und entsprechend der neuen Richtung real wirkende rundbogige Nischenräume für die Heiligen zu schaffen.

Der **Canal di San Pietro** (Tal des But) ist wesentlich breiter als das Chiarzotal. Seinen Namen erhielt es durch seine Lage im quasi rechten Winkel zur Alpenkette, wodurch ein Kreuz gebildet wird, das man mit dem Petruskreuz in Verbindung brachte. Wer dem Lauf des But entgegen einige Kilometer Richtung Norden fährt, stößt in **Timau** auf das Phänomen einer deutschen Sprachinsel, wie es sie auch noch in Sauris (nördlich des Val di Socchieve) gibt (s. S. 232).

Nur wenige Kilometer von Paluzza entfernt liegt jenseits des Flusses einer der ältesten Orte Karniens, **Sutrio**. Die Kirche *Sant'Ulderico* mit einer Fassade, bei der nur einer der zwei vorgesehenen, schlanken Glockentürme vollendet wurde, hat 1778–1783 der in Karnien aktive Domenico Schiavi erbaut (wochentags meist erst ab 19 Uhr geöffnet, samstags ab 16 Uhr, sonntags zu den Zeiten der Messe). Der hohe Saalraum im Inneren wurde zum Teil von dem Venezianer Pietro Antonio Novelli freskiert, der 1789 – im Jahr der französischen Revolution – für diese Arbeit nach Sutrio gekommen war. Sie zeigen im Presbyterium »Jesus unter den Schriftgelehrten« und »Präsentation Jesu im Tempel«, in den Zwikkeln die Evangelisten, an der Decke des Hauptraumes »Jesus erscheint den Jüngern«, in den kleinen begleitenden Feldern »Moses vor dem brennenden Dornbusch« und »Himmelfahrt des Elias«. Bei dem Fresko in der Lünette an der Innenwand der Fassade war der Schon Novellis, Francesco, Mitausführender; dargestellt ist »Die Schlacht am Lechfeld« (10. August 995), bei der der hl. Ulrich die Stadt Augsburg vor den Ungarn errettete. Von hier aus kann man durch das But-Tal die knapp 8 km bis nach Tolmezzo zurückkehren oder aber über die Staatsstraße 465 (durch die Val Calda) nach Comeglians weiterfahren (Cercivento di Sopra – Pieve di San Martino) und die Reise dann durch die Val Pesarina fortsetzen.

Rundfahrt 2: Val del Degano – Val Pesarina
(Ovaro – Prato Carnico – Osais – Pesariis)
Im Ortsteil Cella von **Ovaro** steht auf einem Hügel die *Pieve Santa Maria di Gorto* (an der Hauptstraße durch Ovaro von Muina kommend gegenüber der Bar Stuo links abzweigen in die Via Langagna, die über eine schmale Brücke über den Degano zur linkerhand erhöht liegenden Kirche führt). Im Bereich der Apsis wurden Fresken aus dem frühen 13. Jh. freigelegt, die noch zur Vorgängerkirche gehörten. Von hier hat man einen schönen Blick über das Tal mit dem Flüßchen Degano. Das Holzbildwerk des hl. Martin mit dem Bettler schuf Domenico da Tolmezzo um 1500 (aus San Martino in Ovara). Auf der Weiterfahrt durchfährt man das kleine **Chialina,** in dem noch einige Häuser aus dem 18. Jh. stehen.

Die **Val Pesarina** oder **Valle San Canciano** läuft parallel zur Bergkette der Karnischen Dolomiten, die hier mit dem über 2314 m hohen Monte Pleros einen ihrer höchsten Gipfel erreichen. Das schmale Bett des Pesarina windet sich durch ein abwechslungsreiches und reizvolles Tal, in dem die wichtigsten Ortschaften dicht hintereinander liegen. Die für das Tal typische Architektur mit Häusern, deren Erdgeschoß gemauert ist, die Obergeschosse jedoch Holzstrukturen zeigen, begegnet man vor allem in den Orten am Ende des Tales. **Prato Carnico** empfängt den Besucher gleich am Ortsanfang mit einem schief stehenden Turm, dem Glockenturm der ehemaligen Pfarrkirche des Ortes aus dem 15. Jh. Die heutige Kirche *San Canciano Martire* (Pfarrer Don Ruzzero, Tel. 04 33-6 92 50, morgens 7–8 Uhr oder abends) steht rechter Hand etwas erhöht. Sie ist ein Bau des 19. Jh.s, der drei Altäre aus früheren Jahrhunderten birgt. Prunkstück ist die Arbeit Michael Parths (um 1475–1551) aus Bruneck in Tirol an der rechten Seitenwand, ein bemalter und vergoldeter Schnitzaltar von 1534 (1993 in Restaurierung). Die drei stehenden Schreinfiguren stellen die drei Märtyrer von Aquileia Cantius, Cantianus und Cantianilla dar, die Schutzheiligen von Prato Carnico. Auf den Innenflügeln Reliefs mit den Heiligen Petrus und Paulus. Die kleine Szene darunter zeigt die »Geburt Christi« sowie Johannes den Täufer und Johannes den Evangelisten. Michael Parth wirkte wie Antonio Tironi und Giovanni Martini in der Zeit des Übergangs zwischen Spätgotik und Renaissance.

Weitere Arbeiten finden sich von ihm in drei anderen Orten Karniens: in Sauris di Sotto, Sauris di Sopra und Mediis. Charakteristisch für seinen Stil sind die oft gedrunge-

*Bauernhaus und
Scheune bei
Ravascletto in
Karnien*

nen, in schwere Stoffbahnen gehüllten Figuren, in Prato Carnico mit auffallend symme-
trischer Schrittstellung und schematisch behandeltem Untergewand bei den Schreinfiguren. Bei den anderen Heiligenfiguren der Reliefs fällt die unterschiedliche Proportionie-
rung durch größere Körper und kleinere Köpfe auf, ebenso auch die keck den Boden
berührenden Gewandzipfel. Ein zweiter Altar in der Kirche (rechts vom Presbyterium)
wird der Tolmezzaner Schule und dem Kreis um Giovanni Martini zugeschrieben. Die
Arbeit aus der Zeit um die Mitte des 16. Jh.s zeigt die drei Heiligen Fabian, Sebastian und
Rochus, darüber eine Verkündigungsszene.

   Zur Kirche *San Leonardo* in **Osais** geht kurz nach dem Ortsanfang links ein Sträßchen
ab. Eine Einfahrt vorher steht links das Haus der Familie Solari, bei der man den Schlüssel
bekommt. Die Kirche geht in ihren Ursprüngen auf das Jahr 1391 zurück, die Weihe war
erst 1497. Als man in der Mitte des 18. Jh.s die Errichtung eines neuen Gotteshauses
beschloß, wurde die Apsis der Vorgängerkirche in die Planungen miteinbezogen. Diesem
Umstand haben wir es zu verdanken, daß die Fresken von Pietro Foluto da Tolmezzo aus
dem Jahre 1506 erhalten geblieben sind. Dieses erste uns bekannte Werk des Meisters ent-

stand in enger Anlehnung an die qualitätsvollen Fresken in der Kirche San Martino in Soc-chieve, die Gianfrancesco da Tolmezzo schuf. Wenn die Fresken in Osais qualitativ auch nicht an Gianfrancescos Arbeiten heranreichen, so vermitteln sie doch deutlich das Bemühen des Malers, landschaftliche Eindrücke der grünen Hügel oder steilen, karstigen Schluchten wiederzugeben. Die Lünetten über den Heiligenfiguren füllen – bis auf die Verkündigungsszene ganz rechts – Szenen aus dem Leben des hl. Leonhard. Im Netzge-wölbe zwischen Sonne und Mond als Schlußsteinen der »segnende Christus« umgeben von Heiligen, den vier Kirchenvätern und Evangelisten. Vor allem bei der Darstellung der Kirchenväter ist die Nähe zu den Fresken in Socchieve besonders augenfällig.

Im Langhaus der Kirche steht links ein Altar des 16. Jh.s in Form einer Kirchenfassade, der umrahmt wird von einer Einfassung aus dem 17. Jh. Die kleinteilig verzierte und üppig ausstaffierte Arbeit in provinziell-groteskem Stil stammt von Girolamo Comuzzo. Das Holztriptychon aus dem späten 16. Jh. schuf Giovanni Antonio Agostini. Die gemalten Heiligenfiguren des Georg und Blasius flankieren einen in Holz geschnitzten hl. Valenti-nus, darüber eine kleine »Verkündigung« und »Gottvater«. Die drei kleinen Predella-szenen sind leider gewöhnlich abgedeckt.

Der Altar rechts ist eine Arbeit von Anto-nio Tironi aus Bergamo, dessen Altäre wir bereits aus Dierico und Paluzza (im Canal d'Incaroio) kennen. Oben die Heiligen Andreas, Leonhard und Gallus, unten Petrus und Johannes der Täufer neben der Madonna mit Kind. Bei diesem letzten Werk Tironis aus dem Jahre 1528 sind die Renaissance-Prinzipien wie rechteckige Nischen für die Figuren, Ranken- und Gro-teskenschmuck, sogar verkröpftes Gebälk, klassische Proportionen und nicht zuletzt porträthafte Gesichter (sehr schön das der Madonna) selbstverständlich geworden.

Ein Ort von besonderer Atmosphäre ist **Pesariis** mit den wenigen, engen Gassen und seinen größerenteils nach dem Erdbe-ben 1976 vorbildlich restaurierten typi-schen Häusern. Die Bergkulisse im Hinter-grund und das Tal des Pesarina zu Füßen geben einen perfekt inszeniert wirkenden

Osais, San Leonardo: Madonna mit Kind vom Schnitzaltar des Antonio Tironi

Rahmen dazu ab. Der Name Pesariis geht auf die ehemalige Grenzlage des Örtchens zwischen Karnien und Comelico zurück, aufgrund dessen mit einer Waage *(pesa)* die Zollabfertigung durchgeführt wurde.

Die *Casa Bruseschi* (Hausnummer 37, drittes Haus neben der Kirche, den Schlüssel hat Sr. Licio Cleva) war bis 1962 das Wohnhaus der Besitzerin. Nach ihrem Tod ging das Haus in den Besitz der Pfarrei über, die ein kleines Museum daraus gemacht hat: In den niedrigen Räumen, die von der Küche bis in das Schlafzimmer noch mit alten Möbeln ausgestattet sind, kann man einen ungewöhnlichen Eindruck von lokaler Wohnkultur über die Jahrhunderte hinweg erhalten. In der Pfarrkirche aus dem 19. Jh. befinden sich am Hauptaltar die Marmorfiguren der Titelheiligen Jakob und Philippus, entstanden 1753 in den Händen von Lorenzo Stefanatti. Die Figuren mit ihrem ein wenig affektiert wirkenden Hüftschwung flankieren ein Marmortabernakel mit einer kleinen Christusfigur.

Rundfahrt 3: Val di Socchieve (Tal des Tagliamento)

(Enemonzo – Socchieve – Mediis – Ampezzo – Abstecher nach Sauris – Forni di Sotto – Andrazza – Forni di Sopra)
Auf dieser Fahrt begleitet man auf der zweiten Hälfte der Strecke den Oberlauf des Tagliamento, der einen weiten Bogen südlich um den Monte Corno macht. Der Abstecher nach Sauris führt über verschlungene Bergsträßchen zu zwei deutschen Sprachinseln und dem künstlichen See von Sauris. In Forni di Sopra schließt die Fahrt auf einer Höhe von über 900 m.

In **Enemonzo,** an dem kleinen Platz, der sich rechts direkt vor dem Beginn des Sträßchens Richtung Colza und Fresis öffnet, hat sich ein Jugendstilhaus von 1910 erhalten. Eine gewundene Straße führt von hieraus bergauf, bis man nach einer Weile rechts an der kleinen Kirche *San Giorgio* aus dem 15. Jh. vorbeifährt (Schlüssel beim Pfarrer). Der Schnitzaltar mit dem Drachenkampf des hl. Georg ist eine Arbeit aus der zweiten Hälfte des 16. Jh.s, wohl aus der Werkstatt des Udinesen Francesco Floreani (um 1515–1593). Die Apsis wurde 1515 unter anderem von Pietro Fuluto (den wir schon von Osais her kennen) freskiert, die Szenen zeigen am Triumphbogen die »Verkündigung« sowie Apostelfiguren, Kirchenväter und Heilige.

Im nahen Fresis kann man einen Blick in die Kirche *Santa Giuliana* werfen, deren Glockenturm die älteste Glocke des Friauls birgt (von 1358). In der heute als Sakristei genutzten ehemaligen Apsis eines Vorgängerbaus haben sich Fresken von Giulio Urbanis aus dem Jahre 1588 erhalten, dargestellt sind die Kirchenväter, Propheten, Evangelisten und Heilige sowie eine schöne »Kreuzigung« und »Verkündigung«. Der vergoldete Hochaltar aus Holz stammt aus dem Jahre 1624, die Malereien wurden später hinzugefügt.

Höhepunkt einer Kunstreise durch die Val di Socchieve ist eine Besichtigung der kleinen Pfarrkirche von **Socchieve** (meist geöffnet). Das im 15. Jh. erbaute Kirchlein *San Martino* ist mit seinem Portikus und der einfachen Fassade mit Glockenstuhl trotz der Veränderungen des 17. und 18. Jh.s ein typisches Beispiel für die zahlreichen schlichten karnischen Kirchen am Rande der kleinen Ortschaften. Die Besonderheit der Kirche von Soc-

Gianfrancesco da Tolmezzo

Die Frage, wer denn eigentlich der erste Renaissancemaler des Friaul war, wurde einige Jahre lang heftig von den lokalen Kunsthistorikern diskutiert. Inzwischen hat man sich darauf geeinigt, daß Gianfrancesco da Tolmezzo dieser Rang zukommt. Die beiden ebenfalls diskutierten Malerkollegen Dario da Treviso und Andrea Bellunello gelten nunmehr als Vorläufer, die zwar Anregungen der Renaissancekunst aufnahmen, sie jedoch nie so endgültig verarbeiteten wie Gianfrancesco.

Bis heute wissen wir nur sehr wenig über das Leben dieses Friulaners, der zwischen 1482 und 1510 aktiv war. Geboren wurde er um 1450 in Karnien mit dem offiziellen Namen Giovanni Francesco dal Zotto. Erst später bildete sich der Name da Tolmezzo, der den Künstler als Mitglied der Gruppe von Tolmezzo kennzeichnete, welche eine ganze Reihe von nachfolgenden Künstlern prägte (unter den Malern etwa Pellegrino da San Daniele oder den weitaus bedeutenderen Pordenone) und als ›Schule von Tolmezzo‹in die Kunstgeschichte eingegangen ist. Die Studien- und Lehrjahre müssen den karnischen Künstler recht bald in das Veneto, speziell nach Padua geführt haben. Hier wurde er wohl mit der Malerei des Andrea Mantegna bekannt, der als eine der ersten in Norditalien die aufsehenerregenden Neuerungen der Renaissance (wie Perspektive und Plastizität der Figuren) aufgegriffen hatte.

Gianfrancescos Œuvre zeigt denn auch durchwegs das Ringen des Malers mit zwei Kunstströmungen (ein typisches Merkmal der ›Schule von Tolmezzo‹): Zum einen der traditionellen, eher dem nordischen Kulturraum zugewandten Malweise, wie sie Karnien kennzeichnete, zum anderen den neuen Malprinzipien, wie sie unter anderem in Padua gezeigt wurden. So sind die frühen Arbeiten in Barbeano noch stark linear und in der Fläche gehalten. In den Fresken von Socchieve oder Forni di Sotto läßt sich dann bereits ein stärker monumental angelegter Figurenstil und das Bemühen um perspektivische Darstellung erkennen, wie es für die Renaissance typisch ist. Das Meisterwerk des Malers entstand jedoch 1496 in Provesano. Hier gelang Tolmezzo in der Freskenfolge der Apsis die eindrucksvolle Durchdringung nordischer und italienischer Einflüsse. In heftiger Dramatik wird dem Betrachter durch eine Fülle von Figuren und in großer (nordisch beeinflußter) Detailliebe das Leiden Jesu nahegebracht. Gleichzeitig arbeitet Gianfrancesco in stellenweise recht eindrucksvoller Monumentalität, in denen die Arbeiten eines Mantegna nachklingen.

Interessant war die Entdeckung, daß dem Maler als Grundlage einiger Szenen eine Stichfolge Martin Schongauers diente. Die zum Teil wörtlich übernommenen Kompositionen variierte er dabei in der weicheren Oberflächenbehandlung und einem neuen Ausdruck der Figuren. Das Ergebnis ist jene Mischung aus linearer Direktheit und italienischer Größe, die die Arbeiten in Provesano in einen besonderen Rang erheben (s. S. 254). Die späteren Werke etwa in Castel d' Aviano zeigen nicht mehr jene Heftigkeit der Provesano-Fresken, hier offenbart sich die Hand eines reifen Meisters, der seine Malweise beherrscht, aber nicht mehr überrascht.

Socchieve, San Martino:
Fresken von Gianfrancesco
da Tolmezzo

chieve liegt in der Qualität ihrer Fresken. Wir stehen hier vor einem Hauptwerk des Gianfrancesco da Tolmezzo, des ersten eigentlichen Renaissancemalers des Friaul (s. Kasten
gegenüberliegende Seite).

Der in Socchieve geboren Künstler malte 1493 die verschiedenen Szenen und Figuren,
die sich seit der Restaurierung Ende der 80er Jahre in hervorragendem Zustand befinden.
Am Triumphbogen »Verkündigung« und die Heiligen Sebastian links und Rochus rechts.
Unter den Märtyrerinnen, die die Laibung des Bogens schmücken, links die Inschrift des
Künstlers mit dem Entstehungsjahr. Entlang der Wände des Altarraums die zwölf
Apostel mit dem segnenden Christus (links) und zwei kleineren Szenen, der »Verkündi-
gung« (am Chorbogen) und der »Geburt Christi« (rechts vom Fenster). Die Kappen des
Kreuzgratgewölbes, dessen Grate Blätter mit verschiedenen Obstranken zieren, füllen
die vier Kirchenväter vor kulissenartigen Aufbauten sitzend mit liebevoll dargestellten
Details wie etwa aufgeschlagenen Büchern oder geöffneten Schreibpulten mit Tauchker-
zen. Im Gemeinderaum links eine Gnadenstuhldarstellung, rechts »Hl. Martin mit den
Bettlern«.

Gianfrancesco wurde zunächst durch die Malerei des Veneto, speziell die Malerschule Paduas geprägt. Sein später stark linearer Stil verleiht den Figuren klare, manchmal etwas harte Umrisse, wie man sie etwa von älteren Arbeiten der Vivarini aus Murano kennt. Eine besondere Intensität des Ausdrucks geht dabei mit betonter Plastizität der Dargestellten einher. Erst am Ende (etwa in Forni di Sopra) können wir Gianfrancescos Bemühen um eine weichere Oberflächenbehandlung wahrnehmen. In Socchieve zeigt sich eine große Erzählfreude, die in dicht gefüllten und mit Detailgenauigkeit geschilderten Szenen umgesetzt wird. Sie wird in der ein Jahr später ausgeführten Apsismalerei in der Pfarrkirche von Provesano den Höhepunkt finden. Den Kirchenpatron, den Heiligen Martin, wählte Gianfrancesco auch als zentrale Figur für den 1511 geschaffenen Altar, dessen Rahmung der Meister nach seinem plötzlichen Pesttod nicht mehr vollenden konnte. Der hl. Martin, der einem Armen soeben ein Stück seines Gewandes gereicht hat, ist seitlich von den Heiligen Sebastian und Rochus und oben von der Madonna mit Kind umgeben. Zu beachten sind auch einige Freskenreste aus romanischer Zeit, z. T. in der Sockelzone des Altarraumes, die gemäß einer Inschrift in der Sakristei 1098 datiert werden.

Kurz hinter Socchieve erreicht man **Mediis,** einen kleinen Ort mit nur wenigen Sträßchen und Resten eines alten Mauerrings. Am Ende der Hauptstraße steht links die kleine Kirche *San Biagio* aus dem 16. Jh. mit einem Portikus aus dem 18. Jh. (Schlüssel bei Sra Anna, Via Contrada Scora 1). Im Inneren entdeckt man einen weiteren Altar von Michael Parth aus Bruneck, entstanden wohl um 1545.

Mit dem etwa zehn Jahre früher geschaffenen Hauptwerk Parths in Prato Carnico lassen sich Maßwerk und Ornamentik vergleichen (wenngleich der Altar jetzt nicht durch ein Gesprenge, sondern durch ein Gebälk abgeschlossen wird). Ähnlich konzipiert wie in Prato Carnico sind auch die Heiligengestalten der Relieffügel (Antonius Abbas und Mauritius). Gedrungener dagegen, von ganz anderer Gewandbehandlung, lebensnaher Physiognomie, zudem freierer Körperhaltung sind dagegen die Schreinfiguren (Muttergottes mit Kind zwischen dem hl. Blasius und dem hl. Florian). Auffallen muß der parallele, wie gekämmt wirkende Faltenverlauf der Umhänge, besonders aber – bei Maria und dem hl. Blasius – die bewegt-freie ›malerische‹ Faltenbehandlung bei den Untergewändern, die den Boden berühren. So hat man an einen anderen Meister gedacht, der die Schreinfiguren schuf. Wahrscheinlicher ist jedoch, daß Michael Parth in diesen Figuren, erneute Erfahrungen mit süddeutscher Skulptur und Malerei im Kreis der Donauschule zum Ausdruck brachte. Die Schreinfiguren vertreten nicht nur eine spätere Stilstufe, sie sind von hoher Qualität in der Ausführung. Die Predella zeigt eine *Pietà* (Christus als Schmerzensmann, umgeben von Maria und Johannes). Im Gewölbe des Chores kann man noch (schlecht erhaltene) Fresken des 15. Jh.s erkennen.

Ampezzo wird im Jahre 762 zum ersten Mal in den Quellen genannt, nämlich als ›Gabe‹ an das Kloster von Sesto al Reghena (s. S. 273 ff.). Der in einer bewaldeten Hoch-

Sauris di Sotto, Sant' Osvaldo: Flügelaltar von Nikolaus Bruneck und Michael Parth, 1524 ▷

ebene liegende Ort weist noch einige typische karnische Häuser mit Holzbalkonen auf. In der Kirche *San Daniele Profeta* (erbaut ab 1762) im Hauptschiff nahe dem Eingang zwei hölzerne Barockaltäre von dem Venzonesen Giovanni Saidero.

Ein etwas längerer Abstecher führt direkt von Ampezzo rechterhand hinauf zum Lago di Sauris (Farbabb. 21), einem der größten künstlichen Seen Karniens, mit dessen Wasser Elektrizität produziert wird. Auf 1212 m Höhe befindet sich das Örtchen **Sauris di Sotto**, eine deutsche Sprachinsel ähnlich Timau im Canal San Pietro. In der im Laufe der Jahrhunderte mehrmals veränderten Wallfahrtskirche *Sant'Osvaldo*, deren Ursprung bis 1361 zurückreicht, wird die Reliquie des Daumens des Heiligen Oswald verehrt. Der sehenswerte Flügelaltar ist ein Werk von 1524 des Tirolers Nikolaus von Bruneck, der mit Michael Parth zusammenarbeitete. Im geöffneten Schrein des Heiligen Oswald, Petrus und Paulus, die Reliefs der geöffneten Flügel zeigen »Verkündigung«, »Heimsuchung«, »Geburt Christi« und »Flucht nach Ägypten«. In der Predella eine *Pietà*, auf der Außenseite der Flügel Reliefs mit Heiligenfiguren. Im noch einmal höher, nämlich auf 1400 m, gelegenen **Sauris di Sopra,** einer weiteren deutschen Sprachinsel, findet sich ein eher für das Cadore denn für Karnien typischer Haustypus, für den die überwiegende Verwendung von Holz und lange Balkone charakteristisch sind.

In der im gotischen Stil erbauten (später mehrmals veränderten) Pfarrkirche *San Lorenzo* ein weiterer Flügelaltar von Michael Parth (Schlüssel beim Sakristan auf der zur Kirche führenden Straße Nr. 18). Der Altar trägt dreimal das Datum 1551 und die Initialen M. P. und ist damit das letzte erhaltene Werk Michael Parths. Im Schrein stehen nicht mehr drei Heiligengestalten, wie bei den früheren Altären des Tirolers Bildhauers in Prato Carnico (1534) und Mediis (um 1545). Der Schrein wird jetzt von einer einzigen Szene, dem »letzten Abendmahl«, eingenommen (so sinnvoll dieses Thema über der Altarmensa auch sein mag, kommt es doch nur selten zur Darstellung). Weitere Passions-

Das Saurische

Der in Sauris gesprochene Dialekt ist nur teilweise für Deutschsprachige verständlich, z. B. der Satz: *maina tochter ist junk.* Das Saurische leitet sich nicht vom Neuhochdeutschen, sondern vom Mittelhochdeutschen ab und hat Einflüsse bzw. Fremdwörter aus dem Friulanischen, Italienischen und den Dialekten Kärntens und der Steiermark aufgenommen. Es hat u. a. die Diphtonge beibehalten: *groas* (groß), *liecht* (Licht). Das neuhochdeutsche b lautet im Saurischen p, z. B. *i pin* (ich bin) oder *prueder* (Bruder). Das deutsche w dagegen entspricht dem saurischen b: *bolt* (Wald), *bait* (weit). (Beispiele nach der Touristenbroschüre »Sauris, Magia scolpita tra i monti«.)

szenen (Einzug in Jerusalem, Christus am Ölberg) finden sich an den geöffneten Außen-
flügeln. Die bemalten Außenseiten zeigen die »Verkündigung«. Die Schreinfiguren der
Predella blieben nicht erhalten. Die beiden gemalten Darstellungen zeigen »Mannalese«
(das Thema der Speisung aufnehmend) und die »Errichtung der ehernen Schlange«
(Thema Heilung).

Wieder zurück nach Ampezzo, biegt man rechts ab Richtung Forni di Sotto. Nach einigen Kilometern erreicht man den Passo della Morte, ein kurzes, heute einen Tunnel bil-
dendes Straßenstück, das den dramatischen Namen ›Todespaß‹ nach den Ereignissen
vom 24. Mai 1848 erhalten hat, als eine Truppe Friulaner den das Cadore einnehmenden
Österreichern erfolgreich Widerstand leistete. Kurz danach sieht man direkt an der
Straße rechts das Kirchlein *San Lorenzo* aus dem 15. Jh. Gianfrancesco da Tolmezzo schuf
die Fresken im (durch die Fenster einsehbaren) Inneren im Jahre 1492, also ein Jahr vor
dem Freskenzyklus in Socchieve. In der kleinen Apsis Apostel, Kirchenväter, Evangelisten und Propheten sowie das »Martyrium des hl. Laurentius«. Am Triumphbogen »Verkündigung«, darunter Heilige, auf der Bogeninnenseite das »Martyrium des hl. Sebastian«. Im Hauptraum links »Thronende Madonna mit Kind«. Der Name des Künstlers
und das Entstehungsdatum der Fresken werden in zentraler Position (unter dem Fenster)
gezeigt, nämlich von einem kleinen Kind, das dem Betrachter auf einem gemalten Blatt
Papier den Text der Signatur hinhält.

In **Forni di Sotto** ist der größte Teil an Kulturgut zerstört oder in andere Orte gebracht
worden. In der Pfarrkirche haben sich als sehenswerte Arbeiten rechts und links vom
rechten Seiteneingang nur das geschnitzte Altarretabel mit den Heiligen Laurentius und
Oswald aus dem 16. Jh. und eine spätgotische Madonna mit Kind erhalten.

In **Andrazza,** das verwaltungsmäßig zu Forni di Sopra gehört, birgt das kleine Kirchlein *Santi Vito, Modesto e Crescenzo* von 1626 ein Triptychon aus dem 17. Jh. mit drei in
Holz gearbeiteten Figuren der Titelheiligen (Schlüssel in der Bar gegenüber).

In **Forni di Sopra** gibt es noch einmal Wandmalerei des Gianfrancesco da Tolmezzo zu
sehen. Im Ortsteil **Cella** in der Kirche *San Floriano* aus dem 15. Jh. (sonntags nach der
Messe um 10.30 Uhr und mittwochs 16–17 Uhr zu besichtigen) schuf der Künstler einen
großen Freskenzyklus mit dem hl. Florian, den zwölf Aposteln, Heiligen und Märtyrerinnen sowie im Gewölbe Kirchenvätern und Propheten. Es findet sich das Datum 17.
April 1500. Teile der Ausmalung entstanden unter Mithilfe von weniger begabten Künstlern, etwa die Figur des hl. Valentin (links im Hauptraum) von Giampietro da San Vito,
frühes 16. Jh. Verglichen mit den früheren Malereien Gianfrancescos, kann man in San
Floriano einen Einfluß durch das Spätwerk der venezianischen Maler Vivarini erkennen.
Der Pinselstrich ist weicher, die Behandlung von Gewändern und Figuren fließender. Bei
dem bekannten ikonographischen Schema, das wie schon bei früheren Bauten auch hier
wieder Gewölbe und Wand gliedert, spürt man weniger Striktheit in der Anordnung der
Figuren, dafür aber eine ruhigere Hand bei deren Darstellung. Von Andrea Bellunello
stammt der Altar des hl. Florian von 1480, eines der besten Werke des Malers, für den in
kräftige Farben getauchte Figuren mit auffallend direktem Blick bei leicht geneigtem Kopf

charakteristisch sind. In der *Pfarrkirche* gegenüber, erbaut 1833–41, steht ein Altar Domenicos da Tolmezzo, um 1500. Die zentrale Madonna mit Kind ist wohl von Girolamo Comuzzo, 1646.

Das Kirchlein *San Giacomo* im Ortsteil **Vico** besitzt noch ein bescheidenes gotisches Portal mit Verzierungen, daneben sind noch Freskenreste andeutungsweise erkennbar.

Cella bei Forni di Sotto, San Floriano: Freskendetail von Gianfrancesco da Tolmezzo, 1492

☐ Der Nordosten: Val di Canale – Canal di Ferro

Wenige Kilometer hinter der österreichisch-italienischen Grenze liegt auf einer Anhöhe **Tarvisio**. Drei Straßenachsen aus Friaul, Kärnten und Jugoslawien treffen hier zusammen. Das heute als Wintersportzentrum bekannte Tarvisio führt seinen Namen gerne auf eine keltische Volksgruppe zurück, die Taurisker, die sich in den ersten Jahrhunderten nach Christus hier niedergelassen hatten. Ab dem 11. Jh. war der Ort für Jahrhunderte dem Bamberger Domkapitel unterstellt. Der Bamberger Bischof gestattete den Tarvisianern 1456 zum ersten Mal einen jährlich abgehaltenen Markt, der heute noch – als Messe – durchgeführt wird. Seine Blütezeit hatte Tarvisio im 15. Jh. durch die Herstellung von Eisen. Das über den Suizza auf den Fella und dann Richtung Süden verschiffte Eisen gab auch dem *Canal di Ferro* (ital. *ferro* = Eisen) seinen Namen.

In der älteren verwinkelten Unterstadt, **Tarvisio Basso**, hat sich die kleine Kirche *Madonna di Loreto* aus dem 17. Jh. mit einigen Barockaltären erhalten. In **Tarvisio Alto**, der Oberstadt, befindet sich die 1445 begonnene und 1976 stark vom Erdbeben betroffene Kirche *Santi Pietro e Paolo*. Reste eines Christophorus sind an der Fassade erkennbar. Bei der Erweiterung der Kirche zur Piazza hin (um 1959) wurden die heute im Inneren aufbewahrten Fresken entdeckt. In der Apsis links Szenen aus dem Leben Mariae und Jesu, 15. Jh. Von 1532 stammen die weiteren Fresken mit dem »Jüngsten Gericht« sowie (an der

Wand gegenüber) »Jesus mit den Kindern« und »Kaiser Karl V. zu Pferd«. Zu beachten ist die Ähnlichkeit dieses Freskos mit Tizians Reiterbildnis Karls V., das 1548 entstand. Der Hochaltar ist eine barocke Arbeit, das Gestühl stammt aus einer deutschen Werkstatt, Ende 16. Jh. Drei römische Grabstelen befinden sich hinter der Apsis der Kirche, deren Glockenturm in nordischer Manier ein Zwiebelturm krönt.

Von den ehemaligen Befestigungsmauern Tarvisios aus dem 15. Jh. haben sich außer einem Mauerabschnitt zwei Türme erhalten, deren einer – achteckig – zu einem Baptisterium umgewandelt wurde. Davor und in unmittelbarer Nähe zur Hauptstraße verweist ein dreiseitiger Grabstein mit feinen Flachreliefs (»Kreuzigung«, »Trinität« und »Verkündigung«) auf römischen Ursprung. Ein lohnenswerter Abstecher führt in den Naturpark der **Laghi di Fusine** (Fusine-Seen) zu zwei auf über 900 m gelegenen Seen vor herrlicher Bergkulisse und dichtem Mischwald (auf der Landstraße Nr. 54 Richtung Fusine, dann rechts den Wegweisern nach).

An einem weiten Bogen der Fella und am Übergang des *Canal di Ferro* in die engere *Val di Canale* liegt **Pontebba**. Der Ort war wohl schon in der Bronzezeit eine kleine Siedlung, die Römer machten ihn dann im 2. Jh. zu einer Zollstation am Transit zwischen Illyrien und Italien. Bis 1919 hatte der mitten durch den Ort laufende Fella auch noch Grenzfunktion zwischen Italien und Österreich. Nach dem Ersten Weltkrieg war der gesamte Ort dann zerbombt und die Grenze wurde nach Nordosten verschoben. Gleich nach der Unterführung der Bahngleise rechts sieht man links den *Palazzo Municipale*, einen kompakten, wuchtigen Bau mit Portikus von 1920, gebaut nach Plänen des Venezianers Carlo Contarini aus dem Jahre 1672, weshalb ein Markuslöwe die Fassade ziert.

Die gotische Kirche *Santa Maria Maggiore* (zunächst ein Stück die Hauptstraße entlang, dann links) wurde 1504 errichtet und 1935 durchgreifend restauriert. Das Netzgewölbe der ersten beiden westlichen Joche und einige Joche der Seitenschiffe sind noch ursprüng-

Der Nordosten Karniens

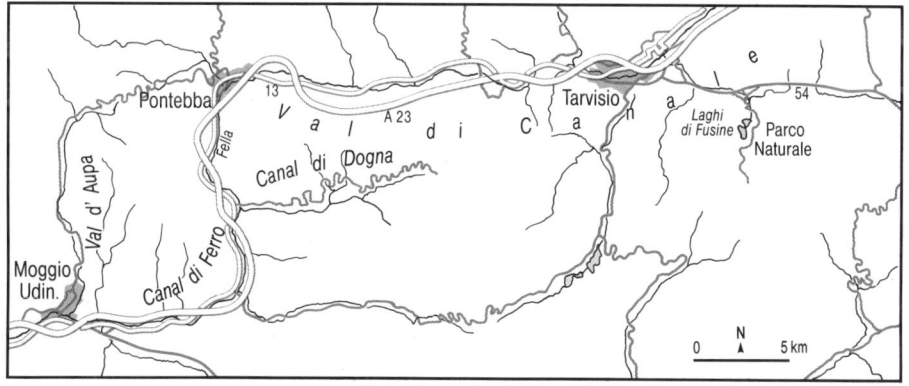

Pontebba, Santa Maria Maggiore: Flügel-
altar aus einer Villacher Werkstatt, Detail
»Auferstehung Christi«, 1517

lich. Von Palma dem Jüngeren stammt das Bild in der Kapelle des linken Seitenschiffes, »Madonna mit den Heiligen Rochus und Sebastian«, 1616 mit barocker Rahmung von 1624. Gegenüber im rechten Seitenschiff eine »Madonna auf den Wolken« von Antonio Morocutti. Prunkstück der Kirche ist der Flügelaltar im Chorraum, ein 1517 datiertes Meisterwerk, das einer Villacher Werkstatt zugeschrieben wird. Als Meisternamen wurden Sigismund Wolfgang Haller und Lienhard Astl genannt. Der Altar ist der erste und größte seiner Art im Friaul. Möglicherweise entstand er für eine Villacher Kirche, denn er hatte eine wichtige Vorbildsfunktion, wie man aufgrund einiger Nachfolgearbeiten in verschiedenen österreichischen und süddeutschen Kirchen schließen kann.   Über den vier Kirchenvätern in der Predella unten sieht man im geöffneten Zustand die figurenreichen Szenen mit der »Krönung Mariens« im Schrein, »Geburt« und »Auferstehung Christi« am linken Flügel und »Anbetung Christi« und »Tod Mariens« am rechten Flügel. Den oberen Abschluß bildet ein Gesprenge mit Maria, den Heiligen Ulrich und Erasmus, Sebastian und Rochus, zwei Engeln sowie zuoberst dem Auferstandenen Christus. Die lichtdurchfluteten Falten der Gewänder sind im Parallelfaltenstil des frühen 16. Jh.s gestaltet. In ihrer feinen Schwingung nehmen sie die Plastizität der Figuren zurück, ja scheinen in der »Krönung Mariens« die Gestalten in einen immateriellen, überirdischen Bereich zu rükken. Auch in geschlossenem Zustand zeigt sich die Qualität des Altars in den vier im Stil der Donauschule gemalten Tafeln mit »Verkündigung«, »Heimsuchung«, »Flucht nach Ägypten« und »Pfingsten«.

*Pontebba, Santa Maria Maggiore: Flügel-
altar aus einer Villacher Werkstatt, Detail
»Anbetung der Könige«, 1517*

Das flußabwärts in der Valle d'Aupa gelegene **Moggio Udinese** war eine römische
Gründung, entwickelte sich aber erst im 11. Jh. zu Füßen einer zwischen 1084–86 gegründeten Abtei (die 1771 aufgehoben wurde). Der malerisch auf einem Hügel über dem Tal
der Fella gelegene, erhöhte Ortsteil ist **Moggio Alto.** Hier befindet sich die Abtei von San
Gallo bzw. der wiedererrichtete Rest der ehemaligen Klosterbauten, die das Erdbeben
1976 dem Boden gleich gemacht hatte. Das Ansehen des Klosters war im 14. Jh. auf seinem Höhepunkt, sein Einfluß reichte damals bis weit über den Canal di Ferro hinaus. Zu
den berühmtesten Äbten gehört 1561–1566 der hl. Karl Borromäus. Aus den Jahren 1757
bis 1763 stammt die restaurierte, ehemals nach Plänen des Udinesen Luca Andrioli dem
Jüngeren errichtete Kirche mit barockem Saalraum, einem Hochaltar von 1717 und Fresken im Altarraum von Leonardo Rigo, 1893, die aus der Abteigeschichte erzählen. Orgel
und Kronleuchter stammen aus dem 18. Jh. Durch eine Tür rechts vor dem Altarraum
gelangt man in einen Kapellenraum mit einem in Nußbaum gearbeiteten Christus am
Kreuz, geschaffen 1466. Rechts der Kirche führt der Weg hinab zum unterhalb der Kirche
gelegenen Kloster, das heute von Klarissen bewohnt wird, und dem Kreuzgang von
1548. Der trutzige Turm der Kirchenfassade gegenüber ist ein Überbleibsel des Kastells
und seiner ehemaligen Befestigungsanlagen aus dem 18. Jh. Auf der Anhöhe über der
Abteikirche sieht man den Turm des Kirchleins *Santo Spirito* (erbaut im 16. Jh., erneuert
im 18. Jh.). Auf der kleinen Piazza unweit der Kirche steht noch ein Pranger mit der
Inschrift »supplicio di mal fattori, 1653« (Qual den Übeltätern, 1653).

Pordenone und seine Provinz

Pordenone

Kommt man aus dem östlichen Friaul nach Pordenone, könnte man glauben, bereits im Veneto zu sein. Venezianisch geprägt sind die Paläste mit ihren Rundbogenfenstern und ihren Laubengängen. Wie Padua, Vicenza oder Treviso wird Pordenone von einem Fluß durchströmt, dem Noncello. Um so mehr überrascht es, wenn man erfährt, daß Pordenone jahrhundertelang in österreichischem Besitz war.

Eine Sonderrolle innerhalb des Friaul spielte schon der alte *Portus Naonis*, das Hafenstädtchen am Noncello. Es war schon in langobardischer Zeit als königlicher Hof *(curtis regia)* direkt dem König unterstellt und damit unabhängig vom Herzogtum des Friaul. Seit dem 9. Jh. war Portus Naonis mit seinem Territorium (das bis Zoppola, San Quirino,

Corso Vittorio Emanuele

Valle und Fiume piccolo reichte) in Besitz verschiedener Feudalherren: der Bischöfe von Padua, der Herzöge von Bayern (952–76), der Herzöge von Kärnten (976–83), der Familien Eppenstein, Spanheim und der Babenberger. Die Burg der Feudalherren, bzw. ihres Stellvertreters, des Burgvogtes, lag etwa 2 km flußaufwärts, im heutigen Vorort Torre. Erst 1276 wurde ein zweites Kastell in Pordenone errichtet. Nach dem Aussterben der Babenberger erhielten schließlich 1278 die Habsburger das Territorium von Pordenone, die es bis 1508 behalten sollten. Porzenau, wie der Ort jetzt hieß, war damit eine österreichische Enklave inmitten des Patriarchenstaates. Während der Kriege zwischen Venedig und Kaiser Maximilian I. eroberten 1508 die Venezianer das Städtchen und gaben es anschließend dem siegreichen Feldherrn Bartolomeo d'Aviano zum Lehen. Mit dem Tode seines Sohnes Livius fiel es jedoch an die Republik Venedig zurück.

Das Stadtbild Pordenones wurde vor allem im 14. Jh. geprägt. Als bedeutendes Handelszentrum und Verkehrsknotenpunkt zwischen dem friulanischen Hinterland und der venezianischen Lagune, vor allem aber in seiner Funktion als Brückenkopf zwischen den österreichischen Ländern und der Adria entwickelte sich das Städtchen zu einem aufstrebenden Zentrum in der friulanischen Ebene. Der wirtschaftliche Erfolg zog eine wachsende Zahl von Bewohnern und den Bau neuer Paläste und Kirchen nach sich. Zweimal mußte die Stadtmauer erweitert werden, um neue Viertel in das Stadtgefüge miteinzuschließen: zunächst das ›Motta‹ genannte Gebiet um den Corso Vittorio Emanuele, sodann das sich anschließende Gebiet bis zur Piazza San Giovanni.

Bereits 1291 hatte Pordenone seine Statuten erhalten, 1314 wurde es von den Habsburgern offiziell zur ›Stadt‹ ernannt. Seine besondere Stellung wurde auch von den Venezianern im 16. Jh. erkannt, die hier einen eigenen Provveditore (Gouverneur) einsetzten, wodurch Pordenone vom Statthalter in Udine unabhängig war. So blieb der Stadt ihre Eigenständigkeit in großem Maße erhalten. Durch den großzügigen, von Napoleon begonnenen Ausbau eines neuen Straßennetzes im Friaul (darunter die heutige Nationalstraße Nr. 13, die ›Pontebbana‹) und auch der Eisenbahnlinien verlor der Hafen Pordenones im 19. Jh. endgültig an Bedeutung. Statt dessen begann eine industrielle Entwicklung (vor allem Tuche und Elektrogeräte), so daß man bereits 1928 vom ›Manchester des Friaul‹ sprach, dem um 1960–70 ein weiterer Aufschwung vergönnt war. Das 1968 zur Provinzhauptstadt aufgestiegene Zentrum ist heute eines der wohlhabendsten des Friaul.

☐ Rundgang

Ein Rundgang durch das belebte Städtchen, das mit zahlreichen Einkaufsmöglichkeiten lockt, führt hauptsächlich durch das einstige mittelalterliche Stadtgebiet rund um die alte Hauptstraße, den Corso. Ausgangspunkt ist die Piazza Cavour. Der schmale, gewundene *Corso Vittorio Emanuele* (die frühere Contrada Maggiore) gehört zu den reizvollsten Straßenzügen des Friaul. Im Mittelalter war er einst das Herz der Stadt und zentrale Verkehrsader. In den schattigen Laubengängen der ehemals von reichen Bürgern und Adel bewohnten Palazzi reihen sich heute ele-

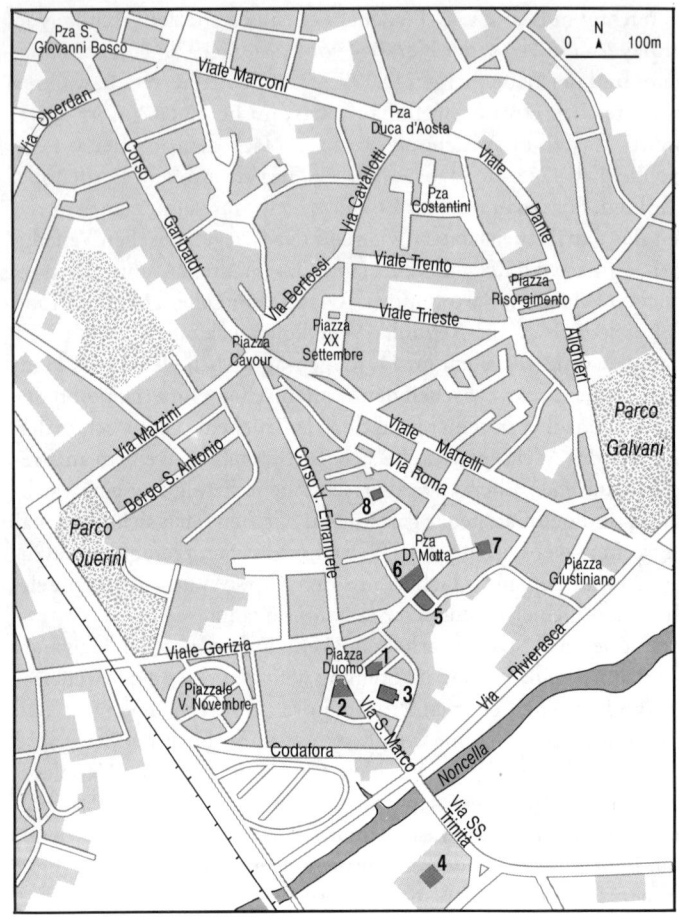

Stadtplan von
Pordenone

1 *Museo Civico*
2 *Palazzo Comunale*
3 *Dom San Marco*
4 *SS. Trinità*
5 *Museo di Storia*
  naturale
6 *San Francesco*
7 *Kastell*
8 *Santa Maria degli*
  Angeli

gante Geschäfte aneinander. In den vergangenen Jahren wurden einige der zum Teil arg verfallenen Bauten restauriert, andere sollen folgen.

Zu Beginn des Corso hat sich das Beispiel eines mittelalterlichen Palazzo des 13. Jh.s erhalten, die **Casa Simoni** (rechts, Nr. 10B). Charakteristisch sind die beiden Fensteröffnungen mit geschweiften Bögen über einem weiten Bogen im Erdgeschoß.

Wie bei weiteren Palazzi des Corso ist die ehemalige farbenfrohe Freskenmalerei leider nur mehr schlecht erkennbar. Die **Casa Odozzili-Rossi** (links, Nr. 17) wurde im 14. Jh. erbaut. Hier schmücken die wiederum mit geschweiften Bögen gestalteten Biforienfenster aufwendige Rahmungen. Auch hier sind die Fresken nur in Resten erhalten. Wesentlich später, nämlich im späten 16. Jh., entstand gegenüber der **Palazzo**

Palazzo Gregoris am Corso Vittorio Emanuele

Policreti-della Torre (rechts, Nr. 16). Im pittoresken Innenhof kann man einen Blick auf Reste der mittelalterlichen Stadtmauer werfen.

Etwas weiter, auf der rechten Straßenseite, schließt sich das einstige **Teatro Concordia-Sociale** (Palazzo Ellero) aus dem Jahre 1831 an (Nr. 20). Der Architekt Giovanni Battista Bassi schuf die klassizistische Kolonnadenfront. Die **Casa Pittini**

(links, Nr. 21 L) ist wieder ein älterer Bau aus dem 14. Jh., dessen geometrische Fassadenmalerei noch schwach erkennbar ist. Der **Palazzo Gregoris** (rechts, Nr. 44) gegenüber wurde im Jahre 1684 von Domenico Rossi und Giuseppe Sardi erbaut. Die kraftvolle, gut gegliederte Fassade mit den rustizierten Bogenöffnungen im Erdgeschoß charakterisieren kompakte Fenstergruppen, z. T. mit Balustraden und skulp-

241

tierten Köpfen als Schlußstein. Der Palazzo gehört zu den gelungensten Beispielen friulanischer Palastarchitektur des 17. Jh. Wiederum gegenüber befindet sich der **Palazzo Torossi** (links, Nr. 39), eine späte Arbeit aus dem 18./19. Jh. mit elegant-aufwendig gestaltetem Serliana-Fenster in der Fassadenmitte. Daneben sieht man den **Palazzo Cattaneo** aus dem 16. Jh. (links, Nr. 41), dessen Architekt sich deutlich an venezianische Vorbilder anlehnte (man denke etwa an den Palazzo Mocenigo am Canal Grande).

Noch einmal auf der anderen Straßenseite führt der Weg zur **Casa Mantica** (rechts, Nr. 52 C), ebenfalls aus dem 16. Jh. Die Fresken aus der Hand Pordenones sind leider fast völlig verblaßt.

Der anschließende Bau ist der **Palazzetto Cattaneo** (rechts, Nr. 54) aus dem 18. Jh., dessen originale Freskenmalerei sich ein wenig besser erhalten hat. Sehr dekorativ ist der die Fassade durchziehende Fries mit sich überschneidenden Bögen. Gegenüber steht die **Casa Vianello** (einst Palazzo dei Capitani) aus dem 14. Jh. (links, Nr. 45), die zwischen den gotischen Fenstern Fresken mit geometrischen Mustern in Rot-, Grün- und Gelbtönen schmücken. Schräg gegenüber befindet sich der weiß verputzte **Palazzo Montereale-Mantica** (rechts, Nr. 56) aus dem 18. Jh.

Der im 15. Jh. errichtete und in den späteren Jahrhunderten mehrmals umgebaute **Palazzo Ricchieri** (links, Nr. 51) beherbergt das **Museo Civico** (1), das Städtische Museum. Die Fassade zieren kräftige, kleine Balkone vor den zentralen Fenstern. Die ursprünglichen gotischen Fensterrahmen wurden – so weit vorhanden – freige-

legt. Das Museo Civico ist wegen Restaurierung und Umbau immer noch geschlossen. Zum Besitz zählen Gemälde von Giovanni Antonio da Pordenone: u. a. die »Pala di San Gottardo« (mit dem hl. Gotthard zwischen den Heiligen Sebastian und Rochus), 1525, sowie eine »Auffindung des hl. Kreuzes«. Nicht von Pordenone ist dagegen das 1840 abgelöste Fresko »Ländlicher Tanz« aus dem Palazzo Rorario, dem angeblichen Haus des Malers. Unter den Holzbildwerken sind hervorzuheben: ein aus Valeriano stammender Schnitzaltar (um 1508) von Giovanni Mioni da Tolmezzo (dem Sohn des Domenico da Tolmezzo), ein »Thronender hl. Nikolaus« von Bartolomeo dell'Occhio, 1503, sowie Heiligenskulpturen des Venezianers Andrea Brustolon, um 1690.

Das gesamte letzte Stück des Corso wird optisch vom **Palazzo Comunale** (2) dominiert, dessen Fassade eine reizvolle Kulisse am Ende der Straße bildet. Der kompakte, kubusartige Baukörper mit offener Loggia entstand zwischen 1291 und 1365 mit gotischen Stilmitteln zunächst ohne den über die Loggia gesetzten Uhrenturm, der erst um 1542 nach venezianischem Vorbild (Uhrenturm an der Piazza San Marco) hinzugefügt wurde. Die Pläne hierfür zeichnete der Maler Pomponio Amalteo.

Das eigenwillige Äußere des Palazzo charakterisieren elegante Bogen- und Fensteröffnungen. Den Abschluß der Fassade bilden zwei relativ große Tabernakelaufsätze. Zusammen mit dem mächtigen Uhrenturm und der geschwungenen Dachsilhouette ergibt sich so ein reizvolles Wechselspiel aus Wanddekor und Öffnungen, aus Licht- und Schatteneffekten.

In unmittelbarer Nähe erhebt sich an der gleichnamigen Piazza mit zahlreichen Renaissancehäusern der Dom **San Marco** (3). In seiner heutigen Erscheinung ist er das Ergebnis mehrerer Umbauten, die auf den ersten spätgotischen Kirchenbau folgten (Ende 14. bis Mitte 15. Jh. unter Einbeziehung von Bauresten des 13. Jh.s). Der in romanisch-gotischer Formensprache gehaltene Campanile (1219–1417) gehört zu den schönsten Italiens. In seiner klaren Gestalt mit dem kantigen Unterbau, dem 1616–21 hinzugefügten oktogonalen Aufsatz und dem eleganten Dekor der schmalen Triforien und der schmückenden Bogenfriese bildet er ein stilvolles Wahrzeichen Pordenones, das sich bei einem Spa-

ziergang durch die Straßen der Stadt in immer wieder neuer Perspektive erleben läßt.

Die unvollendete Fassade des Doms erhielt um 1840 ihr jetziges Aussehen. Das fein ziselierte Portal mit der Christusfigur von Antonio Pilacorte, dem Bildhauer aus der Gegend von Lugano, ist die einzige Umsetzung eines Plans, den Pilacorte 1501 selbst für die Domfassade entworfen hatte.

Das Innere bildet ein im 19. Jh. gestalteter dreijochiger Saalraum, an den sich ein überkuppeltes Joch mit kurzen Querarmen in Gestalt von Kapellen und die Apsis anschließen. Zwischen Kuppelraum und Apsis vermitteln schräg gestellte, offene kleine Joche.

Palazzo Comunale

Ausstattung:

1 Weihwasserbecken von Pilacorte, 1511 (1506?).

2 »Mater Misericordiae« von Giovanni Antonio da Pordenone, gemalt zwischen 1515 und 1518. Dieses Hauptwerk aus der frühen Schaffenszeit des Malers entstand im Auftrag des im Bild dargestellten Stifters, eines Bürgers von Pordenone. Schon bald nach der Fertigstellung lobten die Zeitgenossen die satt leuchtenden Farben, die heute – nach der letzten Restaurierung – wieder zum Vorschein gekommen sind. Auf Kritik stieß dagegen – bis heute übrigens – die Anordnung der Figuren und ihr Verhältnis zur Landschaft. Tatsächlich gibt es keinen Übergang zwischen den Figuren im Vordergrund und dem Hügelland, das die Hintergrundskulisse bildet. Die ihren Mantel in der Art einer Schutzmantelmadonna über den Stifterfigürchen ausbreitende Muttergottes steht zwar zwischen den beiden Heiligen Christophorus und Joseph (beide mit dem Christuskind!), bildet jedoch anschaulich nicht die Mitte. Dafür ist sie zu zurückhaltend neben Joseph, der den Betrachter keck aus seinen schmalen Augen anvisiert und ihm das Kind in virtuoser Verkürzung hinhält, und neben Christophorus, dem voranschreitenden und sich heftig drehenden Riesen. Zu verschieden sind die Charaktere der drei Gestalten, als daß ein stimmungsvoller Einklang im Sinne der ›Sacra conversazione‹ eines Bellini entstehen könnte. Ohne kompositionelle Verbindung, isoliert fast wie in einem Triptychon, nur ein wenig sich überschneidend, stehen die drei Figuren nebeneinander. Wird die Muttergottes in einem realistischen Größenverhältnis zu den sie flankierenden Heiligen gezeigt, so überrascht das Größenverhältnis der winzigen Stifterfigürchen zur Madonna. Jetzt herrscht wieder ein altertümlicher Bedeutungsmaßstab. Zeitgemäß, an den ältesten Werken eines Tizian orientiert, ist die Landschaft im Hintergrund. Verbindung zwischen den heterogenen Figuren und dieser Landschaft stiftet das Licht, das Atmosphärische. Die Farben sind – wie im Werk Pordenones kein zweites Mal – von seltener Leuchtkraft, und so zählt dieses Altarblatt trotz offenkundiger Mängel zu den stärksten Werken des Friulaner Malers.

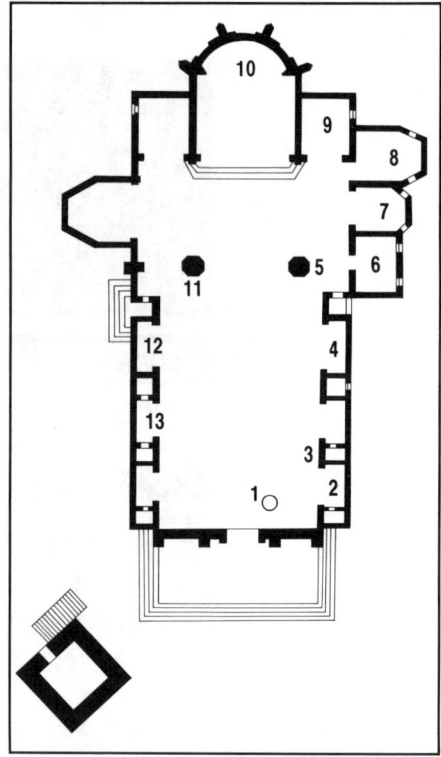

3 Freigelegte Fresken aus dem 14. Jh. mit dem hl. Christophorus sowie zwei weiteren Heiligen.

4 »Die Heiligen Franziskus, Johannes der Täufer und Daniel« von Marcello Fogolino, um 1523.

5 Am rechten Kuppelpfeiler Fresken von Pordenone: Das Fresko des hl. Rochus entstand wohl 1515–18. Hoch ragt die Figur vor einer Säulenordnung auf. Durch Pilgerstab, Reisebeutel, Pestwunde und Heiligenschein kennzeichnete Pordenone den jungen Mann als hl. Rochus. Gleichwohl spricht die Figur den Betrachter auch ganz profan auf sinnliche Weise an: Leuchtend sind die Farben von Hemd und Mantel, gut gebaut ist der stattliche Körper, eher lasziv verweist die Linke auf die Wunde am Oberschenkel. Schön und markant ist das Antlitz des geneigten Kopfes mit Blick direkt auf den Betrachter. Traditionsgemäß sieht man in diesem Bild denn auch ein Selbstporträt des Malers.

Der rechts anschließend dargestellte Nothelfer, der hl. Erasmus, entstand einige Jahre zuvor, etwa um 1512–14. Der Bischof von Antiochia erlitt sein Martyrium, in dem ihm seine Eingeweide mittels einer

◁ *Grundriß des Doms*

Dom San Marco: »Mater Misericordiae«, Gemälde von Giovanni Antonio da Pordenone (Detail), 1515–1518

Giovanni Antonio da Pordenone

»Er ist schlagfertig, hat viele Freunde und liebt die Musik.« Mit dieser Bemerkung charakterisierte einst Giorgio Vasari in seinen Lebensbeschreibungen italienischer Künstler den Maler und Freskanten Giovanni Antonio da Pordenone. Andere Quellen wollen von rüden Umgangsformen, Schlägereien und häufigen Rechtsstreitereien wissen, in die er verwickelt war, woraus sich ein kontrastreiches Bild seiner Persönlichkeit ergibt.

Facettenreich ist auch das Œuvre Pordenones. Im Friaul begegnen wir freilich bis auf wenige Ausnahmen (z. B. in Spilimbergo) vor allem dem Jugendwerk. Hier kann man zwar ebenfalls entscheidende Entwicklungen nachvollziehen, aber die besonders virtuosen Arbeiten findet man in Cremona oder Piacenza. Die Forschung läßt Giovanni Antonio de' Sacchis um 1483 in Pordenone – nach dem der Künstler später benannt werden sollte – zur Welt kommen, das genaue Geburtsdatum ist unbekannt. Auch über den Namen des Lehrmeisters des jungen Künstlers herrscht Unsicherheit, zumeist wird jedoch heute der Maler Gianfrancesco da Tolmezzo (s. S. 228) genannt. Der Künstler war etwa 20, als er rund um seinen Geburtsort als Freskenmaler zu wirken begann. Erste, noch recht zaghafte Versuche sind die Fresken von Valeriano oder Vacile, die in den Jahren zwischen 1506 und 1510 entstanden. Das Fresko des hl. Rochus im Dom von Pordenone (gemalt um 1515–18) läßt dann bereits mehr Sicherheit und Ausdruck in der Gestaltung der Figuren und einen ausgeprägten Sinn für Farbe verspüren. Auch das Altargemälde »Madonna della Misericordia« (am selben Ort und etwa gleichzeitig gemalt) gehört zu dieser Entwicklungsstufe.

Das ungewöhnliche Temperament des Malers tritt jedoch erst wirklich mit seiner ganzen Wirkkraft in den Passionsszenen im Dom zu Cremona in Erscheinung. Ein –

(hier dargestellten) Winde aus dem Körper gezogen wurden. Nicht wie üblich im Bischofsornat wird Erasmus dargestellt. Spürbar ist hier das Interesse Pordenones an der Darstellung des nackten Körpers und dem Einsatz von Licht und Schatten. Etwas gekünstelt wirkt die Haltung mit dem seltsam tänzelnden Schritt.

Die folgende Madonna mit Kind wird auch Pordenone zugeschrieben, als Entstehungszeitraum nennt man die Jahre vor 1506.

6 Cappella Mantica: Das Altarbild »Flucht nach Ägypten« malte Pomponio Amalteo, ein Schüler Pordenones, im Jahre 1565. Charakteristisch für die Malweise Amalteos ist unter anderem die Neigung zu ungewöhnlichen Farbschattierungen oder extremen Bewegungen seiner Figuren, beides ist besonders gut an der Madonna nachvollziehbar.

Die Freskenausmalung der Kapelle stammt von einem weiteren Schüler Pordenones, Govanni Maria Zaffoni, genannt wenn auch abgemilderter – Nachklang dieser ungeheuer kraftvollen und den Betrachter jäh konfrontierenden Arbeiten bilden die Orgelflügel in Spilimbergo (um 1524). Sie sind schon insofern von Bedeutung, als sie deutlich machen, daß Pordenone nicht nur als Freskant überzeugen konnte, wie häufig behauptet wird. Als solcher erwarb er sich allerdings vor allem nach dem Aufenthalt in Cremona einen besonderen Ruf. Und der erreichte bald Venedig, wo Pordenone schließlich ab 1528 in mehreren Kirchen und Konventen malte und seine Arbeit sogar für den Dogenpalast gewünscht wurde.

Die Neigung zum leidenschaftlichen, ja geradezu stürmischen Erzählen hob ihn damals von allen gleichzeitigen Künstlern ab. Ausfahrende Gebärden, Dramatik und eine lebhafte farbenfrohe Szenerie charakterisieren seine besten Arbeiten, die je nach Thema begeistern oder betroffen machen wollen, immer aber den Betrachter mitreißen. Daß Pordenone dabei niemals zum plakativen Fabulierer abrutscht, verdankt er der bei allem Pathos spürbaren Ernsthaftigkeit und einer manchmal anrührenden Wahrhaftigkeit, die in seinen Werken zum Ausdruck kommen. Zweifellos lassen sich dabei im gesamten Œuvre immer wieder zahllose Reaktionen auf die Tätigkeit älterer oder zeitgleicher Künstler finden, weshalb die Forschung eine lange Reihe von ›Vorbildern‹ nennt, zu denen Correggio, Giorgione, Palma il Vecchio, Sebastiano il Piombo oder natürlich Tizian zählen. Es sind jedoch nie bloße Zitate, sondern eigenwillige und vor allem eigenständige Antworten, die der Maler in seiner unverwechselbaren Sprache findet. Besonders für Tizian, der damals einen unvergleichlichen Ruhm in Venedig genoß, wurde Pordenone eine langsam bedrohlich werdende Konkurrenz. Wir wissen nicht, wie diese Situation sich entwickelt hätte – wäre im Januar 1538 Pordenone nicht überraschend in Ferrara gestorben, wo man ihn gerade erst an den Hof gerufen hatte. Die vielen Unklarheiten, die für uns mit der Datierung seiner Werke, mit möglichen Reisen, vor allem nach Mittelitalien, und anderen Einzelheiten seines Lebens verbunden sind, enden auch beim Tode des Künstlers nicht: Es gab Stimmen, Pordenone sei ermordet worden, was jedoch nie aufgeklärt werden konnte.

Calderari, 1554/55. An der Decke, in den Lünetten und an den Wänden Szenen aus dem Marienleben und der Kindheit Christi. Die teilweise ungelenk gestalteten Fresken zeigen zumeist in dicke Draperien gehüllte Figuren. Über dem »Abendmahl« (linke Wand, links unten) eine Stadtansicht von Pordenone.

7 Cappella Santi Pietro e Paolo: Wandfresken aus dem 14. Jh., die Malereien der Lünetten zeigen Stadtansichten, 15. Jh., Taufbecken von Antonio Pilacorte, 1506.

8 Sakristei: An der hinteren Wand »Christi Himmelfahrt«, Fresko eines friulanischen Malers, 1503.

9 Cappella San Nicolò: Die Fresken der vier Kirchenväter im Gewölbe (wie häufig im Friaul eingeschlossen in Tondi) und die Szenen aus dem Leben des hl. Nikolaus wohl von Dario da Treviso (auch Dario da Pordenone genannt), vor 1459.

10 Das 1535 begonnene, unvollendet gebliebene Altarbild »Christus und die Heiligen Markus, Sebastian, Johannes der

Dom San Marco, Cappella Mantica: Stadtansicht, Freskendetail von G. M. Zaffoni, 1554/55

Täufer, Hieronymus und Papst Alexander« ist ein weiteres Werk Pordenones. Marmortabernakel mit Engeln von Giuseppe Bernardi, 1764.

11 Vor dem Pfeiler große Christusfigur in Holz, 1634.

12 »Madonna mit Kind und die Heiligen Blasius und Apollonia« von Marcello Fogolino, um 1523.

13 »Hl. Hieronymus« von Domenico Tintoretto, um 1595.

Über die Via San Marco kann man über eine Brücke des Noncello zur Kirche **Santissima Trinità** (4) gehen. Der über einem achteckigen Grundriß errichtete Renaissancebau von 1550 ist an romanischen Vorbildern orientiert und mit gotischen Details ausgestattet. Im (erst nach der Beendigung der Restaurierungsarbeiten zugänglichen) Inneren ein Freskenzyklus des Calderari, 1555.

Zurück zum Corso, bis zur östlich abzweigenden kleinen Via Castello, führt der Spaziergang weiter bis zur Via della Motta. Gleich linkerhand (Nr. 7) befindet sich der **Palazzo Mantica** aus dem 16. Jh., dessen verblaßtes Fresko »Urteil des Paris« Pordenone zugeschrieben wird.

Etwas weiter steht rechts der restaurierte Palazzo Pisciutta (Nr. 16), der Sitz des **Museo civico di Storia naturale** (5). Schräg gegenüber der Palazzo Prata-Ferro, 16. Jh. Daneben befindet sich die ehemalige Kirche **San Francesco** (6), gegründet 1416, die zusammen mit dem angeschlossenen Kreuzgang heute als Ausstellungsraum dient.

Hinter der Piazza della Motta das **Kastell** (7), errichtet 1276 von Philipp Ulrich von Kärnten, seit 1883 Gefängnis. Auf dem Weg zurück zum Corso Vittorio Emanuele kann man noch einen Abstecher vornehmen zur Kirche **Santa Maria degli Angeli** (8), die auch Chiesa del Cristo genannt wird (von der Piazza della Motta aus vorbei am Palazzo del **Monte di Pietà,** dem Leihhaus, jetzt Städtische Bibliothek). Den 1309 errichteten Bau schmücken außen zwei fein ornamentierte Renaissanceportale. Das des Haupteinganges von 1510 mit Madonnenfigur und Engeln stammt aus der Werkstatt des Pilacorte (Seitenportal von 1551).

Durch die schmale Via del Cristo wieder am Corso und zurück zur Piazza Cavour, fällt der Blick auf den mächtigen **Palazzo Baldini** (an der Ecke Piazza Cavour/Corso Garibaldi) aus dem 17. Jh. Im selben Jahrhundert wurde der Straßenzug des Corso Garibaldi angelegt, an dem sich noch einige weitere barocke Paläste erhalten haben.

Die Umgebung von Pordenone

☐ Von Torre bis Provesano

Die zahlreichen kleinen Ortschaften rund um Pordenone lassen sich in einer Rundfahrt oder in mehreren Etappen besichtigen. Dabei wird Pordenone in zwei großen Bögen umfahren. Sehenswert sind vor allem Spilimbergo mit seinem Dom, die ottonische Abteikirche von Sesto al Reghena und das Stadtbild von Sacile. Entlang des Tagliamento finden sich zahlreiche mit Fresken ausgestattete kleinere, nicht immer leicht zugängliche Kirchen, von denen die von Valvasone, Provesano und Prodolone besonders empfohlen seien.

Nordöstlich von Pordenone befindet sich der Vorort **Torre,** der bereits in römischer Zeit besiedelt war. Grabungen haben Reste einer römischen Villa des 2. Jh.s zum Vorschein gebracht. Die Funde, zu denen vor allem Mosaiken gehören, sollen demnächst im *Museo archeologico del Friuli occidentale* gezeigt werden. Fundort war zum Teil die Anlage des Kastells der Grafen von Ragogna in Torre (z. Zt. nicht zugänglich). Im Ort angekommen am Ende rechts und dann wieder rechts, dort Schild ›Castello‹). Nahe beim Kastell steht die Pfarrkirche *Santi Illario e Taziano* mit einem Altarbild von Pordenone, »Madonna mit den Heiligen Antonius, Johannes dem Täufer, Hilarius und Tatianus«, um 1520. Im Vergleich zu dem früheren Bild der »Sacra Conversazione« in Vallenoncello (s. S. 272) vermißt man hier die Intensität im Ausdruck der Figuren. Zudem driftet die Gesamtkomposition trotz der massiven (und reichlich düsteren) Architektur im Hintergrund seitlich auseinander und erhält durch die Haltung des Jesukindes, in dessen Bein-

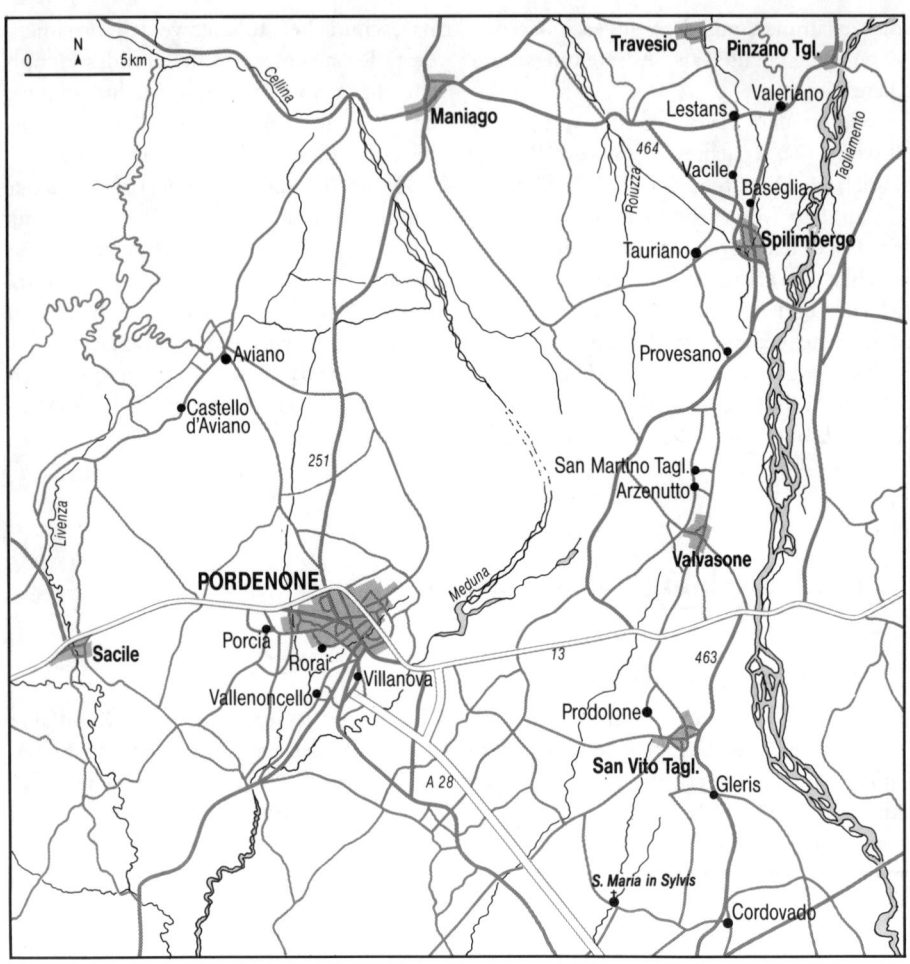

Die Umgebung von Pordenone

chen sich zwei Bewegungsachsen im Bild kreuzen, einen zwanghaften Akzent. Weihwasserbecken und Taufstein, 1532/33, schuf Giovanni Antonio Pilacorte.

Valvasone mit seinen gut erhaltenen Häusern, den Laubengängen, der zum Teil noch
erhaltenen Stadtmauer und dem halbverfallenen mittelalterlichen Kastell konnte sich sein
Ortsbild bewahren, das charakteristisch ist für das venezianisch beeinflußte westliche
Friaul. Das auf das 13. Jh. zurückgehende, von einem Burggraben umgebene und ringför-
mig um einen Innenhof angelegte Kastell erlitt bei den Erdbeben von 1976 starke Schä-

den, die noch nicht ganz behoben werden konnten. Die Pfarrkirche *Santissimo Corpo di Cristo* wurde im letzten Jahrzehnt des 19. Jh.s im neogotischen Stil erneuert (Fassade, Fensterfüllungen). Sie birgt die einzige gut erhaltene venezianische Orgel des 16. Jh.s. Wenn auch mehrfach restauriert, ist sie noch heute bespielbar. Gebaut wurde das Instrument 1532–38 in Venedig durch Vincenzo de Columbi. Für die Bemalung der Flügel und der Tribüne verpflichtete man 1535 Pordenone, der bei seinem Tode im Jahre 1539 die Arbeit unvollendet hinterließ, so daß sie von seinem Schwiegersohn und Schüler Amalteo ab 1549 zu Ende geführt wurde. Von Pordenone stammt wohl die Idee der Gesamtgestaltung, zumindest für die »Mannalese« (Außenseiten, heute an der gegenüberliegenden Wand aufgehängt). Die etwas ungelenken Figuren und gewollt originelle Details lassen auf die Hand Amalteos schließen, von diesem stammen wohl auch »Opfer des Isaak« und »Opfer des Melchisedech« der Innenseiten. Am Orgelkasten Szenen aus dem Leben Jesu von Amalteo.

Das schlecht erhaltene Altarbild »Heilige Katharina von Alexandrien« (1701) in der rechten Seitenapsis ist von dem Comasken Giulio Quaglio. Die expressiven Flachreliefs des Antependiums mit Lebensszenen der Heiligen werden Francesco Penso, genannt ›il

Valvasone, Santissimo Corpo di Cristo: Venezianische Orgel

Cabianca‹, zugeschrieben. Die an der Hauptstraße des Ortes gelegene Kirche *Santi Pietro e Paolo* wurde an der linken Wand des Langhauses und an der rechten Chorwand um 1500 mit Fresken ausgestattet, die Pietro da Vicenza (1467–1527) zugeschrieben wurden. Das Kreuzigungsfresko an der Eingangswand ist aus dem 14. Jh. Von guter Qualität sind die Holzskulpturen der Heiligen Paulus und Antonius Abbas aus dem frühen 16. Jh., die um ein Kruzifix angeordnet wurden. Auf der Orgeltribüne steht ein venezianisches Positiv des 17. Jh.s. Direkt gegenüber der Kirche das Renaissance-Haus *Casa Fortuni* mit einem ungewöhnlichen ›steinernen‹ Vorhang im Mezzaningeschoß.

Die kleine Kirche *Santi Filippo e Giacomo* in **Arzenutto** (Schlüssel im Haus schräg gegenüber, neben dem Waffen- und Sportgeschäft) wurde im 14. Jh. anstelle einer seit dem Hochmittelalter genutzten Grab- und Pilgerstätte errichtet. Der heutige, erweiterte Bau ist aus dem Jahr 1469. Fresken aus dem späten 14. Jh. haben sich an den Langhauswänden erhalten (Votivfresken links, rechts u. a. eine Szene mit einem Gehängten). Von Andrea Bellunello ist die »Madonna zwischen Sebastian, Rochus und zwei Engeln«, 1480 (rechts vor der Apsis). Die Apsisfresken sind ein Werk von Giampietro da San Vito (1515) im volkstümlichen Renaissancestil mit einigen fortschrittlichen Elementen, etwa bei der Architektur. Neben dem »Jüngsten Gericht« (Farbabb. 27) an der Hauptchorwand, und der »Kreuztragung« zwei Szenen aus dem Leben des hl. Philippus, der gekreuzigt wurde. Gegenüber: »Auferstehung Christi« und Szenen aus dem Leben des hl. Jakobus.

Der kleine Ort **San Martino al Tagliamento** besitzt in seiner Pfarrkirche heute zwei qualitätsvolle Arbeiten, die aus dem Kirchlein des nahen Arzenutto stammen. Links der Schnitzaltar mit der Madonna und den Heiligen Philippus und Jakobus aus dem Umkreis des Domenico da Tolmezzo (um 1500). An der Wand gegenüber »Madonna mit Kind« in einem Holzschrein, spätes 15. Jh. Am Hochaltar ein Hauptwerk Pomponio Amalteos, des Pordenone-Schülers, »Christus in der Glorie mit den Heiligen Martin, Stephan und Johannes dem Täufer«, 1549. In lebhaften Farben sind die Heiligen in das Bild gesetzt, doch ohne überzeugende Gesamtgestaltung. An der Eingangsinnenwand wurde die Sinopie für das Chorfresko in Arzenutto angebracht. An der linken Außenwand der Kirche ein Renaissanceportal von 1508. Daneben ein noch relativ gut erhaltenes Fresko eines hl. Christophorus von Pordenone.

Einer der schönsten Freskenzyklen des Gianfrancesco da Tolmezzo findet sich in der Pfarrkirche *San Leonardo* von **Provesano** (nahe der Hauptstraße). Sie wurde im späten 15. Jh. errichtet, im 18. und 19. Jh. umgebaut. Gianfrancesco da Tolmezzo, der Lehrer Pordenones, hat 1496 die Chorwand und das gesamte Presbyterium ausgemalt. Zentrale Szene ist die »Kreuzigung Christi«. Einige Motive weisen darauf hin, daß Gianfrancesco direkt oder indirekt Kenntnis von nordischen Malern hatte. In den Gewölbekappen sind – wie es im Friaul fast die Regel ist – Kirchenväter und Propheten dargestellt, an den Seitenwänden finden sich Szenen aus der Passion Christi, für die der Maler zum Teil Kupferstiche

◁ *Valvasone, Santi Pietro e Paolo: Dreifaltigkeitsfresko, Pietro da Vicenza zugeschrieben*

*Provesano, San
Leonardo: Fresken
von Gianfrancesco
da Tolmezzo*

von Martin Schongauer benutzte. Unterhalb der Passionsszenen an der Altarwand und
rechten Seitenwand Darstellungen der Hölle und des Paradieses (mit der Paradiespforte,
durch die Petrus die frommen Seelen einläßt). Am rechten Triumphbogenpfeiler ein
Fresko »Hl. Sebastian« (mit Inschrift), am linken Pfeiler »Hl. Rochus«. An der Chorwand
rechts wurden 1513 Votivfresken der Muttergottes mit dem hl. Rochus und dem hl. Sebastian angebracht. Das Taufbecken ist von Pilacorte, 1497, von demselben Meister wohl
auch das Weihwasserbecken.

☐ Spilimbergo

Mit seinem Dom und seinem Kastell zählt Spilimbergo zu den sehenswertesten Orten des Friaul. Das wie auf einer Aussichtsterrasse auf dem westlichen Hochufer des Tagliamento erbaute Städtchen erhielt seinen Namen nach der Feudalfamilie der Spengenberg (italianisiert: Spilimbergo), die seit dem frühen 12. Jh. hier Burg und Ländereien besaß. In diesem Fall leitet sich also nicht – wie üblich – der Familienname vom Ortsnamen ab, sondern umgekehrt, die aus Bayern oder Kärnten eingewanderten Spengenbergs behielten ihren alten Familiennamen bei und übertrugen ihn auf Burg und Ortschaft. Wahrscheinlich kamen die Spengenbergs mit Patriarch Ulrich I. (1085–1121) ins Friaul. Ein ›Castrum de Spengenberg‹ wird jedenfalls in einem Dokument von 1120 genannt. Die den Spengenbergs als Feudalbesitz überlassene Burg gehörte zuvor wahrscheinlich der Familie Eppenstein, die im 12. Jh. hier Güter besaß.

Mit dem Tode Walterpertoldos II. um 1291 erlosch die Hauptlinie der Spengenbergs. Die Tochter Walterpertoldos vermählte sich mit Giovanni di Zuccola, und so bildete sich die Linie Spilimbergo-Zuccola.

Die Besitztümer und die damit verbundene Rechtsprechung dieser Familie beschränkten sich nicht auf Spilimbergo. Sie übte ihre Herrschaft u. a. auch auf Solimbergo, Trusso, Valvasone und Zuccola aus. Kastell und Ortschaft wurden immer wieder umkämpft, 1305 vom Grafen von Görz erobert, bis schließlich Spilimbergo 1420 unter die Herrschaft von Venedig kam. Doch konnte die Familie Spilimbergo-Zuccola weiterhin Hof halten. Zu ihren Gästen zählte Kaiser Karl V., der ihr den Titel eines Pfalzgrafen verlieh.

Nicht nur die Feudalburg war mit Wehrmauern befestigt, sondern auch der *borgo*, die Stadt der ›Bürger‹, in der Markt gehalten und Seide produziert wurde, deren Bewohner jedoch hauptsächlich Bauern und Hirten waren.

Stadtplan von Spilimbergo 1 Kastell 2 Dom 3 Palazzo della Loggia 4 Loggia del Daziario 5 Torre orientale 6 Santi Giuseppe e Pantaleone 7 San Giovanni Battista dei Battuti

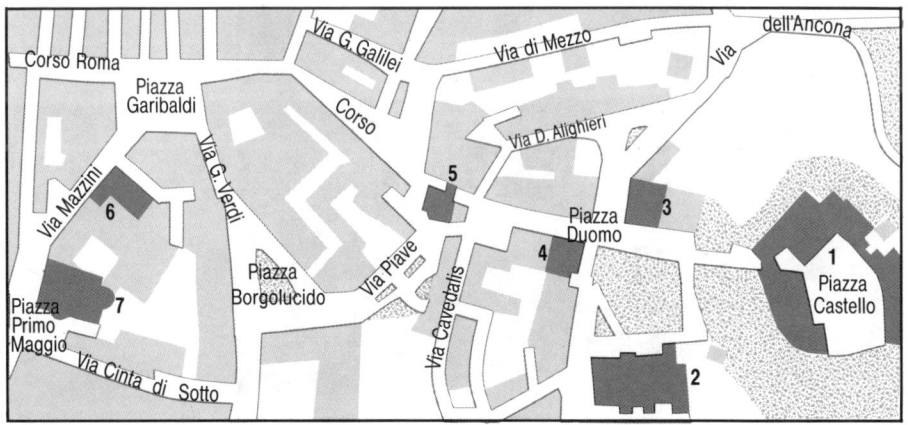

☐ Rundgang

Das mittelalterliche **Kastell** (1) fiel dem verheerenden Erdbeben von 1511 und einem anschließenden Volksaufstand zum Opfer. So blieb außer der ringförmigen Anlage nur wenig von älterer Bausubstanz erhalten. Die meisten Paläste wurden nach 1511 neu errichtet. Abgesehen von einer schmerzlichen Lücke im Süden reihen sich Gebäude aus der Zeit der Gotik und der Renaissance bruchlos aneinander. So hat man weniger den Eindruck einer Burg als einer Schloßanlage.

Man betritt heute diese ringförmige, von einem tiefen Graben umgebene Anlage über eine steinerne Brücke, die im 19. Jh. die ehemalige Zugbrücke ersetzte. Linkerhand sieht man zunächst den streng gegliederten Palazzo Tadea, 1566, einen schlichten Renaissancepalast mit schmückender Serliana über dem Eingangsportal. Im Inneren ein großer Saal mit Stuckdekoration aus dem 16. Jh. Etwa im rechten Winkel dazu steht der Palazzo Spilimbergo-Ciriani-Furlan mit Steinmetzarbeiten (Kandelaber) am Renaissanceportal. Im Inneren gemalter Fries des Raffael-Schülers Giovanni da Udine, um 1542. Daran anschließend der Palazzetto Troilo, erste Hälfte 16. Jh., bis Ende der 60er Jahre Gefängnis. Höhepunkt bildet der sogenannte *Palazzo dipinto*, der ›bemalte Palast‹, dessen locker gruppierte Spitzbogen- und Renaissancefenster mit der relativ gut erhaltenen Freskenbemalung eine harmonische Verbindung eingehen. Der Palast überstand als einziger die Angriffe von 1511 und zeigt daher noch Freskenschmuck des 15. Jh.s. Es ist die reichste Palastfassade, die sich im Friaul erhalten hat. Die Fresken werden dem zwischen 1469 und 1475 in Spilimbergo tätigen Andrea Bellunello (um 1430–1494) zugeschrieben. Sie zeigen neben rein dekorati-

Kastell, Palazzo dipinto

Dom, Santa Maria Assunta: Porta Moresca   *Innenraum des Doms*

ver Malerei Personifikation von theologischen und weltlichen Tugenden und Reitknechte mit ihren Pferden. Die Steinmetzarbeiten stammen wohl von Pilacorte. Eine Urkunde spricht von diesem Palast als dem »neuen Palast des Walterpertoldo«. Irene da Spilimbergo, angeblich Lieblingsschülerin Tizians, lebte hier. Kaiser Karl V. übernachtete in diesem Palast 1532 ebenso wie nach ihm 1574 Heinrich III. von Frankreich.

Dom Santa Maria Assunta (2)
Bischof Fulcherius von Concordia hatte 1284 den Herren von Spilimbergo, den Spengenbergs, nahegelegt, der Jungfrau Maria eine Kirche zu errichten. Walterper-

toldo II. von Spengenberg stiftete daraufhin das Gelände nahe des Kastells, auf dem noch im selben Jahr der Grundstein des heutigen Doms gelegt wurde. Dieser sollte das wohl bedeutendste gotische Bauwerk des Friaul werden.

Man begann die Bauarbeiten mit den östlichen Teilen: zunächst mit den Chorkapellen und der mehrräumigen Krypta, in welcher die Familienangehörigen der Spengenbergs ihre Grablege finden sollten. Im Jahre 1359 erwähnen die erhaltenen Urkunden eine Weihe des Hauptaltares. Erst 1370 war der Campanile vollendet. Betrachtet man den Grundriß, fällt auf, daß Ostteile und Langhaus nicht auf einer Achse liegen.

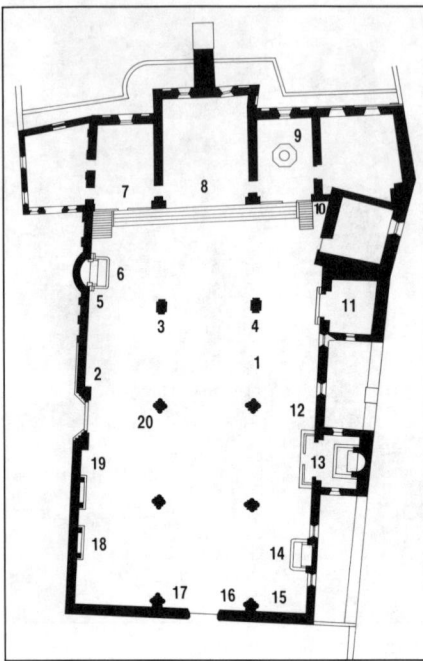

Grundriß des Doms

Blickfang der Nordseite des Domes bildet das harmonische Ensemble der 1376 geschaffenen Porta Moresca mit dem dreibogigen Vordach darüber. Die Steinmetzarbeiten wurden laut Inschrift von Zenone da Campione durchgeführt, einem Meister, der später auch am Mailänder Dom tätig war. Fein gearbeitete Archivolten umfangen das Tympanon. Unter einer »Marienkrönung« sind vier kleinere Szenen dargestellt: »Verkündigungsengel«, das »mystische Lamm«, »Verkündigungsmadonna« und »Johannes den Täufer«. Von den Wappen über dem Portal ist das vierte von rechts das der Herren von Spilimbergo (Spilimbergo-Zuccola).

Hohe und weit gespannte Spitzbogenarkaden verleihen dem dreischiffigen Innenraum eine fast hallenartige Wirkung. Alle drei Schiffe tragen einen offenen Dachstuhl. Er ist nur an der Südseite durchfenstert. Die Pfeiler, auf denen die Arkaden ruhen, sind unterschiedlich gestaltet und zeugen von verschiedenen Planungsphasen: Zunächst hatte man eine Basilika mit offenem Dachstuhl geplant und entsprechend im Osten – wie heute noch erkennbar – ein einfaches Pfeilerpaar errichtet. Gegen Mitte des 14. Jh.s waren die Pläne jedoch ehrgeiziger geworden, man strebte für das Langhaus nun ein Kreuzrippengewölbe an und blendete daher den Pfeilern Halbsäulen vor. Diese sollten die für das Gewölbe nötigen Dienste tragen. Zu einem Gewölbe ist es indes wohl aus Geldmangel dann doch nicht gekommen. So sind die Halbsäulenvorlagen der Pfeiler ›unbeschäftigt‹, und die mächtigen Stützen des kleeblattförmigen Grundrisses wirken unter den eher dünnen Obergadenwänden für den Raumeindruck zu wuchtig.

Der Grund hierfür ist wohl in der Lage des Glockenturms zu suchen, dessen Fundamente von einem ehemaligen Wachturm des nahen Kastells übernommen wurden. Möglicherweise hängt auch die Achsenverschiebung mit Schwierigkeiten des Geländes zusammen, das auf der Südseite der Kirche steil abfällt.

Am Außenbau sind die älteren östlichen Teile durch Lisenen gegliedert. Einzigen Schmuck der späteren Bauabschnitte bilden die in der Höhe des Abschlußgesimses umlaufenden Dreipaß- und Spitzbogenfriese. An der Westfassade überrascht der ungewöhnliche Einsatz von sieben Riesenoculi, von denen zwei inzwischen zugemauert wurden.

Ausstattung

Sehenswert sind vor allem die bereits im 16. Jh. von Vasari gelobten Flügelmalereien der Orgel sowie die Fresken der mittleren und linken Chorkapelle, die zu den bedeutendsten Zeugnissen der Trecento-Malerei im Friaul zählen.

1 Orgel: Gehäuse und bemalte Flügel zählen zu den wenigen in Italien erhaltenen Beispielen des frühen 16. Jh.s. 1514/15 gaben die Familie der Spengenbergs und der Rat der Stadt diese große, reich ausgestattete Orgel in Auftrag. Venturino da Venezia fertigte 1515 das hölzerne Gehäuse. Knapp 10 Jahre später, 1524/25, bemalte Pordenone die Flügel. Erst zwischen 1979 und 1981 wurden die an verschiedenen Orten bewahrten Einzeltafeln restauriert und wieder ihrer ursprünglichen Bestimmung zugeführt. Das Orgelwerk ging im 16. Jh. verloren. Eine Rekonstruktion versuchte 1981 der Orgelbauer Zanin. Von der Orgel getrennt im rechten Seitenschiff hängen die Zwickelfelder des Orgelgehäuses mit Malereien der Schildträger von Pordenone (s. Plan Nr. 13).

Die großen Tafeln der Orgel waren die ersten Arbeiten Pordenones nach seiner Rückkehr aus Cremona. Im geschlossenen Zustand war eine »Himmelfahrt Mariens« zu erkennen, jetzt an der Wand gegenüber aufgehängt. Öffnete man die Flügel, zeigte sich – wie heute – links »Der Sturz des Magiers Simon durch Petrus«, rechts »Die Bekehrung des Saulus«. Die Bilder sind ganz auf Weitsicht angelegt, d. h. nur in angemessener Entfernung kommt Pordenones Fähigkeit, Szenen eindringlich und effektvoll zu gestalten, richtig zur Geltung. Den Rahmen des Geschehens bildet jeweils eine bühnenhafte Architekturkulisse, deren betonte Perspektivenkonstruktion Räumlichkeit suggeriert. In und auch vor der Architektur sehen wir die in starker Verkürzung gezeigten Figuren.

Der linke Flügel zeigt den Zauberer Simon, der die Menge verführt, indem er sich mit Hilfe des Teufels in die Lüfte hebt. Doch Petrus bewirkt seinen Sturz. In der Komposition und einzelnen Figuren hat sich Pordenone mit Tizians »Assunta« von 1518 (Venedig, Frari-Kirche) auseinandergesetzt. Die nach oben blickenden Gestalten, besonders der beschwörend den Arm

»Sturz des Magiers Simon«, bemalter Orgelflügel von Pordenone

erhebende Petrus, erinnern an die Apostel der »Assunta«. Wie dort sind die menschlichen Figuren zugleich Träger von imaginären Bewegungsrichtungen. Hier jedoch handelt es sich trotz ähnlicher kompositioneller Mittel um ein gänzlich anderes Thema: nicht um feierliches Emporgehobenwerden und Zurschaustellung einer Kultfigur, sondern um einen Sturz. Die gegeneinander gerichteten Figuren des fallenden Simon und des erregt nach oben weisenden Petrus bilden einen spannungsvollen, das Bild beherrschenden Kontrast. Paulus (im Vordergrund rechts) gewinnt Präsenz weniger durch Bewegung als durch stärkere Farbigkeit. Kaiser Nero, für dessen Profil ein römisches Münzbild Vorbild war, wirkt dagegen wie ein fernes Zitat der Antike.

Der Sturz ist auch Thema auf dem rechten Flügel. Er zeigt die Bekehrung des Saulus. »Unterwegs aber, als er sich bereits Damaskus näherte, geschah es, daß ihn plötzlich ein Licht vom Himmel umstrahlte. Er stürzte zu Boden und hörte, wie eine Stimme zu ihm sagte: Saul, Saul, warum verfolgst du mich?« (Apg. 9,3–4). Hier führt der Sturz nicht wie links zur Vernichtung, sondern zur Erkenntnis und Umkehr. Auch in dieser Komposition ist die Bewegung ein bildbestimmendes Element. In einer räumlichen Diagonale drängen Pferde und Reiter aus dem Hintergrund über die rahmende Architektur und die anschauliche vordere Bildebene hinaus, dem Betrachter entgegen. Saulus wird von einem scharfen Lichtstrahl getroffen und geblendet. Es ist die Wucht der Botschaft die ihn zum Sturz bringen wird. Wie im linken Flügel verweisen die gestalterischen Mittel auf Tizian, besonders das durch

Brauntöne und die intensiven Farben einiger Gewandteile bestimmte Kolorit.

Die fünf kleineren, sehr schlecht erhaltenen Szenen zeigen »Geburt der Jungfrau«, »Eheschließung«, »Anbetung der Magier«, »Flucht nach Ägypten«, »Jesus zwischen den Schriftgelehrten«. Bei den Propheten David und Daniel war die Werkstatt Pordenones nicht unerheblich beteiligt.

2 »Hl. Martin, Hl. Georg und der Drachen, Johannes der Täufer«, abgelöstes Fresko eines volkstümlichen Malers der 1. Hälfte 15. Jh.

3 u. 4 Schlichte aber wohlproportionierte Ambonen mit Engelsfiguren von Giovanni Antonio Pilacorte, zwischen 1486 und 1489.

5 »Zwei Bischöfe«, schwer datierbare Fresken, wohl frühes 15. Jh.

6 Hölzernes Kruzifix des 15. Jh.s

7 Linke Chorkapelle: Das 1350 datierte Fresko an der linken Wand zeigt »Christus in der Mandorla«, umgeben von Engeln, »Geburt Christi«, »Reise der hl. drei Könige« sowie »Anbetung der Könige«. Das Fresko zuunterst zeigt »Jakobus und den erhängten Sohn des Pilgers«.

8 In der Hauptchorkapelle stand bis 1929 ein Chorgestühl (das sich heute in Santi Giuseppe e Pantaleone befindet). Es schützte die Fresken der unteren Reihe, die deshalb besser erhalten sind. Rechte Wand: Szenen aus dem Alten Testament, beginnend oben links mit der Erschaffung Adams und Evas. Es folgen: Vertreibung aus dem Paradies, Kain bei der Feldarbeit (auf dem zerstörten Teil: Adam als Viehzüchter), Kain tötet Abel und Gott fragt Abel nach Kain, Lamech tötet Kain, Noah verläßt die Arche und Dankesopfer, das Opfer Isaaks, die Israeliten in der Wüste,

Dom, Hauptchorkapelle: Fresken »Susanne im Bade« (oben)
und »Geißelung Christi« (unten)

die Einnahme von Jericho, David tötet Goliath, Joab tötet Abschalom.

Untere Reihe: Tobias und Sara reiten nach Ninive, Susanna im Bade. Das letzte Fresko dieses Zyklus mit dem Feldlager des Holofernes wurde abgelöst und ist jetzt an der rechten Seitenschiffswand zu sehen (vgl. Plan Nr. 12). Das nach der Ablösung zum Vorschein gekommene ältere Fresko zeigt vermutlich König Salomo.

Linke Wand: Szenen aus dem Leben Jesu (von der Geburt bis zur Kreuztragung). Zwischen den Fenstern: Kreuzigung Christi, darüber Fragmente einer Krönung Mariens. Links und rechts der beiden Fenster: Verkündigung an Maria und zwei hl. Bischöfe (das rechte Bischofsfresko gehört zu einem früheren Zyklus).

Die stilistischen Unterschiede zwischen den einzelnen Fresken-Szenen sind beträchtlich. Eine gewisse Volkstümlichkeit ist allen eigen. Doch fällt auf, daß die Szenen der unteren Reihe sich durch eine etwas verfeinerte Malkultur und Eleganz auszeichnen. Ein Meistername ist für die um 1350 entstandenen Fresken der beiden Chorkapellen nicht überliefert. Es dürfte sich um einen Meister handeln, der die Fresken zusammen mit Gehilfen ausführte. Dieser Meister war wahrscheinlich 1348–49 Mitarbeiter des Vitale da Bologna im Dom zu Udine. In der Forschung wurde zuletzt versucht, diesen Meister mit Cristoforo da Bologna zu identifizieren.

9 Rechte Chorkapelle: Taufbecken von Pilacorte, 1492, mit modernem Bronzedeckel. Es stand ursprünglich im hinteren Teil des linken Seitenschiffes. An der rechten Wand: »Taufe Christi«, von einem unbekannten Meister in der Nachfolge Tintorettos und Veroneses, zweite Hälfte 16. Jh.

10 »Hl. Christophorus«, wie üblich überlebensgroß dargestellt. Fresko vom Ende des 14. Jh.s.

11 Cappella della Madonna del rosario: Das Altarbild mit der »Darstellung Jesu im Tempel« schuf Giovanni Martini 1503. Wie in der Frührenaissance üblich, stehen die Figuren aufrecht in einem klar gegliederten, schlichten architektonischen Raum. Giovanni Martini, der vorwiegend als Schnitzer arbeitete, lehnt sich hier deutlich an Giovanni Bellini und Cima da Conegliano an. Es gelingt ihm durchaus, den Figuren Individualität zu verleihen, er erreicht jedoch nicht den sicheren Umgang seiner Vorbilder mit der Raumperspektive bzw. den Größenverhältnissen der Personen untereinander. Beengend wirkt die Architektur auf die handelnden Personen.

Die 15 kleinen, um das Mittelbild gruppierten Rosenkranzbilder schuf 1616–27 der damals 70jährige Gaspare Navarese.

12 Fresko »Feldlager des Holofernes«, abgelöstes Freskenfragment der Hauptchorkapelle, um 1350–60.

13 Cappella della Madonna del Carmine: Die Kapelle wurde 1498 durch den Lombarden Giovanni Antonio Pilacorte aus Carona gestaltet. Hinter einer Balustrade mit 4 Engelsbüsten öffnet sich ein reich verzierter Bogen, der von 2 Engeln auf Voluten und der Figur Christi bekrönt wird. Von der ehemals polychromen Bemalung des Marmors zeugen nur noch Farbspuren. Pilacorte, der bedeutende im Friaul wirkende lombardische Künstler, war vor allem beeinflußt durch die berühmte Steinmetzfamilie der Lombardi, allen voran durch Tullio Lombardo, deren Hauptwerke in Venedig stehen. In der Plastizität seiner leicht geschwungenen und

leise bewegten Figuren, in der angestrebten Weichheit im Ausdruck zeigt sich die Stärke Pilacortes; gleichzeitig wird aber auch der qualitative Unterschied zu den Werken eines Tullio Lombardi deutlich in der spürbaren Härte der Ausführung, der oft etwas schwerfälligen Gestaltung oder auch den teilweise grob aufgetragenen Ornamenten. Beim Ausbau der Kapelle 1905 wurde die ebenfalls von Pilacorte stammende Nischenumrahmung aus der Sakristei hierher versetzt. Neben dem typischen ornamentalen Zierwerk sieht man auf dem Sockel Flachreliefs mit biblischen Szenen (David und Goliath, Samson und die Philister), deren einfache Ausführung auf einen Mitarbeiter Pilacortes schließen läßt.

Neben dieser Kapelle hängen die beiden bereits erwähnten Zwickeltafeln Pordenones, die zur Orgel gehören; dargestellt sind zwei Schildträger.

14 »Hl. Bernhard erscheint den Heiligen Katharina von Alexandrien, Franziskus, Lucia, Antonius von Padua und Apollonia«, ein Spätwerk von Jacopo Palma dem Jüngeren, 1622.

15 »Flucht nach Ägypten«, von einem Nachfolger Pordenones, um 1535–50. Das Fresko wurde Giuseppe Maria Zaffoni, genannt ›Il Calderai‹, und auch Girolamo Steffanelli zugeschrieben.

16 Abgelöstes Fresko eines hl. Bischofs aus der Hauptchorkapelle, um 1350–60.

17 Antonius Abbas, 14. Jh.

18 Der Altaraufbau wird Giovanni Antonio Pilacorte zugeschrieben. Das 1665 datierte Altarblatt mit dem »Martyrium des hl. Andreas« ist von dem Augsburger Joseph Heintz, der hier flämische Erzählfreude und einen an Ribera orientierten Verismus mit venezianischen Farb- und Lichteffekten verbindet.

19 »Johannes der Täufer«, abgelöstes Fresko mit betont graphisch wiedergegebenen gotischen Gewandfalten, das an Martini denken läßt, doch wohl später – ins 14. Jh. – zu datieren ist.

20 Weihwasserbecken, wohl identisch mit dem Weihwasserbecken, für das ein Bildhauer namens Giorgio (›Zorzi‹) 1466 bezahlt wurde. Mit diesem wohlproportionierten Becken wurde im Friaul das in der Renaissance so beliebte Motiv der Putten eingeführt, die sich die Hände reichen, lesen oder Instrumente spielen. Es dürfte sich bereits um eines der ersten Werke eines lombardischen Bildhauers handeln.

Weihwasserbecken im Dom, um 1466

Dom, Krypta: Thronender Bischof, Fresko, 2. Hälfte 14. Jh.

Der Einfluß der lombardischen Kunst mit ihrer großen Zierfreude sollte bis in die Mitte des 16. Jh.s im Veneto und im Friaul von Bedeutung sein. Hier ist die Schmuckfreude allerdings noch nicht so ausgeprägt wie bei den späteren Arbeiten eines Pilacorte, Benedetto degli Astori oder Carlo da Carona.

Die *Krypta* besteht aus 4 Räumen, deren größter dreischiffig ist. Im ersten Hauptraum links steht heute der Sarkophag für den 1385 verstorbenen Walterpertoldo II. di Zuccola. Rechts vom Zugang zum mittleren Raum der Freskenrest eines thronenden Bischofs, zweite Hälfte 14. Jh. Im drit-

ten Kryptenraum: Thronender Antonius Abbas, wohl 2. Hälfte 14. Jh.

Im vierten, südlichsten Kryptenraum steht ein Marmoraltar für den hl. Leonhard, den laut Inschrift Paolo di Spilimbergo 1472 aus einem Gelöbnis nach der Befreiung aus türkischer Gefangenschaft in Auftrag gab. Über den Figuren Johannes des Täufers, des hl. Leonhard und des hl. Nikolaus ist eine *Pietà* dargestellt, flankiert von einer Verkündigungsszene. Den oberen Abschluß bildet eine Büste Gottvaters. Der zweigeteilte Aufbau war untypisch für friulanische Arbeiten. Im Versuch, die Figuren (vor allem im Ausdruck der Gesichter) realitätsnah zu arbeiten, wird lombardischer Einfluß ebenso deutlich wie im dekorativen Beiwerk etwa der Voluten (die bei friulanischen Schnitzaltären des 16. Jh.s häufig wiederaufgegriffen wurden).

Dem Seitenportal des Domes gegenüber steht der gotische **Palazzo della Loggia** (3), auch schlicht ›Pergola‹ genannt. Er entstand im 14. Jh. nach venezianischem Vorbild. In der Mitte des *piano nobile* findet sich die typische Fenstergruppe mit gotischen Dreipaßbögen. Der Palast diente im 19. Jh. als Theater. Seit 1950/51 ist er Sitz der Kommunalverwaltung von Spilimbergo. Schräg gegenüber die ebenfalls gotische **Loggia del Daziario** (4) mit Portikus und Biforien aus dem 13. Jh. (1910 restauriert). Am Beginn des *Corso Roma* nahe des Domplatzes steht das ehemalige Stadttor der ersten Stadtanlage, die **Torre orientale** (5) von 1304. Die große Uhr wurde 1811 hinzugefügt. Geht man durch das Tor, sieht man die *Casa dipinta*, ein mit Fresken bemaltes Haus des 16. Jh.s. Die Fresken zeigen Taten des Herkules. Es folgen Renaissancepaläste mit gotischen Dreipaßbögen, darunter der Palazzo Monaco, 16. Jh.

Santi Giuseppe e Pantaleone (6) wurde 1326 von einer Bruderschaft, der *Confraternità dei Battuti*, als Hospitalkirche gegründet. Doch bereits 1340 wurde sie den Augustiner-Eremiten überlassen und dabei erweitert. Umgestaltet wurde sie 1541 und 1839. Nach Restaurierungsarbeiten 1959–1961 präsentiert sich die Kirche heute wieder in ihrer gotischen Struktur: ein einschiffiger Raum mit offenem Dachstuhl und drei kreuzrippengewölbten Chorkapellen. Beiderseits vom Eingang befindet sich heute das für den Dom gearbeitete qualitätvolle Chorgestühl von Marco Cozzi aus Vicenza. Es entstand in nur zwei Jahren, 1475–77. Das riesige Schnitzwerk ähnelt dem 1468 für die venezianische Kirche Santa Maria Gloriosa dei Frari geschaffene Gestühl desselben Meisters. Ungewöhnlich für das Friaul ist die Dekoration der hinteren Sitzplätze mit geschnitzten Reliefbüsten von Heiligen, von Christus und Maria, ebenso auch die darunter angebrachten feinen Intarsienarbeiten mit Stadt- und Häuseransichten.

Die Kirche **San Giovanni Battista dei Battuti** (7, Schlüssel in der Canonica) wurde 1346–61 von der *Confraternità dei Battuti* errichtet, nachdem sie Santi Giuseppe e Pantaleone den Augustiner-Eremiten überlassen hatten. Die Kirche wurde um 1740 völlig barockisiert, die Umgestaltung der Fassade erfolgte 1875. Im Inneren Deckenfresken von Giuseppe Buzzi, 1746, nach Entwürfen Giovanni Battista Tiepolos für den Dom von San Daniele del Friuli: Im Hochaltarraum Kreuzigungsfresko eines nordisch beeinflußten Meisters des 15. Jh.s. Der dramatische Stil mit zum Teil überzogenem Ausdruck ist der Art eines Tommaso da Modena oder Vitale da Bologna nachempfunden.

Loggia del Daziario und Torre Orientale

265

☐ Von Tauriano bis Castello d'Aviano

In der Kirche *San Nicolò* von **Tauriano** befinden sich zum Teil gut erhaltene Chorfresken von Giovanni Pietro da Spilimbergo, 1502, mit Szenen aus dem Leben Jesu und des hl. Nikolaus, mit Kirchenvätern, Propheten und Evangelisten. Im Gemeinderaum links ein 1627 von den Bewohnern Taurianos gestiftetes Votivbild,» Madonna mit Kind und Heiliger Anna«, mit der Bitte um Befreiung von einer Wolfsplage.

In **Baseglia** steht die Kirche *Santa Croce* mit einem großen Christophorus-Fresko des 16. Jh.s an der Fassade (neben dem seitlichen Eingangsportal) und einigen wichtigen Fresken Pomponio Amalteos im Inneren. Der Schüler Pordenones gestaltete hier ab 1544 den Chor mit Szenen aus der Passion Christi und der Kreuzeslegende (an den Wänden), mit Kirchenvätern, Sibyllen, Evangelisten und Propheten (an der Decke), einer Verkündigung (am Triumphbogen) sowie allegorischen Figuren. Die Raumgestaltung wirkt hier überzeugender als in vielen anderen Arbeiten des Malers. Charakteristisch ist die exzessive Fülle an Figuren, die Amalteo durch originale realitätsnahe Details aufzulockern versteht, sowie zum Teil porträthafte Köpfe, etwa bei der Kreuzigung links.

In der Pfarrkirche *San Lorenzo* in **Vacile** (etwas versteckt im östlichen Ortsteil, Schlüssel im Pfarramt, Hauptstraße Nr. 9), malte der junge Pordenone um 1506–10 den Chor aus (Farbabb. 23–25). Im Kreuzgratgewölbe:» Auferstandener Christus zwischen Evangelisten, Kirchenvätern und Propheten.« An den Wänden (zum Teil nur mehr schlecht erkennbar) »Martyrien der Heiligen Sebastian und Laurentius«, »Laurentius und die Armen«, »Auferstehung Christi«, »Apostel und Madonna mit Kind«. In der Laibung des Triumphbogens Heilige mit ihren Märtyrersymbolen. An der Seitenwand rechts »Hl. Rochus«. Am Triumphbogen eine Sinopie der »Verkündigung«. Die Fresken gehören zu den frühesten erhaltenen Arbeiten Pordenones, entstanden bald nach dem Fresko in Valeriano (s. S. 246). Pordenone zeigt hier bereits sein wachsendes Interesse an Volumen und Bewegung der Figuren, wie man in den Szenen des Chorgewölbes gut erkennen kann. Wenn auch die Gesamtgestaltung thematisch und kompositionell nicht neu ist, setzt doch der Maler z. B. die Kirchenväter auf Wolken – statt hinter ›schwebende‹ Schreibpulte – und schafft somit eine neue, ›realistischere‹ Szenerie (man vergleiche die etwas älteren Arbeiten von Pellegrino da San Daniele in Sant' Antonio Abate in San Daniele). Stilistische Unterschiede bei den Kirchenvätern werfen die Frage nach einer Arbeitsunterbrechung auf. Die beiden Szenen mit den flügellosen Engeln und Putten sind möglicherweise später entstanden. – Taufbecken von 1525.

Auf der Fahrt durch **Lestans** sieht man an der Hauptstraße die im 16. Jh. erbaute, im 18. Jh. veränderte *Villa Savorgnan*. Die Pfarrkirche *Santa Maria* besitzt noch Portale von 1504 und 1520. Im Chor kann man einen Freskenzyklus von Pomponio Amalteo sehen, der zwischen 1535 und 1551 entstand und in einigen Szenen die Mitarbeit Pordenones vermuten läßt (etwa beim Lautenspieler links).

Die Pfarrkirche *Santo Stefano* in **Valeriano** birgt rechts vom Chor das früheste belegte Fresko Pordenones in dem gemalten Triptychon »Erzengel Michael und die Heiligen

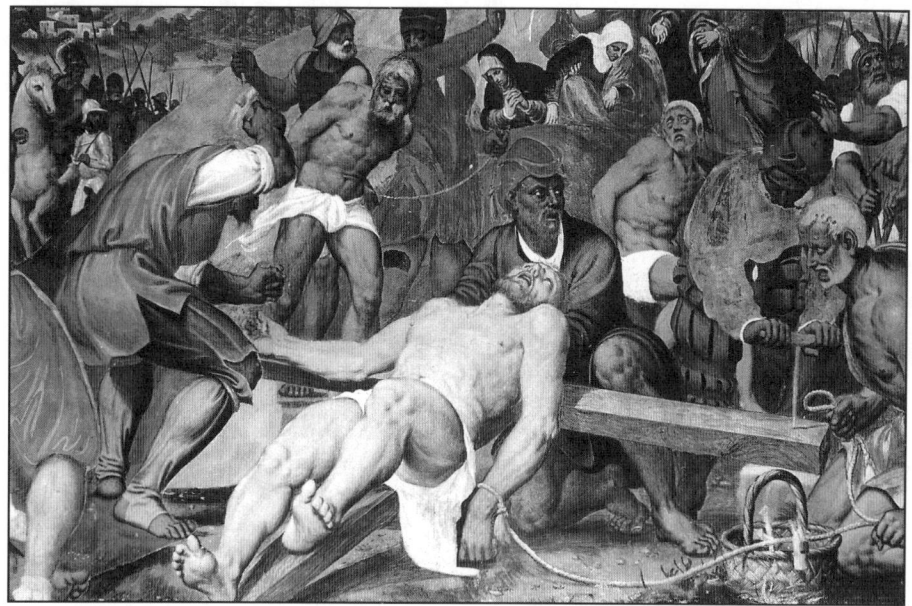

Baseglia, Santa Croce: »Christus wird ans Kreuz genagelt« von Pomponio Amalteo

Valerianus und Johannes der Täufer«, 1506. Die unter Arkaden stehenden Figuren wirken ein wenig zu groß für den sie umgebenden Raum (wie oft bei Pordenone). Auffällig ist bereits die Vorliebe für Details. Eine frühe Meisterleistung ist der hl. Valerianus links in seiner zarten Schönheit mit dem verinnerlichten und doch sprechenden Blick. Das Portal der Kirche schuf Carlo da Corona, 1508.

Knapp 20 Jahre später kehrt Pordenone nach Valeriano zurück, um 1524 die Fassade des gegenüberliegenden Kirchleins *Santa Maria dei Battuti* zu freskieren (heute fast ganz zerstört). Um 1527 malt er dann die »Geburt Christi«, die sich im Inneren erhalten hat. Bei aller Fülle und Dichte an Figuren und Motiven wirkt das Bild vor allem durch die andächtige Stimmung der Heiligen, die sich um das graziös nach oben blickende Jesuskind gruppiert haben. Ausdrucksstark ist die Sprache der Hände. Die stürmisch herabfliegenden Engel oben bzw. die erzählerischen Szenen im Mittel- und Hintergrund bilden einen reizvollen Kontrast. Das schlecht erhaltene Fresko mit der »Flucht nach Ägypten« rechts stammt ebenfalls von Pordenone, von 1524. Die übrigen Fresken sind zum Großteil aus dem 14. Jh.

Etwa gleichzeitig war Pordenone auch in **Pinzano al Tagliamento** tätig und malte hier in der Pfarrkirche *San Martino* eine (schlecht erhaltene) »Thronende Madonna mit Kind« sowie die (nur mehr zum Teil erhaltenen) Szenen in der Kapelle des hl. Sebastian, darunter die Martyriumsszene. Der schön gewachsene Sebastian, der nichts von den ihn durchbohrenden Pfeilen zu spüren scheint, steht darin ganz in der Tradition der venezianischen Sebastiansdarstellungen. Nachvollziehbar ist bei diesem Fresko Pordenones Interesse an der malerischen Darstellung der unterschiedlichen Qualitäten von nackter Haut, Gewändern und metallener Rüstung.

Von Giovanni Antonio Guardi (1699–1760), dem älteren Bruder Francesco Guardis, ist das 1745 entstandene Bild »Hl. Antonius in der Glorie«. Beachtenswert außerdem ein Kruzifix des 18. Jh.s in der Art des Andrea Brustolon.

Auch in **Travesio,** in der Pfarrkirche *San Pietro Apostolo* auf einer Anhöhe (Schlüssel beim Asilo einige Häuser nach der Kirche an der Hauptstraße), haben sich im Chor frühe Fresken von Pordenone erhalten, die 1516 (die Decke) bzw. 1525–1526 geschaffen wurden. Die frühe Arbeit an der Chordecke mit »Petrus, der zu Musik und Gesang der Engelschöre in die himmlischen Sphären einzieht«, zeigt Pordenones Experimentierfreude mit perspektivischen Verkürzungen (die allerdings nicht immer gelangen). In den Lünetten Szenen aus dem Leben Petri, darunter der »Sturz des Simon Magus«, darüber Szenen aus dem Alten Testament. Die Fresken der Wände mit weiteren Begebenheiten aus dem Leben Petri entstanden nach Pordenones Meisterwerken in Cremona und Spilimbergo und lassen die größere Sicherheit des Künstlers in der Komposition, bei der Perspektive und den Proportionen spüren. Von Pomponio Amalteo ist die »Rosenkranzmadonna mit den Heiligen Sebastian, Rochus und Antonius Abbas«. Erstlingswerk des Bildhauers Pilacorte war das 1484 entstandene ehemalige Hauptportal der Kirche, heute innen vor der Sakristei zu sehen. Taufbecken von 1485–1490, ebenfalls von Pilacorte.

In dem kleinen, von den Karnischen Voralpen geschützten Städtchen **Maniago** werden seit dem Mittelalter Metallgegenstände, heute insbesondere Messer, hergestellt. Zentrum ist die erstaunlich großflächige Piazza Italia mit einer Brunnenanlage von 1844/45. Rund um den Platz reihen sich die vornehmsten Paläste. Hervorzuheben ist an der Schmalseite der im 16. Jh. begonnene *Palazzo Faella* mit bossiertem Portal und Triforienfenster. Rechts davon steht die *Loggia Comunale* mit den drei großen Arkadenbögen. Die Freskenmalerei »Madonna mit Kind in der Glorie und die Heiligen Antonius von Padua und Flavius« sowie darunter »Die Republik Venedig« schuf Osvaldo Gortanutti um 1673. Links vom Palazzo Faella der 1411 begonnene, im 18. Jh. umgebaute Rundbau des Oratoriums *Santa Maria Immacolata* (der Unbefleckten Maria).

Links an einer der Längsseiten des Platzes steht der große *Palazzo Attimis-Maniago* mit 15 Fensterachsen. Er wurde im 16. Jh. als Feudalresidenz der Familie Maniago errichtet, umgeben nur von wenigen Häusern eines Dorfes, das erst im 19. Jh. zu dem Städtchen jetziger Größe wuchs. So ist heute kaum noch zu erkennen, daß es sich eigentlich um eine Villa handelte, zu der auch eine Kapelle, ein Pferdestall, Wirtschaftsgebäude und Park gehörten. Er ist durch eine Toreinfahrt und eine Loggia mit einem zweiten Palast verbunden, dessen Fassade ein geflügelter Löwe und das Wappen des Grafen von Maniago zieren, ein Werk Pomponio Amalteos.

Der in unmittelbarer Nähe zur Piazza befindliche Dom *San Mauro* geht in seinen Ursprüngen auf das 10. Jh. zurück, womit er die älteste Pfarrkirche der einstigen Diözese

Concordia darstellt. Der heutige Bau stammt jedoch von 1488. Im 16. Jh. wurden die Seitenschiffkapellen hinzugefügt. An der schlicht verputzten Fassade kommt die schöne feingliedrige Rose des Rundfensters über den spitzbogig zulaufenden Portalarchivolten besonders gut zur Geltung (vgl. die ähnlichen Rundfenster aus derselben Werkstatt des Domes von Muggia und von Sant' Antonio Abate in San Daniele). Die daneben und darüber angebrachten kleinen Figuren stammen noch vom romanischen Vorgängerbau. Das einschiffige Innere schließt ein schmuckvoller hölzerner Dachstuhl, während die drei Chorkapellen eingewölbt sind.

Ausstattung: Gleich links nach dem Eingang »Trinität und der hl. Antonius von Padua« von Isaak Fischer aus Augsburg, 1668. Das 1549 datierte Weihwasserbecken stammt aus der Schule des Pilacorte, 1549. Nach der ersten Kapelle ein Triptychon, dessen Tafeln der »Heiligen Lucia und Apollonia« und der »Himmelfahrt Mariens« von Giovanni de Cramariis um 1490–1500 gemalt wurden, während die Holzskulptur der »Muttergottes mit Kind« dem internationalen Stil der Gotik angehört und wohl aus der Zeit um 1400 stammt.

Castello d'Aviano,
Sante Maria e
Giuliana, Fassade von
Vincenzo Scamozzi

Das Altarbild in der rechten Chorkapelle mit »Christus in der Glorie und Heiligen« (mit einer Darstellung der Burg von Maniago) sowie den Szenen aus dem Leben Johannes des Täufers in der Predella sind Arbeiten Pomponio Amalteos, 1558.

Von der Piazza Italia gelangt man – in nördliche Richtung gehend – über die Via del Castello zu den über dem Ort gelegenen Ruinen des Kastells mit der Kapelle San Giacomo aus dem 13. Jh. Der Aufstieg ist lohnend, vor allem wegen der großartigen Aussicht.

Auf einer Anhöhe südwestlich von Aviano liegt der kleine Ort **Castello d'Aviano,** der rund um seinen mittelalterlichen Ortskern drei Kirchen besitzt (Schlüssel im Pfarrhaus neben Sante Maria e Giuliana. Da der Pfarrer jeden Besucher begleiten muß, ist der Zugang erschwert.) Das ehemalige, 1432 nach Zerstörungen wiedererrichtete Kastell war von einer annähernd quadratischen Maueranlage umgeben, von der nur noch Reste blieben. Erhalten hat sich auch das Kirchlein *Sante Maria e Giuliana,* dessen Fassade der Vincentiner Baumeister Vincenzo Scamozzi 1583 gestaltete, die Skulpturen sind von Agostino Rubini, 1590. In der Krypta ein Vesperbild aus dem Salzburger Umkreis, 15. Jh. Unterhalb und südlich der Kastellanlage steht die heutige Friedhofskirche *Santa Giuliana,* 13.–16. Jh. Im Inneren ein leider schlecht erhaltener Freskenzyklus zum Teil aus dem späten 13. Jh. Nahe dem nördlichen Ortsausgang am Ende des eine Mauer entlangführenden Weges die Kirche *San Gregorio,* die Gianfrancesco da Tolmezzo um 1597 mit qualitätvollen Fresken ausschmückte. Erhalten haben sich acht Szenen aus der Passion Christi.

☐ Südlich von Pordenone: von Sacile bis Prodolone

Mit seinen venezianisch beeinflußten Palästen und Laubengängen zählt **Sacile** zu den reizvollsten Städtchen des Friaul. In einer Schleife des Livenza gelegen, wurde es befestigt während der Ungarneinfälle und kam 1077 in Besitz der Patriarchen, die es als westlichen Grenzort ihres Staates ausbauten. Der nur wenige Kilometer entfernt bei Polcenigo entspringende schiffbare Livenza diente lange Zeit als Verkehrsweg. Er speiste einst den Kastellgraben und trägt heute mit seinem ruhig dahinfließenden Wasser, in dem sich Renaissancepaläste, Brücken und Kirchen spiegeln, entscheidend zur Atmosphäre dieses Ortes bei, den man früher »il giardino della Serenissima« nannte, den Garten der Serenissima, da er gerne von Venezianern aufgesucht wurde (Farbabb. 22).

Rundgang: Auf der zentralen Piazza del Popolo steht der *Palazzo Comunale* mit einer Loggia im Erdgeschoß. Man sieht es dem noblen Palast kaum an, daß er im 14. Jh. erbaut und in der Folgezeit (1483 und 1543) mehrmals grundlegend verändert wurde. Unter den Palästen der gegenüberliegenden Platzseite zeichnet sich der schmale *Palazzo De Zanchis-Fabio* aus dem 16. Jh. durch Reste von Freskenbemalung aus.

An der nordöstlichen Einfahrtsstraße liegt gleich hinter der Livenza-Brücke der im 15. Jh. begonnene, im 16. Jh. dann umgestaltete *Palazzo Flagini-Biglia* mit Innenhof. Er ist der repräsentativste Palazzo Saciles und beherbergte auf ihrer Durchreise Kaiser

Sacile, Palazzo Comunale

Friedrich III. (1452), Kaiser Karl V., König Heinrich III. von Frankreich, Papst Pius VI. und schließlich Napoleon Bonaparte. Heute sind in dem Palast die Städtische Bibliothek und das Museo Civico untergebracht.

Von der Piazza del Popolo führt eine Seitenstraße, die Via della Pietà, zur Kirche *Madonna della Pietà*, einem 1510 errichteten Zentralbau über sechseckigem Grundriß, dessen Vorhalle über einem Arm des Livenza erbaut wurde. Am Altar eine »Pietà«, ein Vesperbild aus Sandstein aus der 1. Hälfte des 15. Jh.s, wohl nicht deutschen Ursprungs, wahrscheinlich aber nach nordischen Vorbildern von einem Bildhauer des Friaul geschaffen.

Der Dom *San Nicolò* wurde von 1481 bis 1496 errichtet. Die Frührenaissance-Fassade zeichnet sich durch feingliedrige Pilastergliederung, schmale Rundbogenfenster und Viertelkreise aus, die den Übergang von den Seitenschiffen zum erhöhten Mittelschiff bilden. Sie folgt darin venezianischen Vorbildern Mauro Codussis (San Michele in Isola etc.), wurde allerdings im 19. und 20. Jh. verändert. Dem venezianischen Typus folgt auch der 1568–82 errichtete Campanile. Im Inneren werden die Mittelschiffmauern von spitzbogigen Scheidbögen auf Säulen getragen. Alle drei Schiffe schließt ein offener Dachstuhl ab. Die Altarbilder sind u. a. von Palma dem Jüngeren und Francesco da Bassano, einem der Söhne des Jacopo da Bassano. Die Freskenausmalung im Chorbereich erfolgte erst 1946 durch Pino Casarini (1897–1972), der auch die Bronzetüren entwarf. Eine historisch bemerkenswerte Grabinschrift an der Innenfassade gilt dem Sohn des türkischen Sultans Murad II., David, der 1454 in Sacile verstarb. David war zum Thronnachfolger bestimmt, hatte sich aber zum Christentum bekannt und mußte daher in den Westen fliehen.

Links vom Dom steht auf Hausnr. 8 der über einen Vorhof erreichbare *Palazzo Carli* aus dem frühen 16. Jh., der nach dem Schema größerer venezianischer Paläste erbaut wurde. Zwei *piani nobili*, jeweils mit vierbogiger Fenstergruppe, sind auf der Terraferma eher die Ausnahme. Weiter links (Hausnr. 4) steht der im 16. Jh. begonnene *Palazzo Ovi-Gobbi*, dessen *piano nobile* eine Serliana schmückt. Er behielt im Inneren eine Fresken- und Stuckausstattung des 18. Jh.s.

Zurück auf die Piazza del Popolo und vorbei an dem heute der Gemeindeverwaltung dienenden Palazzo Ettore aus dem 17. Jh. gelangt man über eine Brücke in die Via Garibaldi und zur entweihten Kirche *San Gregorio*, in der sich ein 1519 datiertes Fresko des hl. Jakob erhalten hat.

In **Porcia** steht das aus verschiedenen Bauteilen zusammengefügte, von einem Mauer- ring umgebene Villen-Kastell der Familie Porcia. Am ältesten ist der massive Turm in der Mitte. Links schließt sich ein mehrfach umgebauter Teil an, rechts der 1610 von Tommaso di Francesco Contino begonnene Neubau, für dessen Hauptfassade die in Venedig beliebte *pietra d'Istria* verwendet wurde. Dieser Trakt war ursprünglich eineinhalb Stock- werke höher und reichte bis zum Turm. Wenn die Porcia keine zeitgemäße Veneto-Villa bauten, sondern den alten Teil mit dem Turmbau beibehielten, so geschah das in Beto- nung der Familientradition als kaiserliche Grafen, auch gegenüber der venezianischen Familie Correr, die nicht weit entfernt, in Rorai Piccolo, eine Villa vom Typus, wie er im Veneto verbreitet ist (Ulmer), besitzt.

Valenoncello, Santi Ruperto e Leonardo: Altargemälde von Pordenone mit den Heiligen Leonhard und Rochus (Detail)

Auf dem Weg dorthin kann man in der neu- gotischen Pfarrkirche von **Rorai Grande** in einer Seitenkapelle (dem ehemaligen Chor des Vorgängerbaus) an der Decke noch ein Werk Pordenones betrachten: die 1516 begonnenen, 1521 von Marcello Fogo- lino vollendeten Marienszenen.

Die *Villa Correr-Dolfin* in **Rorai Pic- colo** ist sowohl von der architektonischen Form des Herrenhauses (kubische Form, Form und Anordnung der Fenster nach venezianischem Vorbild, Betonung der Horizontalen durch Gesimssteifen) als auch in ihrer Anlage mit Park, repräsentati- vem Portal und Barchessen ein charakteri- stisches Beispiel einer Veneto-Villa im westlichen Friaul. Das Halbgeschoß über dem Kranzgesims scheint dem ursprüngli- chen Bau anzugehören. Die Kapelle ist hier wenig glücklich mit der rechten Barchesse und der vorgebauten Loggia verbunden. Die Villa läßt sich nur vage ins 17. Jh. datie-

ren. Vollendet war sie spätestens 1686. Der Architekt ist unbekannt (vermutet wurden Andrea Tironi oder Antonio Gaspari). Seit dem 18. Jh. ist die Villa nicht mehr bewohnt (keine Besichtigungsmöglichkeit).

Vallenoncello besitzt in der Pfarrkirche *Santi Ruperto e Leonardo* über dem Hochaltar eines der frühesten Gemälde Pordenones: »Madonna mit den Heiligen Sebastian, Rupert, Leonhard und Rochus«, um 1515. Mit sicherer Hand sind die Figuren vor eine illusionistische Ruinenarchitektur gesetzt, die auf den nach rechts aus der Mittelachse verschobenen Fluchtpunkt verweist. Durch variierende Körperhaltungen und Blickrichtungen werden die Heiligen unterschiedlich charakterisiert und gleichzeitig der eher stillen, einheitlichen Grundstimmung eingeordnet, die noch ein wenig an Giorgione erinnert. Speziell auch die Gewandfarben der Madonna mit dem – ungewöhnlichen – dunklen Grünton läßt an Giorgiones Castelfranco-Madonna denken. Deren poetische Stimmung blieb Pordenone jedoch fremd. Bei seinen Gestalten herrscht stets eine deutliche Bodenständigkeit vor. Das Fresko »Anbetung der Hirten« links in einer Nische des Langhauses malte wohl Calderari, 1530.

Ein qualitätvolles, wenn auch wenig spektakuläres Freskenwerk Pordenones findet sich im Chor der Kirche *Sant' Odorico* von **Villanova** mit dem üblichen Repertoire der Chorbemalungen: Kirchenvätern, Propheten, Evangelisten und einige Passionszenen (Farbabb. 26).

Die um 1700 erbaute *Villa Marini-Cattaneo* von Villanova ist ein weiteres Beispiel einer Veneto-Villa im westlichen Friaul. Der zentrale Baukörper wird von zwei niedrigeren Trakten begleitet, die zusätzlich zurückversetzt sind.

☐ Abbazia Santa Maria in Sylvis in Sesto al Reghena

Die einst mächtigste Abtei im Friaul ist heute noch – auch wenn die Kreuzgänge und andere Gebäudeteile nicht mehr erhalten sind – eine unbedingt sehenswerte, bedeutende Klosteranlage. Sie entstand an einem Ort römischen Ursprungs. Davon zeugen zahlreiche Fundstücke, aber auch der ursprüngliche Ortsname: *Sextus in sylvis*. *Sextus* weist darauf hin, daß die Ortschaft am sechsten (von Concordia aus gerechneten) römischen Meilenstein, *in sylvis*, daß sie in einem Waldgebiet lag. Aus Sextus wurde italienisch Sesto. Reghena ist der Name des Flusses, der einst um die Verteidigungsmauern der Abtei floß. Gegründet wurde das Benediktinerkloster durch die Langobardenfürsten Marco, Erfo und Anto (Söhne des Herzogs Peter und seiner Frau Piltrudis) um 741. Sie statteten das Kloster mit reichem Besitztum aus – mit über 50 Dörfern und Kastellen, die sich auf das Friaul, das Veneto und Istrien verteilten (eine in Nonantola bewahrte Urkunde von 762 bestätigt diese Stiftung). Kaiser Lothar, König Berengar und andere haben diese Rechte anerkannt und die Besitztümer zum Teil vermehrt. Bei den Ungarneinfällen 899 wurde die Abtei zerstört, danach wieder aufgebaut und jetzt auch mit Mauern und sieben Türmen befestigt. Die Blütezeit dauerte bis ins 14. Jh. 1440 fiel die Abtei an die Republik Venedig und wurde Geistlichen (zumeist Kardinälen) des venezianischen Patriziats als Kommende überlassen, d. h. diese erhielten die Einkünfte ohne Residenzpflicht zu haben, da sie von der geistlichen Leitung entbunden waren. Der erste Kommendatarabt war Kardinal Pietro Barbo (Patriarch von Venedig und später Papst Paul II.). Zu seinen Nachfolgern zählten Mitglieder der Familien Grimani, Badoer, Corner etc.

Die Benediktiner wurden von anderen Ordensgemeinschaften abgelöst – von Augustinern, Dominikanern, Franziskanern, zuletzt Vallombrosanern. Ab 1768 übte ein weltlicher Priester die Seelsorge aus, 1786 war die Zeit der Kommendataräbte zu Ende, im folgenden Jahr wurde das Gebäude mit allen Rechten versteigert. Seit 1921 führt die Pfarrei wieder den Titel ›Abbazia‹.

Man betritt die Klosteranlage durch einen Torturm, der auf das 10. oder 11. Jh. zurückgeht. Er blieb als einziger von den ursprünglich sieben Verteidigungstürmen erhalten (das freskierte Wappen des Kommendatarabtes Giovanni Grimani, der den Turm 1521 restaurieren ließ, wurde 1541 erneuert). Vor sich sieht man den romanischen Bau der *Klosterkanzlei* und den *Campanile* des 11. Jh.s, der gleichzeitig als Wachturm diente.

Das Mauerwerk ist – wie häufig im Küstengebiet der oberen Adria – mit hohen Blendarkaden aufgelockert. Rechter Hand liegt die Abtresidenz des 16. Jh.s, die heute als Rathaus dient. Dazwischen sieht man die aus verschiedenen Bauteilen zusammengesetzte Eingangsfront vom Vestibül, durch das man in das Atrium und schließlich in die Kirche gelangt (vgl. Grundriß S. 276). Die Loggia links mit den drei hohen Arkaden ist ins 11. oder 12. Jh. zu datieren, noch älter ist die Außentreppe (wohl 8. Jh.), die zu einen großen Saal führt, in dem einst Pilger übernachteten, und zu dem auch eine Michaelskapelle gehört.

Bei den rundbogigen Dreierfenstern des 10. oder 11. Jh.s wurden zum Teil ältere Kapitelle aus langobardischer Zeit wiederverwendet. Das Fresko über dem Portal zum Vestibül zeigt »Erzengel Gabriel« (in einer Lünette, die zum Vorgängerportal gehörte), rechts daneben »Hl. Benedikt« (beide Fresken wohl 12. Jh.). An der Seitenwand der Loggia: »Thronende Madonna zwischen Johannes dem Täufer und Petrus« (14. Jh.). Die Themen der Fresken im Inneren der Loggia sind dem Rolandslied entnommen (entstanden zwischen 1312 und 1320).

Man betritt das Vestibül, dessen Wände um 1460–90 fast vollständig mit Fresken ausgemalt wurden, u. a. den vielfigurigen

Szenen nach Dantes »Divina Commedia« mit »Paradies« und »Hölle«. An der Eingangswand erscheint Erzengel Michael mit Schwert und Waage, den Attributen des Richters. Diese Fresken wurden Antonio da Firenze zugeschrieben, stehen jedenfalls in einer von Fra' Angelico und Benozzo Gozzoli ausgehenden Tradition. Ein weiteres Fresko des 16. Jh.s zeigt »Muttergottes mit Kind« und »Die Heiligen Johannes der Täufer und Petrus«. Rechts eine Kapelle mit Fresko. Der nun folgende Raum, das Atrium, ist durch Pfeiler bzw. die noch ursprünglich erhaltenen Pfeilerarkaden in drei Schiffe unterteilt. An der Wand zur Kirche ein Fresko »Begegnung zwischen Lebenden und Toten« (um 1350) aus dem »Triumph des Todes«, ähnlich wie im Campo Santo zu Pisa. Links und rechts vom Portal zur Kirche die Fresken »Der ungläubige Thomas«, »Die Heiligen Augustinus und Ambrosius«. In den Seitenschiffen des Atriums sowie in einem links abgehenden weiteren Raum finden sich eine Sammlung von Steinarbeiten (Kapitelle, Fragmente etc.) sowie abgelöste Fresken (u. a. »Hl. Benedikt« aus dem 14. Jh.).

Der nun folgende Kirchenraum ist ein ottonischer Bau aus der Zeit um die Jahrtausendwende. Vom Typus her handelt es sich um eine Basilika, bei der Pfeiler und Säulen alternieren (Stützenwechsel). Die Säulen sind aus Rotmarmor mit meist erneuerten Kapitellen. Auffallend hoch sitzen die Obergadenfenster. Die das Mittelschiff von den Seitenschiffen trennenden Scheidbögen sind einfach gestuft, den gesamten Kirchenraum bedeckt ein offener Dachstuhl. Mönchschor und Presbyterium liegen erhöht über einer Krypta. Spitzbogige Arkaden sondern eine Vierung aus, welche die Höhe des nicht ausladenden Querschiffes noch weiter überragt. Das turmartig Hochragende kommt vor allem auch im Außenbau zur Geltung. Es

◁ *Torturm, Eingang zur Abtei Santa Maria in Sylvis*

Eingangsfront der Abtei

275

Grundriß der Abteikirche Santa Maria in Sylvis

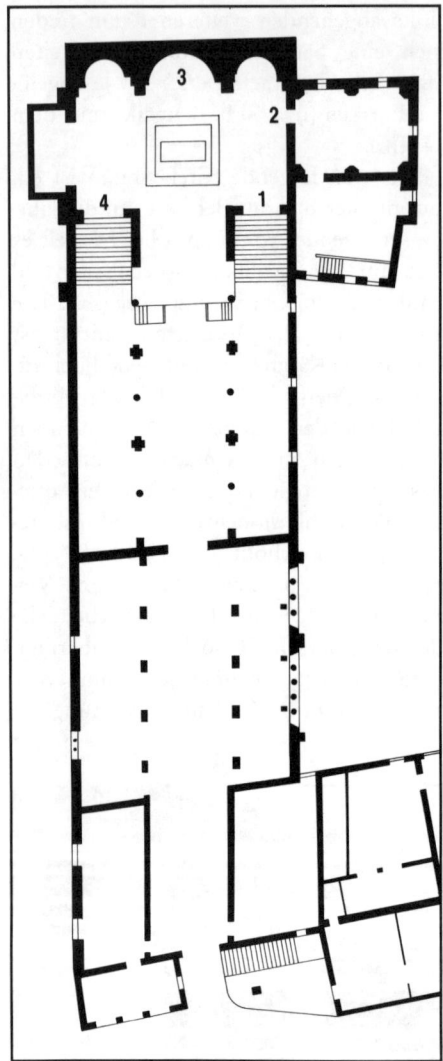

liegenden fast gleich großen Chorkapellen, eine Vorstellung von dem nicht mehr erhaltenen Desiderius-Bau (1066–90) von Montecassino (Peter Tigler). Sämtliche Wandflächen erhielten Freskenbemalung, die jedoch zum großen Teil verlorenging. Bei früheren Restaurierungen wurden die Farben teilweise aufgefrischt. Das Fresko am ersten Pfeiler rechts, »Otto und Hagalberta«, entstand in der Mitte des 14. Jh.s.

Die meisten der erhaltenen Fresken finden sich im Chor. Sie stammen von zwei Meistern, die beide Mitarbeiter Giottos waren, und einigen Gehilfen. Sie dürften um 1324–36 ausgeführt worden sein, also noch zu Lebzeiten Giottos.

Unter den Fresken an den Langhauswänden des Mönchschores seien hervorgehoben: »Hl. Benedikt bestärkt die Armen«, »Hl. Benedikt unterweist die Mönche« (links).

Die Fresken im Presbyterium:

1 »Lahmenheilung« (Apg. 3,1): Vor dem schönen Tor des Tempels bittet ein Lahmer Petrus und Johannes um ein Almosen. Mit den Worten »Silber und Gold habe ich nicht, aber was ich habe, gebe ich dir...« richtet Petrus den Lahmen auf. »Petrus erweckt in Joppe die Witwe Tabitha zum Leben«. An den Seiten des Fensters: »Verkündigung an Maria«.

2 Oben links: »Jesus überreicht Petrus die Schlüssel«, »Petrus übergibt die Schlüssel Linus, seinem Nachfolger im Papstamt«. Rechts daneben: »Nero verurteilt Petrus und Paulus zum Tode«. Darunter: »Martyrium des Hl. Petrus und Brand von Rom«. Rechts: »Lignum Vitae« des hl.

ist ein Charakteristikum der ottonischen Baukunst und läßt an Kirchenbauten nördlich der Alpen denken. Andererseits gewinnt man in der Raumdisposition von Sesto, vor allem in den drei nebeneinander-

Presbyterium der Abteikirche

Bonaventura. Über der rechten Apsis ein sehr schlecht erhaltenes Fresko: »Errettung Petri auf dem Wasser«.

3 In der Kalotte der Hauptapsis: »Krönung Mariens«. Darunter: »Verkündigung an die Hirten« und »Geburt Christi«. In den Nischen und in den Vierpässen: Heiligengestalten.

4 »Himmelfahrt des Evangelisten Johannes«.

Krypta, Relief der Verkündigung,
frühes 14. Jh.

Krypta, Sarkophag der hl. Anastastia,
Mitte 8. Jh.

In der Vierung: Fragmentarisch erhaltene Szenen aus dem Leben des hl. Benedikt, (u. a. »Begräbnis des Heiligen«, »Der Mönch Romanus bringt dem Heiligen Nahrung«), Szenen aus dem Leben Mariens und des Evangelisten Johannes.

Trotz des schlechten Erhaltungszustandes der Fresken lassen sich unter den ausführenden Malern zwei Hauptmeister und einige Gehilfen unterscheiden. Der Meister, der das »Lignum Vitae« malte, zählte wahrscheinlich zu den Mitarbeitern Giottos in der Scrovegni-Kapelle in Padua. Unter allen Giotto-Schülern war er wohl derjenige, der in der Qualität der Ausführung dem Florentiner Meister am nächsten kam. Er begnügte sich jedenfalls nicht nur damit, Giottos Errungenschaften, den Tiefenraum oder plastische Figurenbildung,

aufzugreifen. Ihn zeichnet auch Giottos Wirklichkeitssinn aus (wie in dem Körper Christi des »Lignum Vitae«) und auch dessen Ausdrucksgehalt (wie etwa der Hinwendung des hl. Bonaventura im selben Fresko). Von diesem ›Meister des Lignum vitae‹ stammen auch die Fresken in der Hauptapsis, die beiden erwähnten Benedikt-Fresken im Langhausteil des Chores sowie das »Martyrium des Petrus«. Die zweite Malerpersönlichkeit ist härter in der Linienführung, die Gestalten sind schlanker proportioniert. Von diesem Maler sind die meisten Fresken in der Vierung, u. a. »Das Begräbnis des hl. Benedikt«, er wird daher ›Meister der Benedikt-Szenen‹ genannt. Von ihm dürften u. a. auch die Szenen mit der Schlüsselübergabe an Petrus und Linus stammen.

Die *Krypta* entspricht in den Außenmauern dem Presbyterium, ist jedoch wie üblich in zahlreiche kreuzgewölbte Einheiten unterteilt. Bei Restaurierungsarbeiten wurden leider sämtliche Kapitelle ausgewechselt (ebenso wie im Langhaus der Kirche), auch wurden teilweise die Säulenschäfte und das Gewölbe erneuert. Original sind mehrere Basen sowie die Sitzbänke entlang der Wände. Sehenswert sind drei Ausstattungsstücke: Der Sarkophag der hl. Anastasia, die 304 unter Diokletian das Martyrium erlitt. Der Sarkophag ist aus griechischem Marmor und war ursprünglich ein Bischofsthron, entstanden wohl in der Mitte des 8. Jh.s unter dem Einfluß gleichzeitiger Reliefs in Syrien.

Das Marmorrelief der Verkündigung (links) ist eine qualitätvolle Arbeit aus dem frühen 14. Jh., wahrscheinlich von einem oberitalienischen Meister. Im rechten Teil der Krypta: ein Vesperbild aus Sandstein (*Pietà*) der ersten Hälfte des 15. Jh.s. Es zählt zu den zahlreichen Vesperbildern, die aus dem Donaugebiet ins Friaul, nach Slovenien und Kärnten gelangten. Im Vergleich zu anderen Vesperbildern (z. B. im Dom von Aquileia) sitzt die Muttergottes hier fast frontal. Ihr Blick ist ernst in die Ferne gerichtet. Der Körper Christi ragt wenig über den rechten Arm der Mutter hinaus. Nach Besuch von Kirche und Krypta sollte man nicht versäumen, den Außenbau zu betrachten.

Krypta: Pietà,
1. Hälfte 15. Jh.

Der Ortsname von **Cordovado** gibt uns den Hinweis auf eine Besiedlung in römischer Zeit. Er leitet sich nämlich ab von lateinisch *curte* (Hof) und *vadum* (Furt). Unweit des an der Via Augusta gelegenen Hofes gab es denn auch in der Tat eine Furt in einem Nebenarm des Tagliamento. Um das Jahr 1000 wurde die mittelalterliche Ortschaft von den Bischöfen von Concordia als Verteidigungskastell gegen die Ungarneinfälle gegründet. Etwa drei Jahrhunderte lang war das Kastell Sommersitz der Bischöfe, zugleich Sitz ihres Gastalden, der die Rechtsprechung ausübte.

Außerhalb des Kastells liegt die Wallfahrtskirche *Madonna delle Grazie,* erbaut zwischen 1600 und 1603 über achteckigem Grundriß. Aus der Mitte des 17. Jh.s stammt die prachtvolle geschnitzte Holzdecke. Aus derselben Zeit ist auch die übrige Ausstattung, zu der die Fresken von Antonio Carneo mit Heiligen und Propheten gehören. Rechts neben der Kirche liegen die Paläste der Cecchini.

Von der mittelalterlichen Anlage des Kastells haben sich zwei Tortürme erhalten, zwischen denen sich ein kurzer Straßenzug, der Borgo del Castello erstreckt. Auf der einen Seite der *Palazzo Borra-Mambrini* aus dem 17. Jh. mit einer Loggia im Erdgeschoß und Rundbogenfenstern und Triforium im Obergeschoß. Die Hauptfassade des Palastes weist zur Staatsstraße. Links in einer Gartenanlage die *Villa Attimis.* Sie wurde erbaut von Federico Attimis in der zweiten Hälfte des 17. Jh.s anstelle des baufälligen bischöflichen Gastaldenpalastes. Sie ist ein weiteres Beispiel einer typischen Veneto-Villa, ausgezeichnet durch kubische Formgebung und durch die zentrale Gruppe der gekoppelten Rundbogenfenster. Die Villa ist heute im Besitz der Grafen Piccolomini.

Die Pfarrkirche *Santo Stefano* (15. Jh.) von **Gleris** trägt an der Fassade ein riesiges Fresko des hl. Christophorus, von Pomponio Amalteo. Die Fresken im Inneren werden Bellunello zugeschrieben (Ende 15. Jh.).

Von der mittelalterlichen Verteidigungsanlage **San Vito al Tagliamento** haben sich außer Mauerresten auch drei Stadttore erhalten. Durch eines dieser Tore, die *Torre San Nicolò,* gelangt man gewöhnlich in das alte Ortszentrum. An der linken Seite der Via Bellunello steht die Kirche *Santa Maria dei Battuti.* Das Renaissanceportal ist von Pilacorte, 1493. Im Inneren ein zwischen 1535 und 1544 ausgeführter Freskenzyklus mit Szenen aus dem Leben Mariens und Propheten von Pomponio Amalteo, der in San Vito seine Werkstatt hatte und 1588 hier an der Pest verstarb.

Der Dom *Santi Vito, Crescenzio e Modesto* wurde 1754–52 neu errichtet. Vom Vorgängerbau blieb allein der 1491 vollendete Campanile erhalten. Aus der Zeit um 1750 stammen die barocken Seitenaltäre und die meisten Altargemälde, u. a. von Gaspare Diziani (1. und 3. Altar rechts) und Francesco Zugno (2. Altar rechts und 3. links). Das 2. Altarbild links ist von Padovanino, um 1630–40. Die wichtigsten Gemälde des Domes sind von Pomponio Amalteo. Sie wurden aus der Vorgängerkirche übernommen und dem Neubau eingefügt. Rechts vom Presbyterium eines seiner schönsten Werke: »Die Heiligen Rochus, Apollonia, Sebastian« von 1553. Von Amalteo sind auch die Orgelflügel mit Szenen aus dem Leben Jesu, u. a. der »Fußwaschung Petri« (1566), die jetzt an den Seitenwänden des Presbyteriums ausgestellt sind, sowie die »Auferstehung Christi« links vom Presbyterium. Im rechten Winkel dazu, an der linken Langhauswand, hängt ein Triptychon von Bellunello, einem weiteren Maler, der in San Vito wirkte. Bellunello galt »lange zu Unrecht als Erneuerer der friulanischen Kunst der Renaissance« (G. Bergamini). Heute sieht man deutlicher seine provinzielle Gebundenheit und seine Verwurzelung in der Tradition der Vivarini (der venezianischen Malerfamilie aus Murano). Erwähnt sei schließlich noch die Kopie eines berühmten, leider verbrannten Werkes von Tizian: »Martyrium des Petrus von Verona« (nach dem 1. Altar rechts).

Auf der rechten Seite des langgestreckten Platzes stehen, etwas zurückversetzt, die beiden *Palazzi Rota de Conturbia* aus dem 15. Jh. mit ihren Vorgärten. Man verläßt die Piazza durch die *Torre Raimonda* (13. Jh.), in deren Obergeschoß ein kleines Museum (*Museo Civico*) mit vorgeschichtlichen und römischen Funden, mit Gemälden und abgelösten Fresken untergebracht ist. Ein weiteres Museum, das *Museo della vita contadina* (Via Lucia Falcon Vial, 12), dokumentiert das bäuerliche Leben im westlichen Teil des Friaul (zur Besichtigung der Museen und auch der Kirche San Lorenzo, in der ein Fresko von Bellunello von 1481 zu sehen ist, wende man sich vormittags an die Stadtverwaltung).

In **Prodolone** lohnt der Besuch der kleinen Renaissancekirche *Santa Maria delle Grazie*, sowohl wegen der Fresken im Chor als auch wegen des Schnitzaltares von Giovanni Martini (den Schlüssel bewahrt die Familie in dem grün verputzten, von Bäumen und Sträuchern umgebenen Haus). Die Chorfresken mit Szenen aus dem Leben Mariens, mit Engeln, Evangelisten, Heiligen, Sibyllen, Aposteln, Propheten und Kirchenvätern schuf um 1538 Pomponio Amalteo, der in diesem Werk noch stark unter dem Einfluß Pordenones steht (im Gegensatz zu seiner späteren ›manieristischen‹ Phase).

Den Schnitzaltar schuf Giovanni Martini um 1515. In zwei Nischenreihen übereinander sind um die Madonna mit dem Kind und dem Auferstandenen Christus acht Heiligengestalten angeordnet. Vier weitere Heilige stehen auf dem Abschlußgesims. Wenn auch von kleineren Ausmaßen als Martinis späterer Altar in Mortegliano (1525), zählt dieses Retabel zu den qualitätsvollsten im Friaul. Für die Altararchitektur (die ähnlich ist wie die von Remanzacco) kommt das Formenrepertoire des schmuckvollen Renaissancestiles eines Tullio Lombardo und Mauro Codussi zum Einsatz: so die mit Grotesken geschmückten Pilaster und sogar das Serlio-Motiv. Fein differenziert sind die Physiognomien der heiligen Gestalten. Traditionell ist dagegen die Gewandbehandlung. An der linken Langhauswand ein Fresko einer »Schutzmantelmadonna« von Andrea Bellunello, um 1470.

Gorizia und seine Provinz

Gorizia (Görz)

Gorizia dürfte den meisten unter dem Namen Görz bekannt sein. Über vier Jahrhunderte, vom Jahre 1500 bis 1918, gehörte die Stadt mit ihrer Umgebung – mit wenigen Unterbrechungen – den Habsburgern, war also mit Österreich verbunden. Zuvor war Gorizia im Besitz einer deutschstämmigen Adelsfamilie: der Grafen von Görz. So ist es denn auch gerechtfertigt, für deutschsprachige Leser den historischen Namen weiterzuverwenden. Dabei sollte jedoch nicht übersehen werden, daß die Stadt sich gerade dadurch auszeichnet, daß sie - ähnlich wie Triest - durch drei Kulturen geprägt wurde: die deutsch-österreichische, die slowenische und italienisch-venezianische.

Das älteste Dokument, in dem der spätere Stadtname erwähnt wird, stammt aus dem Jahre 1001. Kaiser Otto III. schenkte damals dem Patriarchen von Aquileia jeweils die

Blick auf das Kastell von Görz. Graphik aus dem 19. Jh. Museo della Provincia di Gorizia

Hälfte des Kastells Sacano (Siliganum), des Dorfes Görz und des umgebenden Gebietes. Laut diesem Dokument wird die ›villa‹ (d. h. das Dorf) Görz in slawischer Sprache Goriza genannt (»mediatem unius ville que Sclavorum lingua vocatur Goriza«). Im frühen 12. Jh. findet sich Görz in der Hand eines Geschlechtes unbekannter bayerischer Herkunft, das auch in Lurngau und Pustertal Besitztümer hatte: Seit 1122 ›Grafen von Görz‹ genannt, standen sie wahrscheinlich in Lehensabhängigkeit des Patriarchs von Aquileia. Die Grafen von Görz wurden jedenfalls als Advokaten der Patriarchen bezeichnet (1125), sie vertraten die Kirche militärisch und übten auch die Rechtsprechung aus. Doch waren sie alles andere als getreue Stellvertreter. Oft vertraten sie skrupellos ihre eigene Sache. So wurden die Beziehungen mit der Zeit schwierig, und es kam zu offenen, auch gewalttätigen Auseinandersetzungen, bei denen mindestens zwei Patriarchen ihr Leben verloren. Die Patriarchen haben die Übergriffe und Einmischungen zuletzt stillschweigend geduldet, auch wenn sie nie die Ansprüche der Görzer Grafen anerkannten. Deren Besitztümer waren weit verstreut. Sie umfaßten außer Görz die Grafschaft von Tirol, das Herzogtum Kärnten, Krain, teilweise auch Istrien. Sie hatten das Recht zu eigener Münzprägung und waren verwandtschaftlich verbunden mit den großen deutschen Fürstenhäusern. Den Höhepunkt ihrer Macht erlangten sie unter Graf Heinrich II. (1304–23), dem es gelang, auch Treviso und Padua zu beherrschen. Doch gingen nach seinem frühen Tod die neu erworbenen Besitzungen verloren, darüber hinaus gingen die Tiroler und Kärntner Besitzungen an die Habsburger. Später, 1374, mußten dann auch die Ansprüche auf Istrien aufgegeben werden.

Als die Republik Venedig sich 1420 den Patriarchenstaat einverleibte, erhob sie auch Anspruch auf die Grafschaft Görz, und zwar mit der Begründung, Venedig sei nunmehr Rechtsnachfolgerin der Patriarchen, und diese hätten die Lehensrechte über Görz den Görzer Grafen verliehen. Daher mußte Graf Heinrich 1424 in Venedig den Treueeid gegenüber der Serenissima leisten. Als dann am 12. April 1500 der letzte Graf von Görz, Leonhard, starb, fiel der Besitz nicht etwa an Venedig, sondern aufgrund eines von Leonhard 1490 öffentlich geäußerten Willens an das Haus Habsburg. Desungeachtet erhob Venedig Anspruch auf Görz: Das war einer der Gründe für den 1508 ausgebrochenen Krieg der Markusrepublik mit dem Habsburgerkaiser Maximilian I., der sich u. a. mit den Königen von Frankreich, Spanien und England zur Liga von Cambrai verbündet hatte. Während des Krieges, der bis 1514 dauerte, kam Görz vorübergehend in den Besitz Venedigs, doch schließlich zurück an das Haus Habsburg. Der Fluß Iudrio bildete jahrhundertelang die Grenze zwischen österreichischem Territorium der Republik Venedig.

Seit dem 16. Jh. entwickelte sich Görz zu einem bedeutenden Handelsplatz, in dem sich österreichische Adelsfamilien niederließen. Ihre Glanzzeit erlebte die Stadt im 18. Jh. Nach Auflösung des Patriarchats von Aquileia, 1751, wurde Görz (wie auch Udine) Sitz eines Erzbischofs.

Im Ersten Weltkrieg waren Görz und der nahe Karst einer der Hauptkriegsschauplätze, an denen die 12 Schlachten am Isonzo ausgetragen wurden. Die Stadt selbst wurde sowohl von italienischer wie auch österreichischer Seite umkämpft.

GORIZIA (GÖRZ)

Seit 1918 gehört Gorizia zu Italien. Nach dem Zweiten Weltkrieg befand sich die Stadt plötzlich in einem toten Winkel. Sie verlor an Jugoslawien einen Großteil ihres Territoriums, dazu ihr Hinterland, wichtige Straßenverbindungen durch das Isonzo- und Wippach-Tal, sogar die Bahnstation der Eisenbahnlinie Triest-Klagenfurt. Jenseits der neuen Grenze gründeten die Jugoslawen Nova Gorica. Die Öffnung des Eisernen Vorhangs brachte eine Belebung des Handels, ohne daß es bisher zu größerem Aufschwung kam. Von einstiger Pracht künden heute in den stillen Straßen noch stolze Adelspaläste.

☐ Oberstadt

Man beginnt die Besichtigung der Stadt am zweckmäßigsten mit dem Kastell und dem oberen Teil der Altstadt, der sogenannten Oberstadt (folgen sie dem Hinweisschild ›Castello‹, dort auch gute Parkmöglichkeiten). Die Oberstadt ist praktisch identisch mit dem *Borgo Castello*, der von Befestigungsanlagen umschlossen ist. Das Zugangstor zu dieser Oberstadt wurden 1660 für den Einzug von Kaiser Leopold I. architektonisch ausgestaltet und wird daher ›Porta leopoldina‹ genannt. Neben dem Doppeladler finden sich auch die Wappen der Grafschaft Görz (links) und des kaiserlichen Hauptmanns Ernst Graf von Herberstein. Auf der zum Kastell führenden Straße sieht man rechter Hand (Nr. 13) das 1475 datierte **Haus der Rassauer** im spätgotischen venezianischen Stil. Auf der gegenüberliegenden Seite steht u. a. das **Haus des Postmeisters Simon Taxis,** errichtet nach dessen Ernennung zum Postmeister (*mastro di posta*) 1545. Die Familie der Thurn und Taxis hatte bekanntlich im gesamten deutschen Reichsgebiet und in den spanischen Niederlanden das Postmonopol inne. Das Haus diente als Wohn- und Amtsgebäude.

Im anschließenden Palast der Grafen Formentini aus dem 17. Jh. ist seit 1939 das **Museo di Storia e d'Arte** (1) untergebracht. Das kleine, sehenswerte Museum

vereinigt archäologische, kunsthandwerkliche und ethnologische Sammlungen sowie Dokumente zur Geschichte von Görz und dem östlichen Friaul. Von besonderem Interesse ist die volkskundliche Abteilung. Im Untergeschoß findet sich u. a. eine hölzerne Zwirnmaschine des 18. Jh.s, eine Friulaner Küche mit dem charakteristischen *fogolar,* das Handwerksgerät von Schmieden, Schreinern, Schustern und Hutmachern.

Das **Museo della Grande Guerra** im nächsten Gebäude ist dem Ersten Weltkrieg gewidmet, insbesondere den Kämpfen zwischen Italien und Österreich um Görz und am Isonzo. Der Krieg wird in dieser Schau nicht nur unter politischen und strategischen, sondern auch unter sozialen Aspekten vor Augen geführt. Der Besucher gewinnt Eindrücke vom Ausharren der Soldaten in den Schützengräben am Isonzo und im Karst, von den Leiden der Zivilbevölkerung, die sich in den Kellern verbunkerte.

Die kleine Kirche **Santo Spirito** (2) wurde nach 1398 im Auftrage der Brüder Michele und Giovanni Rabatta erbaut. Am Portalvorbau finden sich außer den Familienwappen die Stifterfiguren von Michele Rabatta und seiner Gemahlin, Maria Bella Castelpagano. Die Figuren wurden später in eine Verkündigungsgruppe umgearbeitet. Das Kruzifix rechts vom Portal ist eine

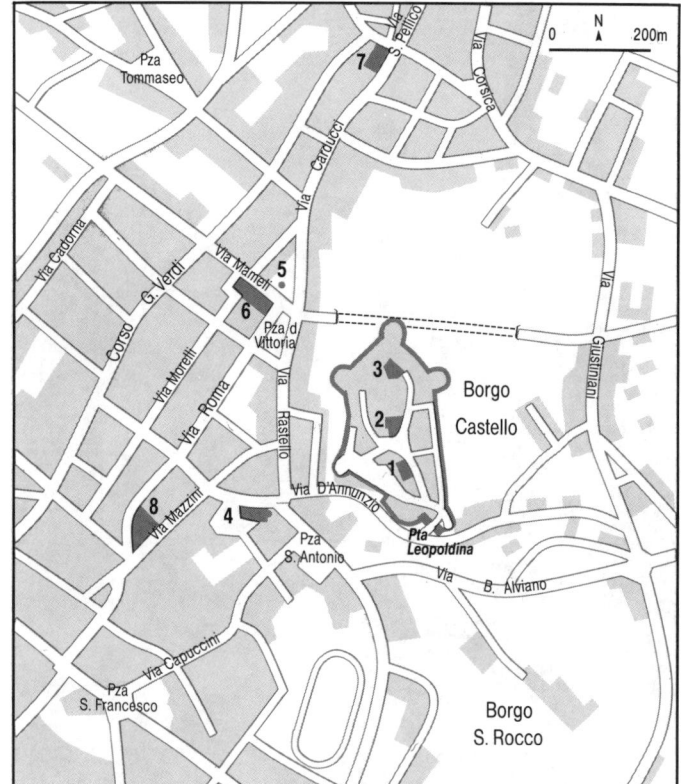

Stadtplan von Görz

1 Museo di Storia e
  d'Arte
2 Santo Spirito
3 Kastell
4 Dom
5 Fontana del
  Nettuno
6 Sant'Ignazio
7 Palazzo Attems
8 Palazzo Attems-
  Santa Croce

Kopie nach dem Original des frühen 16. Jh.s, das jetzt im Museo di Storia e d'Arte ausgestellt ist. Bemerkenswert sind die kleinen erkerartigen Vorbauten an der rechten Seitenwand. Das Innere besitzt ein sternförmiges Rippengewölbe, wie es sich häufig im Friaul, besonders auch in Karnien, aber auch in Kärnten findet.

Das **Kastell** (3) hat im Ersten Weltkrieg bei den Kämpfen um Görz schwere Schäden davongetragen. Bei den aufwendigen Wiederherstellungsarbeiten der Jahre 1932–1937 entschloß man sich, die Anlage nicht

mehr in den Formen wiederherzustellen, wie sie sich vor Beginn des Weltkrieges präsentierte. Man entschied sich vielmehr, den mittelalterlichen Zustand zu erneuern. Von diesem war jedoch seit mehr als vier Jahrhunderten wenig erhalten geblieben, denn während der kurzen Herrschaft der Venezianer, 1508–1517, wurde die Burg radikal verändert. Damals riß man die mittelalterlichen Türme ab und verstärkte die Mauern, damit sie den neu entwickelten Artilleriegeschossen standhielten. Weitere Veränderungen folgten unter den Habs-

Santo Spirito

burgern. Das mittelalterliche Kastell mit seinen halbzylinderförmigen Türmen, wie es sich heute dem Besucher in massiver und gedrungener Gestalt darbietet, ist also das Ergebnis einer äußerst gewagten Rekonstruktion, gewissermaßen eine Wiederbelebung des Mittelalters.

Mit dem Relief des Markuslöwen über dem Eingangsportal wollten die Denkmalpfleger an die kurze venezianische Herrschaft erinnern. Doch wurde auch hier nicht der historische Zustand wiederhergestellt: Der Löwe war zwar für das Kastell vorgesehen und aus Venedig bereits ange-

liefert, zur Aufstellung kam es damals
indes nicht mehr, da Görz inzwischen wieder an die Habsburger gefallen war.

Der Besuch des Kastells lohnt vor allem
der Ausblicke wegen, die sich von den
Mauern, Türmen oder den Palastfenstern
bieten. In östlicher Richtung blickt man
über die vor der Bahnlinie verlaufende
Stadtgrenze nach Nova Gorica, den slowenischen Teil von Görz, und das Franziska-
nerkloster Castagnavizza (Kostanjevica),
in dem König Karl X. von Frankreich und
Mitglieder seiner Familie begraben liegen.
Im Hintergrund die slowenischen Hügel
mit der Hochebene von Tarnova und das
Wippach-Tal. Im Südosten und Süden
schließt sich der Hügelzug des Karstes an
(Monte Terstelj 643 m). Im Westen sieht
man auf die Stadt Gorizia und den Isonzo,
im Norden auf das Hügelgebiet des Collio
mit dem Kalvarienberg, dem Kriegerdenkmal von Oslavia (1938), das für 57 200
Gefallene die letzte Ruhestätte wurde, auf
San Floriano (s. u.) und die Wallfahrtskirche des Monte Santo (im slowenischen Teil
des Collio).

Im Hof des Kastells hat sich das Fundament des quadratischen Bergfrieds erhalten, der im 15. Jh. abgetragen wurde. Das
zinnenbekrönte Gebäude mit den Biforien
im Westen (durch das man den Hof betreten hat) ist der auf das 13. Jh. zurückgehende Palast der Grafen von Görz *(Palazzo
dei Conti)*. Gegenüber steht der Palast der
Landstände *(Palazzo degli stati provinciali)*
aus dem 15. Jh. Er diente der gräflichen Verwaltung, war aber auch Versammlungsort
der Stände, also der geistlichen, adligen
und bürgerlichen Standesvertreter aus dem
Gebiet der Grafschaft. Der Rundgang führt
durch beide Gebäude, die heute mit

*Das von Graf Heinrich II. der Stadt Görz 1307
verliehene Siegel zeigt das Kastell: links einen
Torturm und den zinnenbewehrten Hauptpalast
mit hölzernen Wehrgängen, überragt vom Bergfried; rechts schließen drei Häuser und ein weiterer Torturm an. Die beiden Tortürme sind mit
der Mauer verbunden*

Gegenständen verschiedener Zeiten (Mö-
bel, Gemälde, Skulpturen) museal gestaltet sind. Im Obergeschoß finden sich u. a.
eine kleine Kapelle mit schöner Holzdecke
und der Saal der Landstände.

☐ Unterstadt

Der vom Kastell und der Oberstadt herab-
führende Weg, der Viale D'Annunzio,
mündet in den zentralen Platz der Unterstadt, die heutige *Piazza Cavour*, auf der
seit 1250 der Wochenmarkt abgehalten
wird. Auf den Marktplatz und die wenigen
umstehenden Häuser wurde erst 1455 das
ursprünglich (seit 1307) auf das Kastell
beschränkte Stadtrecht ausgedehnt. Das
Gebäude der Quästur an der Südwestseite

der Piazza ist ein umgebauter Palast des 16. Jh.s, in dem seit jener Zeit die Landstände tagten, die sich zuvor im Kastell versammelten.

Die sich im Südosten anschließende *Piazza Sant'Antonio* ist aus einem Franziskanerkonvent hervorgegangen, der während der napoleonischen Herrschaft aufgelöst wurde. Die Gebäude wurden 1817 größtenteils abgerissen, nachdem die Fratres 1811 in das Karmeliterkloster von Castagnavizza in Nova Gorica übergesiedelt waren. Die Arkaden der Piazza gehörten zum großen Kreuzgang. Die Cappella Sant' Antonio errichtete man dem großen Franziskanerprediger Antonius von Padua erst 1823–1825 als Ersatz für die abgerissene Kirche.

Im gegenüberliegenden **Palazzo Strassoldo**, der auf das 15. Jh. zurückgeht, fand 1836 der exilierte König von Frankreich, Karl X., mit seiner Familie Unterkunft. Im **Palazzo Lantieri**, ehemals Schönhaus (am Ende der Piazza, Hausnummer 2), waren Papst Pius VI., Metastasio, Goldoni, Casanova und auch die Malerin Rosalba Carriera zu Gast. Der Palast wurde an der ehemaligen Stadtmauer angebaut. Ein Mauerturm findet sich im Hof.

Unser Rundgang in der Görzer Unterstadt führt im wesentlichen entlang der historischen Hauptachse. Diese verläuft von der Piazza Sant' Antonio und Piazza Cavour über die Via Rastello zur Piazza della Vittoria und weiter zur Piazza de Amicis. Das einzige bedeutende Gebäude abseits dieser Achse ist der **Dom** (4), dessen Fassade zur Via Colombini liegt.

Als 1752 Görz Sitz eines Erzbischofs wurde, kam es nicht zum Bau eines repräsentativen Domes, sondern man erhob die Pfarrkirche Santi Ilario e Taziano zur Kathedrale. Bei den Kämpfen im Ersten Weltkrieg erlitt der Bau schwerste Schäden, so daß er weitgehend rekonstruiert werden mußte. Wenig überzeugend ist die Fassade, eine Neuschöpfung von 1924. Das Innere präsentiert sich als eine dreischiffige Anlage mit Emporen über den Seitenschiffen und einer großen Chorkapelle. Man gewinnt den Eindruck, in einem Kirchenraum des Alpengebietes (etwa in Tirol oder Kärnten) zu stehen. Dazu tragen die reichen Stuckarbeiten des frühen 18. Jh.s ebenso bei wie die stämmigen toscanischen Säulen und reichen gotischen Rippengewölbe im Chor. Das rechte Seitenschiff verlängert sich in die *Cappella Sant' Acazio*: eine gotische, ursprünglich selbständige und freistehende Kapelle mit einem Netzgewölbe. Bereits im 14. Jh. errichtet, ist die Kapelle älter als der übrige Dom. Die Gewölbefresken mit der Trinität, den Evangelistensymbolen und musizierenden Engeln dürften am Ende des 15. Jh.s von einem aus den Besitzungen des Herzogs von Görz (Tirol oder Kärnten) eingewanderten Künstler gemalt worden sein. Der Stil ist noch spätgotisch.

Auch die mit einem gotischen Sterngewölbe geschmückte *Chorkapelle* (das Presbyterium) war ursprünglich eine kleinere selbständige Kirche. Erst im 15. Jh. wurde das zunächst einschiffige Langhaus als Verlängerung dieser Kapelle hinzugefügt. Zu einem dreischiffigen Ausbau kam es dann 1682. Die Pläne dazu lieferte Felice Lorenzo Maiti aus Bergamo.

Älter noch als die beiden erwähnten Kapellen ist die auf das 13. Jh. zurückgehende *Capella Sant' Anna* (links vom Chor), die jedoch später barockisiert wurde. Ein Grabstein erinnert an den letzten Grafen von Görz, Leonhard, der im Jahre 1500 auf seinen Besitzungen in Bruck bei Lienz verstarb und dort auch begraben liegt. Hier handelt es sich also nur um ein Kenotaph. Unter den Werken der Ausstattung des Langhauses sei die Kanzel hervorgehoben, die 1711 vermutlich von Giovanni Battista Pacassi, dem Vater des Architekten Nikolaus Pacassi, oder aber Pasquale Lazzarini gefertigt wurde.

Zum Kirchenschatz des Domes gehört ein Teil des Schatzes von Aquileia. Er kam nach Gorizia, nachdem 1751 das Patriarchat von Aquileia aufgelöst wurde und die Erzbistümer von Görz und Udine gegründet wurden. Dabei wurde der Kirchenschatz von Aquileia unter die neuen Diözesen aufgeteilt (der Udineser Teil wurde 1810 gestohlen). Auch wenn der Schatz aus Sicherheitsgründen z. Zt. nicht zugänglich ist, seien doch die Hauptstücke genannt: Der hölzerne Bischofsstab (Pastorale) ist der älteste seiner Art, vielleicht aus der Zeit des Bischofs Poppo (1019–1042). Nach der Legende soll der hl. Petrus den Stab dem hl. Hermagoras übergeben haben. Der Deckel eines Evangeliars wird ins 12. Jh. datiert. Unter den vier silbernen Reliquienbüsten findet sich die Büste des hl. Hermagoras, ein bedeutendes, 1340 datiertes Werk der Friulaner Goldschmiedekunst. Erwähnt sei auch ein Vortragekreuz des 14. Jh.s (Crocefisso dei principi). Der Schatz von Gorizia wurde durch Schenkungen von Kaiserin Maria Theresia und König Karl X. von Frankreich bereichert.

Zur Piazza della Vittoria führt die mit Laubengängen gesäumte Via Rastelle, die alte Hauptstraße der Ortschaft. Ihr Name weist auf eine Poststation hin. Ein Großteil der Häuser stammt aus dem 15. und 16. Jh. Gleich an der Ecke links steht das inschriftlich 1441 datierte Haus Volker. In dem Haus Nr. 61 (mit typischem Innenhof) übernachtete 1519 Kaiser Karl V.

Die Piazza della Vittoria liegt bereits außerhalb des ältesten Ortskernes. Sie war der Ort der Jahrmärkte und Volksfeste (darin der Piazza Primo Maggio in Udine oder etwa dem Prato delle Valle in Padua entsprechend).

Der römisch anmutende Barockbrunnen, die Fontana del Nettuno (5), wurde 1756 nach Entwürfen des Görzer und Wiener Architekten Nikolaus (Nicolò) Pacassi durch den Bildhauer M. Chierighin ausgeführt. Die Ignatius-Säule wurde 1658 errichtet, doch mußte die Statue des Heiligen im 18. Jh. erneuert werden.

Das architektonisch bedeutendste Bauwerk in Görz dürfte die Jesuitenkirche Sant' Ignazio (6) sein. Sie wurde 1654 begonnen, doch stürzte bald ein Teil des Mauerwerks ein, so daß der Bau nach 1655 praktisch neu errichtet wurde und erst 1680 so weit vollendet war, daß Gottesdienst abgehalten werden konnte. Die Doppelturmfassade wurde 1721–23 nach Plänen des österreichischen Jesuitenpaters, Malers und Architekten Christoph Tausch errichtet. Mit ihren beiden Türmen und vor allem den zwiebelförmigen Hauben erinnert sie an süddeutsche oder österreichische Architektur, wenngleich die strenge Gliederung mit durchlaufenden Gebälken nicht ohne Kenntnis römischer Fassaden von Tauschs Lehrer Andrea Pozzo möglich war. Der Innenraum erinnert wiederum an Kirchen nördlich der Alpen, denn er ist als Wandpfeilerkirche (mit Emporen und tiefen Seitenkapellen)

ausgebildet. Die flach schließende Chorwand trägt eine riesige illusionistische Architekturdarstellung, so daß sich die Wand zu einer halbrunden Apsis zu öffnen scheint. Christoph Tausch, der Architekt der Fassade, schuf dieses großformatige Fresko von 1721 mit der »Glorie des hl. Ignatius von Loyola«, das nach Beschädigungen im Ersten Weltkrieg 1931/32 restauriert wurde. Die vier Statuen beiderseits des Hochaltartabernakel sind Arbeiten von Pasquale Lazzarini aus dem Jahre 1716. Die Altäre der Seitenkapellen sind nicht zum Mittelschiff hin gerichtet, sondern - wie nördlich der Alpen üblich - nach Westen, in Richtung des Eintretenden.

Weiter nördlich, in der Via dell'Arcivescovado, liegt rechts der **Palazzo Arcivescovile**, der erzbischöfliche Palast, der auf das späte 16. Jh. zurückgeht und ursprünglich den Cobenzl gehörte. Die anschließende Kapelle wurde 1746 erbaut.

Der **Palazzo Attems** (7), das bedeutendste profane Bauwerk in Görz, wurde 1732–1745 für Graf Attems-Petzenstein errichtet. Architekt war wiederum Nikolaus Pacassi, der Schöpfer des Neptunbrunnens. Pacassi wurde später Wiener Hofarchitekt und vollendete Schloß Schönbrunn. Die langgestreckte Fassade wird in fünf Abschnitte gegliedert, von denen der mittlere und die beiden äußeren als Risalite vorspringen und von Balustraden erhöht werden, die mit Statuen und Steinvasen besetzt sind. Der mittlere Abschnitt wird zusätzlich durch ein weiteres Stockwerk hervorgehoben. Man beachte, welch reiches Instrumentarium Pacassi hier ausschöpft, um die

verschiedenen Fassadenteile zu variieren, ohne dabei das Gesamtbild aus dem Auge zu verlieren. So finden sich nur im ersten, dritten und fünften Abschnitt (also den Risaliten) Fugen. Unterschiedlich ausgeführt sind auch die vertikalen Gliederungselemente, wobei Pacassi auf den Einsatz von Säulen verzichtete. Nur im Mittelrisalit gibt es ausgebildete Flachpilaster mit Basen, Kapitellen und dazugehörigem Gebälk, die als Kolossalpilaster zwei Geschosse zusammenfassen. Das Portal wird durch Einsatz von Hausteinen verstärkt, die Fenster darüber verbinden sich zu einer Serliana, wodurch die Mittelachse betont wird.

Einen Anklang an venezianische Architektur erkennt man in der Ausbildung der Eckrisalite, in denen sich jeweils nur eine einzige Fensterachse findet. Hier sind die Fenster typisch venezianisch: rund, hochgestreckt und mit einem Balkon ausgestattet. Der runde Fensterabschluß wirkt indes in der Gesamtfassade kaum wie ein Fremdkörper: Er bezieht sich einerseits auf das Mittelfenster der Serliana, andererseits auf das Rund der Segmentbogengiebel, die sämtliche Fenster der Hauptgeschosses nobilieren. Pacassi hat sich bemüht, in dieser Fassade Elemente des späten, bereits klassizistisch geprägten österreichischen Barock zu verbinden mit Gestaltungsprinzipien der Renaissance eines Sansovino und Palladio, wie sie sich im Veneto bis das 18. Jh. hinein hielten.

Im Palastgarten steht heute ein weiterer Brunnen des Nikolaus Pacassi. Sein ursprünglicher Standort war vor dem Palast. Im Hauptsaal des *piano nobile* malte der Görzer Antonio Paroli das Deckenfresko »Olympische Götter«. Der

◁ Sant'Ignazio

Palazzo Attems

Palast ist Sitz, Archiv und Bibliothek der Provinz Gorizia. Ein weiterer von Nikolaus Pacassi projektierter Palast liegt an der Via Mazzini: Es ist der **Palazzo Attems-Santa Croce**, in dem heute die Stadtverwaltung untergebracht ist. Der Palast wurde jedoch im frühen 19. Jh. u. a. an der Fassade umgestaltet. Original sind noch das Treppenhaus und die hintere Loggia.

Der Straßenzug Corso Italia – Corso Verdi ist vor allem durch Fassaden des Historismus und des Jugendstils geprägt.

Die Umgebung von Gorizia

☐ Gradisca d'Isonzo - Monfalcone - San Floriano del Collio - Cormons

Fahrten in der Provinz Gorizia führen in besonders schöne Landschaften und sind darüber hinaus von historischem Interesse. Sie führen auf den Karst, zum Festungsstädtchen Gradisca und in die Hügel des Collio.

Eine Fahrt auf den Karst ist vor allem im Herbst lohnend, wenn sich die Karstflora intensiv rot verfärbt. Der Karst ist ein karges Hochplateau aus Kalkstein, dessen italienischer Teil sich vom Isonzo bis nach Triest hinzieht. Zwischen Gorizia und Monfalcone fällt das Plateau allmählich ab, an der istrischen Küste stürzt es steil ins Meer. Die Kalksteinkruste ist sehr porös. Durch auslaugendes Sickerwasser bildeten sich Mulden, die charakteristischen trichterförmigen Dolinen und auch Höhlen. Bei klarem Wetter bietet eine Fahrt auf den Karst, vor allem zum Monte San Michele, grandiose Ausblicke und konfrontiert zugleich mit den Kriegsschauplätzen des Ersten Weltkrieges. Bei den Schlachten am Isonzo hatten sich Österreicher und Italiener in das Karstgestein eingegraben, waren in einem langen Stellungskrieg extremer Hitze und Kälte ausgesetzt. Fast eine Million Soldaten mußte am Isonzo ihr Leben lassen. Allein auf dem Friedhof von Redipuglia ruhen an die 100 000 Gefallene der III. Armee Italiens. Im Kriegerdenkmal von Oslavia (jenseits des Isonzo, im Collio) wurden die Gebeine von 52 000 Gefallenen gesammelt, die zunächst auf anderen Friedhöfen auf jugoslawischem Gebiet bestattet wurden. Ein Ehrenmonument, das 1950 den Gefallenen aller Kriege geweiht wurde, ist die Ara Pacis bei Medea (nordwestlich von Gradisca). Das Monument enthält Erde aller Soldatenfriedhöfe.

☐ Gradisca d'Isonzo

Gradisca ist eine Festungsstadt der Renaissance. Erbaut wurde sie ab 1479 durch die Venezianer, die mit dieser Wohn- und Festungsstadt die Markusrepublik gegen Angriffe aus dem Osten schützen wollten. Zum einen sollte sie die ins Friaul einfallenden Türken abwehren, zum anderen Bollwerk sein gegen die ins Friaul drängenden Habsburger. Gradisca wurde errichtet, ohne daß man sich auf ein vorhergehendes Kastell stützen konnte. Es ist eine ›ex novo‹ gebildete Festungsstadt, entstanden an einem der neuralgischen Punkte des östlichen Oberitalien, dort, wo die Wippach in den Isonzo mündet. Das Wippach-Tal war eine der wenigen Einfallmöglichkeiten aus dem Osten. Da die Sümpfe bei Aquileia unpassierbar waren, mußte jeder, der ins Friaul wollte, gezwungenermaßen zunächst den Isonzo überqueren. Etwas flußaufwärts, bei Farra d'Isonzo, hatten daher die Römer bereits eine Brücke angelegt, den Pons Sontii. Für die Langobarden war es notwendig, gegen Einfälle aus dem Osten einen der Brückenköpfe zu einem Kastell auszubauen. Dieses langobardische Kastell von Farra d'Isonzo hatte bereits eine ähnliche strategische Funktion wie später Gradisca oder auch die nahe Festung von Görz.

Porta Nuova

Das Gebiet um das Kastell Farra überließ Kaiser Otto I. im Jahre 967 dem Patriarchen von Aquileia. Zu den Ländereien gehörte auch der Weiler Gradisca mit slawischen und lateinsprachigen Familien. Die Anwesenheit slawischer Familien spricht dafür, daß der Namen Gradisca slawisch ist (Gradisca= befestigter Ort), was nicht unbestritten ist.

Nach den Notizen des 10. und 12. Jh.s verlieren sich die historischen Spuren. Nachdem 1472 überraschenderweise die Türken in das Friaul eingefallen waren, versuchte Venedig der Gefahr eines erneuten Einbruchs zunächst durch einen 20 Meilen langen Schutzwall entlang des Isonzo zu begegnen.

Nach einem weiteren verheerenden Einfall 1478 wurde im folgenden Jahr mit dem Bau einer regelrechten Festungsstadt begonnen. Man nannte diese Stadt zunächst nicht Gradisca sondern *Emopoli,* und zwar nach dem venezianischen Statthalter Giovanni Emo. Zu dieser Festungsstadt gehörte die Wohnsiedlung für die Besatzung und ihre Familien und die eigentliche Festung, das Kastell auf der Erhebung, dem *collisello.* Hier hatten der Kommandant und der Anführer der Fußtruppen ihren Wohnsitz, und hier war auch das Waffen- und Munitionsarsenal.

Die Mauern von Emopoli mußten bereits 1497–1511 verstärkt werden, um sie der Schußweite der neuen Kanonengeschosse anzupassen. Kaiser Maximilian und seine Verbündeten der Liga von Cambrai zwangen 1508 Venedig, Gradisca den Habsburgern zu übrlassen. Vergeblich versuchte Venedig später im Krieg von Gradisca (1616/17) die Stadt zurückzuerlangen.

Eine Glanzzeit erlebte Gradisca im späten 17. und im 18. Jh., nachdem Kaiser Ferdinand III. 1647 den Ort, der der Grafschaft Görz angeschlossen war, an die Familie Eggenberg aus der Steiermark verkauft hatte. Damals wurden die Festungsstadt und die umgebenden Ländereien zu einem kleinen selbständigen Fürstentum, in dem eigene Münzen geprägt wurden. Der Vertrag mit den Eggenbergs sah vor, daß beim Erlöschen der männlichen Linie das Fürstentum zurück an das Haus Habsburg falle, wie es 1717 dann auch tatsächlich geschah. Gradisca wurde wieder habsburgisch und 1754 erneut der Grafschaft Görz einverleibt. Während der Herrschaft der Eggenberg (und insbesondere unter dem Festungskommandanten Ulderico Della Torre) wurde Gradisca zu einer kleinen Barockstadt. Damals entstanden repräsentative Gebäude wie der Palazzo Torriani, der Monte di Pietà (Leihhaus), die Loggia dei Mercanti, der Palazzo dei Provveditori. Für einen gewissen Wohlstand sorgten die Zucht von Seidenraupen und eine Manufaktur von Teppichen, von denen einige besonders schöne Stücke - wohl durch Napoleon - in die Kathedrale Nôtre Dame von Paris gelangten.

Die Anlage der Stadt verband militärische Erfordernisse mit den Bedürfnissen einer Bürgerstadt. Ummauert ist nicht nur die eigentliche Festung, das Kastell, sondern auch die Wohnstadt. Die unregelmäßig verlaufende Stadtmauer ist noch weitgehend erhalten.

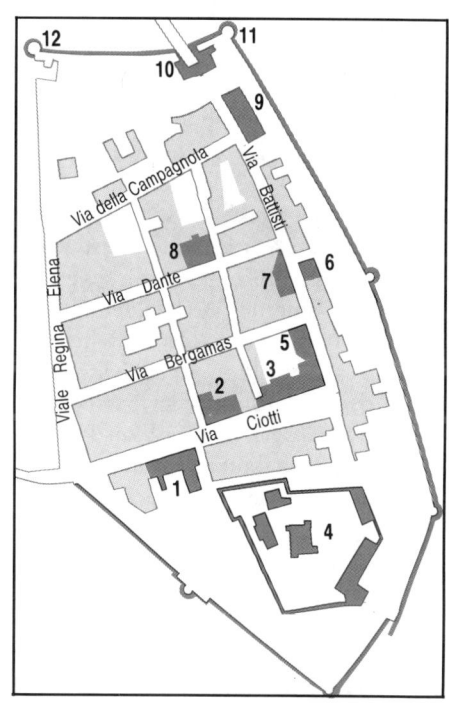

Stadtplan von Gradisca

1 *Palazzo De Fin-Patuna*
2 *Palazzo Strassoldo*
3 *Palazzo Torriani (mit Galleria*
  L. Spazzapan)
4 *Kastell*
5 *Dom*
6 *Loggia dei Mercanti*
7 *Casa dei Provveditori Veneti*
8 *Monte di Pietà*
9 *Häuser der Entstehungszeit Gradiscas*
10 *Porta Nuova*
11 *Torrione di San Giorgio*
12 *Torrione della campana*

Nur im Westen wurde ein Teil der Mauer im 19. Jh. abgetragen, um wenigstens hier den Bürgern die Stadt zu öffnen und mit einer Parkanlage zu verbinden. Heute kommt man durch diese Mauerlücke in den Ort. Der ursprüngliche Zugang war die Porta Nuova (10) im Norden zwischen den Ecktürmen ›della campana‹ (12) und ›San Giorgio‹ (11). Daneben gab es noch einen Notausgang zum Isonzo hin: die Porta del Soccorso (12).

Auffallend ist die klare, aber nicht geometrisch exakte Anlage mit zwei parallel verlaufenden Hauptstraßenzügen (Via Battisti und Viale Regina Elena). Dazu verlaufen im rechten Winkel vier weitere Straßen, von denen - wiederum im rechten Winkel - die kleineren Nebenstraßen *(calli)* ausgehen. Früher gab es Verordnungen, nach denen die Straßen stets geräumt sein mußten, um Aufmärsche des Militärs zu ermöglichen.

Bereits in den Jahren 1479–83 entstanden etwa 90 Häuser, die Venedig für 20 Jahre und mehr den Bewohnern zur Miete überließ. Sie sind zwar von der Form und vom Material her einfach gebaut und durften auch die Höhe der Stadtmauern nicht überschreiten. Andererseits gab es genug Platz, denn in jedem der Häuser sollten auch acht Pferde untergebracht werden. Bei drei Häusern der Via Battisti blieb das ursprüngliche Aussehen bewahrt (9).

☐ Rundgang

Einige der wichtigsten Paläste liegen an der Via Ciotti: **Palazzo De Fin-Patuna** (1), begonnen im 16. Jh., **Palazzo Strassoldo** (2) und der repräsentative **Palazzo Torriani** (3). Dieser wurde ab 1644 für die Familie Della Torre erbaut, zu der auch der 1665 zum Stadt- und Festungskommandanten ernannte Francesco Ulderico Della Torre gehörte. Dieser ließ den Palast nach Ankauf eines Nachbargrundstückes erweitern. Der Name des Architekten konnte nicht ermittelt werden. Der Mittelteil mit der antiken Tempelfront ist ein Beispiel für das Nachwirken Palladios im ›barocken‹ 17. Jh. Im eigenartigen Kontrast zur Pilaster- und Giebelarchitektur steht das Portal mit kräftigen, mit Bändern verstärkten Säulen und gesprengtem Giebel. Mit ähnlichen Mitteln arbeitete der Architekt auch beim Mitteltrakt der Hofseite (sichtbar von der Via Bergamas). Hier findet sich eine doppelgeschossige palladianische Loggia mit manieristischen Extravaganzen bei den

Säulenbändern und -ringen. Zeitweise bewohnte Eugène de Beauharnais, Schwiegersohn Napoleons und Vizekönig Italiens, den Palast. Heute ist er Sitz der Stadtverwaltung und der *Galleria Regionale d'Arte Contemporanea* ›L. Spazzapan‹ (mit Gemälden von Spazzapan und anderen friulanischer Künstler).

Das 1471 nach Plänen von Enrico Gallo begonnene **Kastell** (4) besteht aus mehreren Gebäuden, die jetzt als Wohnungen für Soldatenfamilien dienen.

Der Dom **Santi Pietro e Paolo** (5) wurde 1756 als dreischiffiger Bau erneuert. Die einschiffige Vorgängerkirche und der jetzige Bau hießen bis 1789 San Salvatore, ein Hinweis dafür, daß es sich wahrscheinlich um eine langobardische Gründung handelt. Die Fassade erhielt der Dom erst 1752 durch Paolino Zuliani.

Wie in zahlreichen Kirchen des Veneto ist auch hier eine palladianische Tempelfront mit Doppelsäulen auf hohem Sockel und Giebel eingesetzt. Das dreischiffige

Palazzo Torriani, 17. Jh.

Innere erhielt seine Ausstattung zum Teil im 18. Jh. Der große marmorne Hochaltar ist ein Werk des Leonardo Pacassi (1690). Das figurenreiche Gemälde der »Auferstehung« ist aus der zweiten Hälfte des 16. Jh.s; es wurde Pomponio Amalteo und auch Pomponio Secante zugeschrieben. Die Cappella Torriani besitzt einen Stuckdekor vom Ende des 17. Jh.s. Das Grabmonument nimmt einen nördlich der Alpen verbreiteten Typus auf. Es gilt dem 1557 verstorbenen Nicolò Della Torre, der 30 Jahre Capitano von Gradisca war.

Die **Loggia dei Mercanti** (6) in der Via C. Battisti ist stilistisch verwandt mit dem Palazzo Torriani. In der Loggia ist ein Lapidarium untergebracht. Im benachbarten Haus wurde das Städtische Museum eingerichtet. Das Museum besitzt keine bedeutenden Exponate, doch dokumentiert es sehr anschaulich die Geschichte von Gradisca.

Unter den weiteren Palästen Gradiscas sei der **Monte di Pietà** (7), das im 17. Jh. erbaute Leihhaus, erwähnt. Die auf das 15. Jh. zurückgehende sog. **Casa dei Provveditori Veneti** (8) war angeblich Sitz der venezianischen Gouverneure. Heue findet sich in dem Gebäude eine auf Friulaner Weine spezialisierte Enothek.

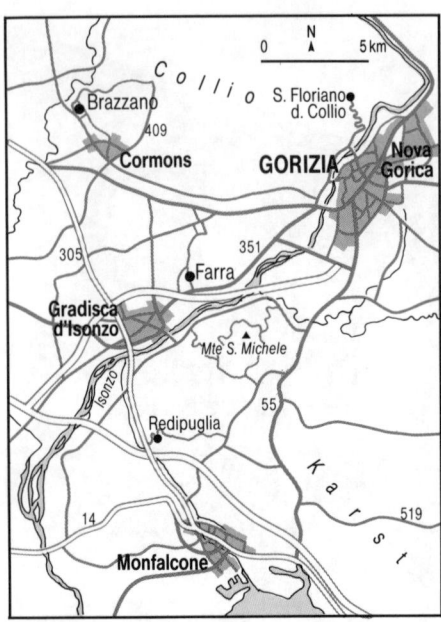

Die Umgebung von Gorizia

Wenig einladend ist **Monfalcone**, auch wenn es eine interessante Geschichte hat. Heute ist die Stadt mit dem schön klingenden Namen ein häßlicher Hafenort mit Werftindustrien. Wegen der Werften, auf denen auch Kriegsschiffe gebaut wurden, ist Monfalcone im Ersten Weltkrieg fast vollständig zerstört worden. Die hoch über die Stadt ragende, mehrfach erneuerte *Rocca* (ein Rundbau mit quadratischem Turm im Zentrum) entstand an der Stelle eines vorgeschichtlichen *castelliere,* von dem Reste erhalten blieben. Sie war einst das wichtigste Bollwerk des Patriarchenstaates gegen die Grafen von Duino, wurde 1420 venezianischer Besitz und mehrfach erneuert.

Sehr zu empfehlen ist eine Fahrt in das Mündungsgebiet des Isonzo mit seinen Fischerhütten und Kanälen.

Zur Provinz Gorizia gehört auch der westliche Teil des **Collio,** den man offiziell *Collio goriziano* nennt. Das Wort Collio ist eine unglückliche italienische Übersetzung der friulanischen Bezeichnung *I Cuei* (die Hügel). In der Tat handelt es sich nicht um einen einzigen Hügel sondern um ein ausgedehntes Hügelland, dessen weitaus größerer Teil heute zu Slowenien gehört. Das Collio läßt an die renommierten Collio-Weine denken, und so wird man in dieses Hügelgebiet wohl kaum allein wegen der Kunstwerke fahren, die hier nicht sonderlich bedeutend sind. Durch den Weinbau tritt die Struktur der Endmoränenhügel klar hervor, und so gehören das Collio wie auch die nördlich sich anschließenden *Colli orientali* zu den besonders eindrucksvollen Landschaftsbildern des Friaul (Farbabb. 18–20).

Sehr schön gelegen ist **San Floriano del Collio** (276 m). Das Kastell wurde im 16. Jh. von den Ungrispach begonnen und kam bald in Besitz der Formentini. Von den Kämpfen des Ersten Weltkrieges trug es gravierende Schäden davon. Erhalten haben sich u. a. noch zwei Türme, Mauerabschnitte, ein befestigter Innenhof und ein zweigeschossiges Gebäude, in dem ein Restaurant eröffnet wurde.

Cormons ist das wirtschaftliche Zentrum des Collio. Man sieht es dem Ort an, daß er eine österreichische Geschichte hatte. Die Anfänge liegen in römischer Zeit. Das Kastell von Cormons, von dem sich nur spärliche Ruinen erhalten haben, hatten die Römer zum Schutz der Ostgrenze auf dem Monte Quarin (274 m) angelegt. Die Langobarden setzten es unter Herzog Gisulf zur Verteidigung gegen die Awaren ein. Über ein Jahrhundert lang

(628–737) suchten die Patriarchen von Aquileia hier Schutz, bis sie ihre Residenz nach Cividale verlegten. Seit der zweiten Hälfte des 13. Jh.s gehören Kastell und die Ortschaft am Fuße des Berges den Grafen von Görz und sind von da an mit der Geschichte von Gorizia verbunden. Daher war auch Cormons - mit Unterbrechungen - von 1497 bis 1915 österreichisch.

So steht denn auch auf der zentralen *Piazza Libertà* das 1903 errichtete, nach dem Ersten Weltkrieg demolierte, nach dem Zweiten Weltkrieg wiederaufgestellte Denkmal für den Habsburgerkaiser Maximilian I. vom Wiener Bildhauer Edmund Hofmann. Die an derselben Piazza liegende Wallfahrtskirche *Santa Caterina (Rosa mistica)* wurde 1776–1778 von einem Baumeister aus Brescia, Carlo Corbellini, errichtet. Mit ihren süddeutsch oder österreichisch wirkenden Zwiebeltürmen erinnert die Doppelturmfassade an die fünf Jahrzehnte frühere Fassade von Sant' Ignazio in Görz, wenn auch bescheidener konzipiert und zurückhaltender in der plastischen Artikulation. Eine breite Freitreppe führt zum 1737–1770 erneuerten Dom *Sant'Adalberto*, der aus einem einzigen, von Seitenkapellen begleiteten Schiff besteht. In der Sakristei wird die Holzskulptur einer sitzenden Madonna mit Kind aufbewahrt, eine qualitätvolle Arbeit von Domenico da Tolmezzo von 1489, die zu einem nicht erhaltenen Schnitzaltar in der Kirche Santa Maria gehörte (s. u.).

Zu den Resten des Kastells führt eine von der Via San Giovanni abzweigende Panoramastraße (Via Monte). Linkerhand sieht man zunächst die kleine gotische Kirche *San Giovanni Battista* mit einem Fresko von 1498. Die Straße führt dann weiter zur Wallfahrtskirche *Beata Vergine del soccorso* (auf Friulanisch *Madone de l'Ajut*) von 1636. Geht oder fährt man unterhalb des Berges die Via San Giovanni in westlicher Richtung, trifft man nach dem Hotel Felcaro rechterhand auf die etwas versteckt liegende Kirche *Santa Maria* (auch Sant' Apollonia genannt) mit Fresken des 16. Jh.s. Von hier aus sieht man schon weiter nördlich, hoch auf dem Hügel die Kirche *San Giorgio* von **Brazzano**. Sie wurde im 16. Jh. begonnen, im 19. Jh. weitgehend erneuert.

An der Isonzo-Mündung

Triest

Triest ist eine Stadt im »Grenzgebiet der Kulturen«, wie es der triestinische Schriftsteller Claudio Magris einmal ausgedrückt hat. Die Stadt am adriatischen Meer war ein Knotenpunkt österreichischen, italienischen und slawischen Geistes und spiegelt noch heute diese unterschiedlichen, aus der Geschichte hervorgegangenen Facetten wieder. Sie fungiert als Hauptstadt einer Region, deren größerer Teil, das Friaul, so ganz anderen Charakters ist. Sie ist eine zum Wasser orientierte Hafenstadt und zugleich dem Karst abgerungenes Lebenszentrum. Für die einen liegt die Stadt in »einem totel Winkel Italiens«, für andere ist sie die »Drehbühne zwischen der italienischen Halbinsel und der Balkanhalbinsel«.

Widersprüche prägen das Bild Triests: Einerseits eine Stadt, auf deren Straßen und Plätzen man eine leise Melancholie verspürt, stille Erinnerungen an jene Zeiten, als die Kaffehauskultur der k.u.k. Monarchie blühte und das literarische Leben von Namen und Persönlichkeiten wie Italo Svevo, James Joyce oder Umberto Sabe gezeichnet wurde; andererseits eine Stadt, die sich einst großen Wohlstand und noch größeres Selbstbewußtsein erkämpfte, deren Stadtviertel ganz nach rationalen Gesichtspunkten angelegt

Ansicht von Hafen und Stadt Triest im 19. Jh. Anonymer Stahlstich, 1. Hälfte

und deren Hafenanlagen zu größter Effizienz ausgebaut wurden. Das Besondere Triests erschließt sich dem Besucher kaum auf Anhieb. Triest ist am wenigsten nur eine Kunststadt mit einer Reihe absolvierbarer Sehenswürdigkeiten. Es ist jedoch ebensowenig nur ein Handels- und Hafenzentrum, eine Stadt der Industrie, der Finanzen, der Forschung und Verwaltung. Widersprüchlich und oft irritierend ist in Triest vor allem die Diskrepanz zwischen der Großzügigkeit der Stadtplanung, dem Anspruch, den die Architektur erhebt, und der jetzigen Bedeutung dieser Stadt. Ein Schlüssel zu ihrem Verständnis ist der gleichzeitige Blick auf die Vergangenheit und die Zunkunftsperspektiven. Triest ist eine überalterte Stadt, die von ihrer Geschichte zehrt und gleichzeitig mit neuer Hoffnung wachsam auf die politischen Entwicklungen in den Nachbarländern Slowenien und Kroatien schaut.

Eine Begegnung mit Triest ist stets auch ein Gang durch die Geschichte. Ursprünglich war die Stadt italienisch, geographisch allerdings nicht zur Apenninhalbinsel gehörig, sondern zur Balkanhalbinsel. Jahrhundertelang, von 1382 bis 1918, war sie dann jedoch - abgesehen von kurzen Unterbrechungen - mit Österreich verbunden und verdankte im 18. und 19. Jh. dem österreichischen Kaiserhaus ihren unvergleichlichen Aufstieg zur Handels- und Finanzmetropole. Bis dahin war Triest ein kleines Städtchen mit nicht mehr als 5000 Einwohnern, das einst vor dem übermächtigen Venedig Schutz bei den Habsburgern suchen mußte.

Die Ursprünge liegen auf dem Stadthügel des hl. Justus, dem Colle di San Giusto. Als die Römer ab 177 v. Chr. von Aquileia aus, der letzten Stadt Italiens, Feldzüge in Istrien unternahmen, erhielten sie Unterstützung durch Bewohner einer Ortschaft namens Tergeste. Es muß sich dabei um ein *castelliere* gehandelt haben: Tergeste war der erste Ort in Illyrien, im Gebiet der Histrer. Den Namen *Tergeste*, der wahrscheinlich ›Markt‹ bedeutet und aus dem *Trieste* wurde, behielten die Römer bei, als sie in der Mitte des 1. Jh.s hier eine Militärkolonie ansiedelten. Tergeste entwickelte sich zu einer beachtlichen Stadt, die durch einen Hafen Zugang zum Meer hatte, die ab 33. v. Chr. von Mauern geschützt wurde und zur Zeit Kaiser Trajans (98–117 n. Chr.) eine Basilika und ein Theater erhielt. Nach dem Niedergang des Römerreiches ereilte Tergeste das Schicksal der anderen Städte im Osten Italiens. Es wurde nacheinander von Ostgoten (489–539), Byzantinern (539–751), für kurze Zeit auch von den Langobarden besetzt (751–774). Als Karl der Große 774 das Langobardenreich eroberte, kam auch Triest in die Hand der Frankenherrscher. Durch Lothar, Sohn und Mitregent des italienischen Nationalkönigs Hugo, erhielten die Bischöfe die weltlichen Herrschaftsrechte über Stadt und Landgebiet.

Die freie Kommune entwickelte sich vergleichsweise spät, erst im 13. Jh. Die Macht des Bischofs war so gefestigt, daß die Bürger keine andere Möglichkeit sahen, als ihm die Rechte über die Stadt abzukaufen (1236). Der nunmehr freien Kommune waren in der neuen Entfaltung des Handels jedoch Grenzen gesetzt durch ihre wirtschaftlichen Konkurrenten. Dies waren die Patriarchen von Aquileia, die Grafen von Görz, vor allem aber Venedig, das die Kontrolle über Schiffahrt und Häfen der gesamten Adria beanspruchte. So verlangte Venedig 1202 ›fidelitas‹ von den Triestinern. Damit war gemeint: Abgabefrei-

Die Entstehung des Borgo Teresiano

Bereits 1749 spricht Maria Theresia von ihrer Absicht, im Zuge der Vergrößerungen im Hafenbereich des Mandracchio (dem ihre Hauptaufmerksamkeit galt) ein neues Stadtviertel anlegen zu lassen. Zwischen 1749 und 1761 wird die mittelalterliche Stadtmauer abgerissen. Gleichzeitig beginnt man mit dem Zuschütten der außerhalb der Stadtmauer gelegenen Salinen, auf denen dann die ersten neuen Bauten des Borgo Teresiano entstehen. Als erstes wird die hinter der Börse beginnende Fläche zwischen der Altstadt und dem Canal Grande angegangen. Erst 1777 gab es Pläne für das Gebiet jenseits des Kanals bis zum Torrente, d. h. dem Verlauf der heutigen Via Ghega und einem Teil der Via Carducci. Die Planer gaben anfangs nur die allgemeine Viertelgestaltung vor, die ein geometrisches System aus mehreren schnurgeraden, sich rechtwinklig kreuzenden Straßenachsen mit großen Häuserblöcken vorsah. Mehrere Kanäle sollten das Viertel durchziehen. Doch nur ein einziger wurde angelegt: der Canal Grande, der bereits existierte, aber jetzt verbreitert und vertieft wurde, damit Schiffe anlegen konnten. Dieser Canal grande entwickelte sich zusammen mit der Piazza Ponterossa (benannt nach einer einst rot bemalten Brücke) zum repräsentativen Mittelpunkt des Borgo. Für die neu zu erstellenden Bauten dieses Viertels legten die Stadtplaner genauere Richtlinien fest. Sie entwickelten zwei Haustypen, die als Standard für Wohn- und Geschäftshäuser übernommen wurden. Der frühere Typus bestand aus hohen Magazinräumen im Erdgeschoß, Wohnungen im ersten Stock und einem Dachgeschoß. Beim zweiten, höheren Typus waren dagegen zwei Stockwerke für Wohnungen vorgesehen. Daß die Besiedlung des Borgo insgesamt nur sehr schleppend voranging, lag vor allem an der nur langsam fortschreitenden Zuschüttung der Salinen. Es fehlte immer wieder an Arbeitskräften für die Trockenlegung eines so großen Gebietes. Keineswegs mangelte es an Bauinteressenten, denn diese wurden von der Regierung durch finanzielle Erleichterungen unterstützt. Ein Manko des neuen Viertels war bald offensichtlich: man hatte beim Borgo Teresiano ausschließlich an die neuen Wohn- und Geschäfts- und Lagerhäuser gedacht; es fehlte jegliche weitere Infrastruktur.

heit für die hier ansässigen venezianischen Kaufleute und Tributzahlung. Es kam zu mehreren Kämpfen mit der Markusrepublik. 1368 wurde Triest schließlich zwölf Jahre lang durch die Venezianer besetzt. Erst die vereinten Kräfte der Genuesen und des Patriarchen von Aquileia konnten die venezianische Besatzung zum Abzug zwingen.

Die Triestiner erkannten, daß sie nicht länger ohne eine Schutzmacht auskamen und unterstellten sich schließlich 1382 dem Habsburger Herzog Leopold, der bereits die Steiermark, Kärnten, Krain und Tirol besaß (und dessen Enkel, Kaiser Friedrich III., diese Länder und Triest mit Nieder- und Oberösterreich verbinden konnte). Das bedeutete, daß man von nun an zur Tributzahlung an die Habsburger verpflichtet war und der von der Kommune eingesetzte *Podestà* durch einen vom Herzog ernannten *Capitano* ersetzt wurde. Mehr als fünf Jahrhunderte, bis zum Jahre 1918, blieb Triest - von kurzen Unterbrechungen zur Zeit der Liga von Cambrai (1508–14) und den Besetzungen Napoleons abgesehen - mit den Habsburgern verbunden.

Eine neue Periode der Stadt begann im Jahre 1719, als der Habsburger Kaiser Karl VI. (1711–1740) Triest zusammen mit Fiume zum Freihafen erklärte. Die Stadt, die bisher vom Verkauf von Wein, Öl und Salz gelebt hatte, erfuhr einen Aufschwung sondergleichen, zog Arbeiter, Seeleute, Kaufleute und Unternehmer an. Die zunächst auf 4000 bis 5000 geschätzte Zahl der Bewohner vergrößerte sich bis zum Ende des 18. Jh.s auf 24 000. Am Ende des 19. Jh.s zählte Triest 176 000, 1914 gar 235 000 Einwohner. Schon bald nach der Eröffnung des Freihafens mußte mit der Erweiterung der Stadt begonnen werden. Karls Tochter und Nachfolgerin, Kaiserin Maria Theresia (1740–1780), veranlaßte den Ausbau des Hafens, indem sie die Molen Santa Teresa (jetzt Fratelli Bandiera) und San Carlo (jetzt Audace) anlegen, die alten Stadtmauern abreißen und ein neues Stadtviertel erbauen ließ, den nach ihr benannten *Borgo Teresiano* (die Theresien-Vorstadt). Zu den weiteren Baumaßnahmen Maria Theresias zählten die Errichtung von Verwaltungsgebäuden, von Lagerhäusern, eines Lazaretts, einer Börse, einer Wasserleitung sowie einer Anlage von Straßen nach Istrien (1775) und nach Wien (1780).

Arsenal des Lloyd Austriaco. Holzstich nach einer Zeichnung von A. Kircher. 1893

Die Theresien-Vorstadt war noch nicht beendet, als bereits ein zweiter Stadtteil geplant wurde: der sich im Süden an die Altstadt anschließende *Borgo Giuseppino* (Josephs-Stadt), benannt nach Maria Theresias Sohn, Kaiser Joseph II. (1765–1790). Das Zentrum dieses Viertels ist die Piazza Venezia. Eine dritte Vorstadt wurde noch im 18. Jh. nordöstlich des Colle San Giusto (beginnend mit der Via Carducci) begonnen: der *Borgo Franceschino*, den man nach der ehemals hier befindlichen Zollgrenze meist *Barriera Vecchia* nennt. Die Via Cesare Battisti, die aus einem zugeschütteten Flußbett entstand, ist ihre repräsentative Straße.

Die Eroberungszüge Napoleons, die das Ende der Republik Venedig herbeiführten, machten nicht vor dem österreichischen Triest halt. Zwischen 1797 und 1813 wurde die Stadt dreimal hintereinander von französischen Truppen besetzt: 1797, 1805–06, 1809–13. Die dritte Besetzung führte zu einer Lähmung des Handels. Als dann 1814 die Herrschaft erneut an die Habsburger fiel, wurden diese von der Bevölkerung mit Freude aufgenommen. Doch gab es schon damals Verfechter politischer Autonomie (Domenico Rossetti und sein Kreis). Erneut setzte ein wirtschaftlicher Aufschwung ein, der über 100 Jahre, bis zum Ersten Weltkrieg andauern sollte. Der Hafen übernahm einen Großteil des Warenverkehrs von Venedig, er mußte mehrfach erweitert werden und entwickelte sich zu einem der wichtigsten Umschlagplätze des Mittelmeers. Es kam zum Bau eines zweiten Hafens (am Ufer von Sant' Andrea südlich des Zentrums), hinzu kamen eine Eisenhütte, eine Ölraffinerie, Maschinenfabriken und Werften. Aber auch große Versicherungsgesellschaften wurden ins Leben gerufen: die Assicurazioni Generali (1831), die Riune Adriatica di Sicurità (1838) und Lloyd Austriaco (1833; diese wurde 1836 in eine Schiffahrtsgesellschaft umgewandelt und wird seit 1918 Lloyd Triestino genannt).

Wichtige Impulse gaben die Eröffnung der Eisenbahnlinie Wien-Triest (1857) und der Bau des Suezkanals (1858–1869), an dem Triestiner Kaufleute beteiligt waren. Das 19. Jh. war für Triest auch die große Zeit der Baukunst. Es entstanden die öffentlichen und privaten Paläste, die der Stadt bis heute ein unverwechselbares Gepräge geben. Einige der schönsten Gebäude im klassizistischen Stil - das Teatro Verdi und der Palazzo Carciotti von Matthäus Pertsch, die Börse von Antonio Molari - wurden in den Jahren der französischen Besetzungen errichtet und waren nicht unbeeinflußt vom französischen Klassizismus. Es folgten die Bauten von Peter Nobile (Accademia die Commercio e Nautica, 1816, Casa Constanzi, 1817, San Antonio Nuovo, 1825).

Die zweite Hälfte des 19. Jh.s war wie überall in Europa durch den Historismus geprägt. Bezeichnenderweise sind es neben einheimischen auch Wiener und Berliner Architekten, die in Triest wirken, u. a. auch bei den Palästen der Piazza Unità. Die Vergrößerung dieser alten Piazza und ihre Öffnung zum Meer hin zählt zu den großen städtebaulichen Leistungen des 19. Jh.s.

Trotz des Aufschwungs, der nicht enden wollenden Gründerzeitstimmung, erhoben sich bald antiösterreichische Stimmen, die sich auf die italienische Vergangenheit, auf die *italianità* (›Italianität‹) beriefen. Wie auch Trient galt Triest als *terra irredenta*, ein von der Fremdherrschafte ›zu erlösendes‹ Gebiet. Zu den Irredentisten, die sich an Mazzini und

Garibaldi orientierten, zählte Guglielmo Oberdan. Dieser junge Triestiner plante jenes berühmt gewordene Attentat auf Kaiser Franz Joseph. Der Kaiser war 1882 nach Triest gekommen, um die 500jährige Zugehörigkeit der Stadt zu den Habsburgern zu feiern. Der Anschlag wurde aufgedeckt, Oberdan hingerichtet. Die Patrioten hatten ihren Märtyrer, den sie - wie nach ihnen die Faschisten des 20. Jh.s - zu einem ›Nationalhelden‹ stilisierten (R. Lill). Noch heute sind zahlreiche Straßen und Plätze in ganz Italien nach diesem Attentäter benannt.

Die Spannungen zwischen der österreichischen Oberschicht und einem Großteil der Bevölkerung, die sich auf Grund ihrer Sprache, dem vom Venezianischen abgeleiteten Triestiner Dialekt, als Italiener fühlte, wurde durch kulturpolitische Versäumnisse verstärkt. Der Wiener Hof gründete zwar Kaufmanns-, Schiffahrts- und Ingenieurakademien, aber keine Universität und kein italienisches Gymnasium (ein solches wurde 1842 durch die Kommune gegründet). Um ein Gegengewicht gegen die italienische Mehrheit zu schaffen, versuchte Österreich, den slawischen Bevölkerungsanteil zu verstärken. Als nach dem Ersten Weltkrieg, im Versailler Vertrag 1918, Triest zusammen mit Istrien Italien zugeschlagen wurde, erfüllte sich für viele ein lang gehegter Wunsch; doch bald folgte ein böses Erwachen. Der Hafen verlor sein riesiges Hinterland der Donaumonarchie. Der wirtschaftliche Niedergang war unvermeidlich. Die Faschisten Mussolinis versuchten am Ende, die Mehrvölkerstadt in eine rein italienische Stadt zu verwandeln, indem sie nun der slawischen Bevölkerung sogar den Gebrauch der Muttersprache verboten. Als Italien nach dem Zusammenbruch 1943 unter deutsche Herrschaft kam, bauten die Nationalsozialisten ausgerechnet in der Vielvölkerstadt Triest das einzige Konzentrationslager auf italienischem Boden. Furchtbar war die Rache der jugoslawischen Partisanen Titos, als sie 1945 in den berüchtigten ›40 Tagen‹ Triest okkupierten.

1947 wurde der größte Teil der istrischen Halbinsel jugoslawisch. Nur Triest und den Küstenstrich unterstellte man als Zone A einer englisch-amerikanischen Verwaltung. Durch das Londoner Memorandum von 1954 kam diese Zone A dann zu Italien.

Triest war jetzt von seinem Hinterland durch den Eisernen Vorhang abgetrennt. Zwar blieb der Hafen immer noch in Betrieb, vor allem für Rohstoffe, Rohöl, Kaffee und Südfrüchte, er wurde in den 60er Jahren sogar weiter ausgebaut und modernisiert, erlangte jedoch seine einstige Bedeutung nie wieder. Der größte Konkurrent war nun der Hafen von Rijeka (das frühere Fiume). Selbst die Ansiedelung neuer Industriezweige brachte keine neue Hoffnung. Triest schien eine Stadt ohne Zukunft mit überalterter Bevölkerung. Erst die Öffnung der jugoslawischen Grenze und der Zusammenbruch der kommunistischen Welt veränderten die geopolitische Situation. So gibt es inzwischen wieder Hoffnung auf wirtschaftlichen Aufschwung. Durch die Veränderungen des politischen Umfeldes sieht eine jüngere Generation im Zusammenleben verschiedener Bevölkerungsgruppen eine Chance für eine neue kulturelle Identität. Man besinnt sich auf den Habsburger Vielvölkerstaat, auf eine Zeit, als in Triest eine italienische, österreichische, slowenische und hebräische Bevölkerung in einer wahrhaft kosmopolitischen Stadt zusammenlebte, in der die Schriftsteller zwischen mehreren Sprachen wählen konnten.

☐ Rundgänge

Das heutige Zentrum von Triest liegt in der Unterstadt. Ausgehend von der Piazza dell' Unità führt unser Rundgang zunächst durch einen Teil der Altstadt auf den Colle di San Giusto mit seinen römischen Überresten und der Kathedrale. Danach folgt die Besichtigung der architektonisch und städtebaulich hochinteressanten Stadtviertel des 18. und 19. Jh.s: Borgo Giuseppino (Josephs-Vorstadt), Borgo Teresiano (Theresien-Vorstadt). Es schließen sich dann noch einige Besichtigungspunkte in den äußeren Stadtbezirken an (Stadtplan s. hintere Umschlaginnenklappe).

Erster Rundgang: Piazza dell'Unità – Altstadt und südliches Stadtgebiet

Die *Piazza dell' Unità d'Italia* ist das Herz Triests. Hier flanieren die Triestiner oder treffen sich bei einem Kaffee im berühmten *Caffè degli Specchi*. Wer allerdings eine italienische Piazza mit mediterranem Flair erwartet, wird enttäuscht. Auf diesem weiten, 16 000 qm großen, zur Meeresseite hin offenen Platz schaffen monumentale Bauten aus Klassizismuns und Historismus eine Atmosphähre nobler Repräsentanz. Statt warmer Sonnenecken erwartet den Besucher eher die berühmt-berüchtigte steife Brise der Bora, die kräftig vom Karstgebirge hinunterweht.

Als die Triestiner im Mittelalter das Zentrum ihrer Stadt vom Hügel San Giusto hierher verlegten, schütteten sie für ihren neuen Marktplatz das alte römische Hafenbecken zu. Jahrhundertelang war die Piazza etwa um die Hälfte kleiner als heute und zum Meer hin geschlossen. Im frühen 19. Jh. riß man dann nach und nach fast alle

älteren Bauten nieder: die Loggia des alten Rathauses ebenso wie das Theater, den Uhrenturm, das Gefängnis, auch die sogenannte *Locanda Grande*, in der der Archäologe Johann Joachim Winckelmann am 8. Juni 1768 ermordet wurde. Der Platzplanung geopfert wurde schließlich auch die Kirche San Pietro. Erst der Abriß dieser Bauten schuf Raum für das neue Forum und die Reihe der Repräsentationsbauten, die bis zum Ende des 19. Jh.s auf der Piazza emporwuchsen.

Bei einer Betrachtung der Paläste lassen sich einige Entwicklungsschritte verfolgen, die die Architektur Triests seit dem späten 18. Jh. vollzog: von dem noch barocknahen klassizistischen Übergangsstil (Palazzo Pitteri) des späten 18. Jh.s bis hin zu den historisierenden Monumentalbauten um 1900.

Das älteste Gebäude, entstanden 1780 noch vor den großen Veränderungen, ist der **Palazzo Pitteri** (1), dessen Pläne Ulderico Moro zugeschrieben werden (von der Uferstraße aus betrachtet auf der rechten Seite das hintere Gebäude). Das Fassadenschema mit einem Risalit und einer Kolossalordnung im Zentrum über rustiziertem Erdgeschoß zeugt von der Kenntnis von Barockbauten in Wien und andernorts. Was jedoch fehlt, ist die Dynamik jener älteren Bauten. Der plastische Dekor ist hier stark reduziert. Das barocke Gehabe weicht einem nüchternen Tonfall, der bereits den Klassizismus ankündet.

Die breite **Casa Stratti** (heute Assicurazioni Generali, auf der gegenüberliegenden Platzseite) gehört bereits zur späten Phase des Triestiner Klassizismus. Sie wurde 1839 von Alessandro Buttazzoni errichtet. Damals eröffnete im Erdgeschoß

Casa Stratti und Caffè degli Specchi

auch das berühmte, heute völlig renovierte *Caffè degli Specchi* seine Pforten. Die schlichte, aber elegante Fassade wird – wie für diese Zeit üblich in Triest – von Lisenen gegliedert und mit kleinen Balkonen geschmückt.

An der Gestaltung der neuen Piazza war der Triestiner Architekt Giuseppe Bruni entscheidend beteiligt. Von ihm stammt auch der fünfachsige **Palazzo Modello** von 1870, der als Locanda bestimmt war (rechts neben der Casa Stratti). Der Name *Palazzo*

Modello bedeutet nichts anderes als ›Modellpalast‹, dem kann man entnehmen, welche Rolle ihm zugedacht war: er sollte anderen Architekten Vorbild sein für das neue Stadtbild. Bruni war bestrebt, ein dem Ort entsprechendes hochrepräsentatives Bauwerk zu erstellen. In der Überhäufung mit Architekturzitaten, im Einsatz von Stilelementen verschiedenster Epochen ist dieser Palazzo ein charakteristisches Beispiel für den eklektischen Historismus. Die neue Architekturgenera-

Piazza dell'Unità d'Italia, links Palazzo Comunale

tion fühlte sich nicht mehr allein - wie im Klassizismus - der klassischen Antike und der italienischen Renaissance verpflichtet, sondern auch mittelalterlichen Stilen und dem Barock. Stilpluralismus uund Eklektizimus herrschen vor.

Von Bruni stammt auch der **Palazzo Comunale** (2), das Rathaus, das die Schmalseite des Platzes nicht zuletzt durch seinen Turm gewissermaßen zur Schauseite des Platzes machte. Damit leistete Bruni den entscheidenden Beitrag zur Umorientierung der Piazza in Ost-Westrichtung und Öffnung zum Meer hin.

Auch dieser Bau ist ein Beispiel historisierenden Stils, die Pläne dafür wurden ab 1872 verwirklicht. Hier prägt die Fassade ein recht kräftiges Relief mit eng gereihten Fenstern, Rundbögen und Halbsäulen, die eine intensive Licht-Schatten-Wirkung hervorrufen. Für dieses eklektische Werk sind die Vorbilder weit gestreut (u. a. Pavillon Trugot des Louvre). Die Fensterformen gehen zum Teil von venezianischer Palastarchitektur aus (etwa Scuola Grande di S. Rocco) und können als ein Bekenntnis zur *italianità* verstanden werden. Mit ›Bühnenvorhang‹ oder auch ›Krokant-Fassade‹ bespöttelten die Triestiner diese von ihnen wenig geliebte Schauwand.

Etwa gleichzeitig, um 1872, entstand das heutige **Hotel Duchi d'Aosta** (einst Hotel Vanoli, rechte Platzseite, neben Palazzo Pitteri) von Eugenio Geiringer, ein Bau mit französischen Stileinschlägen.

Zu den spätesten Bauten gehört der mächtige **Palazzo del Lloyd Triestino** (3), 1883, von dem Österreicher Heinrich Ferstel, dem Architekten der neogotischen Wiener Votivkirche, der sich hier an klassizistischen Vorbildern orientierte (rechts vom Hotel Duchi d'Aosta). Ebenso der gegenüber stehende monumentale, für Triestiner Verhältnisse ungewöhnlich farbige **Palazzo del Governo**, der Regierungspalast aus den Jahren 1901–1905. Bei beiden Palästen herrscht entschieden Baumasse von Originalität.

Die Piazza belebende Elemente sind zunächst die Ehrensäule für Karl VI., vor dem Palazzo Pitteri, die anläßlich des Besuchs des Kaisers 1728 entstand. Der figurenreiche Brunnen daneben ist den vier bis dahin bekannten Kontinenten mit ihren Flüssen gewidmet, er ist ein Werk von Francesco Mazzoleni aus Bergamo, 1750. Die Fahnenmasten auf der Piazza wurden 1933 zu Ehren der Gefallenen des Ersten Weltkrieges errichtet.

Durch den Palazzo Comunale an der Piazza Unità führt eine Passage, dahinter eröffnet sich die Altstadt von Triest. Bevor

Piazza dell'Unità d'Italia, Brunnen von Francesco Mazzoleni, Hotel Ducchi d'Aosta und Palazzo Lloyd Triestino (r.)

man sich aufmacht, durch die kleinen Gassen der Umgebung zu spazieren, fällt der Blick sogleich auf die **Casa Constanzi** (4, Ecke Piazza Piccola, Via della Muda Vecchia). Das schmale, noch vor 1800 entstandene Eckhaus, das durch seine besondere Lage gleich drei Fassaden erhielt, trägt die unverkennbare Handschrift des aus dem Tessin stammenden Architekten Peter Nobile (1774–1854, s. S. 326). Bei der Casa Constanzi gliederte der Architekt die Hauptfront durch ungleichmäßige breite Fenster. Rundbögen, kantige Rahmenmotive und die Betonung der Mitte mit Halbsäulen und einem Eisenbalkon dienen als belebende Elemente, ohne jedoch als reine Zierde verstanden werden zu wollen. Die Kapitelle sind dabei noch nicht - wie so häufig bei Nobile - an griechischen oder römischen Vorbildern orientiert, sondern nehmen Bezug auf theoretische Schriften des 16. Jh.s.

Linkerhand geht es nun weiter hinein in die wenigen erhaltenen Gassen der ehemaligen Triestiner Altstadt. Typisch sind die Via dei Rettori mit ihren Antiquariaten und die anschießende Piazza Vecchia sowie die parallel verlaufendende enge Via Beccherie mit ihren alten Fassaden. An der Via del Teatro Romano liegt das **Römische Theater** (5). Der einst außerhalb der Stadtmauern und am Meeresufer gelegene Bau entstand unter Kaiser Trajan (98–117) und bot etwa 6000 Personen Platz. Wahrscheinlich zerstörten die Langobarden 568 das Theater. Die Reste wurden unter der mittelalterlichen Stadtmauer und Häusern verborgen. Um sie erneut zu Tage zu bringen, mußte 1938 ein ganzes Wohnviertel abgerissen werden. Erkennbar ist die halbkreisförmige *cavea*, die Zuschauerbühne

mit ihren ursprünglich mit Stein verkleideten Sitzreihen. Wie üblich trennen Treppen die Sitze in vier keilförmige Sektoren (*cunei*), während zwei horizontal verlaufende Gänge die Ränge trennen. Den oberen Abschluß bildete ein Säulengang. Von der Bühnenschauwand (*scenae frons*) und einer dahinter liegenden Wandelhalle blieben nur Reste erhalten. Zehn der Figurenstatuen von der Bühnenwand werden im Museo civico di Storia e Arte (s. S. 319) aufbewahrt. Gleich neben dem Theater ist der Aufgang zum nur selten geöffneten **Museo Archeologico**.

Neben dem Museum führt der Weg über die Via Battaglia hinauf auf den Colle di San Giusto. Man kommt vorbei an einem um 1362 erbauten Turm (Tor Cucherna), der von der mittelalterlichen Stadtmauer stehen blieb. Von hier folgt man rechts weiter den verwinkelten Treppengängen den Berg hinauf. Am Ende der Via dell'Asilo hat man von einer Terrasse einen schönen Panoramablick über die Stadt, wie er sich weiter oben und auch vom Kastell aus nicht mehr bietet.

Schemazeichnung des römischen Theaters

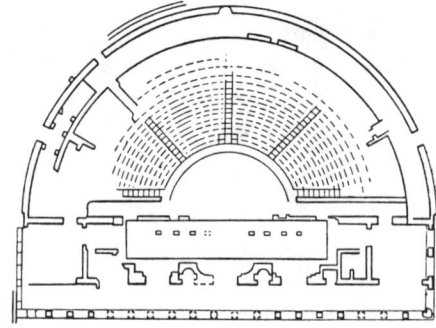

Forumsbasilika und
Castello di San Giusto

Colle di San Giusto

Auf dem Hügel des Stadtheiligen Justus liegen die Ursprünge der römischen Stadt Tergeste, hier bietet sich dem Reisenden ein kleiner Querschnitt durch die triestinische Geschichte. Vor der Kulisse des überwiegend aus dem 16. Jh. stammenden Kastells zeugen Säulenstümpfe vom römischen Forum. Daneben steht die Kathedrale San Giusto, die Fragmente religiöser Kultbauten aus mehreren Jahrhunderten in sich vereint. Ausgehend von den ersten römischen Bauten hier oben ließ einst Kaiser Augustus 33 v. Chr. an den Hängen des Hügels Stadtmauern um Tergeste errichten, die vom Forum bis zum einstigen Hafen hinunterreichten.

Vor den Resten der römischen Basilika steht das mächtige Denkmal für die Gefallenen des Ersten Weltkriegs mit einer Bronzegruppe von Attilio Selva.

Die zum Forum gehörende **Basilika** (6) wurde im 2. Jh. errichtet. Als Marktbasilika diente sie dem Handel und auch Gerichtsverhandlungen. Im dem vorgelagerten Säulenportikus waren wahrscheinlich wie üblich Läden untergebracht. Ausgegraben wurde sie in den 30er Jahren des 20. Jh.s. Von dem zweigeschossigen, 88 m langen und 23.50 m breiten Bau hat man zwei der ursprünglich 28 Säulen rekonstruiert. Wiederhergestellt wurden auch die Treppen, die an der nördlichen Schmalseite zu einer der beiden Apsiden an den Schmalseiten führten. Interessant ist der kleine Abwasserkanal, den man zwischen den beiden (weiblichen und männlichen) Zypressenreihen noch erkennen kann.

Castello di San Giusto (7)

Eine lange und von vielen Zerstörungen und Wiederaufbauten gekennzeichnete

311

Entstehungsgeschichte ging dem heutigen Komplex voran. Man nimmt an, daß sich an dieser Stelle bereits ein vorgeschichtliches *castelliere* befunden hat, jener Behausungstypus, der die Kultur um 2000 v. Chr. kennzeichnet. Im Mittelalter folgte dann eine Festung, von der man in den Quellen zum ersten Mal 1253 hört. Als die Venezianer Triest besetzten, wurde der Vorgängerbau gestürmt und einen neue, weitaus größere Bastion errichtet. Das war 1371. Auch diese Befestigung währte nicht lange, die Triestiner selbst legten sie bald in Schutt und Asche. Danach war es erst wieder der Habsburgerkaiser Friedrich III., der den Bau eines Kastells anordnete, allerdings auf Kosten der Bevölkerung. Aus dieser Zeit, 1470/71, stammt der älteste erhaltene Trakt mit dem L-förmigen Turm mit dem langgestreckten Gebäude, in dem sich heute u. a. ein kleines Museum befindet. Venezianer und Österreicher vollendeten den Bau bis 1630.

Heute dient der große Innenhof *(Cortile delle Milizie)* als Bühne für sommerliche Veranstaltungen.

Das Innere des Kastells, das sich bei einem Museumsbesuch besichtigen läßt, zeigt die Cappella di San Giorgio (mit dem Wappen Friedrichs III. an der Decke, die geheimnisvollen Vokale A.E.I.O.U. sollen bedeuten: »Alles Erdreich ist Österreich unterthan«), die Sala Caprin *(Sala Veneta,* die gesamten Ausstellungsstücke wurden aus einem Wohnhaus hierherversetzt) mit dem »Triumph Venedigs« an der Decke, den Raum des Capitano mit einer angeschlossenen Küche aus dem 16. Jh. sowie eine große Waffensammlung.

Dom San Giusto (8)

Die Kathedrale von Triest mit ihrem trutzigen Campanile hat eine interessante Baugeschichte. Auf dem Areal der Kirche stand ein Gebäude, das man zunächst für einen Tempel hielt, heute jedoch als ein ausgedehntes Propyläum aus dem 1. Jh. n. Chr. ansieht (vom Typus des Altars von Pergamon). Reste davon kann man u. a. noch am 1337 begonnenen (später leicht veränderten) Campanile entdecken: Teile des Konsolgesimses, darüber Reliefs von römischen Grabplatten sowie ein Gebälk mit zugehörigem Rankenfries sind außen am Campanile eingemauert, eine Säule ist eingemauert in der Ecke zwischen Fassade und Turm. Vier weitere Säulen, ein Stück Wand, ein Gebälkstück und ein Relief finden sich im Inneren des Campanile und sind zum Teil von außen durch die Gitter einsehbar. Am Campanile findet sich ferner in einer Ädikula mit gotischem Spitzbogen eine Figur des 14. Jh.s: »Hl. Justus mit Palmzweig und dem Kirchenmodell«.

Einen Teil des römischen Propyläums einnehmend, entstand in der zweiten Hälfte des 5. Jh.s der erste christliche Kultbau: eine große, dreischiffige Basilika. Da diese Kirche - wohl unter den Langobarden – im 6. Jh. völlig zerstört wurde, hat sich von ihr außer einem Stück Mosaikfußboden und einigen Fundamenten nichts erhalten.

Die Fassade der Kathedrale mit dem schönen, großen Radfenster ist aus dem 14. Jh. (Farbabb. 29). Für die beiden Türpfosten des Hauptportals spaltete man eine römische Grabstelle. Eines der dargestellten Familienmitglieder, Tullia Barbia (rechts unten), erfuhr dabei die Umwandlung in den Heiligen Sergius. Die weiter

Römische Grabstele mit Bildnis des Tullia Barbia, umgewandelt in den hl. Sergius

oberhalb an der Fassade angebrachten Büsten (von 1882) zeigen drei Bischöfe Triests, darunter Enea Silvio Piccolomini (links), der spätere Papst Pius II., der 1447–1450 Bischof von Triest war. Links davon eine Inschrifttafel der Renaissance und das Wappen des Enea Piccolomini.

Betritt man den Innenraum von San Giusto, glaubt man zunächst in einer ›gewöhnlichen‹ fünfschiffigen Basilika zu stehen. Schon nach wenigen Schritten sieht man jedoch, daß es sich nicht um einen einheitlichen, in einem Zuge entstandenen Raum handelt. Die jetzige Basilika entstand durch Zusammenfassung zweier getrennter, doch nebeneinanderstehender Kirchen. Es waren eine der Maria Assunta geweihte dreischiffige Basilika (wohl aus

dem 11. Jh.) und rechts daneben eine Gedächtniskapelle (Martyrium) für den hl. Justus in Form eines Zentralbaues nach byzantinischer Art (aus dem 11. oder 12. Jh.): Freistehende Säulen tragen die Kuppelkonstruktion, bei der Trompen vom Quadrat zum Rund der Kuppel vermitteln, die mit ähnlichen Blendarkaden wie die Apsis ausgestattet ist. Von den vier tonnengewölbten Kreuzarmen blieben zwei erhalten. Diese Kreuzkuppelkirche wurde bald in einen dreischiffigen Längsbau umgewandelt, indem zwei Joche angefügt wurden. Damit standen nun zwei dreischiffige Kirchen in kurzem Abstand nebeneinander. Der entscheidende Umbau im 14. Jh. beruhte auf einer simplen Idee: Man hängte der rechten Kirche noch einmal zwei Joche an, bis sie die Länge der Marienbasilika erreichte. Danach wurde ihre linke Außenwand abgerissen, ebenso auch die rechte Außenwand der Marienbasilika, sowie ein neuer Dachstuhl über den Zwischenraum und die ehemaligen Seitenschiffe gesetzt. So entstand ein neues, breites Mittelschiff, abgeschlossen mit einer großen Apsis. Es erhielt einen (1905 erneuerten) Dachstuhl in Form eines Schiffsrumpfes, wie er im Veneto verbreitet ist. Die zu diesem Mittelschiff gehörenden Seitenschiffe bestehen demnach aus Teilen der einstmals selbständigen Basiliken Santa Maria Assunta (links) und der dreischiffigen Kirche rechts (die aus dem Martyrium des hl. Justus hervorgegangen war). Entsprechend ungewöhnlich ist denn auch das Raumerlebnis der neuen fünfschiffigen Anlage, die dem hl. Justus geweiht wurde. Steht man im ehemaligen Mittelschiff der Marienbasilika (also dem heutigen großen nördlichen Seitenschiff), wirkt es durchaus

*◁ Dom San Giusto,
erstes rechtes Seiten-
schiff (ehem.
Gedächtniskapelle
für den hl. Justus)*

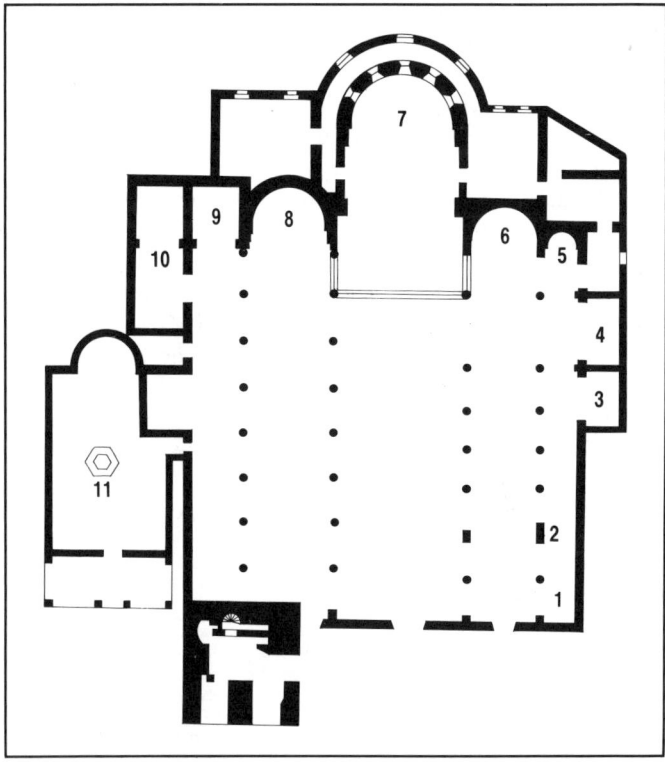

Grundriß des Doms

noch als ein autonomes Mittelschiff, an dessen rechter Hochschiffwand noch die romanischen Fenster erhalten blieben. Der ausgewogene, kastenartige Raum mit den gleichmäßig schwingenden freskierten Rundbögen, kunstvoll skulptierten korinthisierenden Kapitellen und dem noch originalen offenen Dachstuhl gibt sich so würdevoll, daß man nur schwer seine jetzige Funktion als Seitenschiff annehmen will. Ähnlich ist die Situation in den heutigen südlichen Seitenschiffen. Hier gehen das überkuppelte Joch und die beiden halbrunden Apsiden im äußeren Seitenschiff noch auf den Ursprungsbau der Gedächt-

niskapelle des hl. Justus zurück. Die aufeinander abgestimmten Proportionen dieser Raumeinheiten mit ihrem eleganten Dekor aus vorgeblendeten Rundbögen und Fresken verweisen immer noch unübersehbar auf einen einst in sich abgeschlossenen Baukörper.

Ausstattung:
1 Weihwasserbecken in Form eines römischen Kapitells aus dem nahen Pola. Daneben das Taufbecken mit einem sechseckigen Unterbau aus dem 14. Jh., der einen hölzernen Aufbau in Barockimitation trägt.

2 Am Pfeiler »Muttergottes mit Kind«, roh gearbeitetes Relief des 14. Jh.s.

3 Kapelle San Servolo (1421 angebaut) mit den Reliquien des Triestiner Heiligen. Rechts ein Bildwerk hoher Qualität: »Beweinung Christi«, im verfeinerten weichen Stil der 1. Hälfte des 15. Jh.s aus deutsch-österreichischem Umkreis.

4 Bourbonen-Kapelle: Rechts Sarkophag des Triestiner Märtyrers Apollinaris. Links Grabmal für den Grafen Marzio-Strassoldo, der 1710–23 kaiserlicher Statthalter in Triest war. In den Boden eingelassen Grabplatten für die (in der Krypta darunter) begrabenen Fürsten aus dem spanischen Königshaus der Bourbon-Anjou, die im 19. Jh. in Triest im Exil lebten. Noch 1975 wurde der in Wien verstorbene Erzherzog Don Francisco José Carlos von Habsburg-Lothringen und Bourbon hier bestattet.

5 Apsis des hl. Apollinaris mit nur mehr schlecht erkennbaren Freskenresten, u. a. mit Szenen aus dem Leben des Heiligen. Rechts vor der Apsis eine freskierte Apollinaris-Figur, die sich einst anstelle des kleinen romanischen Fensters befand. Am Pfeiler links neben der Apsis eine romanische Madonnenfigur mit Kind, 14. Jh.

6 Ehemalige Hauptapsis der Gedächtniskapelle des hl. Justus. Fresken mit Szenen aus dem Leben des Heiligen wohl aus dem 13. Jh. Aus dem frühen 13. Jh. stammt das Mosaik »Christus zwischen den Heiligen

»Beweinung Christi«, farbig gefaßtes Bildwerk aus Sandstein, 1. Hälfte 15. Jh.

Justus und Servolus«. Im (wie üblich beleuchteten) Sarkophag unter der Mensa ruhen die Gebeine des Titelheiligen.

7   Chor und heutige Hauptapsis von San Giusto. Die alte Apsis mit einem Fresko wurde 1843 zerstört, 1932 jedoch rekonstruiert und mit dem Mosaik »Krönung Mariens« ausgestattet. Die Bodenmosaikreste vor den Stufen stammen noch vom frühchristlichen Bau des 5. Jh.s.

8   Ehemalige Hauptapsis der Basilika Santa Maria Assunta. Ein bedeutendes Werk ist das im frühen 12. Jh. entstandene Mosaik (1950 restauriert). Es ist stilistisch vergleichbar mit den Mosaiken von San Marco in Venedig und dem Dom von Torcello und wie diese unter byzantinischem Einfluß entstanden. Dargestellt ist in der Kalotte die thronende Muttergottes mit dem Kind zwischen den Erzengeln Michael und Gabriel. Im Streifen darunter stehen die 12 Apostel. Das Fenster im rechten Teil zwischen den Aposteln wurde erst 1438 geöffnet. Der Apostel Simon mußte daher in Schrägansicht erneuert werden. Man beachte die andere Schrittstellung und die andere Faltengebung.

9   Auf dem Altar ein Vesperbild *(Pietà)* des 15. Jh.s.

10   In der 1364 angebauten ehemaligen Kapelle werden rechts hinter dem schmuckvollen Eisengitter von 1650 ein Reliquienschreinaltar mit bemalten Seitenflügeln und der Kirchenschatz bewahrt.

Ehem. Hauptapsis der Gedächtniskapelle des hl. Justus: Christus-Mosaik

Ehem. Basilika Santa Maria Assunta: Madonna und Kind, Mosaik, frühes 12. Jh.

Interessant ist das freistehende, versilberte und teilweise vergoldete Kruzifix der Bruderschaft der Battuti, 13. Jh. Ein kleineres, ebenfalls mit Goldblech beschlagenes Kruzifix ist von 1383. Die Stifterin, Alda de'Giuliani, kniet zu Füßen des Gekreuzigten. In der linken Vitrine eine byzantinische Maria-lactans-Ikone und eine eiserne Hellebarde auf gotischem Piedestal: angeblich die Stoßwaffe des hl. Sergius, die zum Stadtwappen von Triest wurde. Links im Hintergrund eine Standarte mit ganzfigurigem Bildnis des Heiligen Justus - eine byzantinische Malerei auf Seide, 1. Hälfte 13. Jh. An der rechten Wand Fresko aus dem 15. Jh.: »Der 90-jährige Antonius Abbas besucht den Eremiten Paulus«.

11 Baptisterium Johannes' des Täufers. Noch im Kirchenraum über dem Eingang zur Taufkirche »Sacra Conversazione« von Benedetto Carpaccio, 1540. Das Innere des Baptisteriums wurde vor einigen Jahren dem ursprünglichen Zustand von 1380 angeglichen, wozu der offene Dachstuhl und die halbrunde Apsis gehörten. Das zehneckige Taufbecken stammt noch aus dem 9. Jh., das Holzkruzifix rechts an der Wand aus dem 14. Jh. (mit späterer Malerei). An der linken Wand abgenommene Fresken von einem unbekannten Maler des Veneto oder der Emilia, dem ›Meister von San Giusto‹, der auch in Aquileia tätig war. Die Fresken wurden in der ehemaligen Hauptapsis der Gedächtniskapelle des hl. Justus (Plan Nr. 6) abgelöst, um die darunter befindlichen älteren Malereien sichtbar zu machen. Dargestellt sind Szenen aus dem Leben des hl. Justus. In den Lünettenfeldern von links: Prozeß des Justus vor dem Präfekten - Einkerkerung - (verlorene Martyriumsszene) - Ertränkung im Meer.

In den unteren Bildfeldern: Justus sagt im Traum dem Presbyter Sebastian, daß sein Leichnam am Strand zu finden sei - Auffindung des Leichnams an der Riva Grumula - Aufbahrung des Heiligen - Begräbnis.

Auf der Piazza nahe dem Campanile von San Giusto hat man 1843 eine venezianische Säule von 1560 aufgestellt, die ursprünglich die Piazza Unità in der Unterstadt zierte.

Südlich von San Giusto befindet sich das Kirchlein **San Michele al Carnale** aus dem 15. Jh., ein schlichter Bau mit spitzbogigen Fensteröffnungen, der bis 1829 als Friedhofskapelle diente. Für die Säulen der Krypta (mit 3 Tonnengewölben) wurden römische Kapitelle wiederverwendet.

Gegenüber befindet sich der Eingang zum Lapidarium, dem **Orto lapidario** (Zutritt auch über das Museo Civico in der Via Cattedrale 15 möglich), der seit 1843 nach dem Willen Domenico Rossettis auf der Fläche eines ehemaligen, 1829 aufgehobenen Friedhofs der Stadt entstand. Die Ausstellungsstücke der unter freiem Himmel recht romantisch gelegenen Anlage stammen aus der vorrömischen Zeit, der Epoche der Römer sowie aus dem Mittelalter bis in das 19. Jh. und sind fast alles Funde aus Triest, der näheren Umgebung, dem Friaul und Istrien. Zu erwähnen sind der Sarkophag der Getacia Servanda, der heute als Brunnen dient (am Eingang), ein ägyptischer Sarkophag sowie einige römische Grabstelen, Urnen und diverse Kleinkunst. Im Tempietto ein Kenotaph für Johann Joachim Winckelmann von einem Schüler Canovas, Antonio Bosa, daneben die Büsten von Pietro Kandler und Domenico Rossetti, die sich für die Errichtung des Gedenk-Grabes einsetzten.

Das nahe **Museo civico di Storia e Arte** (9; Via Cattedrale 15) beherbergt ebenfalls römische Funde sowie solche aus der Frühgeschichte der Stadt und einige mittelalterliche Stücke. Zu den wichtigsten Exponaten gehören die Statuen vom römischen Theater am Fuße des Hügels (Apoll, Athene, Venus, Aeskulap, Hygieia sind noch erkennbar), römische Kleinkunst, ägyptische Arbeiten (Grabstelen, Vasen, Sarkophage) sowie einige Werke aus Gandhara, dem heutigen Pakistan. Daneben wird die Kultur der *castellieri* dokumentiert.

Von der Piazza Cattedrale führt die steile Via della Cattedrale bergabwärts, wo sie eine scharfe Rechtskurve macht. Am Ende des Sträßchens steht man gleich vor der Seitenfront der Kirche **Santa Maria**

Grundriß von Santa Maria Maggiore

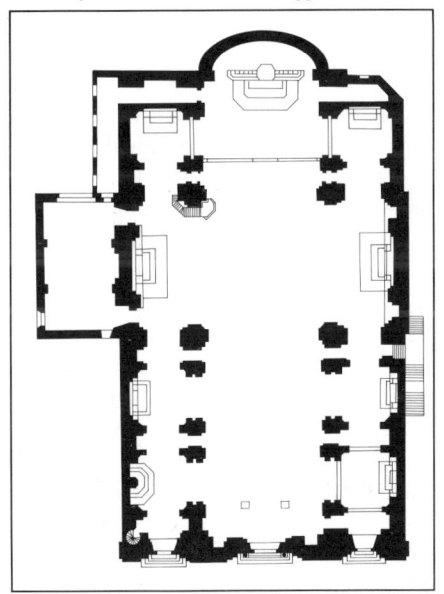

Maggiore (10), deren Hauptfassade auf die gewaltige, leider etwas plump geratene Treppenanlage von 1958 zeigt. Grundsteinlegung des mächtigen Barockbaus mit angeschlossenem ehemaligen Jesuitenkloster war im Jahre 1627. Erst 1682 fand die Weihe statt. Als Architekt gilt in der neueren Forschung der Jesuitenpater Giacomo Brianai. Die monumentale Hauptfassade ist wahrscheinlich jedoch ein Werk des Andrea Pozzo (1647–1709), der, ebenfalls dem Jesuitenorden angehörend, durch seine Perspektivmalerei und seine Entwürfe zu römischen Barockkirchen bekannt wurde. Wenn die Fassade trotz ihrer Qualitäten unausgeglichen wirkt, so mag das damit zusammenhängen, daß Pozzo wohl eine Doppelturmfassade geplant hatte. Mit zwei Seitentürmen nämlich gäbe es zu dem gesprengten Giebel, der dominierenden mittleren Fensterachse und den stärker hervortretenden inneren Doppelpilastern entschiedene Gegenakzente an den Seiten und zudem eine Bewegungsrichtung nach oben. In der jetzigen Ausführung dominiert allzu sehr das Untergeschoß mit seiner reichen Pilastergliederung. Im Inneren erwartet den Besucher ein Raum, der sich - wie viele Jesuitenkirchen des 17. Jh.s - an das berühmte römische Vorbild Il Gesù (zweite Hälfte 16. Jh.) anlehnt. Typisch dafür ist das geräumige, überwölbte Längsschiff sowie eine hoher Kuppelraum mit knappen Querräumen und folgendem Presbyterium. Auch wenn hier die Kapellen sich zu Seitenschiffen öffnen, bleibt die dominierende Wirkung des Mittelschiffs erhalten. Wie in Il Gesù wurden die Wände durch Pilaster gegliedert, doch umfaßt die Pilasterordnung hier zusätzlich ein Emporengeschoß. Die Kuppel war ursprünglich aus Holz und besaß einen durchfensterten Tambour, der nach einem Brand nicht mehr erneuert wurde. Bekanntestes Ausstattungsstück der Kirche ist das 1841 den Jesuiten geschenkte Madonnenbild »Refugium der Sünder« aus dem Umkreis Sassoferratos (1609–87) in der rechten Seitenapsis. Im linken Querschiff ein dem Francesco Maffei (1600–1660) zugeschriebenes Bild, »Christus erscheint dem hl. Ignatius«.

Nahe Santa Maria Maggiore befindet sich die ins 11. oder 12. Jh. zu datierende Kirche **San Silvestro** (11), für die 1332 eine Weihe bezeugt ist. Nach San Giusto ist diese Kirche das vielleicht bedeutendste Gotteshaus im mittelalterlichen Triest, wenngleich wesentlich bescheideneren Ausmaßes.

Die heutige Eingangsfassade schmückt ein gotisches Radfenster. Der Bau erhielt in den 20er Jahren weitgehend seine romanische Gestalt zurück, die durch barocke Umbauten völlig verändert worden war. Das Innere ist ein rechteckiger apsisloser Raum, der durch sechs Säulen und Arkaden in drei Schiffe unterteilt wird, ohne daß das Mittelschiff eigene Fenster erhielt. Nur die Chorpartie wurde gewölbt. Diese Art Pseudobasilika oder Staffelhalle ist zu dieser Zeit typisch für die obere Adria. Die Kapitelle zeigen eine schlichte, kubische Form.

Nach der Überlieferung wurde San Silvestro an der Stelle erbaut, an der 256 die beiden Jungfrauen Euphemia und Tecla ihren Märtyrertod erlitten. Neueren Untersuchungen zufolge handelte es sich allerdings um die Heiligen Euphemia von Chalkedon und Thekla von Iconium, die auch in Aquileia verehrt wurden. Irgend-

wann hat die Legende beide zu Triestinerinnen gemacht.

Die Kirche ist dem hl. Papst Silvester geweiht. Während der Auseinandersetzungen zwischen Kaiser und Papst bedeutete das Patrozinium des hl. Silvester eine Proklamation zugunsten einer freien, vom Kaiser unabhängigen Kirche. Hatte doch Kaiser Konstantin, als er nach Konstantinopel zog, dem hl. Silvester alle Rechte über Rom und die Kirche übertragen, und so findet sich sein Patrozinium bei zahlreichen Kirchengründungen des 11. und 12. Jh.s, auch außerhalb Italiens.

Wer unserem Rundgang weiter folgen möchte, wende sich nun über die Piazza Cipriano der Via della Cattedrale folgend zum **Arco di Riccardo** (12). Dieser Bogen wird als ein Tor der ehemaligen römischen Stadtmauer angesehen, die Augustus 33 v. Chr. errichten ließ. Die zu Beginn dieses Jahrhunderts freigelegten Teile zeigen einen wohlproportionierten Aufbau (der Rest steckt noch größtenteils in der anschließenden Hauswand). Erhalten blieben die groben Pflastersteine der einst zum römischen Forum hinaufführenden Straße. Für den Namen ›Riccardo‹ konnte keine einleuchtende Erklärung gefunden werden. Vielleicht bezieht er sich auf *cardo*, den römischen Straßenzug, der hier begann. Wendet man sich nun bergabwärts, stößt man in unmittelbarer Nähe auf die Piazza Barbacan, sieht zwischen zwei spitz aufeinander zulaufenden Straßen die berühmte **Casa Panzera** (13). 1818 erstellte Matthäus Pertsch (1774–1834) die Pläne für diesen schwierigen Bauplatz, auf dem einst ein Turm stand. Pertsch, der einer deutschstämmigen, nach Triest eingewanderten Familie entstammte, war neben

Arco di Riccardo in einem Stich aus dem 19. Jh. (l.) und heute

Peter Nobile der tonangebende Architekt im Triest des Klassizismus. Die *Rotonda Panzera*, wie man den Palast auch nennt, wurde von dem Kaufmann Pompeo dei Panzera in Auftrag gegeben. Sie ist das ausgefallenste Beispiel klassizistischer Architektur in Triest. Pertschs gekonnter Umgang mit den bereits für seine früheren Bauten (Palazzo Carciotti, Teatro Verdi) typischen Elementen - rustiziertes Erdgeschoß, Kolossalsäulenordnung und horizontale Fensterbekrönungen - hat hier ein Meisterwerk der Szenerie hervorgebracht. In größter Selbstverständlichkeit tritt die Schauseite der Casa bogenförmig hervor. Ionische Dreiviertelsäulen in großer Ordnung und der figürliche Schmuck erzeugen ein nobles Flair.

Folgt man der Via Felice Venezian abwärts, sieht man an der Ecke zur Via Cavana links die **Casa Pepeu** (Via Cavana Nr. 10), ein Bau von 1804 von F. Bolzano. Kannelierte Pilaster und dekorativ gerahmte Fensteröffnungen sorgen für eine überreich verzierte Fassade, die sich von den klassizistischen Arbeiten eines Pertsch oder Nobile deutlich abhebt. Biegt man rechts in die Via Cavana ein, ist man in einem weiteren Altstadtviertel um die Piazza Cavana angelangt, das bereits im Mittelalter von Bedeutung war.

Der Via Cavana stadtauswärts folgend, entfernt man sich vom alten Stadtkern und gelangt in die Vorstadt, die in einer zweiten Stadterweiterung Ende des 18. Jh.s. angelegt und nach Kaiser Joseph II., unter dem

Casa Panzera

Das Museum geht auf eine 1869 erfolgte Stiftung durch den Kaufmann Pasquale Revoltella (1795–1868) zurück. Revoltella wuchs in einfachen Verhältnissen in Venedig auf. In Triest zählte er zu den erfolgreichsten Industriellen des 19. Jh.s. Er stiftete die Accademia di Commercio, legte den Grundstein zur Universität, setzte sich für den Bau des Suezkanals ein und wurde Vizepräsident der internationalen Suez-Gesellschaft. Für seinen 1852–58 im historisierenden Stil errichteten Palast verpflichtete er den renommierten Berliner Architekten Friedrich Hitzig, einen Schüler Schinkels, den Bildhauer Pietro Magni (u. a. Marmorgruppen der »Nymphe Aurisina«, »Durchbruch des Suezkanals«) sowie mehrere Maler (u. a. den Porträtmaler Tito Agujari). Der Palast ist ein Schaustück für die Häuser reicher Unternehmer um die Jahrhundertwende und heute Repräsentationsgebäude der Kommune sowie Ausstellungsraum für Kunst des 19. und 20. Jh.s. Für den Ausbau der Abteilung für zeitgenössische Kunst in den angrenzenden Palazzi wurde in den 60er Jahren ein bedeutender Museumsarchitekt des 20. Jh.s gewonnen: der Venezianer Carlo Scarpa. Ausgestellt sind hier Kunstwerke u. a. von Carrà, De Chirico, Guttuso, Vedova und Canova. Während des Rundganges besichtigt man die Räume des Palastes und lernt darüber hinaus zahlreiche wenig bekannte italienische Maler des 19. Jh.s kennen.

die Bauarbeiten 1780 begannen, **Borgo Giuseppino** (Josephs-Stadt) genannte wurde. An der Piazza Hortis steht auf der linken Seite, nach der Kirche San Antonio Vecchio, ein klassizistischer Palast, der 1817 als **Accademia di Commercio e Nautica** (14) nach Plänen von Peter Nobile erbaut wurde und heute zwei Einrichtungen beherbergt: In der Stadtbibliothek werden zahlreiche Inkunabeln und auch Archivmaterial, u. a. die Stadtstatuten von 1318, aufbewahrt. Im Naturgeschichtlichen Museum u. a. Exponate der Pflanzenwelt des Karsts.

Durch die halb rechts abbiegende Via Torino erreicht man die Piazza Venezia, das Zentrum des Borgo Giuseppina, und das **Museo Civico Revoltella** (15: Eingang an der linken Seite, Via Cadorna 27).

Wieder zurück über die Via Torino und rechts in die Via Filiberto abbiegend, erreicht man den Largo Papa Giovanni XXIII und das **Museo Civico Sartorio** (16). Man lernt einen Stadtpalast kennen, der auf eine Villa des 18. Jh.s zurückgeht und 1820–38 durch Nikolaus Pertsch (dem Sohn des Matthäus Pertsch) mit Stilmitteln des Klassizismus verändert wurde. Die Kunstsammlung umfaßt u. a. venezianische Gemälde des 18. Jh.s von Tiepolo, Piazzetta, Guardi etc., zahlreiche Zeichnungen von Tiepolo, aber auch ältere Kunstwerke (u.a. Triptychon der hl. Klara, 1328–30, aus einem Klarissenkonvent in Triest). Dem Museum gegenüber steht der klassizistische **Palazzo Vivante** von Battista Baldi.

Auf dem Colle San Vito, in einem alten Park an der Via dell' Università, steht die **Villa Necker**. Sie ist ein Beispiel französichen Klassizismus' in Triest (noch vor der Blüte des typischen Triestiner Klassizismus' eines Matthäus Pertsch und Peter Nobile). Erbaut wurde sie um 1790 durch den Baumeister Giacomo Marchini, der sich auf Pläne eines französischen Architekten, wahrscheinlich von Champion, stützte. Charakteristische Stilmerkmale sind die Pilaster ohne Kapitelle und der halbkreisförmige Portikus vor dem Portal. Gebaut wurde die Villa für den syrischen Bankier Antonio Fraone Cassis. Nach dem 1822 hier geborenen Prinzen Girolamo Bonaparte wird die Villa auch Principe Bonaparte genannt. Auf derselben Straße, Via dell'Università 5, der **Palazzo Artelli**, eine Kopie der Cà Rezzonico in Venedig, von Giorgio Polli. Nr. 7 ist der Palazzo dell'Università Vecchia.

Ein etwas längerer Fußweg durch ein vornehmes Viertel Triests führt hinauf zur **Villa Economo** (Largo Promontorio 1), erbaut 1840 in der Art eines Stadtpalastes durch Valentino Presani. Für an Schiffsbau und Hafenanlagen Interessierte empfiehlt sich noch ein Besuch im **Museo del Mare**.

Zweiter Rundgang:
Von der Piazza Unità in die nordöstlichen Stadtviertel (Borgo Teresiano, Borgo Franceschino)

Ein zweiter Besichtigungsgang führt von der Piazza dell'Unità aus über die Piazza della Borsa ein Stück den Hafen entlang und weiter in zwei bedeutende Stadtviertel Triests: den *Borgo Teresiano* (angelegt nach 1719 unter Kaiserin Maria-Theresia) und den *Borgo Franceschino* (entstanden als erste und dritte Stadterweiterung Triests im 18. Jh.).

Auf dem Weg zur Theresien-Vorstadt, die hinter der Piazza della Borsa beginnt, verläßt man zunächst die Piazza dell' Unità in nordöstlicher Richtung. Nach wenigen Schritten steht man vor dem **Teatro Verdi** (17), einem der schönsten klassizistischen Bauten der Stadt. Am 21. April 1801 wurde das Theater feierlich eröffnet. Die Fassade ist eine Arbeit des Deutschen Matthäus Pertsch, der damit sein Erstlingswerk in Triest lieferte. Ein breit lagerndes, hohes rustiziertes Erdgeschoß dient als Unterbau für zwei Obergeschosse. Diese werden von einer großen Ordnung zusammengefaßt, während leichte Risalite und Dreiviertelsäulen die breite Front zur Mitte hin betonen. Dort befindet sich auch die massive Vorhalle. Zur Auflockerung tragen eine Figurengruppe über dem Dachgesims (Apoll und die Musen der tragischen und lyrischen Kunst) und die beiden Nischenfiguren (Pluto und Mars) im Sockelgeschoß bei. Die Nähe zur Fassade der Mailänder Scala von Piermarini, dem Lehrer Pertschs, ist unübersehbar. Sie steht allerdings nicht hinter ihrem Vorbild zurück. Pertschs Fassade ist in der Gesamtwirkung zurückhaltender, doch nicht weniger souverän in der Gliederung der breiten Front mit Hilfe der ionischen Kolossalordnung und sensibel eingesetzter Risalite. Typisch für Pertsch ist bereits bei diesem Frühwerk der klare Umgang mit deulich formulierten Einzelelementen vor einem massiven Baukörper. Bevor es zur Erstellung der Pläne kam, wurde ein Wettbewerb ausgeschrieben, den Giovanni Antonio Selva, der Architekt des Teatro La Fenice in Venedig, gewann. Doch erstellte Pertsch schließlich den Außenbau und überarbeitete Selvas Pläne für den Innenbau (der 1885 verändert wurde). Das Gebäude beherbergt das *Museo Civico Teatrale,* ein durch den Musikverleger Carlo Schmidl gegründetes, 1924 eröffnetes Theatermuseum.

Gegenüber dem Theater liegt der sogenannte **Tergesteo** (17), so nennt man dieses Gebäude mit einer *Galleria* als Einkaufszentrum. Es wurde 1840–42 nach Plänen ausgeführt, die Francesco Bruyn einreichte, der Entwürfe von Pizzala und Buttazzoni verwendete. »Schönster Schmuck und höchster Ruhm für die Stadt« sollte der Tergesteo sein (so hieß es in der Festschrift). Die kreuzförmige Galerie war die zweite Italiens nach der von Mailand (in Paris entstanden die ersten Galerien etwa 50 Jahre früher). Die ursprünglich nach oben hin abschließende Glas-Eisen-Konstruktion ist aus feuertechnischen Gründen heute stark verändert. Am Außenbau herrschen noch die strengen klassizistischen Formen vor.

Die unregelmäßige *Piazza della Borsa,* nach der Zuschüttung eines alten Kanals entstanden, bietet dem Betrachter einige interessante Fassaden, darunter die 1905 von Max Fabiani im Jugendstil erbaute

Casa Bartoli (Hausnummer 7, der Börse gegenüber). Wichtigstes Bauwerk ist jedoch die alte Börse, die **Borsa Vecchia** (19), vollendet um 1805 (Farbabb. 28). Sie ist heute Sitz der Handelskammer. Die Börse wurde errichtet auf einem Teil des Geländes, das durch Abriß der mittelalterlichen Stadtmauer frei geworden war. Bei dem Wettbewerb um die Baupläne ging Antonio Molari gegen Matthäus Pertsch als Sieger hervor. Er zeigt auf dem trapezoiden Grundstück einen kompakten Bau, dessen Fassade ein viersäuliger Portikus mit Tympanon vorgesetzt ist. Geschmückt ist der Bau mit Figurenfriesen und Skulpturen von Canova-Schülern. Die Ehrensäulen auf der Piazza mit der Bronzestatue Kaiser Leopolds I. (z. Zt. entfernt) wurde 1673 errichtet.

Nördlich der Piazza della Borsa beginnt bereits der **Borgo Teresiano** (s. Kasten S. 302). An der Piazzetta Tommaseo liegt das renommierte *Caffè Tommaseo,* Treffpunkt italienischer Patrioten um 1848. Der Rundgang führt weiter zur Kirche **San Nicolò dei Greci** (20), einer 1786 errichteten griechisch-orthodoxen Kirche, die im Außenbau 1818 von Matthäus Pertsch verändert wurde. Pertsch fügte im Sinne des Klassizismus der Fassade einen von Pilastern getragenen Dreiecksgiebel hinzu und gab den Türmen die fast noch barock anmutende (und an die Salzburger Kollegienkirche erinnernde) Gestalt.

Ein Stück weiter den Hafen und die Riva III Novembre hinauf steht man dann vor dem **Palazzo Carciotti** (21). Dieses riesige Gebäude, das sich ein gutes Stück den Canal Grande entlangzieht, ließ 1806 der griechische Kaufmann Demetrio Carciotti erbauen. Zum Architekten wählte er Mat-

Palazzo Carciotti

thäus Pertsch, der bereits die Fassade des Teatro Verdi geplant hatte. Mit dem Palazzo Carciotti gelang Pertsch ein Projekt, das zu den großen Leistungen des Triestiner Klassizismus zählt. Das unterste der drei hohen Geschosse bildet durch seine Rustizierung eine anschaulich solide Basis. Während sich an den langen Seitenfassaden ungehindert der Rhythmus von Fenstern und Eingängen entfalten kann, konzentriert sich der Schmuck des Palastes auf die Hauptfront zur Meeresseite hin. Klarheit, Ausgewogenheit, beherrschte Strenge bestimmen den Ein-

325

Der Baumeister Peter Nobile

Peter (Pietro) Nobile (1774–1854, geb. in Campestro im Tessin) war neben Matthäus Pertsch die bedeutendste Persönlichkeit des Triestiner Klassizismus. Seine Arbeiten zeichnen größte Klarheit in der Formgebung und teilweise pedantisch ausgearbeitete klassische Einzelformen aus. Die Stereometrie der Baukörper wird hier betont, so daß man zuweilen an »moderne« Stilrichtungen des 20. Jh.s denkt. In seinen römischen Studienjahren (1801-06) studierte Nobile zunächst antike Werke. Die Freundschaft mit dem berühmtesten Bildhauer des Klassizismus, Canova, dürfte dem jungen Architekten entscheidende Anstöße gegeben haben. Bei aller Strenge mangelt es den Bauten Nobiles nicht an frischer Originalität. Man beachte etwa den Einsatz verschiedener Fensterformen bei der Casa Costanza oder die eigenwillige Kombination von Bauformen am Palazzo Carciotti (S. 325).

druck. Hier sind der Fassade sechs ionische Säulen wie Zierstücke über einem Vorbau des Erdgeschosses vorgestellt. Das von den Säulen getragene Gebälk mit Balustrade und sechs Statuen (des Canova-Schülers Antonio Bosa) bildet einen dekorreichen Abschluß, der noch von der hohen Tambourkuppel überragt wird. Zusammen mit dem Säulenvorbau ist die Kuppel kraftvoll genug, der ansonsten dominierenden Horizontale entgegenzuwirken. Zu dem durchaus ungewöhnlichen Element der Kuppel an einem profanen Palast dürfte Pertsch durch Bauten Palladios, Scamozzis und ihrer Nachfolger angeregt worden sein. Im Kuppelsaal mit ionischen Säulenpaaren und reicher klassizistischer Dekoration hat sich einer der schönsten klassizistischen Räume Triests erhalten.

Einen Höhepunkt dieses Spaziergangs bildet zweifellos der Blick über den *Canal Grande* zur Kirche Sant'Antonio, deren Breite genau dem Kanal entspricht, der ursprünglich bis zu den Stufen der Kirche führte. Hier sind Paläste, eine Kirche und eine Wasserstraße derart wirkungsvoll in Szene gesetzt, daß man dieses Ensemble zu den schönsten Beispielen klassizistischer Stadtplanung zählen möchte (Farbabb. 30). Rechter Hand erkennt man den mächtigen, 1861–69 errichteten Bau der Kirche **San Spiridione** (oder Kirche degli Schiavoni). Der an byzantinischen Vorbildern orientierte, im Stil des Historismus errichtete Bau der serbisch-orthodoxen Gläubigen schafft ein gewisses orientalisches Flair.

Die Pläne für die am Ende des Canal gelegene Kirche **Sant'Antonio Nuovo** (22) lieferte Peter Nobile 1808; mit den Bauarbeiten begann man 1823. In schönster Ausgewogenheit ist bei diesem Bau ein kubischer Block mit einer Säulenvorhalle und einer Kuppel verbunden. Nobiles langjährige römische Studien zeigen hier ihren Niederschlag. Das Vorbild des Pantheon, aber auch der Einfluß des strengen Stils eines Scamozzi sind offensichtlich. Noch wirkungsvoller muß der Blick auf Sant'Antonio gewesen sein, als der Kanal direkt bis vor die Kirche reichte.

Der Innenraum von Sant'Antonio ist - anders als man erwarten möchte - kein Zentralraum, sondern ein Longitudinalbau. Dem mittleren Kuppeljoch geht voran und folgt je ein kreuzgratgewölbtes Joch. Die Vorbilder für diese Raumwirkung sind in der römischen Thermenarchitektur, aber auch im Museo Chiaramonti des Vatikan zu suchen. Die ionische Ordnung des Portikus wird in den der Wand vorgestellten Säulen aufgegriffen. Der Brunnen vor der Kirche auf der Piazza stammt von Giovanni Battista Mazzoleni, 1751.

Ansicht des Canal Grande aus dem 19. Jh.

Die Piazza Goldoni, ein belebter Kreuzungspunkt mehrerer Straßen, führt bereits hinüber in die letzte große Stadterweiterung Triests, den **Borgo Franceschino**. Nordwestlich der Piazza Goldoni, in der Via Imbriani 5, bietet sich zuvor noch die Gelegenheit, im **Museo Morpurgo** (23) eine bürgerliche Wohnung des späten 19. Jh.s zu besichtigen.

Die Hauptachsen der Franz-Vorstadt, die gegen Ende des 19. Jh.s angelegt wurde, sind die breite Via Carducci, die aus einem zugeschütteten Wasserlauf entstand, sowie die davon abzweigenden Via Battisti und Via XX Settembre (an der entlang einst das römische, aber auch ein unter Kaiserin Maria-Theresia angelegtes Aquädukt verlief). In der Via Battisti 18 lohnt ein Abstecher in das *Caffè San Marco*, in dem sich einst die literarischen Größen und Künstler der Stadt trafen. Das Café besitzt noch die (renovierte) Ausstattung aus der Zeit vor dem Ersten Weltkrieg.

Die große Synagoge in der Via San Francesco Assisi Nr. 19 wurde 1912 vollendet und steht als Zeichen für die über lange Zeit bedeutende jüdische Gemeinschaft Triests.

Die Umgebung von Triest

☐ Castello di Miramare - Duino - Muggia

In nördlicher Richtung lohnt bei guter Sicht ein Ausflug zum **Faro della Vittoria**, dem 1927 in Erinnerung an gefallene Matrosen errichteten ›Leuchtturm des Sieges‹, der einen interessanten Rundblick bietet.

Drahtseilbahn und Autobus führen von Triest (Piazza Oberdan) hinauf nach **Villa Opicina** (mit dem Wagen verläßt man Triest über die Via Fabio Severo). Man erreicht zunächst bei Poggioreale den Obelisken (348 m, Blick auf Triest, besonders suggestiv bei Nacht). Ein Fußweg führt in 45 Minuten zum Monte Grisa (334 m) mit der 1967 vollendeten Votivkirche und der *Vedetta Italica* (einem Aussichtsturm mit einzigartigem Rundblick). Die Fahrstraße führt weiter nach Villa Opicina. Von hier aus läßt sich eine Fahrt in den Triester Karst anschließen. Ein Erlebnis besonderer Art ist der Besuch der riesigen Tropfsteinhöhle, der **Grotta Gigante**, bei Borgo Grotta Gigante. In **Rupingrande** befindet sich die Casa Carsica mit einer kunstgewerblichen Sammlung, Möbeln und folkloristischen Objekten aus dem Karstgebiet. Landschaftlich reizvoll ist das hier beginnende Gebiet bei dem Ort **Monrupino**.

Das **Castello di Miramare** liegt pittoresk auf einer Landspitze unterhalb des Karstes. Von hier aus hat man die schönsten Ausblicke auf das adriatische Meer und die triestinische Küste, während ein großzügig angelegter Park mit italienisch terrassierten Gärten, exotischen Pflanzen, kleinen Seen und zahlreichen Skulpturen zu Spaziergängen einlädt. Mit diesem romantischen Ort sind tragische Ereignisse verbunden. Der österreichische Erzherzog Ferdinand Maximilian Joseph von Habsburg (1832–1867) hatte in der Mitte des 19. Jh.s die kleine Landspitze nördlich von Triest zum Wohnsitz für sich und seine Gemahlin Charlotte, eine belgischen Prinzessin, erkoren. Als Oberkommandeur der österreichischen Kriegsmarine und jüngerer Bruder Kaiser Franz Josephs ließ der sensible, kultivierte Ferdinand am 1856 (58?) hier ein Schloß erbauen, das ganz seinem Geschmack entsprach. Nach den Plänen Carl Hausers und unter der Bauleitung des Architekten Anton Hauser entstand ein Bau in einem historisierenden englisch-normannischen Stil.

Prunkvoll wurde das Innere ausgestattet. Noch während die Bauarbeiten im Gange und erst das Erdgeschoß mit dem Privatgemächern vollendet waren, zog der ungeduldige Erzherzog mit Charlotte von dem als Übergangslösung erbauten *casteletto* im Park nach Miramare. Diesen Namen hatte die Residenz – in Anlehnung an *mirare* (betrachten) und *mare* (Meer) – erhalten. Dem Erzherzog war nur eine kurze Zeitspanne an seinem Lieblingsort vergönnt. 1864 wurde er zum Kaiser von Mexico ausgerufen und schiffte sich mit Charlotte nach Vera Cruz ein. Von Anfang an wurde er vom mexikanischen Volk abge-

◁ *Schloß Duino*

lehnt und war bald ohne Unterstützung, so daß er sich gezwungen sah abzudanken. Dennoch wurde er durch die mexikanischen Republikaner gefangengenommen und am 19. Juni 1867 in Querétaro hingerichtet (ein Ereignis, das Manet in einem Gemälde darstellte). Seine Gemahlin kehrte für eine Weile in die erst nach 1870 fertiggestellte Residenz zurück. Vom Schicksal in den Wahnsinn getrieben, verstarb sie 1927 in Belgien.

Nach der Nutzung als Wohnsitz für Amadeus von Savoyen und als Militärzentrale 1943–54 wurde die Anlage Museum. In den Sommermonaten wird die unglückliche Geschichte Ferdinands im Park in Szene gesetzt. Ein Rundgang führt durch 21 Räume. Praktisch unverfälscht ist die eklektizistische Einrichtung des 19. Jh.s erhalten. Im Erdgeschoß befinden sich die ehemaligen Privatgemächer des erzherzöglichen Paares. Die *Saletta Novara*, der Studierraum des Fürsten, ist den Räumlichkeiten auf dem gleichnamigen Schiff nachgebildet, auf dem Ferdinand seine Marinelaufbahn begann. Im ersten Stock liegen die offiziellen Räume wie der (vom Erzherzog nie genutzte) Thronsaal mit einer bemalten Holzdecke.

Zwei Kastelle haben sich in **Duino** erhalten: die Reste einer Burganlage aus dem 11. Jh. und das in der Nähe, auf einer Landspitze bis heute die Kulisse von Duino prägende Schloß (besonders schön sichtbar vom Gelände des United World College of the Adriatic). Dieses wurde wohl im 14. Jh. begonnen, später mehrfach verändert, und ist heute im Besitz der Fürsten Thurn und Taxis. In der alten Burg soll einst Dante als Gast des Grafen Hugo VI. von Duino geweilt haben. 1911–12 war Rainer Maria Rilke hier Gast der Prinzessin Marie von Thurn und Taxis-Hohenlohe und schrieb bzw. begann hier im Januar und Februar 1912 die ersten drei der »Duineser Elegien« (die erst 1922 vollendet wurden). An Rilke erinnert die *passeggiata di Rilke*, der eindrucksvolle Wanderweg (1,7 km) hoch über der Küste von Duino nach Sistina (zu erreichen von der Staatsstraße aus südöstlich von Duino, hinter dem United World College).

In **San Giovanni di Duino** steht die gotische Kirche *San Giovanni*, die nach der Zerstörung im Ersten Weltkrieg wiederaufgebaut wurde. Es finden sich Reste einer vormaligen frühchristlichen Basilika und ein Grab des 11. Jh.s.

Südöstlich von Triest liegt die landschaftlich eindrucksvolle *Val Rosandra* (erreichbar von Bagnoli della Rosandra aus), wo sich inmitten des Karstgebietes Reste eines römischen Aquädukts erhalten haben.

Muggia war stets Venedig treu verbunden. Selbst sein Name läßt sich vom Venezianischen für ›Stein‹ ableiten. Entstanden als römische Gründung, im Mittelalter zu einem bedeutenden Zentrum herangewachsen, das ganz von der See lebte, war das alte Muggia (Muggia Vecchia auf dem Monte San Michele) zunächst ab 931 den Patriarchen von Aquileia unterstellt. 1202 verbündete sich Muggia mit Venedig. Nachdem das Städtchen im Krieg von Chioggia auf Seiten der Markusrepublik gekämpft hatte, folgte 1356 die grausame Rache der Genuesen, die das Städtchen völlig - bis auf das Kastell - zerstörten. Seither spielt sich das Leben unten am Hafen ab, im neuen Muggia, das aus einer kleinen Siedlung entstand, dem Borgo Lauro. Hier widerstand man erfolgreich späteren Angriffen, etwa von Triest oder Österreich (1511).

Muggia, Dom Santi Giovanni e Paolo   *Muggia Vecchia, Santa Maria Assunta*

Das ›neue‹ Muggia zu Füßen des Monte San Michele ist noch ganz von einer Stadtmauer umschlossen, die 1420 von den Venezianern erweitert wurde. Von den ehemals
neun Türmen und mehreren Toren existieren allerdings nur mehr ein einzelner Turm, die
Porta Levante und Überreste der Porta Ulderico.

Enge Gassen ziehen sich rund um die Hauptader der *Via Dante* mit zahlreichen charakteristischen Häusern. Gotische Fenster venezianischen Typs finden sich an den Fassaden
der Häuser Nr. 25 *(Casa veneziana)* und 32 in der Calle Oberdan.

An der zentralen Piazza Marconi steht der 1961/62 restaurierte *Dom Santi Giovanni e
Paolo,* der 1467 unter venezianischer Herrschaft mit dem Gestein von Aurisina, der *pietra
d'Istria,* entstand. Im Zentrum des schönen Radfensters (das dem des Domes von
Maniago und dem von Sant'Antonio in San Daniele ähnelt) ein Relief der Muttergottes
mit Kind. Am Portaltympanon »Hl. Dreifaltigkeit mit den Heiligen Johannes und Paulus«
(teilweise erneuert, dazu eine Verkündigungsgruppe an den Pfeilern des Throns). Die
spätgotische Fassade endet in einem geschwungenen, dreipaßförmigen Abschluß. Bei der
Neugestaltung des Inneren im 18. Jh. wurde die Apsis des Vorgängerbaus aus dem 13. Jh.
miteingegliedert. Der Raum konnte durch Restaurierungen weitgehend den Charakter
des 12. Jh.s zurückgewinnen. Es ist eine äußerst schlichte Pseudobasilika mit ungestuften
Rundbogenarkaden und offenem Dachstuhl, dessen drei Schiffe jeweils in einer Apsis
enden. Die Freskenreste sind aus der Zeit von 1444-67.

Der Campanile mit seinem spitz zulaufenden Steindach entstand nach dem Vorbild des Doms von Grado. Das Rathaus wurde zum letzten Mal 1934 wiedererrichtet. Die Fassade mit dem Löwen, der ein geschlossenes Buch hält, ist Teil des 1444 entstandenen Palazzo dei Rettori.

Über den Corso Puccini geht es zurück zur Via Dante Alighieri. An deren Ende führen Stufen zur 1958 stark restaurierten Kirche San Francesco aus dem 15. Jh. Über dem Portal »Madonna mit Kind« aus derselben Zeit. Im Inneren, in einer Nische rechts, ein Vesperbild des 15. Jh.s

Eine Fahrt hinauf nach **Muggia Vecchia** lohnt der schönen Aussicht wegen. (Man fährt rechts um Muggia herum, Hinweisschild ›Santuario‹. Autobus Linien 27 und 50). Hier besichtigt man die kleine Kirche *Santa Maria Assunta*. Der romanische, mehrfach veränderte Bau wurde wohl im 12. Jh. errichtet. Im dreischiffigen, steilen Inneren blieben ältere Chorschranken langobardischer oder karolingischer Zeit mit charakteristischen Kerbschnittornamenten erhalten. Den alten, zur Chorschranke gehörenden Ambo hat man auf Säulen gestellt und so in eine Kanzel umgewandelt. Fresken aus verschiedenen Entstehungszeiten des 12. und 13. Jh.s zeigen Szenen aus dem Leben Mariens und Christi sowie Darstellungen der Muttergottes vom Typus Hodegetria und der Evangelisten. Volkstümlich sind die Martyriumsszenen der Heiligen Stephanus und Laurentius.

Luftbild von Muggia

Erläuterung historischer und kunsthistorischer Fachbegriffe (Glossar)

Ädikula (lat. *aedicula* = Häuschen, Tempelchen) Umrahmung in Form einer Tempelfront mit Säulen oder Pilastern und Giebel; auch kleinerer freistehender Bau

Ambo (griech. ›Erhöhung‹) Meist steinernes Podium mit Lesepult in der altchristlichen und frühmittelalterlichen Basilika (Vorläufer der Kanzel)

Antependium (lat. ›das Davorzuhängende‹) Verkleidung des Altartisches, gewöhnlich an der Vorderseite. Ursprünglich ein von der Mensa herabhängendes Tuch, später Metall-, Email- oder Steinarbeiten oder bemalte Tafeln

Apsis, Apsiden (griech. ›Rundung‹, ›Bogen‹) Im Kirchenbau Ausbuchtung auf halbkreisförmigem, später auch polygonalem Grundriß, gewöhnlich an der Ostseite

Architrav (griech. ›Hauptbalken‹) Der den Säulen oder Pilastern aufliegende waagerechte Balken, der den Oberbau trägt

Arkade (lat. *arcus* = Bogen) Der Säulen oder Pfeilern aufliegende Bogen. Auch Gang (dann meist in der Mehrzahl gebraucht), der an einer Seite von einer Bogenstellung begrenzt wird

Attika Aufmauerung über dem Hauptgesims, oft als Geschoß ausgebildet

Augustale (lat. *Augustales*) Ehrenamt, zu dem auch Freigelassene Zutritt hatten. Die Augustalen besorgten den Kult der römischen Kaiser

Baldachin Beweglicher Tragehimmel; in der Baukunst die feste Überdachung über Bischofsstuhl, Kanzel, Statuen, Altar (= Ziborium)

Baptisterium Bezeichnung für die meist kleinere Taufkirche (gewöhnlich ein Zentralbau) neben einer größeren Kirche, aber auch für das Taufbecken, in dem durch Untertauchen der Akt der Taufe vollzogen wurde

Barchesse Die ursprünglich der Landwirtschaft dienenden Gebäude bei einer Villenanlage, später häufig als Wohnhaus genutzt

Basilika (griech. ›Königshalle‹) In der nachantiken Baukunst Kirchenraum, der nach antiken und frühchristlichen Vorbildern durch Säulen oder Pfeiler in drei oder mehr Schiffe gegliedert wird. Das mittlere Schiff ist erhöht und hat Fenster im Obergaden. Auch auszeichnender Titel, den der Heilige Stuhl Kirchen (jedweder Form) verleiht

Bettelordenskirche Ordenskirche besonders der Franziskaner und Dominikaner in größeren und kleineren Städten, in schlichter Architektur ohne Querschiff und Turm

Bifore Zweibogiges Fenster

Blendbogen Blinder, der Wand vorgelegter Bogen

Borgo Nicht befestigte Ortschaft (im Gegensatz zu *castello*), auch Vorstadt

Bosse (ital. *bozza* = Entwurf, roh behauener Stein) Haustein mit roh bearbeiteter Vorderseite

Campanile Freistehender Glockenturm

Cardo Nord-südlich verlaufende Hauptstraße römischer Städte und Lager (→ Decumanus)

Castello Befestigte Ortschaft, auch Feudalburg; nicht zu verwechseln mit *fortezza* (Festung, Zwingburg) oder *rocca* (Burg auf einem Felsen oder einem Berg)

Cella Im antiken Tempel der fensterlose Hauptraum zur Aufnahme des Kultbildes

Cocciopesto Fußbodenbelag aus zermahlenem Ziegel vermischt mit Steinbruch

Codex (lat. ›Holzklotz‹) Seit etwa dem 4. Jh. Bezeichnung für Handschriften aus einzelnen, miteinander verbundenen Pergamentblättern, zuvor für kleine, beschriebene Holztäfelchen

Confessio (lat. ›Beichte, Bekenntnis‹) In der Baukunst Bezeichnung der Ruhestätte (bzw. des Vorraumes dazu) eines Märtyrers oder Heiligen

Decumanus Ost-westliche Hauptstraße römischer Städte und Lager (→ Cardo)

Diakonikon In der frühchristlichen Kirche dem Altar naher, südlich der Apsis gelegener Umkleideraum für Priester und Diakone (ursprüngl. Gehilfen des Bischofs) sowie Aufbewahrungsort der liturgischen Geräte. Auf der anderen Seite lag die Prothesis, der Raum für die Vorbereitung des Meßopfers

Dienst Stab, der die Gurte und Rippen des Gewölbes trägt

Disegno Begriff mit verschiedenen Bedeutungen: Zeichnung, Umrißlinie, aber auch Entwurf, Plan. Darüber hinaus (in der Kunstliteratur der Renaissance) Konzept, Vorstellung, Idee

Eklektizismus Im 19. Jh. künstlerische Stilrichtung, die durch das Aufgreifen und die Kombination von einzelnen Elementen (Motiven, Bauformen) aller bekannten Stile gekennzeichnet ist, mittels derer man ein jeweils neues, ›perfektes‹ Werk zu schaffen anstrebte

Entasis (griech.) Schwellung des Säulenschaftes

Exedra (griech. ›abgelegener Sitz‹) In der Antike halbrunde oder eckige Nische mit Sitzen. Später Bezeichnung für Apsis oder ähnliche Raumerweiterung

Fibel Mit einem Bügel versehene, oftmals verzierte Nadel zum Zusammenhalten eines Gewandes

Fresko (ital.) Wandmalerei auf dem noch frischen Putz aus Kalkmörtel *(intonaco)*. Die im Wasser angeriebenen Farbpigmente verbinden sich mit dem Putz und trocknen mit diesem. Malt man auf bereits getrockneten Putz, spricht man von Secco-Malerei *(al secco)*, für die man Bindemittel benötigt. Nur soviel Putz wird aufgetragen, wie an einem Tag bemalt werden kann. Die Grenzen der Tagwerke sind erkennbar, selbst ihre Reihenfolge. Fresken können von der Wand abgelöst und auf eine neuen, isolierten Bildträger übertragen werden (Polyester, Hartfaserplatten)

Gastald Hoher Verwaltungsbeamter in den Langobardenstädten, als ›Gastwalter‹ ursprünglich für die Unterbringung der Krieger und ihrer Familien zuständig

Gebälk Pfeilern oder Pilastern aufliegende waagerechte Balken

Gemme Schmuckstein mit eingetieft geschnittener figürlicher Darstellung im Gegensatz zur Kamee

Gesprengter Giebel Seit dem Manierismus beliebte Form des Giebelabschlusses (über Portalen etc., aber auch an Fassaden) mit aufgebrochenem Mittelteil

Graffito (ital. **graffiare** = kratzen) Putztechnik, bei der verschiedenfarbige Putzschichten übereinander aufgetragen werden. Dort, wo die hellere, noch feuchte Oberschicht abgekratzt wird, tritt die dunklere Unterschicht als ›Zeichnung‹ hervor

Grisaille (frz. *gris* = grau) Malerei in Grautönen mit feinen Abstufungen von hell und dunkel; Grisaille-Malerei ist in allen Techniken üblich

Groteske Ein ursprünglich römisches Ornamentmotiv aus Rankenwerk mit eingefügten Menschen- und Tierfiguren, Früchten, Blättern, Trophäen und Architekturelementen. Wiederentdeckt am Ende des 15. Jh. in Räumen der Römer (so der *Domus aurea* des Nero in Rom), die man, da sie unterirdisch lagen, Grotten nannte

Gurt Bogen, der die Gewölbejoche trennt

Halle Im Kirchenbau versteht man unter Halle einen Typus, dessen Schiffe (im Gegensatz zur Basilika) gleich hoch sind

Hängekuppel Kuppel mit überleitenden Pendentifs zwischen dem kleineren, eingeschriebenen Grundquadrat und dem größeren Fußkreis der Kuppel

Historismus Stilströmung, die auf vorhergehende Stile zurückgreift, vgl. → Eklektizismus

Hypokausten Warmluftheizung antiker Bauten

Ikonographie (griech. ›Bildbeschreibung‹) Zweig der Kunstgeschichte, der sich mit der Deutung von Bildgegenständen beschäftigt

Ikonostase (griech. *ikonostasis* = Bilderwand) In orthodoxen Kirchen die zwischen Chor und Gemeinderaum eingestellte Schranke oder Wand, die mit Ikonen geschmückt ist

Inkrustation Einlegearbeit aus verschiedenen Steinsorten

Intarsie Einlegearbeit in Holz

Internationaler Stil der Gotik Bezeichnung für den um 1400 in Europa verbreiteten Stil, auch »weicher Stil« genannt

Joch Gewölbeabschnitt. Die französische Bezeichnung lautet *travée*

Kalotte (franz. ›Käppchen‹) Gedrückter Kugelabschnitt

Kämpfer Oberste Steinlage einer Stütze, die einen Bogen oder ein Gewölbe trägt. Auch Bezeichnung für das Zwischenkapitell (Kämpferaufsatz) zwischen dem Säulenkapitell und dem Bogenkapitell

Kanneluren Senkrechte Auskehlungen eines Säulenschaftes

Kenotaph (griech. ›leeres Grab‹) Grabdenkmal für einen Toten, der an anderer Stelle beigesetzt wurde

Klassizismus Stilrichtung (um 1770–1830), die sich als Gegenbewegung zu Barock und Rokoko entwickelte. Man nahm sich antike Kunstwerke zum Vorbild, strebte jedoch im Gegensatz zum → Historismus bzw. → Eklektizismus eine Erneuerung der Kunst im Sinne antiker Ideale an. Die klare, ›reine‹ Form, die in das Monumentale gesteigert wird, strenge Gliederungen, block-

hafte Baukörper und knapper Dekor kennzeichnen die Baukunst. Der im 20. Jh. noch einmal aufgegriffene Gedanke des Klassizismus wird als Neu- oder Neoklassizismus bezeichnet, der italienische Begriff ›Neoclassico‹ steht für beide Entwicklungen

Kompositkapitell Kapitell mit ionischen und korinthischen Elementen (Voluten, Arkanthusblattwerk) → Säulenordnung

Krypta (griech. *kryptein* = verbergen) Unterirdischer Kirchenraum, der sich aus Grab- und Reliquienkapellen entwickelt hat

Laibung Innere Mauerfläche bei Wandöffnungen

Lapidarium Sammlung von Denkmälern aus Stein und Steininschriften

Laterne Runder oder polygonaler Zierturm auf einer Kuppel

Lettner (lat. *lectorium* = Lesepult) Trennwand zwischen Chor und Laienraum

Lisene Gemauerter vertikaler Zierstreifen zur Gliederung einer Wand. Im Unterschied zu Pilastern hat die Lisene keine Basis und kein Kapitell. Sie kann beliebig verlängert werden

Loggia Gewölbte, offene Bogenhalle

Lünette (franz. ›kleiner Mond‹) Halbkreisförmiges Feld, vornehmlich über Türen, Fenstern oder dem Gebälk

Mandorla Mandelförmiger Strahlenkranz (Aureole, Gloriole)

Manierismus Im 20. Jh. geprägter Begriff für die Kunstepoche der Spätrenaissance (zwischen 1520 und 1600). Die Bezeichnung läßt sich zurückführen auf eine Äußerung des italienischen Kunstkritikers Giorgio Vasari, der den Stil seines Zeitgenossen Michelangelo als *maniera* bezeichnete

Martyrium Memorialbau zum Gedächtnis von Märtyrern und zur Aufbewahrung von Reliquien

Maßwerk Ornament, das aus dem Maß, d. h. mit Hilfe eines Zirkels, konstruiert wurde, vornehmlich zur Unterteilung gotischer Fenster

Mensa (lat. ›Tisch‹) Altarplatte

Mezzanin (ital. *mezzo* = halb) Nicht voll ausgebildetes Zwischengeschoß, das bei der Fassadengestaltung als Halbgeschoß in Erscheinung tritt

Monolith (griech.) Einzelner Steinblock, auch aus einem einzigen Stein errichteter Obelisk etc.

Municipium (lat.) Ursprünglich autonome Gemeinde Latiums, später städtische Siedlung, deren Bürger das eingeschränkte römische Bürgerrecht besaßen (z. B. das Eherecht, nicht aber das Wahlrecht)

Narthex (griech.) Abgeschlossene Vorhalle frühchristlicher, byzantinischer oder mittelalterlicher Kirchen

Nekropole (griech. ›Totenstadt‹) Größere Begräbnisstätte

Netzgewölbe Gewölbe, bei dem die Rippen ein über die → Joche hinausgreifendes, zusammenhängendes Netz bilden

Obergaden (althochdeutsch *gaden* = einräumiges Haus) Oberer Raumabschnitt des Mittelschiffes einer Basilika

Oculus (lat.) Rundfenster

Oktogon (griech.) Achteck

Orantin Weibliche Gestalt in Bethaltung mit erhobenen Armen, oft in der Bedeutung als Verkörperung des Gebets an sich

Orchestra (griech.) Im römischen Theater halbkreisförmiger Platz zwischen Schaubühne und Zuschauerraum

Palla Rechteckiges Tuch, das in der Antike u. a. als Kleidungsstück für Frauen diente, Männer trugen entsprechend ein *pallium*

Paß (= Zirkel) Kreisbogen des Maßwerks

Pastophorien Bezeichnung für die beiden Räume → Diakonikon und Prothesis in der frühchristlichen Basilika

Pendentif Architektonisches Konstruktionselement in Form eines sphärischen Dreiecks, das vom Quadrat des Unterbaus zum Rund der Kuppel vermittelt

Peristyl (griech.) Säulenhalle, die einen Hof (Vorhof, Tempelhof) umgibt

Piano nobile (ital.) Hauptgeschoß der Stadtpaläste und Villen

Pietra d'Istria Wasserresistenter, weißer istrischer Marmor, der u. a. auch in Venedig verwandt wurde

Pieve (von lat. *plebs* = Volk, Gemeinde) Ursprünglich Bezeichnung für eine Gemeinde, später für die größere, dem Bischof unterstellte Pfarrkirche auf dem Lande mit Taufstelle, Friedhof, oft auch einer Priesterschule

Pilaster Flache Wandvorlage mit Basis und Kapitell

Plattenrustika Fassadenverkleidung mit (echten oder imitierten) flachen Steinplatten

Podestà (ital.) Seit dem Mittelalter Stadtoberhaupt, dessen Amt mit vielen Rechten ausgestattet war

Polygon (griech.) Vieleck

Polyptychon Mehrteiliger Altaraufsatz, auch Flügelaltar

Portego (ital. *portico* = Laubengang) Portikus der *casa veneziana*, als *sala del portego* Bezeichnung des zentralen galerieartigen Saales im Obergeschoß derselben

Portikus (lat. ›Halle‹) Von Säulen getragener Vorbau, meist an der Haupteingangsseite (auch selbständiges Bauwerk)

Predella Untere Zone eines Altaraufsatzes

Presbyterium (griech. *presbyterion* = Rat der Ältesten) Der den Geistlichen vorbehaltene Raumteil mit dem Hochaltar (auch Sanktuarium genannt). Nicht immer identisch mit dem Chor, dem Sitz des Klerus oder der Domherren bei Gottesdienst oder Chorgebet

Propylon, Propyläen In der Antike monumentale Tor- und Treppenanlage eines geschlossenen Tempelbezirks oder Heiligtums

Prothesis (griech. ›Totenaufbahrung‹) In byzantinischen Kirchenbauten der Raum neben dem Chor, der der Vorbereitung des Meßopfers dient

Pseudobasilika Hallenkirche mit einem überhöhten Mittelschiff, wie es einer Basilika entspricht, aber ohne eigene Fensterreihe (auch als → Staffelhalle bezeichnet)

Quattrocento (ital. ›vierhundert‹) Das 15. Jh. Als Epochen- oder Stilbegriff nahezu identisch mit Frührenaissance

Refektorium Speisesaal des Klosters

Retabel (lat. *tabula* = Tafel) Ursprünglich eine Tafel über dem Altar (d. h. dem Tisch für das Meßopfer), die sich zum Diptychon, Triptychon oder zum Polyptychon entwickelte

Risalit (ital. *risaltare* = hervorspringen) Ein in der ganzen Höhe einer Front hervorspringendes Bauteil, das der Gliederung von Fassaden dient

Rocca (ital.) Burg auf einem Hügel oder Berg

Rustika Roh behauene, bossierte Steine

Saalkirche Einfacher Kirchenraum ohne Seitenschiffe

Sacra conversazione (ital. ›Heilige Unterhaltung‹) Bezeichnung für die Darstellung der Madonna mit Heiligen in (gewöhnlich stummer) Zwiesprache

Säulenordnung Architektursystem bestehend aus Säule und aufliegendem Gebälk. Die wichtigsten S. sind die dorische, ionische, korinthische und komposite

Scenae frons (lat.) Im römischen Theater Bühnenhaus bzw. Bühnenschauwand hinter der Bühne

Scheidbogen Bogen, der ein Mittelschiffjoch vom Seitenschiffjoch trennt

Schwibbogen (›Schwebebogen‹) Freigespannter Bogen zur Verstrebung zweier parallel stehender Mauern

Serliana Fenstergruppe, bei der zwei schmale Öffnungen eine mittlere, breite Bogenöffnung flankieren. Der Bogen liegt dabei als eigenes Bauglied auf den beiden seitlichen Architravstücken (im Gegensatz zum ›syrischen Bogen‹, bei dem Architrav und Bogen ein einziges Teil bilden)

Sinopie Originalgroßer Entwurf oder vorbereitende Zeichnung für ein Fresko auf dem Grundputz *(arriccio)*. Man verwandte dazu Kohle und rote Erdpigmente (*sinopia*, nach der Herkunft aus der Stadt Sinope am Schwarzen Meer)

Spolie Wiederverwendetes Bauteil, oft antiker Herkunft

Staffelhalle → Pseudobasilika

Stola Im alten Rom und in Byzanz von Frauen getragenes Gewand mit Bortenzierde, später auch schärpenartiger, langer Stoffstreifen, der von christlichen Geistlichen höherer Weihen getragen wird

Strebepfeiler Pfeiler zur Verstärkung und zur Ableitung von Schubkräften

Syrischer Bogen → Serliana

Tabularium Das 78 v. Chr. erbaute Reichsarchiv in Rom am Forum Romanum (heute Unterbau des Senatorenpalastes), dessen Fassade mit den Pfeilerarkaden mit vorgeblendeten Säulen und Gebälk den Namen für das Tabularium- oder Theatermotiv gegeben hat

Tambour (franz.) Unterbau einer Kuppel, meist zylinderförmig

Theatermotiv Eine der römischen Baukunst (Tabularium, Kolosseum) entnommene Säulenbogenstellung, bei der Säulen und Gebälk als Relief den konstruktiv wirksamen Pfeilerarkaden vorgelegt sind

Toga Bis in die Spätantike offizielles Staatsgewand der Römer, das von Nicht-Römern nicht getragen werden durfte. Im Gegensatz zum *pallium* hatte die aus Wolle hergestellte Toga nur zwei Zipfel und war segmentbogenförmig geschnitten

Tondo (ital.) Gemälde oder Relief von runder Form, besonders in der florentinischen Kunst der Renaissance

Tonne Gewölbe, dessen Querschnitt ein Halbkreis oder nur ein Kreissegment ist

Toscanische Ordnung Sonderform der römisch-dorischen Ordnung mit Basis und meist ohne Kanneluren

Travée Französische Bezeichnung für Joch oder ein abgeschlossenes Fassadenfeld

Trecento (ital. ›dreihundert‹) Das 14. Jh. in Italien

Triclinium Speiseraum im antiken Haus, an dessen Wänden sich Klinen (Ruhelager, auch zum Essen benutzt) befanden

Triforium (lat.) Dreibogige Öffnung (Fenster, Tür); in einem weiteren Sinne Laufgang unter den Obergadenfenstern des romanischen und besonders gotischen Kirchenbaus

Triptychon Dreiteiliges Altarretabel; in einer Sonderform eine Mitteltafel mit zwei klappbaren Flügeln

Triumphbogen In der Antike Ehrenbogen für einen Kaiser oder Feldherrn. In mittelalterlichen Kirchen Bogen zwischen dem Mittelschiff des Langhauses bzw. der → Vierung und dem Chor

Trompe (franz.) Trichterförmiger Gewölbeabschnitt; Gewölbezwickel, der einen mit der Öffnung nach unten zeigenden halben Hohlkegel bildet

Tympanon (griech.) In der Baukunst des Mittelalters und der Renaissance Bogenfeld über dem Portalsturz; beim griechischen Tempel das Giebelfeld, meist mit plastischem Schmuck

Verkröpfung Das Herumführen eines Gebälks oder eines Gesimses um Säulen, Pfeiler oder Mauervorsprünge

Vesperbild Überwiegend plastische Darstellung der trauernden Maria mit dem toten Christus. Die deutsche Bezeichnung für *Pietà* ist auf die Gebetzeit der Vesper zurückzuführen, denn zu dieser Zeit erfolgte am Karfreitag die Kreuzabnahme

Vierung Raumteil der Kirche, in dem sich Langhaus und Querhaus durchdringen

Volute Spiralförmig gewundene Zierform, ursprünglich am ionischen Kapitell

Ziborium Altarüberbau in Form eines Baldachins

Jupiter, Steinmedaillon von einem öffentlichen Gebäude aus der Römerzeit.
Aquileia, Archäologisches Museum

Literaturauswahl

Giuseppe Bergamini, *Friuli Venezia Giulia, Guida Artistica*, Gemona del Friuli, Novara 1990

Giuseppe Bergamini, *Il disegno nell' arte di Gianfrancesco Tolmezzo*, in: Ausstellungskatalog Giovanni Francesco dal Zotto, 1972

Giuseppe Bergamini/Cristina Donazzolo Cristante, *Udine illustrata, La città e il territorio in piante e vedute dal XV al XX secolo*, Padua 1992

Giuseppe Bergamini/Sergio Tavano, *Storia dell' arte nel Friuli – Venezia Giulia*, Udine 1984

Volker Bierbrauer, *Invillino-Ibligo in Friaul* (Beiträge zur Vor- und Frühgeschichte, 33 und 34), München 1987 und 1988

Carlrichard Brühl, *Storia dei Longobardi*, in: *Magistra barbaritas,* ›*I Barbari in Italia*‹, Mailand 1984

Gabriella Brumat Dellasorte, *Aquileia Antica*, Venedig 1989/90

Maurizio Buora, *Guida di Udine – Arte e Storia tra Vie e Piazze*, Triest 1986

Arduino Burello, *In Friuli*, in: *Emporium*, 1908

Novella Cantarutti/Giuseppe Bergamini (Hrsg.), *Spilimbèrc*, 61. Kongreß der Società Filologjche Furlane am 23. 9. 1984, Udine 1984

Manuela Castagnara Codelluppi, *Cividale del Friuli*, Udine 1991

Elio Ciol/Luciano Perissinotto, *Venzone – un volto da ricomporre*, Udine 1977

G. Colledani/G. Bergamini/P. Goi/G. Colledani, *Spilimbergo*, o. O. 1987

Herbert Dellwing, *Venetien, Kunstdenkmäler in Italien, Ein Bildhandbuch*, hrsg. von Reinhardt Hootz, München und Berlin 1976

Otto Demus, *Romanische Wandmalerei*, München 1968

Gianfrancesco Ellero, *Storia del Friuli*, o. O. 1984

Alessandra Fazzini-Giorgi, *La Basilica di San Silvestro in Trieste*, Triest 1990

Hermann Fillitz, *Das Mittelalter I*, Berlin 1969 (Propyläen Kunstgeschichte, Bd. 5)

Friuli Venezia Giulia, Guida d'Italia, Touring Club Italiano, Mailand 1982

Caterina Furlan, *Il Pordenone*, Mailand 1988

Pietro Furlanis, *Santa Maria in Sylvis – Sesto al Reghena*, Udine 1989

Alessandro Giacomelli, *Guida del Duomo di Spilimbergo*, Spilimbergo 1984

Ezio Godoli, *Trieste (Le citta nella storia d'Italia)*, Rom 1984

Jörg Jarnut, *Geschichte der Langobarden*, Stuttgart/Berlin/Köln/Mainz 1982

D. Kribitsch, *Vorgotische, gotische, langobardische und fränkische Elemente in den Familiennamen Friauls*, in: Beiträge zur Sprachinselforschung, Bd. 4, Wien 1986

Pier Silvio Leicht, *Breve Storia del Friuli*, Udine–Tolmezzo 1977

Rudolf Lill, *Geschichte Italiens in der Neuzeit*, 4. Aufl. Darmstadt 1988

Remigio Martini, *Gianfrancesco da Tolmezzo e le origini della pittura friulana*, in: Acropoli II, 1961/62

Maria Masau Dan/Annalia Delneri, *Il Castello di Gorizia e il suo Borgo*, Gorizia 1991

Gian Carlo Menis, *Storia del Friuli*, Udine 1989/90

Tito Miotti, *Castelli del Friuli*, 6 Bde., Udine 1977–81

Carlo Guido Mor, *San Paolino e Carlo Magno*, in: Antichità Altoadriche, XXXII, Aquileia e le Venezie nell' Alto Medioevo, Udine 1988

Carlo Guido Mor, *Origine e sviluppo della città di Udine*, in: *Itinerarii per leggere la città*, Italia nostra, 1983

Robert Oertel, *Die Frühzeit der italienischen Malerei*, Stuttgart 1966

Hans Peter L'Orange und Hjalmar Torop, *Il Tempietto longobardo di Cividale*, Rom 1977

Franco Quai, *Protostoria del Friuli, I Celti*, Reana del Rojale 1984

Reclams Kunst Führer Band II, 2 (Friaul und Julisch Venetien bearbeitet von Peter Tigler), Stuttgart 1965, 1981

Nino v. Rodaro, *Castelli del Friuli e della Venezia Giulia*, Milano 1985

Camillo Semenzato, *L'architettura neoclassica in Trieste*, in: *Bolletino di CISA*, XIII, 1973

Amelio Tagliaferri, *Cividale del Friuli*, o. O. 1992

Amelio Tagliaferri, *Coloni e Legionari Romani nel Friuli Celtico*, Bd. 1, Pordenone 1986

Sergio Tavano, *Aquileia – Guida dei Monumenti Cristiani*, Udine 1984

Sergio Tavano, *Führer durch Grado – Geschichte und Kunst*, Udine 1984

Sergio Tavano, *Scultura in Friuli*, o. O. 1977

Anchise Tempestini, *Martino da Udine – Pellegrino da San Daniele*, Udine 1979

Remigio Tosoratti, *San Daniele del Friuli, Nuova Guida Storico – Turistica*, Fagagna 1986

Christoph Ulmer, *Ville friulane, Storia e Civiltà*, Udine 1993

Giorgio Valussi, *Friuli Venezia Giulia*, Torino 1971

Venezia Giulia e Friuli, Touring Club Italiano, Milano 1955

Tarcisio Venuti, *Chiesette Votive da Tarcento a Cividale*, o. O. 1977

A. Vigevani/P. Zanetti, *Paolo Diacono cronista longobardo*, Udine 1989

W. Fritz Volbach, *Die langobardische Kunst und ihre byzantinischen Einflüsse*, in: *Atti dell'Accademia dei Lincei*, 189, 1974

Maria Walcher, *L'architettura a Trieste della fine del Settecento agli inizi del Novecento*, Udine 1967

Leandro Zoppé, *Ville del Friuli*, Milano 1978

Richard Zürcher, *Friaul und Istrien*, München 1989 (1982)

Ausstellungskataloge

Friaul lebt – 2000 Jahre Kultur im Herzen Europas, hrsg. von Gian Carlo Menis und Aldo Rizzi, Wien 1977

Haec vasa tolle (Venzone 11. 7.–30. 9. 1992), hrsg. von Carola Arena/Sandro Pittini, Udine 1992

I Longobardi, herausgegeben von Gian Carlo Menis (Villa Manin di Passariano und Cividale 2. 6.–30. 9. 1990), Mailand 1990

Mostra della scultura lignea in Friuli (Villa Manin di Passariano 18. 6.–31. 10. 1983, hrsg. von Aldo Rizzi, Udine 1983 (2. Aufl.)

Neoclassico, La ragione, la memoria, una città: Trieste, Triest 1990

Pittura murale di soggetto profano in Friuli dal XII al XV secolo, in: Mostra fotografica 1976 (o. O.)

Abbildungsnachweis

Raum für Reisenotizen

Raum für Reisenotizen

Raum für Reisenotizen

Praktische Reiseinformationen von A bis Z

von Camilla Zimmermanns

Weingut in Cormons

Vor Reiseantritt

Informationsstellen
Auskünfte, Prospekte und Hotelverzeichnisse
sind erhältlich in den Büros des Staatlichen
Italienischen Fremdenverkehrsamtes (ENIT)
sowie bei den regionalen Fremdenverkehrsor-
ganisationen *(Azienda di Promozione Turistica):*

ENIT (Staatliches Italienisches Fremdenver-
kehrsamt)

Berliner Allee 26
40212 Düsseldorf
℘ 02 11/37 70 35

Kaiserstr. 65
60329 Frankfurt/M.
℘ 0 69/23 12 13

Goethestr. 20
80336 München
℘ 0 89/53 03 69

in Österreich:
Kärntnerring 5, 1010 Wien
℘ 02 22/65 43 74

in der Schweiz:
3, rue du Marché, 1204 Genève
℘ 28 29 22
Uraniastr. 32, 6900 Zürich
℘ 2 11 36 33

**Regionale Fremdenverkehrsorganisa-
tionen**
(Aziende per la Promozione Turistica)

Azienda Regionale per la Promozione Turistica (für die gesamte Region zuständig)
Via G. Rossini, 6

34132 Trieste
℘ 040/363952 oder 365152
Fax 040/365496

Via Roma, 22/24
33022 Arta Terme
℘ 0433/92002

Largo Boiani, 4
33043 Cividale del Friuli
℘ 0432/731398

Corso G. Verdi, 100/E
34072 Gorizia
℘ 0481/533870

Via Dante Alighieri, 72
34073 Grado
℘ 0431/80035 oder 80219

Piazza della Motta, 13
33170 Pordenone
℘ 0434/521218

Piazza I Maggio, 7
33100 Udine
℘ 0432/504743 oder 295972

Autokarten
Zu empfehlen ist die Autokarte des
Touring Club Italiano *Veneto, Friuli-
Venezia Giulia* im Maßstab 1 : 200 000.
Sie wird im deutschsprachigen Raum
durch Kümmerly und Frey vertrieben.
Detailgenauer (wenngleich im Maßstab 1 : 250 000) und vor allem hilfreich
beim Auffinden kleinerer Ortschaften
ist die Karte *Friuli-Venezia Giulia,* die
kostenlos von den Fremdenverkehrs-
ämtern abgegeben wird.

Anreise

Vom Westen her führt die ›normale‹ Autobahnstrecke über Verona und Mestre nach Palmanova, dort abzweigend nach Triest oder Udine. Bei Mestre kann man auch die Autobahn Richtung Vittorio Veneto nehmen und bei Conegliano dann über die Landstraße Richtung Sacile und Pordenone ins Friaul einfahren.

Von größtem landschaftlichen Reiz ist eine Anreise durchs Pustertal über Cortina d'Ampezzo. Von hier kommt man über den Mauria-Paß ins Tagliamento-Tal, erreicht als ersten größeren Ort Forni di Sopra und fährt dann weiter Richtung Tolmezzo. Weiter südlich führt vom mittleren Piave-Tal bei Longarone eine Straße über den Osvaldo-Paß nach Cimolais und dann weiter südlich zum sehr schön gelegenen See von Barcis, sodann weiter nach Maniago oder Pordenone.

Sehr zu empfehlen sind die schnellen, bequemen und landschaftlich abwechslungsreichen Anfahrten über Osttirol und Kärnten. Von Salzburg führt die mautpflichtige Tauernautobahn durch die untertunnelten Radstädter Tauern über Spittal und Villach nach Tarvisio und weiter nach Tolmezzo und Udine. Vom Rosenheimer Kreuz bis Udine beträgt die Entfernung dieser reinen Autobahnfahrt 380 km. Von gleichem Zeitaufwand, doch rund 100 km kürzer ist die ›Vogelfluglinie‹ vom Rosenheimer Kreuz nach Udine: Bei Kufstein zweigt man von der Autobahn Richtung St. Johann in Tirol ab und fährt dann über Kitzbühl, Mittersil und durch den mautpflichtigen Felbertauerntunnel weiter über Lienz, den Gailbergsattel (982 m) und den nicht sonderlich schwierigen Plöckenpaß (Passo Monte Croce) ins Friaul, zunächst in den karnischen Canal di S. Pietro. Statt des Plöckenpasses kann man auch den Naßfeld-Paß (Passo di Pramollo) nehmen. Man zweigt dann bei Kötschach in östliche Richtung ab. Pontebba ist bei dieser Variante der erste Ort im Friaul.

Notruf

Polizei und Unfallrettungsdienst (in ganz Italien)   1 13
Pannendienst des italienischen Automobilclubs ACI: 1 16
Notruf des ADAC in Padua (von Juni bis September):   0 49-66 16 51
Auslandsnotruf des ADAC in München (mit Vorwahl von Italien):
             00 49 89-22 22 22

Informationen von A–Z

Einkaufen

Öffnungszeiten der Geschäfte: werktags 8.30–12.30 und 15.30–19.30 Uhr. Die Läden für Kleidung, Schuhe und Haushaltswaren, die Parfümerien und Buchhandlungen sind an Montagen vormittags geschlossen. Mittwochsnachmittags schließen die Lebensmittel- und Blumengeschäfte.

Wochenmärkte:
Montag: Palmanova
Dienstag: Codroipo, Gradisca
Donnerstag: Gorizia, Muggia
Freitag: Cormons
Samstag: Udine, Cividale

Floh- und Antiquitätenmärkte:
1. Sonntag im Monat: Udine
2. Sonntag im Monat: Sacile
3. Sonntag im Monat: Muggia

Friulanische Küchenspezialitäten

Eine Reise im Friaul ist nicht zuletzt auch mit kulinarischen Genüssen verbunden.

Die Friulaner Küche ist äußerst vielfältig, ist offen für fremde Einflüsse (vor allem des Veneto) und kennt gleichzeitig eine Vielzahl von lokalen Traditionen, die sie bis heute zu wahren wußte. Ihre Voraussetzungen liegen dabei in der landschaftlichen Vielfalt der Region mit ihren Ebenen und Hügeln, den Alpentälern und der Küstenzone.

In den Ebenen verwendet man gerne Produkte, die auf den fruchtbaren Böden angebaut werden: Mais, Getreide, Obst und vor allem Gemüse in einer Sortenvielzahl, wie man es vom übrigen Italien nicht kennt. Ansonsten war die Küche hier offen für die Einflüsse des Veneto. In den ärmeren, früher sehr isolierten Bergregionen von Karnien hat sich eine andere, sehr eigenständige Kochtradition entwickelt. Sie beruht auf den Grundprodukten dieser Landschaft: Milch, Käse, Wild und Pilzen. An der Küste ißt man dagegen naturgemäß häufig Fisch und Wildgeflügel.

Neben dem Gebiet des Friaul gibt es in der Region noch ein weiteres wichtiges Zentrum mit einer eigenständigen Küchenkultur: die Hafenstadt Triest und ihre Umgebung. In der Blütezeit der Habsburgerherrschaft nahm man bereitwillig Rezepte Österreichs, Ungarns, des Balkans und Griechenlands in die heimischen Kochtraditionen auf. Bis heute haben sich diese Einflüsse erhalten. So findet man noch immer *Riso al greco*, Gulasch, böhmischen Hasen, Wiener Schnitzel, Leberknödel oder Strudel, den es in süßer oder salziger Variante gibt. Die fremden Rezepte wurden allerdings gewöhnlich abgewandelt und in die lokale mediterrane Küche integriert.

Trotz dieser Vielseitigkeit gibt es einige Grundprodukte, die in der ganzen Region beliebt sind. Hierzu gehören der Mais, der vor allem für die Polenta verwendet wird, ferner Reis, Gerste, Kartoffeln, Bohnen, Kraut und Kürbis.

Die Verwendung von Kräutern und Gewürzen spielt überall eine große Rolle, in den Bergregionen sind es vor allem Wildkräuter und Wildpflanzen: z. B. Löwenzahn, Brennessel, aber auch Pfefferminz, Meerrettich, Majoran und Muskat, und dies in manchmal sehr ungewöhnlichen Mischungen. In der Nähe des Meeres und in der Ebene werden mehr orientalische Würzmischungen unter Verwendung von Zimt, Ingwer, Safran u. a. bevorzugt. Diese Gewürze kennen wir auch aus der Küche des Veneto. Über Venedig kamen sie in das östliche Oberitalien. Insgesamt gesehen stellt die Küche des Friaul und Triests einen etwas deftigen Akzent in der Küchenlandschaft Italiens dar. Neben den Nudelgerichten treten gleichberechtigt Suppen und vielfältige Variationen der weißen und gelben Polenta auf. Die Polenta gibt es sowohl in flüssiger, breiförmiger wie in halbfester bis fester Form. Sie wird vielfach abgewandelt, von der Vorspeise bis hin zur süßen Nachspeise. Eine Eigenart des Friaul ist die Vorliebe für Nüsse, Früchte und Kürbis, und dies nicht nur bei den Nachspeisen, sondern bereits bei den Primi: in den Füllungen und Soßen der Nudeloder Gnocchigerichte. Diese fast mittelalterlich anmutende Vorliebe für salzig-süße Kombinationen kennt man im übrigen Italien nicht, wohl dagegen zuweilen in den Alpenländern.

Als Hilfe bei der Auswahl der Restaurants und als Orientierung beim Lesen der Speisekarte seien einige typische friulanische und triestinische Gerichte vorgestellt.

Beginnen wir mit dem *Antipasto*: beim *Affetato misto* wird meist neben dem weltweit bekannten, sehr milden, luftgetrockneten Schinken aus San Daniele Wurst und Speck gereicht (Speck heißt auch im Italienischen *speck*). Die beliebteste Wurstsorte kommt aus dem hoch gelegenen Sauris in den karnischen Alpen. Der *Frico* ist eine aus geschmolzenem Montasio-Käse ausgebackene Vorspeise. Erkaltet wird er knusprig mit einer Scheibe Polenta gegessen. In den Gebirgsgegenden wird er oft warm mit Kartoffeln und anderen Gemüsen serviert und gibt ein eher recht sättigendes *Primo*.

Im ganzen Friaul verbreitet sind die *Cialzons ciargnei:* Teigtaschen mit Kräuterfüllungen in ungewohnt aparter Zusammenstellung aus Minze, Salbei, Majoran, Basilikum und Pilzen. *Cialzons* gibt es auch mit süß-salzigen Füllungen aus Kürbis, Früchten und Nüssen. Gewöhnlich werden sie in Butter abgeschmolzen und meist nicht mit Parmesan, sondern mit der *Ricotta affumicata* (geräucherter Ricotta) angerichtet. Die *Cialzons* wandeln die Friulaner außerdem gerne im Wechsel der Jahreszeiten ab und variieren – je nach lokaler Tradition – besonders an Festtagen wie Ostern und Weihnachten.

Wie *Gnocchi* aus Kartoffeln oder Ricotta mit Kürbis gehören auch die *Risotti* zu den verbreiteten friulanischen *Primi:* Am Meer gibt es sie mit Fischen, Muscheln und anderen Meeresfrüchten, in den Bergen wechseln die Zutaten mit den Jahreszeiten: im Frühling sind es Wildkräuter, wilder Spargel oder Brennessel, im Sommer Gemüse, auch Hopfensprossen oder Schnecken. Zu den im Friaul beliebten Suppen zählt die *Jota:* eine Bohnensuppe, die aus Gerste, Maismehl und Milch entsteht. In Triest wird diese heiße Köstlichkeit mit Kartoffeln, Weißkraut und Geräuchertem abgewandelt. Die *Paparot* ist eine Spinatsuppe, die mit Maismehl, Butter und Knoblauch zubereitet wird. Unbedingt versuchen sollte man *Zuppa di orzo e verdura:* eine Graupen- und Bohnensuppe.

In Meeresnähe beliebt ist der *Brodetto Gradesano*, eine Fischsuppe aus Grado, die man mit weißer Polenta serviert, oder der *Brodetto alla Triestina*, der auch Meerestiere vorweisen kann und mit Tomaten zubereitet wird.

Die *Secondi* bestehen wie meist in Italien aus gegrilltem Fleisch oder im Ofen geschmortem Braten oder dem *Bollito misto* (gemischtes gekochtes Fleisch), wobei die Wildsaison im Herbst die kulinarisch interessanteste Jahreszeit ist.

In Küstennähe und in der Lagune von Grado bilden natürlich Fische den Schwerpunkt der Küche. Auch hier dürfte es dem kulinarisch Interessierten selbst in der Sommersaison gelingen, Trattorien oder Restaurants aufzuspüren, die sich in der Zubereitung von Fisch und Meeresgerichten der Tradition verpflichtet fühlen. *Sepie in tegame* ist eine Gradeser Spezialität, die Sepien (eine Tintenfischart) werden hier in Öl, Butter und Milch gedünstet. *Sepie con granzeole* sind Sepien, die mit Meeresspinne gefüllt und im Ofen überbacken werden.

Auch am Abschluß eines friulanischen Essens stehen die *Dolci*, die Süßspeisen. Hier zeigt sich in Triest und in Gorizia besonders der österreichische Einfluß, so in den *Strucoli* (Strudeln), die in unzähligen Variationen vorkommen, oder den *Krapfen alla Triestina*. Beliebt sind auch die Palatschinken (die man hier *Palaschinke* nennt) mit Nuß- und Marillenfüllung, im Herbst auch mit Kastanienfüllungen. Zu den weiteren Süßspeisen aus Zeiten der Habsburgerherrschaft zählt der *Presnitz*, eine Mandeltorte, oder die Triestiner *Torta dobos* (eine Cremetorte mit Karamelglasur, wohl ungarischer Herkunft) und der *Cuguluf* (Guglhupf). Eine Spezialität aus Cividale ist die *Gubana:* ein Hefekranz mit Nußfüllung und Trockenfrüchten, der mit einem Schuß Sliwowitz verfeinert wird.

Museen und andere Sehenswürdigkeiten

Aquileia
Dom und Krypta
1. 4.–30. 9.: 7.30–18.30 Uhr, 1. 10.–31. 3.: 7.30–12.30 und 15–18.30 Uhr

Cripta degli Scavi (frühchristliches Bodenmosaik)
werktags 9–14 Uhr, sonn- und feiertags 9–13 Uhr

Römische Häuser und Flußhafen
9–18.30 Uhr (im Winter bis 17.30 Uhr)

Museo Archeologico Nazionale
werktags 9–14 Uhr, sonn- und feiertags 9–13 Uhr

Museo Cristiano
werktags 9–14 Uhr, sonn- und feiertags 9–13 Uhr

Museo Civico del Patriarcato
Via Patrairaca Poppone. Die Eröffnung ist geplant. Information: ✆ 0431-919451

Castelmonte
Die *Wallfahrtskirche* ist mittags zwischen 12.30 und 14.30 Uhr geschlossen.

Cividale
Dom und Museo Cristiano del Duomo
werktags 9.30–12 und 15–19 Uhr, sonn- und feiertags 9–12 und 15–19 Uhr

Tempietto Langobardo
1. 4.–30. 9.: 10.30–13 und 15.30–18.30 Uhr (in den übrigen Monaten bis 17.30 Uhr)

Museo Archeologico Nazionale
15. 6.–15. 9.: Mo 9–14 Uhr, Di–So 9–19 Uhr; in

der übrigen Zeit werktags 9–14 Uhr, an Sonn- und Feiertagen 9–13 Uhr

Ipogeo Celtico
Via Monastero Maggiore, 6
Mo–Fr 1. 5.–30. 9.: 9–13 und 15–17 Uhr. Für den Besuch wende man sich an das Ufficio Turistico, Largo Boiani, 4 oder an die Bar *Al Ponte*, Via d'Aquileia

Gorizia
Castello
1. 10.–31. 3.: werktags 9.30–12.30 und 14–17 Uhr, an Sonn- und Feiertagen 10.30–12.30 und 14–18 Uhr, 1. 4.–30. 9.: 9.30–13 und 15–19.30 Uhr, Mo geschl.

Museo Provinciale di Storia ed Arte
Werktags 10–13 und 15–20 Uhr, an Sonn- und Feiertagen 10–20 Uhr, Mo geschl.

Museo Provinciale della Grande Guerra
Werktags 10–13 und 15–20 Uhr, an Sonn- und Feiertagen 10–20 Uhr, Mo geschl.

Museo Provinciale (Pinakothek Palazzo Attems)
Wiedereröffnung geplant

Gradisca d'Isonzo
Civico Museo Gradiscano
Di, Do und Fr 17–19 Uhr

Galleria Regionale d'Arte Contemporanea ›Luigi Spazzapan‹
Di–So 10–12.30 und 15.30–18.30 Uhr

Monrupino
Museo della Casa Carnica
Rupingrande, 31, geöffnet nur an Sonn- und Feiertagen 11–12.30 und 15–18 Uhr

Palmanova
Civico Museo Storico
Borgo Udine, 4
Mo–Sa 10–12 Uhr

Besichtigung nach Vereinbarung, ✆ 0432/929106 zu den Öffnungszeiten

Museo Storico Militare, Dongione di Porta Cividale
Im Winter 9–12, 16–18 Uhr werktags, 9–12 Uhr an Feiertagen; im Sommer 9–12, 14–16 Uhr werktags, 9–12 Uhr an Feiertagen

Passariano
Villa Manin
9–12.30 und 15–18 Uhr, Mo geschl.

San Daniele del Friuli
Biblioteca Guarneriana
Via Roma, 1
Di–So 9–12 Uhr und nach Vereinbarung

Museo Civico del Territorio
Via S. Sebastiano, 6
Besichtigung nach Anfrage in der Biblioteca Guarneriana, ✆ 0432/954484

San Floriano del Collio
Museo del Vino
Via Oslavia, 5
8–16 Uhr, Sonn- und Feiertage 14–18 Uhr

San Vito al Tagliamento
Museo Civico
Torre Raimonda
10–12 Uhr, 15–18.30 Uhr; Sa, So und an Feiertagen geschlossen, im Sommer auch Mi und Fr nachmittags, im Winter in den Schulferien. Man wende sich an die Biblioteca Civica, ✆ 0434/80405

Tolmezzo
Museo Carnico delle Arti Popolari ›Michele Gortani‹
April–September 9–12 und 14–18 Uhr, Oktober–März 9–12 und 13–17 Uhr, Mo geschl.

Triest
Museo Civico del Castello di San Giusto
(Museum im Kastell) 9–13 Uhr, Mo geschl., das Kastell selbst ist ab 8 Uhr bis Sonnenuntergang geöffnet

Museo Civico di Storia ed Arte/Orto Lapidario
(Kunsthistorisches Museum und Lapidarium)
Via Cattedrale, 15
9–13 Uhr außer Mo

Antiquarium
Do 10–12 Uhr

Basilica Paleocristiana (frühchristliche Basilika)
Via Madonna del Mare, 11
Mi 10–12 Uhr und nach Anfrage: ✆ 040/43631

Galleria Nazionale d'Arte Antica (Nationalgalerie für antike Kunst)
Palazzo Economo, Pza. Libertà, 7
9–13 Uhr außer So

Museo Ferroviario di Campo Marzio
Via Giulio Cesare, 1
Di–So 9–13 Uhr

Museo Revoltella
Via Diaz, 27
9–12, 15–18 Uhr, Führungen Sa 10.30 Uhr, Di und So nachm. geschlossen

Museo Civico Sartorio
Largo Papa Giovanni XXIII, 1
Di–So 9–13 Uhr

Museo Civico Mario Morpurgo de Nilma
Via Imbriani, 5
Di–So 10–13 Uhr

Museo Civico di Storia Naturale
(Naturhistorisches Museum)
Pza. Hortis, 4
9–13 Uhr, außer Mo und an Feiertagen

Museo Civico del Mare (Schiffahrtsmuseum)
Via Campo Marzio, 1
9–13 Uhr, außer Mo und an Feiertagen

Civico Acquario Marino
(Seewasseraquarium)
Riva N. Sauro, 1
1. Nov.–31. März: 9–13 Uhr; 2. Mai–letzter So
im Sept.: 9–18.30 Uhr; April und Okt. So
9–18.30 Uhr, geschl. Mo und an Feiertagen

Umgebung von Triest
Faro della Vittoria (Leuchtturm)
Strada del Friuli, 141 (bei Triest)
1. April–30. Sept.: 9.30–11.30 und 15.30–18.30
Uhr; 1. Okt.–30. März: an Feiertagen 10–15
Uhr

Castello di Miramare
Im Winter werktags 9–13 Uhr, an Feiertagen
9–12.30 Uhr; im Sommer auch nachmittags,
℘ 040/224143. Der Park hat ab 9 Uhr bis Sonnenuntergang geöffnet

Grotta Gigante (Sgonico)
Täglich außer Mo (wenn Werktag) Führungen: 1. Nov.–28. Feb.: stündlich 10–12 und
14.30–16.30 Uhr; März und Okt.: halbstündlich 10–12 und 14–17 Uhr; 1. April–30. Sept.:
stündlich 9–12 und 14–19 Uhr

Udine
Castello (Galleria d'Arte Antica, Museo
Archeologico, Gabinetto Disegni e Stampe)
Di–Sa 9.30–12.30, 15–18 Uhr, So vorm.

Civica Galleria d'Arte Moderna
Palamostre-Piazzale Diacono, 22
9.30–12.30, 15–18 Uhr außer Mo und So
nachm.

Museo delle Arti e Tradizioni Popolari
Via Viola
auf Anfrage (im Castello)

Santa Maria del Castello
auf Anfrage im Museo (Sekretariat der
Museen, ℘ 0432/501824 oder 271591)

Zuglio
Civico Museo Archeologico Julium Carnicum
(in Entstehung)
℘ 0433/92045

San Pietro in Carnia
Mai–September: 10–12 und 14–17 Uhr, in der
übrigen Zeit nur Sa und So und nur bei gutem
Wetter

Öffnungszeiten

Kirchen sind in Italien häufig zwischen 12
und 16 Uhr geschlossen. Glücklicherweise
den ganzen Tag über geöffnet sind die bedeutenden Kirchen von Grado und die Abteikirche Santa Maria in Sylvis in Sesto al Reghena.
Ebenfalls durchgehend geöffnet ist im Sommer der Dom von Aquileia. Zum Besuch der
Dorf- und Votivkirchen muß man sich
zumeist um den Schlüssel bemühen, der oft
im Pfarramt aufbewahrt wird. Im allgemeinen
werden jedoch im Friaul die Kunstschätze der
Kirchen gerne den nicht allzu zahlreichen
Besuchern gezeigt. Oft sind bei kleinen Kirchen die Fenster offen, während die Tür verschlossen ist. Nützlich ist ein Fernglas, oft
auch eine Taschenlampe.

Im Gegensatz zu vielen Villen im Veneto
stehen die **Villen** im Friaul (mit Ausnahme
der Villa Manin) Besuchern nicht offen. Die
meisten Besitzer lassen keine Fremden ins
Haus, weil nicht selten Besichtigungen der
Vorbereitung eines Einbruchs dienen. Für speziell Interessierte sei vorhergehende schriftliche oder telefonische Kontaktaufnahme empfohlen.

Restaurants und Trattorien

Leichter als eine schön gelegene, ruhige Unterkunft findet man in Oberitalien eine gute Küche. Einen Überblick über ausgewählte Restaurants geben die jährlich neu, auch auf Deutsch erscheinenden gastronomischen Führer Veronellis und des Gambero Rosso ebenso wie »Le guide de l'Espresso« (nur italienisch). Dem Charakter der italienischen Küche weniger gerecht wird hingegen der »Michelin Italia«.

Wir beschränken uns darauf, einige Lokale zu nennen, ohne deren Besuch unser Bild von der friulanischen Küche unvollständig wäre:

Die karnische Küche lernt man am besten in den Restaurants der Hotels *Salon* in **Piano d'Arta** (✆ 0433-92003, Di geschl.) und *Roma* in **Tolmezzo** kennen (✆ 0433-2081, So abends und Di geschl., teuer). Daß die Küche des östlichen Friaul österreichisch und slowenisch beeinflußt ist, läßt sich in einigen Restaurants von **Cormons** erfahren: *Al Gardinetto* (✆ 0481-60257, Mo abends und Di geschl.), *Al Cacciatore della Subida* (lod. Subida, ✆ 0481-60531, Di und Mi geschl.) und in dem auf Wild spezialisierten Hotelrestaurant *Felcaro* (✆ 0481-60807, Mo geschl.). Zwei weitere empfehlenswerte Adressen im weiteren Umkreis von Cormons: *Al Piave* in **Corona** (Di geschl., ✆ 0481-69003), und Il Molino in **Visinale del Iudrio** (✆ 043-759540, Mi geschl.).

In **Udine** möchten wir eine einfache, volkstümliche Trattoria mit ›Ambiente‹ hervorheben: *Al Vecchio Stallo* (✆ 0432-21296, Mi geschl.). Schöne Räumlichkeiten hat *Ai Frati* (✆ 0432-506926, So und Mo vormittags geschl.). Gut ist die Küche in **Cividale**, u. a. bei *Zorutti* (✆ 0432-731100, Mo geschl.) und *Al Monastero* (✆ 0432-700808, So abends und Mo geschl.). In den gastronomischen Führern am höchsten bewertet wird *Boschetti* in **Tricesimo** (✆ 0432-851230, Mo geschl.). Vielen

Friulanern eine längere Autofahrt wert ist auf **Grado** die *Antica Trattoria da Nico* mit vorzüglichen Fischgerichten (✆ 0431-80470, Do geschl.).

Die typische Triestiner Küche findet man in **Triest** bei *Ai Fiori* (✆ 040-300633) und vor allem in dem teureren *La Suban* (✆ 040-54368, Di geschl.). Ein Restaurant mit großartiger Aussicht: *Hosteria Bella Vista* (✆ 040-411150, So geschl.).

Unterkunft

Die hier empfohlenen Hotels liegen meist im Zentrum der Städte (mit Ausnahme von Gemona und Gradisca) oder abseits der Verkehrsstraßen auf dem Lande.

Aquileia
Hotel Fonzari***
Via G. Augusta, 14
✆ 0431/91036

Hotel Aquila Nera*
Piazza Garibaldi, 5
✆ 0431/91045

Casarsa della Delizia
Hotel Alla Posta***
Via Valvasone, 12/14
✆ 0434/870808

Cividale
Locanda al Castello**
Via del Castello, 18 (Fortino)
✆ 0432-734015, 733242

Hotel Pomo d'oro*
Piazza S. Giovanni, 20
✆ 0432-7313489
(Zi 5, ›gialla‹)

Cormons
La Subida – Centro Agroturistico
(Appartements)
℘ 0481/60531

Hotel Felcaro***
Via San Giovanni, 45
℘ 0481/60214

Gemona
Hotel Willy**
Via Bariglaria, 72
℘ 0432/981733
Fax 0432/980108

Gradisca d'Isonzo
Hotel Franz***
Viale Trieste, 45
℘ 0481/99211
Fax 0481/965010

Grado
Reservierungsmöglichkeiten bei
Grado-Promhotels,
℘ 0431/82929 od. 82347,
Fax 0431/84980

Hotel Hannover****
Via XXVI Maggio, 10
℘ 0431/82264
Fax 0431/82141

Hotel alla città di Trieste***
Piazza XXVI Maggio, 22
℘ 0431/84572
Fax 0431/83571

Hotel Augusta***
Viale Argine dei Moreri, 11
℘ 0431/80322
Fax 0431/84903

Pensione Ville Bianchi**
Lungomare Adriatico, 13

℘ 0431/80169
(geöffnete Mitte Mai bis September)

Karnien
In den größeren Orten gibt es meist gute Unterkunftsmöglichkeiten, wobei man trotzdem rechtzeitig planen sollte. Karnien ist ein ganzjährig beliebtes Ziel, sei es für Skiurlauber, Wanderfreunde oder Bergsteiger.

Forni di Sopra
Hotel Edelweiss**
℘ 0433/88016 od. 88431
Fax 0433/88017

Hotel Centrale**
℘ 0433/88062

Piano d'Arta (Arta Terme)
Hotel Salon***
via Peresson, 70
℘ 0433/92003

Hotel Belvedere**
Via Marconi, 39
℘ 0433/92006

Prato Carnico
Hotel Ai Sette Nani*
Via principiale, 30
℘ 0433/69013

Ravascletto
Hotel Bellavista**
Via Roma, 22
℘ 0432/66089

Sauris di Sotto
Hotel Morgenleit***
Piazzale Morgenleit
℘ 0433/86166

Sutrio
Hotel del Negro**

Via Roma, 55
℘ 0433/778039

Treppo Carnico
Hotel Cristofoli*
Via Matteotti, 10
℘ 0433/777081

Manzano
Hotel Il Borgo*
Loc. Soleschiano
℘ 0432/754119

Latisana
Hotel Bella Venezia***
Via Giovanni XXIII
℘ 0431/59647
Fax 0431/59649

Maiano (bei S. Daniele)
Hotel Dal Asín**
Via Ciro di Pers, 39
℘ 0432/959015
Fax 0432/948116

San Daniele del Friuli
Hotel Al Picaron*
Colle Picaron
℘ 0432/940688, Fax 940670

San Floriano del Collio (bei Gorizia)
Hotel Golf****
Via Oslavia, 5
℘ 0481/884051
Fax 0481/884214

Spilimbergo
Hotel Gran President****
Via Cividale
℘ 0427/50050
Fax 0427/50333

San Pietro als Natisone
Hotel Natisone**
Via Tiglio, 35
℘ 0432/709064

Tolmezzo
Hotel Cimenti***
Via della Vittoria, 28
℘ 0433/2926
Fax 0433/41690

Hotel Roma***
Piazza XX settembre, 14
℘ 0433/2081

Trieste
Informieren Sie sich über verbilligte Wochen-
endtarife, verbunden mit freiem Eintritt in
den Museen und kostenlosen Stadtführungen.

Grand Hotel Duchi d'Aosta****
Piazza dell'Unità d'Italia, 2
℘ 040/7351
Fax 040/366092

Hotel al Teatro**
Capo di Piazza, 1
℘ 040/366220
Fax 040/366560

Udine
Astoria Hotel Italia****
Piazza XX Settembre, 34
℘ 0432/505091
Fax 0432/503711

Hotel San Giorgio***
Piazzale Cella, 2
℘ 0432/505577
Fax 0432/506110

Hotel Piccolo Friuli*
Via Magrini, 9
℘ 0432/507817

Camping
Camping International Tenuta Primero –
Adria Bungalows, Grado
℘ 0431/81523 od. 81371
Okt.–April ℘ 0431/80724, 15–18 Uhr

Veranstaltungen

(wir empfehlen vorherige Erkundigungen bei den Tourismusbehörden)

Dritter Sonntag im Mai:
In Zuglio *Bacio delle Croci*, bei dem traditionsgemäß die bunt geschmückten Kruzifixe der umliegenden Dörfer in einer Prozession um San Pietro versammelt werden.

Mitte bis Ende Juni:
In Marano Lagunare (Udine) *Festa di San Vito* mit Prozession.

Juli:
In der Villa Manin (Passariano), in Sesto al Reghena und Aquileia Konzertveranstaltungen.

August:
In Gemona *Agosto medievale*, Spiele aus dem Mittelalter und *musica antiqua* sowie Umzug in historischen Gewändern.

In Aviano und Piancavallo internationales Folklorefestival.

Dritter Sonntag im August:
In Sacile Vogelschau, die seit 1274 Tradition ist.

Ende August:
In San Daniele *Aria di Festa*, Festivitäten rund um Schinken und Wein.

Weine des Friaul

Besuche in den Weingütern haben im Friaul ihren eigenen Reiz. Keine andere Landschaft Italiens kennt eine solche Vielzahl von Rebsorten, und so kann eine Fahrt im Friaul auch zu einer Schule der Geschmacks- und Geruchssinne werden. Die große Sortenvielfalt hat im Friaul Tradition. Man denkt beim Anbau der verschiedenen Rebsorten zunächst weniger an verwöhnte Kenner, sondern man will das Risiko von Krankheiten und eines ungünstigen Witterungsverlaufs mindern. Heute ist der Anbau mehrerer Rebsorten Voraussetzung auch dafür, wenigstens einen Spitzenwein im Jahr zu erzeugen. Der Rotwein überwiegt im Friaul. Den Ruhm allerdings, eine der ersten Weinlandschaften Europas zu sein, verdankt die Region ihren Weißweinen – vor allem den der beiden kleinen Anbaugebiete des Collio und der Colli orientali.

Das im Norden und Osten durch die Karnischen und Julischen Alpen begrenzte Friaul zeichnet sich durch vielfältige Landschafts- und Bodenformationen aus, zu denen die Endmoränenhügel des Collio und der Colli orientali ebenso gehören wie der Karst und die fruchtbaren Ebene, in denen nicht nur Mais und Getreide angebaut werden, sondern ebenfalls Wein. Vor den rauhen Winden des Nordens sind die Hügel und die Ebene durch die Alpenketten abgeschirmt. So nimmt ein großer Teil des Friaul noch Teil am milden Klima des Mittelmeeres. Dennoch kann es hier nachts beträchtlich abkühlen. Dies ist jedoch für die Qualität der Weißweine keineswegs von Nachteil: Die kühleren Temperaturen bewirken eine Konservierung der Säure, und diese ist eine der Voraussetzungen guter Weißweine.

Bis in die Bronzezeit läßt sich der Weinbau in dieser Landschaft nachweisen. Erste Zeugnisse einer Weinkultur gibt es seit der römischen Kolonisierung (seit 181 v. Chr.). Bei der Belagerung Aquileias ließ Kaiser Maximinian eine Holzbrücke über den Isonzo bauen, für die er die Fässer des Collio benutzt haben soll. Mit dem Niedergang des römischen Reiches verwilderte das Land. Erst das Mittelalter führte zur Erneuerung der Weinkultur.

Moderne Kellereimethoden trugen dazu bei, daß den früher wenig bekannten friulanischen Weinen in den 60er Jahren die internationale Anerkennung gelang. Damals begann man, die alten Holzfässer durch Zementbottiche, später auch durch Stahltanks zu ersetzen, so daß bei Gärung und Reifung die Aromastoffe besser erhalten bleiben. Die Verzögerung der Fermentation durch temperaturgesteuerte Gärung sowie die Reduzierung des Sauerstoffes bei Kelterung und Ausbau des Weines waren ein weiterer Fortschritt zur Erhaltung der natürlichen Duftstoffe. Eine wesentliche Qualitätsverbesserung brachte sodann die Reduzierung des Ertrages. Man begrenzte das Wachstum durch stärkeren Beschnitt der Reben. Die Trauben werden heute zumeist auch zu einem früheren Zeitpunkt gelesen als früher. Dadurch bleibt die Säure erhalten, und es wird vermieden, daß der Alkoholanteil zu sehr ansteigt. Dies erweist sich als besonders wichtig in heißen Jahren, wenn der Säurewert gering ausfällt. So entstehen die frischen, fruchtigen Weine, wie sie vor allem in Italien beliebt sind, Weine, die nur eine kurze Reifezeit benötigen, allerdings auch nicht altern.

Sieben Anbaugebiete wurden im Friaul als DOC-Gebiete klassifiziert. DOC (= Denomionazione d'origine controllata) ist eine Auszeichnung für Weine mit kontrollierter Herkunftsbezeichnung. Nicht als DOC-Weine deklariert werden dürfen Weine, die aus mehreren Rebsorten gekeltert wurden, und Sorten, die in einem bestimmten Gebiet nicht anerkannt wurden. So gelten z. B. Chardonnay, Sauvignon, Riesling renano, Müller-Thurgau im Collio nicht als DOC-Weine, obschon sie in der Qualität den zugelassenen Weinen meist ebenbürtig sind. Ein fehlendes DOC-Prädikat ist also nicht immer ein Hinweis auf geringere Qualität.

An erster Stelle muß ein kleineres Anbaugebiet genannt werden: der **Collio,** den man eigentlich *Collio Goriziano* nennt (vgl. S. 298).

Die Weine des Collio genießen größtes Renomée, speziell die Weißweine zählen zu den besten Italiens. Im Collio muß der Wein an den Hängen angebaut werden, um das DOC-Prädikat zu erhalten. Die Erzeugnisse aus den tiefen Lagen gelten als Tafelweine.

Die Hügel des Collio wie auch der Colli orientali haben einen steinigen Untergrund, den *Flysch,* den man im Friaul *ponca* (friul. *poncé*) nennt. Er entspricht dem *galestro* der Toscana. Dieser besondere Boden ist reich an Mineralien, die zum Bouquet beitragen. Die Ponca kann Feuchtigkeit speichern, so daß der Rebstock auch während langer Hitzeperioden des Sommers nicht ganz austrocknet. Der Boden kompensiert so teilweise das für Friulaner Verhältnisse relativ trockene und sonnige Sommerklima des Collio.

Die **Colli orientali** schließen sich nördlich dem Collio an. Das Gebiet reicht von Mazzano im Süden über Cividale und Faedis bis über Tarcento hinaus. Die Bodenbeschaffenheit ist dem Collio gleich. Doch ist die Witterung, vor allem im nördlichen Teil, etwas feuchter, die Temperaturen sind etwas niedriger. Dennoch sind die Weine oft ähnlichen Charakters wie im Collio. Etwas taninhaltiger kann allerdings der Rotwein ausfallen, der sich dann für eine längere Reifung eignet. In den Colli orientali gibt es neben wenigen größeren Betrieben eine Fülle von mittleren und kleinen Weinbauern, die mit großer Liebe um Qualität und Sortenvielfalt bedacht sind. Gerade ausgefallene traditionelle Rebsorten wie die roten *Schoppetino* und *Tazzelenghe* oder die Dessertweine *Piccolit, Verduzzo di Ramandolo,* werden hier angebaut. Die Hügel werden hier als *ronco* (pl. *ronchi*) bezeichnet. Bei etwa 200 m ü. M. liegt die obere Anbaugrenze. Ein Teil des Weines kommt aus der Ebene, ohne jedoch die Qualität der Weine der Hanglagen zu erreichen.

Als **Grave** bezeichnet man das größte Anbaugebiet des Friaul, auf das 75 % der Gesamtproduktion anfallen. Es reicht von

Sacile im Westen bis vor Cividale im Osten, von den Ausläufern der Karnischen Alpen bis an die DOC-Gebiete Aquileia und Latisana. Es umfaßt Hügel und große Teile der Ebene links und rechts des Tagliamento. So ausgedehnt das Gebiet ist, so unterschiedlich ist auch seine Bodenbeschaffenheit. Die weiter von der Küste entfernt liegenden Böden sind unter der Humusschicht kies- und sandhaltig. Die Weine erreichen hier im allgemeinen bessere Qualitäten als in dem niedrigeren Teil der Ebene, der sich zum Meer hin anschließt. Hier sind die Böden nährstoffreicher, fruchtbarer und dementsprechend ertragreicher. Die Weine geraten leichter, sind weniger gehaltvoll und werden oft als Massenware produziert. Leicht und von meist geringer Säure sind auch die Weine der beiden südlich anschließenden, bis zur Küste reichenden flachen Anbaugebiete **Aquileia** und **Latisana,** die sich in den klimatischen Bedingungen wie auch in der Bodenbeschaffenheit kaum voneinander unterscheiden. Auch hier sind die Erträge meist sehr hoch und verführen zur Massenproduktion.

Von sehr unterschiedlicher Qualität sind die Weine des **Isonzo,** je nachdem, wo sie angebaut werden. »Der höher gelegene, nördliche Teil der Zone bringt nervige, schlanke Kreszenzen hervor, die mit einem feinen Bouquet ausgestattet sind und einen beträchtlichen Charme entwickeln können« (Priewe).

Selbst das karge Kalksteinplateau des Karstes wird zum Weinbau genutzt und erhielt 1985 die Anerkennung als DOC-Gebiet unter der Bezeichnung **Carso.** Die Produktionsbedingungen sind auf dem porösen Kalkgestein, in dem das Wasser versickert, erschwert und entsprechend kostenintensiv. Die Erträge sind hier geringer als in den anderen Zonen. Um wirklich qualitätvolle Weine anzubauen, bedarf es Prestigedenkens oder Idealismus' (wie bei Castelvecchio in Sagrado, wo die Reben mit einer fest installierten Anlage berieselt werden). Die charakteristische rote Reb-

sorte des Carso ist der *Terrano* (aus der Refoscofamilie). Weitere Sorten des Carso sind die roten *Pinot nero* und *Refosco* sowie die *Malvasia.*

Die weißen Rebsorten

Der *Tocai* ist *der* Wein des Friaul und hier von allen Weißweinreben am meisten verbreitet. Er ist zu unterscheiden vom ungarischen Tokayer, mit dem er weder verwandt noch im Charakter zu verwechseln ist. Der *Tocai friulano* ist ein trockener strohfarbener, leicht grünlich schimmernder Wein von besonders reichem, würzigen Charakter. Ein vielstimmiges Bouquet zeichnet ihn aus, er kann nach Feldblumen, Pfirsichkernen oder Apfel duften und hat dazu einen charakteristischen leicht mandelbitteren Abgang. Im Gegensatz zu Rebsorten französischen Ursprungs (Sauvignon, Chardonnay) ist er wenig parfümiert und daher bei den Friulanern, vor allem auch bei den Weinbauern als täglicher, jung getrunkener Wein äußerst beliebt. Die Tocai-Rebe ist sehr ertragreich und wird daher in der Ebene als preiswerter Massenwein angebaut. Doch findet man sie ebenso in den bevorzugten Lagen der Hänge des Collio oder der Colli orientali, wenn sie auch in letzter Zeit durch die beliebt gewordenen Pinot-Sorten vielfach verdrängt wurde. Doch keiner der Weinbauern und auch der großen Produzenten des Friaul kann auf Tocai-Weine verzichten. Gerade diese Sorte konnte durch Reduzierung der Ertragsmengen an Qualität gewinnen.

Etwas im Schatten der Tocai-Rebe steht eine ebenfalls seit Jahrhunderten im Friaul heimische Weißweinrebe: die *Ribolla gialla,* kurz Ribolla genannt. Dokumentiert ist sie seit 1299. Wir wissen, daß den venezianischen Statthaltern beim Einzug in Udine stets Ribolla-Wein gereicht wurde. Ribolla wird im Gegensatz zum Tocai nur auf den Hügeln angebaut. Er ist in seinem Duft zurückhaltend, nicht ganz so vielstimmig wie der Tocai.

Seine Fruchtaromen äußern sich meist nur in Nuancen.

Der *Pinot bianco* ist nach dem Tocai der am meisten angebaute Weißwein im Friaul. Er ist zu Hause im Burgund, wo er ähnliche Klima- und Bodenbedingungen findet. Erst in der Mitte des 19. Jh.s wurde er ins Friaul importiert und zählt hier oft zu den hochwertigsten Weinen eines Jahrganges. Wie man im Deutschen die Rebe Weißburgunder nennt, so spricht man im Friaul zuweilen vom *Borgogna bianca*. Er verträgt zwei bis drei Jahre Reife. Dabei verändert sich sein Bouquet von Akazien- zu Honigduft. Aus Burgund stammt ebenso die Rebe des *Pinot grigio*, der sich seit den letzten Jahren besonderer Beliebtheit erfreut. Er ist fruchtig und erinnert im Duft stark an Äpfel.

Ein intensives Bouquet entfaltet der *Sauvignon*. Er ist sowohl fruchtig als auch körperreich. Eine unverwechselbare Geschmackskomponente drängt sich bei guten Sauvignonweinen auf: der Duft von gekochten Brennesseln oder (man verzeihe) von Katzenpisse. Sehr fruchtig ist auch der *Chardonnay*, ebenfalls französischen Ursprungs. Im Burgund werden aus ihm u. a. die Chablis-Weine erzeugt. Im Friaul kann er gelegentlich überreich an Duftaromen sein. Fast immer kann man Apfel, Akazie, Pfirsich und als Unterton Lakritze wahrnehmen.

Der wahrscheinlich aus dem Rheinland stammende *Riesling renano* wird im Friaul oft nur Riesling genannt. In diesem Jahrhundert wurde er aus der Steiermark ins Friaul eingeführt, wo er zu den edelsten Weißweinsorten zählt. Das Aroma erinnert an Muskat und Ginster. Er verträgt nur eine begrenzte Lagerzeit. Die *Malvasia* ist die traditionelle Rebe des istrischen Karstes, aus der jahrhundertelang der Wein für die Venezianer erzeugt wurde. Mehrmals findet sich in Venedig der Name Malvasia als Gassenname. Aber auch im Karst bei Gorizia und im Collio wird die Malvasia angebaut. Der Wein ist im allgemeinen wenig parfümiert und wird daher gerne zu Fisch getrunken.

Die roten Rebsorten

Der sehr beliebte *Merlot* wird vor allem auf dem Kiesgrund der Ebenen angebaut. Im Grave ist er ein ausgesprochener Massenwein. Doch findet man ihn in hoher Qualität mit reichem Bouquet auch im Gebiet des Isonzo und auf den Hügeln. Nicht sonderlich ertragreich ist der *Cabernet franc*, der besonders gut in der Ebene des Isonzo gedeiht. Sein würziges Aroma wird als grasig bezeichnet. Um zur vollen Reife zu gelangen, braucht er vier bis sechs Jahre. Noch weniger Ertrag bringt der pflegeintensive und daher nur wenig angebaute *Cabernet Sauvignon*, der mindestens zwei Jahre lagern sollte. Im Friaul wird häufig eine Mischung von Cabernet franc und Cabernet Sauvignon angeboten.

Der *Pinot nero* spielt in der Produktion nur eine geringe Rolle, da er sehr empfindlich ist. Er blüht früh und ist deshalb durch Nachtfröste gefährdet. Schon sehr bald entwickelt er ein weiniges Parfüm. Dennoch hat er gute Alterungsmöglichkeiten. Ein weiterer guter Rotwein ist auch der *Franconia* (Blaufränkisch), der im Friaul kurz vor dem Aussterben war, doch seit einigen Jahren erneut stärkere Beachtung findet.

Der *Refosco del peduncolo rosso* (d. h. ›Refosco des roten Stils‹, oft auch nur Refosco etikettiert) ist ein charaktervoller herber Rotwein mit einem intensiven Duft von Veilchen, der sehr gut altern kann. Mit dem Refosco verwandt ist der wenig ertragreiche, nach Himbeeren duftende *Terrano*, ein interessanter Rotwein des Carso. Er besitzt relativ viel Säure und einen etwas geringeren Alkoholgehalt als bei Rotweinen üblich. Serviert wird er bei Kellertemperatur. Im Friaul trinkt man ihn gerne auch zu fettem Fisch. Seine besonderen Eigenschaften entfaltet er jedoch vor allem bei Fleischgerichten.

Wenig verbreitet sind drei autochthone Reben, die nur noch von wenigen Winzern in den Colli orientali angebaut werden, die jedoch die Rotweinpalette um eigenwillige Gewächse bereichert: Hoch gelobt wird der rubinrote *Schioppettino* (auch *Ribolla nera* genannt) mit geringem Alkoholgehalt, doch ausgeprägter Säure. Ein besonderer Rotwein ist der *Tazzelenghe*. Jung getrunken, ist er wild, ungestüm und von beißender Schärfe, was ihm auch seinen Namen (›Beißt die Zunge‹) gegeben hat. Nach 3–7 Jahren wird er harmonischer und erreicht ein ungewöhnliches Aroma. Ein einzigartiger Wein ist der hellrote *Pignolo*, dessen Rebe beinahe ausgestorben war und heute nur noch in wenigen Dörfern der Colli orientali (Prepotto, Premariacco, Albana und Rosazzo) angebaut wird. Er liefert nur geringe Mengen und ist entsprechend teuer.

Destillate
Wenn heute in Italien die Grappa, der Tresterschnaps, von einem einfachen Bauernschnaps zu einem kostbaren Destillat aufgestiegen ist, so ist dies vor allem Friulaner Erzeugern aus Percoto zu verdanken: Bennito und Nannola Nonino. Sie haben die Destillationstechnik verbessert und als erste 1973 Grappa aus einer einzigen Rebsorte destilliert. Sie wählten dazu den *Picolit*, später auch andere autochthone Sorten wie *Schioppettino, Pignolo, Tazzelenghe, Verduzzo, Ribolla* und sogar den als Wein offiziell nicht zugelassenen *Fragolino* und trugen so zur Aufwertung und damit zum Überleben einiger nahezu ausgestorbener Rebsorten bei. Später brannten die Nonino zum ersten Male Schnäpse aus Trauben. Auch hierzu wählten sie jeweils eine einzige Rebsorte (*Verduzzo, Gewürztraminer* etc.).

Viele Destillerien sind dem Beispiel der Nonino gefolgt. Unter den guten Grappa-Destilerien des Friaul sei Domeni in Dolegnan hervorgehoben.

Dessertweine
Der halbtrockene *Picolit* wird oft mit dem Sauternes vom Chateau d'Yquem verglichen. Er war schon zu Zeiten der Römer im Friaul bekannt. Diese Rebe neigt zum Verrieseln, da ein großer Teil der weiblichen Blüten nicht befruchtet wird. So werden nur wenige Beeren ausgebildet. Sein Zuckergehalt ist nach Abschluß der Gärung noch beträchtlich (bis zu 9 g). Dennoch herrscht nicht die Süße im Geschmack vor. Die Erträge sind mit 25–40 Hektar pro Doppelzentner nur gering, entsprechend hoch ist der Preis. Der zweite Dessertwein ist der weniger bekannte *Verduzzo di Ramoandolo*. Er wächst fast ausschließlich auf den Hügeln von Cividale und Tarcento. Er wird 6 Wochen später gelesen und ist körperreicher als der Picolit, dem er in der Qualität nicht nachsteht. Zart süß ist sein nach Akazien und Honig duftendes Aroma.

Tips zum Kennenlernen
Sehr viel Zeit braucht man, will man sich vor Ort einen Überblick über die Friulaner Weine verschaffen. Daher sei auch der Besuch der beiden größeren Enotheken empfohlen: *Enoteca Serenissima* in Gradisca d'Isonzo, Via Battisti. (Weine der gesamten Region Friaul-Julisch-Venezien). Geöffnet 8–13 und 16–21 Uhr, montags geschlossen. *Enoteca Cormons*, Palazzo Locatelli, Piazza 24 Maggio 21. Geöffnet 11–13 Uhr und 17–22 Uhr (im Sommer bis 24 Uhr), dienstags und mittwochs vormittags geschlossen.

Ideale Bedingungen zum Kennenlernen von Weinen bietet die Cormonser Enothek. Hier werden zwar nur Erzeuger von Cormons und Umgebung vorgestellt, doch sind sowohl Weine des Collio als auch des Isonzo vertreten. Eine Vielzahl von Sorten verschiedener Winzer kann gekostet und verglichen werden. Daneben gibt es wöchentlich Weinproben unter fachlicher Anleitung in einem eigens dafür eingerichteten Seminarraum. Erfreulich, daß man in der lockeren Atmosphäre der Enothek nicht nur Weine, sondern auch ihre Erzeuger kennenlernt.

Weinerzeuger

Weine sind Individuen. Sie sind nicht nur Produkte der Natur sondern auch ihrer Produzenten. So läßt sich ohne Namen kaum in die Welt der Friulaner Weine eindringen. Wir nennen zunächst einige der renommierten Produzenten, die sich für die Qualitätsverbesserung des Weines eingesetzt haben. Ihre guten, oft ausgezeichneten Weine liegen preislich meist höher als die der kleineren Betriebe.

Anbaugebiet Collio

Enofriulia
34070 Capriva del Friuli (Go)
℘ 0481-80158

Russiz Superiore (Marco Felluga)
34070 Capriva del Friuli (Go)

Schiopetto
34070 Capriva del Friuli (Go)

Castello di Spessa
34070 Capriva del Friuli (Go)
℘ 0481-759429

Villa Russiz
Loc. Russiz Inferiore
34070 Capriva del Friuli (Go)
℘ 0481-80047

Venica & Venica
Loc. Cerò
34070 Dolegna (Go)
℘ 0481-61264

Puiatti
34070 Farra d'Isonzo (Go)
℘ 0481-888304

Gravner
34070 Oslavia (Go)
℘ 0481-33670

Anbaugebiete Collio und Isonzo

Jermann
Loc. Villanova
34070 Farra d'Isonzo (Go)
℘ 0481-888080

Borgo Conventi (Gianni Vescovo)
34070 Farra d'Isonzo (Go)
℘ 0481-888220

Anbaugebiet Isonzo

Vie di Romans
34070 Mariano del Friuli (Go)
℘ 0481-69600

Anbaugebiet Colli orientalli

Giovanni Dri
Fraz. Ramandolo
33045 Nimis (Ud)
℘ 0432-478211

Ronchi di Cialla
Fraz. Cialla
323040 Prepotto (Ud)
℘ 0432-731679

Girolamo Dorigo
Via del Pozzo 3
33042 Buttrio (Ud)
℘ 0432-674268

Ebenso gerne wie diese bekannten Namen nennen wir einige Winzer, die sich um preiswertere Weine bemühen. Hier lohnt es sich, verschiedene Sorten zu vergleichen, um die besonderen Qualitäten eines Jahrganges herauszufinden. Bei dieser Auswahl spielen Zufall und persönliche Vorlieben mit:

PRAKTISCHE REISEINFORMATIONEN

Anbaugebiet Collio

Vidussi
34070 Capriva del Friuli (Go)
℘ 0481-80072

Boris Aita
34071 Cormons (Go)
℘ 0481-630371

Edi Keber
Loc. Zegla 17
34071 Cormons (Go)
℘ 0481-61184

Roberto Picech
Loc. Pradis 11
34071 Cormons (Go)
℘ 0481-60347

Doro Princic
Loc. Pradis 5
34071 Cormons (Go)
℘ 0481-60723

Dario Raccaro
34071 Cormons (Go)
℘ 0481-61425

Anbaugebiete Collio und Isonzo

Buzzinelli
34071 Cormons (Go)
℘ 0481-60553

Sergio e Mauro Drius
34071 Cormons (Go)
℘ 0481-60998

Stanislao Mavric
Loc. Novali 11
34071 Cormons (Go)
℘ 0481-630371

Roncada
Loc. Roncada
34071 Cormons (Go)
℘ 0481-61394

Anbaugebiete Collio und Grave

Pighin
Fraz. Risano
33050 Pavia di Udine (Ud)
℘ 0432-675444

Anbaugebiet Isonzo

Ronco del Gelso
34071 Cormons (Go)
℘ 0481-61310

Silvano Gallo
34070 Mariano del Friuli (Go)
℘ 0481-69200

Anbaugebiet Colli orientali

Conte d'Attimis Maniago
33042 Buttrio (Ud)
℘ 0432-674027

Ronco delle Betulle
33044 Manzano (Ud)
℘ 0432-40547

Ca' di Bon
33040 Corno di Rosazzo (Ud)
℘ 0432-759316

Spegogna
33040 Corno di Rosazzo (Ud)
℘ 0432-759420

Volpe Pasini
33040 Togliano di Torreano (Ud)
℘ 0432-15151

Anbaugebiete Colli orientali und Grave

Alfieri Cantarutti
33048 S. Giovanni al Natisone (Ud)
℘ 0432-756317

Anbaugebiet Grave

Borgo magredo
33097 Tauriano di Spilimbergo (Pn)
℘ 0427-50840

Anbaugebiet Carso

Castelvecchio
34078 Sagrado (Go)
℘ 0481-99742

Empfehlenswerte weiterführende Literatur zu Friulaner Weinen: Jens Priewe: Italiens Große Weine, Essen o. J.
Jährlich neu erscheinen die Weinführer Veronellis und »Vini d'Italia del Gambero Rosso«.

Der Wein des Friedens
Über 400 Rebsorten der ganzen Erde baut die *Cantina dei Produttori* in Cormons an und produziert daraus den »Vino della Pace«. Namhafte Künstler entwerfen die Etiketten. Zwei Flaschen davon werden an alle Staatsoberhäupter der Welt gesandt.

Register

(Die Hauptverweise sind halbfett gesetzt)

Personen

Agilulf, langob. König (591–616) 20, 24
Agostini, Giovanni Antonio (tätig 1570–1631) 226
Agujari, Tito 322
Aistulf, Dux des Friaul, langob. König (749–756) 26
Alarich, westgot. König (395–410) 80
Alboin I., langob. König (562–572) 17, 19
Altichiero Altichieri 194
Amadeus von Savoyen 330
Amalteo, Pomponio (1505–1588) 99, 100, 110, 111, 116, 135, 205, 216, 242, 246, 251, 253, 266, 268, 270, 280, 281, 297
Ambrosius, Bischof v. Mailand (um 333–397) 43
Andrea da Skofia Loka (tätig 1477) 202
Andrioli, Francesco (18. Jh.) 117, 135
Andrioli, Luca (18. Jh.) 112, 117, 135, 187, 237
Angelico, Fra (um 1387–1455) 275
Antelami, Benedetto (tätig 1177–1233) 187
Anto, langob. Fürst 273
Antonini, Adelsfamilie 107, 198
Antonini, Daniele 110, 114
Antonini, Floriano 120
Antonio da Firenze (nachg. 1484) 142, 275
Antonius von Padua (1195–1231) 288
Aripert, langob. König 159

Astl, Lienhard (16. Jh.) 236
Astori, Benedetto degli (tätig 1521/27) 264
Astori di Dossena, Gebrüder (tätig 1521/27) 187
Athanasius, Bischof v. Alexandrien 14
Attems-Petzenstein, Graf 291
Attila, Hunnenkönig (434–453) 16, 43, 51, 67, 80, 92
Attimis (Attems), Grafen 203
Attimis, Federico 280
Augustus, röm. Kaiser (63 v. Chr.–14 n. Chr.) 71, 73, 311, 320
Ausonius (um 310–393/94) 41
Authari, langob. König (584–590) 23, 24
Aviano, Bartolomeo d', venez. Feldherr 239

Bertrand de Saint Geniès, Patriarch (1334–1350) 34, 93, 108, 112, 136
Bicci di Lorenzo (1373–1452) 99
Blaceo, Bernardino (nachg. 1540–1569) 197
Bollani, Domenico 97
Bolzano, F. (tätig 1804) 321
Bon, Bartolomeo (um 1374–um 1467) 97
Bonazza, Francesco (18. Jh.) 130
Bono, Michele (nachg. 1420–1462) 138
Bos, Antonio (1780–1845) 318, 326
Bragadin, Filippo 100
Brianai, Giacomo (17. Jh.) 319

Bruni, Giuseppe (nachg. 1875) 307, 308
Brunswick, Herzog v. 198
Brustolon, Andrea (1662–1732) 268
Bruyn, Francesco (tätig 1840/42) 324
Burello, Arduino 8
Buttazzoni, Alessandro (tätig 1839) 306
Buzeta (tätig 1334/36) 212
Buzzi, Giusepe (tätig 1746) 135, 265

Cabianca, eigt. Francesco Penso (1665–1737) 251 f.
Calderari, eigtl. Giovanni Maria Zaffoni (um 1500–1564/70) 246 f., 248, 263, 273
Calderoni, Matteo (18. Jh.) 111
Callixtus, Patriarch v. Aquileia (734–740) 30, 147, 148, 152, 154, 157
Canal, Giovanni Battista (1745–1825) 104
Candidianus, Patriarch v. Aquileia 21 ff., 30
Canova, Antonio (1757–1822) 318, 322, 324, 326
Capella, Francesco (1711/14–1784) 101
Capoferro, Fam. 197
Caravaggio, Michelangelo da (1573–1610) 99
Carciotti, Demtrio, Kaufmann 324
Carlevaris, Lucca (1663–1730) 101
Carlo da Carona (nachg. 1509–1545) 108, 135, 139, 264, 267
Carneo, Antonio (1637–1692) 101, 117
Carpaccio, Benedetto (um 1500–um 1560) 318

DUMONT Kunst-Reiseführer